中国法院2025年度案例

国家法官学院　最高人民法院司法案例研究院 / 编

知识产权纠纷

中国法治出版社
CHINA LEGAL PUBLISHING HOUSE

《中国法院2025年度案例》通讯编辑名单

刘晓虹　北京市高级人民法院
王凯　北京市高级人民法院
张荷　天津市高级人民法院
徐翠翠　河北省高级人民法院
崔铮亮　山西省高级人民法院
杨钰奇　内蒙古自治区高级人民法院
张健　辽宁省高级人民法院
苏浩　吉林省高级人民法院
桑松　黑龙江省高级人民法院
张蕾　上海市高级人民法院
左一凡　江苏省高级人民法院
冯禹源　江苏省南通市中级人民法院
宋婉龄　江苏省无锡市中级人民法院
李波　浙江省高级人民法院
刘伟玲　安徽省高级人民法院
林冬颖　福建省高级人民法院
杨云欣　江西省高级人民法院
李璐璐　山东省高级人民法院
卓峻帆　河南省高级人民法院
吴杨　湖北省高级人民法院
唐竞　湖南省高级人民法院
邵静红　广东省高级人民法院
邹尚忠　广西壮族自治区高级人民法院
韦丹萍　广西壮族自治区高级人民法院
黄文楠　海南省高级人民法院
吴小　重庆市高级人民法院
任梦　四川省高级人民法院
颜源　贵州省高级人民法院
戚雷　贵州省贵阳市中级人民法院
李丽玲　云南省高级人民法院
赵鸿章　云南省昆明市中级人民法院
索朗达杰　西藏自治区高级人民法院
郑亚非　陕西省高级人民法院
吴莹　甘肃省高级人民法院
王晶　青海省高级人民法院
马博文　宁夏回族自治区高级人民法院
石孝能　新疆维吾尔自治区高级人民法院
李冰　新疆维吾尔自治区高级人民法院生产建设兵团分院

序

为深入学习贯彻习近平法治思想，落实习近平总书记“一个案例胜过一打文件”的重要指示精神，人民法院始终把完善中国特色案例制度，加强以案释法作为推进全面依法治国、支撑和服务中国式现代化的重要途径。人民法院案例库向社会开放一年多来，最高人民法院始终坚持高标准建设，实现入库案例对常见案由和罪名全覆盖，对于促进法律适用统一，实现严格公正司法发挥了重要作用。

“中国法院年度案例系列”丛书以及时记录人民法院司法审判工作新发展、新成就为己任，通过总结提炼典型案例的裁判规则、裁判方法和裁判理念，发挥案例鲜活生动、针对性强的优势，以案释法，以点带面，有针对性地阐释法律条文和立法精神，促进社会公众通过案例更加方便地学习法律，领悟法治精神，体现司法规范、指导、评价、引领的重要作用，大力弘扬社会主义核心价值观，积极服务人民法院案例库建设，加强对案例库案例的研究，促进统一法律适用，提升审判质效，丰富实践法学研究，增强全民法治意识和法治素养，展现新时代我国法治建设新成就。

“中国法院年度案例系列”丛书自2012年编辑出版以来，已连续出版13年，受到读者广泛好评。为更加全面地反映我国司法审判执行工作的发展进程，顺应审判执行实践需要，响应读者需求，丛书于2014年度新增金融纠纷、行政纠纷、刑事案例3个分册，2015年度将刑事案例调整为刑法总则案例、刑法分则案例2个分册，2016年度新增知识产权纠纷分册，2017年度新增执行案例分册，2018年度将刑事案例扩充为4个分册，2022年度将土地纠纷（含林地纠纷）分册改为土地纠纷（含环境资源纠纷）分册。自2020年起，丛书由国家法官学院与最高人民法院司法案例研究院共同编辑，每年年初定期出版。在全国各级人民法院的大力支持下，丛书编委会现编辑出版《中国法院2025年度案例系列》丛书，共23册。

“中国法院年度案例系列”丛书以开放务实的态度、简洁明快的风格，在编辑过程中坚持以下方法，努力让案例书籍“好读有用”：一是高度提炼案例内容，控制案例篇幅，每个案例字数基本在3000字左右；二是突出争议焦点，力求在有限的篇幅内为读者提供更多有效信息，便于读者快速抓取案例要点；三是注重释法说理，案例由法官撰写“法官后语”，高度提炼、总结案例的指导价值，引发读者思考，为司法审判提供借鉴，为法学研究提供启迪。

“中国法院年度案例系列”丛书编辑工作坚持以下原则：一是以研究案例库案例为首要任务。自2024年起，“中国法院年度案例系列”丛书优先选用人民法院案例库案例作为研究对象，力求对案例库案例裁判要旨的基本内涵、价值导向、法理基础、适用要点等进行深入分析，增强丛书的权威性、参考性。二是广泛选编案例。国家法官学院和最高人民法院司法案例研究院每年通过各高级人民法院从辖区法院汇集上一年度审结的典型案例近万件，使丛书有广泛的精选基础，通过优中选优，可提供给读者新近发生的多种类型的典型、疑难案例。三是方便读者检索。丛书坚持以读者为本，做到分卷细化，每卷案例主要根据案由或罪名分类编排，每个案例用一句话概括裁判要旨或焦点问题作为主标题，让读者一目了然，迅速找到目标案例。

中国法治出版社始终全力支持“中国法院年度案例系列”丛书的出版，给了编者们巨大的鼓励。2025年，丛书将继续提供数据库增值服务。购买本系列丛书，扫描腰封二维码，即可在本年度免费查阅往年同类案例数据库。我们在此谨表谢忱，并希望通过共同努力，逐步完善，做得更好，探索出一条充分挖掘好、宣传好人民法院案例库案例和其他典型案例价值的新路，为广大法律工作者和社会公众提供权威、鲜活、精准的办案参考、研究素材，更好地服务司法审判实践、服务法学教育研究、服务法治中国建设。

“中国法院年度案例系列”丛书既是法官、检察官、律师等法律工作者的办案参考和司法人员培训辅助教材，也是社会大众学法用法的经典案例读本，同时为教学科研机构开展案例研究提供了良好的系列素材。当然，编者们在编写过程中也难以一步到位实现目标愿景，客观上会存在各种不足甚至错误，欢迎读者批评指正。我们诚心听取各方建议，立足提质增效，不断拓宽司法案例研究领域，创新司法案例研究方法，助推实现中国特色司法案例研究事业的高质量发展。

国家法官学院　最高人民法院司法案例研究院

2025 年 3 月

目　　录

Contents

一、知识产权合同纠纷

二、知识产权权属、侵权纠纷

（一）著作权权属、侵权纠纷

四、其 他

一、知识产权合同纠纷

1

大型 ERP 软件实施中双方违约责任的认定及合同解除后果的处理

——某投资控股公司诉某商事服务公司计算机软件开发合同案

【案件基本信息】

1. 裁判书字号

北京市高级人民法院（2023）京民终 581 号民事判决书

2. 案由：计算机软件开发合同纠纷

3. 当事人

原告（被上诉人）：某投资控股公司

被告（上诉人）：某商事服务公司

【基本案情】

某投资控股公司就 ERP 软件项目进行招投标，某商事服务公司中标后，双方就 ERP 软件二次开发和实施单独签订了软件开发合同。某投资控股公司另从某商事服务公司推荐的代理商处购买了通用 ERP 软件，并支付价款。某投资控股公司主张，某商事服务公司严重逾期履行合同义务，未按合同里程碑约定的时间交付业务蓝图，构成违约，故起诉要求解除软件开发合同，退还已收取的开发费并赔偿某投资控股公司向第三方购买的通用ERP软件的费用。

【案件焦点】

涉案合同解除与否及解除后果的认定。

【法院裁判要旨】①

北京知识产权法院经审理认为：

一、关于双方当事人合同权利义务确定的依据

本案中，双方当事人通过招投标方式最终签订本案合同及附件。在法律性质上，招标文件属于要约邀请，投标文件属于要约，中标通知书属于承诺。本案合同内容对比于招投标文件，除未包括某商事服务公司ERP软件的许可使用部分外，仅在实施服务履行阶段的划分、实施服务的范围的细化等方面有少量调整，合同内容不存在与招投标文件的实质性区别。而对于ERP软件许可，某投资控股公司亦通过某商事服务公司的代理商渠道订购了相关软件。故本案合同不存在《中华人民共和国招标投标法》和《中华人民共和国招标投标法实施条例》规定的背离合同实质性内容之处。本案合同系双方真实意思表示，不违反法律、行政法规的规定，合法有效，双方当事人均应按照合同履行各自义务。但是，招标文件和投标文件均具有《中华人民共和国招标投标法》规定的法律效力，作为合同订立过程中之意思表示，在认定当事人合同目的、违约行为的主观过错等情节时亦应综合考量。

二、某投资控股公司是否享有本案合同的法定解除权

本案中，某商事服务公司对迟延履行的事实不持异议，但认为造成迟延履行的原因在于某投资控股公司，故，判断某商事服务公司的迟延履行行为是否构成根本违约，以及是否导致某投资控股公司不能实现合同目的，是认定某投资控股公司是否享有合同法定解除权的前提。

计算机软件的开发和实施有赖于双方当事人的高度配合、共同推进。本案

① 本书【法院裁判要旨】适用的法律法规等条文均为案例裁判当时有效，下文不再对此进行提示。

合同所涉 ERP 软件属于较为复杂和具有一定难度的软件开发、实施项目。开发方的履行工作更加有赖于双方密切配合，共同推进。从双方当事人电子邮件所载明的沟通情况可知，在 2016 年 1 月至 2017 年 3 月间的合同履行过程中，某商事服务公司多次对某投资控股公司的配合工作提出异议。故某投资控股公司存在未能依约履行合同约定的配合义务的违约情形，对软件开发和实施履行迟延应承担一定责任。但同时，某商事服务公司作为软件行业专业服务企业，具有更丰富的软件产品和实施服务的从业经验，在 ERP 软件的实施上显然更具有专业优势，理应对所中标的本案项目具有相应了解和对项目复杂性的预判。其在订立合同时将提交业务蓝图的时间暂估为一个月，而在实际履行中，其前期调研工作及业务蓝图绘制的实际履行时间远远超出其在投标文件和合同里程碑约定中向某投资控股公司展示的预期。故对合同的履行迟延，某商事服务公司亦负有相应责任。

导致合同履行迟延的另一个重要原因在于某商事服务公司认为某投资控股公司组织架构发生变革，业务情况也发生变化，使得项目范围和假设有变化，产生新的开发需求，但某投资控股公司对于因上述变化产生的新需求拒绝进行确认；而某投资控股公司认为，开发应遵循现有的业务模式及为未来的业务提供可操作空间，而不是为了迁就软件去改变现有的财务记账准则。上述分歧产生的更深层次原因在于双方当事人对于涉案项目，即 ERP 软件实施项目的认识不一致，未能达成统一。双方当事人均本应在订立合同之初即进行充分协商，以减少实际履行中的分歧。对此，某投资控股公司和某商事服务公司各自均负有相应责任。

综上所述，法院认为，造成合同迟延履行的原因不能仅归结于某商事服务公司一方，某投资控股公司不享有本案合同的法定解除权。

三、本案合同是否已经解除或者应当解除

法院认为，因某投资控股公司不享有合同的法定解除权，其于 2017 年 4 月 13 日向某商事服务公司发出的解除通知不发生合同解除法律效力。虽然双方当事人均已停止履行合同义务，但涉案合同并未于诉讼前解除。但是，本案合同履行已经陷入僵局；双方当事人虽然均有违约行为，但并无证据证明当事人在主观上存在恶意违约的故意；双方当事人亦均同意解除合同，且事实上已经终止合同履行。本案合同已经不再具有继续履行的可能性和实际意义。故法院认为，综合上述因素考虑，本案合同可以解除，对于合同解除后的法律后果，可根据双方当事人各自违约行为予以判定。

四、某商事服务公司是否应当返还某投资控股公司开发费用及赔偿软件许可费损失

法院认为，本案双方当事人在合同履行中均存在违约行为，对于本案合同的解除均应依法各自承担相应的责任。

关于开发费用部分，应由当事人根据各自责任进行分担。法院认为，某商事服务公司工时统计邮件可以证明其相应工作量投入，作为本案合同解除后果中对于履行成本和当事人直接损失的考量因素之一，但不应以此直接对应某投资控股公司应当支付的费用，且其未考虑软件实施中业务蓝图绘制与具体实施不同阶段的工作量和人员成本差异，计算方式不合理。综上，法院结合合同约定和实际履行情况、当事人应承担的责任比例等综合考量，对某商事服务公司已收取的开发费，酌情判决其部分返还。

关于软件许可费损失部分。法院认为，虽然某投资控股公司并非与某商事服务公司直接签订软件许可合同，而是与某商事服务公司的代理商签订合同并付款，但考虑到：（1）该笔软件许可费用属于某投资控股公司履行本案合同的必要支出。（2）某投资控股公司与某商事服务公司代理商的合同与本案合同具有高度牵连性。（3）软件许可费用相关成本支出和利润获得均在双方当事人可预期范围内。（4）合同解除后，某投资控股公司再利用某商事服务公司 ERP 软件的可行性较低。故，某投资控股公司该部分支出存在可能成为其损失，但并不能简单地将该金额作为确定其已发生损失的当然依据，该损失的具体金额目前尚未确定，且无法在本案审理中确定。

综上，法院认为，对于本案合同解除的后果，应综合合同具体履行情况和当事人各自违约责任，将某商事服务公司在涉案软件开发、实施中的成本，对涉案项目包括实施和许可两部分在内的预期可得利益，某投资控股公司已支付

的开发费用和软件许可费用等一并纳入考量范围。对于某投资控股公司要求返还已付开发费的诉讼请求，对合理部分予以支持；对于其关于赔偿软件许可费用损失的诉讼请求，因该损失尚未确定，对该项诉讼请求，不予支持。某投资控股公司可待损失确定后另行主张。

北京知识产权法院依据《中华人民共和国合同法》第九十七条、第一百零七条、第一百一十条、第一百一十三条第一款、第一百二十条，《中华人民共和国民事诉讼法》第六十七条第一款之规定，判决如下：

一、确认某投资控股公司与某商事服务公司签订的《××高级约定服务协议订购单编号 1》及其附录 1《××高级约定服务协议》、附录 2《补充××高级约定服务》、附录 4《开发服务协议》自 2019 年 10 月 29 日解除；

二、某商事服务公司于本判决生效之日起七日内返还某投资控股公司开发费 3560279. 4 元；

三、驳回某投资控股公司的其他诉讼请求。

某商事服务公司不服一审判决，提起上诉。

北京市高级人民法院同意一审法院的裁判意见，判决：

驳回上诉，维持原判。

【法官后语】[①]

一、ERP 软件二次开发中双方义务及风险提示

本案案情和争议焦点除体现一般计算机软件开发合同案件的典型特点外，还具有大型、复杂 ERP 软件二次开发和实施的专有特点。本案中某投资控股公司主张某商事服务公司迟延履行致使某投资控股公司享有合同法定解除权。一般来说对于计算机软件开发合同而言，在进行开发方是否延期构成根本违约以致合同解除的判断中需要从以下几个方面综合判断：（1）合同中对于开发周期以及是否存在延期履行即可据此解除合同的约定；（2）开发方迟延履行是仅有

① 本书【法官后语】对此类法律问题涉及的法律法规等内容进行了时效性更新，下文不再对此进行提示。

其自身原因还是委托方亦存在过错；（3）是否存在导致开发方不能正常履行的不可抗力或情势变更等因素、是否存在因第三方原因导致的履行客观障碍；（4）开发方的迟延履行行为是否影响委托方合同目的的实现。据此来分析导致延期履行的原因和当事人各自的过错，准确认定违约责任。本案系ERP软件二次开发，“ERP”中文翻译一般为“企业资源计划”，不同于一般软件开发合同履行的特点。ERP项目的推进，一方面需要用户企业更新管理理念、优化业务流程、做好组织配合；另一方面需要ERP软件企业提高服务水平，做好沟通对接工作，从企业实际管理需求出发，提供专业建议与服务。实践中，开发方往往会建议企业用户变更业务流程，进行管理变革，由此必然产生软件实施过程中新的开发需求，但企业基于原有业务流程便利性和实施成本的考虑，会认为新增需求加重了企业实施ERP的成本。正如本案中，某投资控股公司认为，上万人的企业不可能因为适应软件需要而去改变自身原有的业务和会计模式，故其未能依约履行合同约定的配合义务，该原因系导致软件开发和实施履行迟延的原因之一，某投资控股公司应对此承担一定责任。但同时，某商事服务公司作为软件行业专业服务企业，相对于某投资控股公司，其具有更丰富的软件产品和实施服务从业经验，在ERP软件的实施上显然更具有专业优势，理应对所中标的本案项目具有相应了解和对项目复杂性的预判。其前期调研工作及业务蓝图绘制的实际履行时间远远超出其在投标文件和合同里程碑约定中向某投资控股公司展示的预期，其中固然有某投资控股公司一方的原因，但显然也存在某商事服务公司自身履行能力方面的原因。对合同的履行迟延，某商事服务公司亦负有相应责任。本案从法律角度深刻分析了此类大型、复杂ERP软件二次开发和实施项目的风险及软件企业、用户企业在履行此类合同时双方各自应承担的合同义务，并进行了充分的法律风险提示，对行业有较大的规范和指引作用。

二、合同僵局下违约方合同解除权的适用及解除后果

计算机软件开发合同案件的合同解除认定和解除后果处理一向是审理的重难点问题。本案中，某投资控股公司不享有合同的法定解除权，但法院适用原《中华人民共和国合同法》第一百一十条，确认了涉案合同可以解除。关于合

同僵局下违约方解除权，在原《中华人民共和国合同法》第一百一十条、2019年最高人民法院《全国法院民商事审判工作会议纪要》及《中华人民共和国民法典》第五百八十条均进行了阐述。本案中合同履行已经陷入僵局。双方当事人虽然均有违约行为，但并无证据证明当事人在主观上存在恶意违约的故意。双方当事人亦均同意解除合同，且事实上已经终止合同履行。故法院最终确认双方涉案合同解除。

在计算机软件合同案件纠纷中，对于合同解除的后果，需要考虑以下因素：(1) 关于合同解除后果的约定；(2) 合同解除的原因和当事人各自是否存在违约行为以及违约程度；(3) 已履行部分所对应的履行成本或合同价款部分；(4) 已开发成果是否具有可利用价值；(5) 当事人的直接损失和可得利益损失；等等。本案中双方当事人在合同履行中均存在违约行为，故对于本案合同的解除均应依法各自承担相应的责任。某投资控股公司相应诉讼请求包括已支付的合同款和软件许可费支出两部分。关于本案某投资控股公司主张的已付开发费用的返还，属于计算机软件开发合同中常见的解除后果处理问题。一般情况下，需综合当事人违约责任的比例、已完成工作成果情况外、已完成部分的可利用价值和再利用的成本及便利性等因素予以考虑，以确定是否应当返还以及返还比例。

关于某投资控股公司所主张的因履行本案开发合同而向案外人购买软件的费用。赔偿损失成立的条件在于：(1) 当事人有违约行为；(2) 损害事实客观存在，且与违约行为存在因果关系；(3) 违约方无免责事由。赔偿损失的范围时，法律明确规定的是，“损失赔偿额应当相当于因违约所造成的损失，包括合同履行后可以获得的利益，但不得超过违反合同一方订立合同时预见到或者应当预见到的因违反合同可能造成的损失”。某投资控股公司的该部分主张符合上述赔偿损失的成立要件，应当作为赔偿损失部分予以支持，但是基于仲裁管辖条款的客观障碍和损失数额尚未明确的现实因素，虽未在本案中一并处理，但进行了认定并为当事人指明了另案救济途径。

编写人：北京知识产权法院　左慧玲　张嘉艺

2

分期交接的技术转让合同未全面履行时违约责任的认定方式

——某药业公司诉某医药科技公司技术转让合同案

【案件基本信息】

1. 裁判书字号

北京知识产权法院（2021）京73民终4040号民事判决书

2. 案由：技术转让合同纠纷

3. 当事人

原告（反诉被告、上诉人）：某药业公司

被告（反诉原告、上诉人）：某医药科技公司

【基本案情】

2014年11月19日，某医药科技公司原法定代表人向某药业公司发送了主题为《盐酸达泊西汀项目概况》的电子邮件，主要内容为：……（1）研发进展：目前我司已完成原料和制剂小试和中试的工艺开发、基本完成质量研究、已在进行稳定性考察……（5）合作方式：贵方需在我方配合下完成原料和片剂的工艺验证。

2015年2月2日，某药业公司（合同甲方）与某医药科技公司（合同乙方）签订《技术转让合同》，载明："乙方将其拥有的化药项目盐酸达泊西汀及片（片剂规格：30毫克/60毫克）的相关技术独家转让给甲方，并负责协助甲方取得本项目的临床批件和生产批件，甲方受让并支付相应的技术转让费……第六条、乙方在本合同生效前实施或转让本项技术秘密的状况如下：乙方已开

发本项目技术，乙方未向任何其他第三方转让已开发的相关技术……第十三条、违约责任：在签订本合同后，如乙方违反约定向第三方转让本技术或其工艺改进研究成果，则甲方有权提出赔偿，乙方需将甲方已支付给乙方的全部费用退还甲方，并向甲方支付200万元违约金。合同中还对分四期支付技术转让费及具体支付方式进行了约定。”

合同签订后，双方分别于2015年4月10日以及2015年4月30日完成了盐酸达泊西汀原料以及盐酸达泊西汀片项目的小试工艺交接，某药业公司向某医药科技公司支付了第一期和第二期的费用，共计110万元。此后，双方于2015年9月29日对原料中试情况进行了确认，结论为“符合质量标准”。2015年12月10日，双方在对同年11月制剂中试交接出现“硬度、溶出的一致性评价等方面存在一些问题”的结论进行确认后，双方又于2015年12月24日出具了制剂中试交接报告，对2015年12月13日至25日进行的制剂中试情况进行了再次确认，结论为“此次盐酸达泊西汀片工艺交接处方未变，工艺做稍微调整，最终确定的处方工艺经验证后认定可行，制备的制剂尚未进行全检，但溶出度以及四种常规介质中的曲线均较好”。2016年6月，某药业公司（委托人）与案外人签订技术开发（委托）合同，项目名称：盐酸达泊西汀片生物等效研究，并支付了开发费用。双方均认可药品研发正常情况下应当是先做原料中试，通过后再进行片剂中试，然后进行生物等效实验。

某医药科技公司提交的记账凭证2017年4月13日有一笔款项记载为“客户：075-甲医药科技有限公司/项目01.340-盐酸达泊西汀片（30毫克）17HW3301”，该笔款项金额为100万元。由于该款项记载的项目名称与涉案转让的技术名称完全一致，因此法院要求某医药科技公司限期提交上述证据，但在限定期限内被告未提交相关证据。

某药业公司主张某医药科技公司在进行项目中试工艺交接中持续出现不符合涉案合同约定质量的情形，并违反合同约定将合同项下工艺向案外人进行了转让，故请求法院判令某医药科技公司退还全部合同价款110万元并支付违约金200万元及律师费。某医药科技公司认为涉案合同本质上是技术开发合同而非技术转让合同，并提出反诉要求某药业公司支付第三期技术转让费。

【案件焦点】

1. 涉案合同性质系技术转让合同还是技术开发合同；2. 对于双方合同履行情况以及违约责任的认定。

【法院裁判要旨】

北京市石景山区人民法院经审理认为：从合同签订前双方当事人的沟通情况、合同约定及合同履行情况来看，涉案合同的性质应为技术转让合同而非技术开发合同。

根据涉案合同约定及双方当事人的陈述，涉案项目交接的顺序依次为原料中试、制剂中试、生物等效试验等。某药业公司并未对未通过原料中试却又进行制剂中试给予合理解释。同理，某药业公司虽对2015年12月24日的交接报告的证明目的提出异议，但在2015年12月10日双方确认制剂中试出现问题后，2015年12月24日再次确认且未提出交接出现问题后，2016年6月某药业公司已经与案外人签订合同准备开展生物等效研究，某药业公司对此亦无合理解释。而且，从2015年12月24日至2018年，某药业公司从未向某医药科技公司提出中试存在问题并要求双方再次进行工艺交接，某药业公司对此解释为一直在等待某医药科技公司进行工艺优化，但无证据予以证明。综上，法院认定某医药科技公司依约完成了涉案项目原料及制剂的中试交接。

根据现有证据，某医药科技公司于2017年4月13日收到“客户：075-甲医药科技有限公司/项目01.340-盐酸达泊西汀片（30毫克）17HW3301”款项100万元，在法院限定的时间内，某医药科技公司既未提交相关合同、票据及相反证据，对此亦无合理解释，法院据此认定某医药科技公司在履行涉案合同过程中，违反约定向合同以外的第三方转让了涉案技术。由于涉案合同涉及独家技术秘密的转让，某医药科技公司相关违约行为已构成根本性违约。某医药科技公司以违约金约定过高为由进行抗辩，法院酌情确定违约金为50万元。

由于涉案合同未约定有效期限，双方提出的解决方案对方均不能接受，合同履行陷入僵局，经法庭释明，双方均同意将2021年6月24日作为涉案合同解除的时间，故法院对此予以确认。

北京市石景山区人民法院依照《中华人民共和国合同法》第四十四条、第六十条、第三百三十条第一款，《中华人民共和国民法典》第一百八十八条第一款、第一百九十二条第一款、第五百六十六条第一款及第二款、第五百八十五条第二款、第八百五十一条第一款、第八百六十二条第一款，《最高人民法院关于审理技术合同纠纷案件适用法律若干问题的解释》第二十二条，《最高人民法院关于适用〈中华人民共和国民法典〉时间效力的若干规定》第一条，《中华人民共和国民事诉讼法》第六十四条规定，判决如下：

一、确认原告某药业公司与被告某医药科技公司于2015年2月2日签订的技术转让合同于2021年6月24日解除；

二、被告某医药科技公司于本判决生效之日起十日内返还原告某药业公司技术转让费1100000元；

三、被告某医药科技公司于本判决生效之日起十日内支付原告某药业公司违约金500000元；

四、驳回双方其他诉讼请求。

某药业公司、某医药科技公司均不服一审判决，提起上诉。

北京知识产权法院同意一审法院裁判意见，判决：

驳回上诉，维持原判。

【法官后语】

近年来，医药领域技术开发、转让方面的知识产权纠纷案件频发，此类案件往往因涉及专业术语及相关技术规范，审理难度较大。本案系一起药品技术转让合同履行过程中发生争议的知识产权合同纠纷，涉及药品研发领域的交接试验、药品工艺等专业技术问题。本案详细分析了双方在合同性质方面的争议，明晰了涉及分期交接的技术转让合同未全面履行时违约责任的认定方式，对于打破合同履行僵局、准确认定技术转让合同履行过程中的违约责任具有典型意义。

一、关于技术合同性质的认定问题

本案中，双方当事人对涉案技术合同性质存在争议。当合同具体条款约定不明，或者合同具体条款相互矛盾或意思不唯一的情况下，结合合同目的进行符合双方真实意思的解释，是判断当事人是否全面履行合同义务的重要手段，也是认定是否为违约行为的必要路径。[①] 而合同目的与合同性质的认定紧密相关，故在被告以技术合同性质为由提出抗辩的情况下，明确涉案技术合同的具体性质有助于更准确地结合合同目的对涉案合同约定进行解释、明晰双方当事人的合同义务，进而更有利于对合同履行过程中未全面履行时的违约责任进行正确认定。因此，法院首先对涉案技术合同性质进行了清晰明确的认定。在对技术合同性质进行认定的过程中，不可仅仅依据合同名称即进行简单认定，而应综合考虑相关法律对相应合同的规定、合同签订前双方当事人的意思表示、合同名称、内容等的具体约定及合同履行情况，围绕以上四方面具体情况对技术合同的性质进行综合认定。

二、关于分期交接的技术转让合同未全面履行时，违约责任的认定方式及出现合同履行僵局时的处理方式问题

判断一方当事人交付的分期技术成果是否符合合同约定，应当在查明案件技术事实的基础上，结合分期交接履行顺序、合同条款和合同目的，综合运用文义解释、体系解释、目的解释等法律解释方法，进行事实和法律上的整体判断。具体而言，对于分期交接类型的技术转让合同，应当梳理、明确合同双方约定的分期交接技术的具体履行顺序及对应分期付款顺序，依次确定双方是否全面履行了各个分期的阶段性技术交接义务。熟练掌握并正确运用民事证据证明标准和举证责任分配规则，是正确判断证据效力、准确认定事实和法律的核心和关键。在具体认定双方当事人是否全面履行了其某一分期的技术、工艺交接义务时，首先需要明确技术、工艺交接的验收标准，其次应以双方当事人提交的双方之间的工艺验证或交接确认书、工艺验证或交接报告为依据并结合双

---

① 北京知识产权法院课题组：《关于计算机软件著作权纠纷案件的调研报告》，载《北京审判》2021年第12期。

方的合同后续具体沟通情况、履行情况予以综合认定。

通常情况下，在双方已进行了下一期技术交接的情况下，接受技术的一方主张前一期技术交接未达到合同约定的标准但又未能提交相反证据或给予合理解释，应认定转让技术的一方当事人履行完毕上一期的技术交接。同理，在转让技术的一方当事人履行完毕某一期技术交接义务后，接受义务的一方已开始进行下一期的合作项目或未曾与对方进行任何后续沟通，在无相反证据的情况下，依照常理亦应认定转让技术的一方当事人已履行完毕该期技术交接义务。同时，在现有证据已达到证明一方当事人存在违约行为的高度盖然性的民事证据证明标准的情况下，在该方当事人未能提交任何相反证据，亦未能给出合理解释的情况下，应对该方当事人存在违约行为的事实予以认定。

此外，在技术合同履行陷入僵局的情况下，由于技术合同往往标的额较大且具有对合作方较高的信赖要求，法院应当充分履行释明义务，及时对涉案合同的状态进行确认或认定，以妥善、全面解决当事人之间的技术合同纠纷。本案中，由于涉案合同未约定有效期限，双方提出的解决方案对方均不能接受，合同履行陷入僵局，经法庭释明，双方对涉案合同的解除及解除时间达成了一致意见并由法院对此予以确认。

编写人：北京市石景山区人民法院　易珍春　王晓露

二、知识产权权属、侵权纠纷

（一）著作权权属、侵权纠纷

3

电子商务平台经营者承担连带责任的认定标准

——长沙某文化公司诉上海某信息技术公司、邓某著作权侵权案

【案件基本信息】

1. 裁判书字号

山东省聊城市中级人民法院（2022）鲁15民终4919号民事判决书

2. 案由：著作权侵权纠纷

3. 当事人

原告（上诉人、再审被申请人）：长沙某文化公司

被告（被上诉人、再审申请人）：上海某信息技术公司

被告：邓某

【基本案情】

薛某以“某某”的笔名创作完成了文字作品《××》第1册和第2册。薛某于2019年7月3日出具说明，主要内容为：将创作完成的文字作品《××1》《×

×2》在约定区域的复制、发行、图书出版权利独占授予了长沙某文化公司，期限自2015年3月5日起至2020年3月4日止，后于2020年3月1日延长许可期限至2025年3月1日。长沙某文化公司独立创作了上述图书的封面美术作品，并在湖南省版权局进行了作品登记。

聊城某商贸公司系一人有限责任公司，邓某系该公司唯一股东，聊城某商贸公司在上海某信息技术公司运营的“×A”电商平台开设“×B店铺”，销售了盗版的《××》图书，并向公众展示了涉案图书封面美术作品。

2019年9月至2020年7月，长沙某文化公司向上海某信息技术公司发送七次《律师函》，在2020年6月8日第六次律师函中明确告知涉案“×B店铺”主体已经注销，2020年7月14日第七次律师函明确告知因12家经营主体销售盗版图书（包括涉案图书），已向长沙县法院提起诉讼（包含多个聊城区域的店铺）并立案。上海某信息技术公司抗辩七次《律师函》均不构成有效通知。

另查明，上海某信息技术公司于2020年10月23日将涉案图书下架，2020年11月20日将涉案图书删除。

【案件焦点】

上海某信息技术公司应否与邓某承担连带责任。

【法院裁判要旨】

山东省临清市人民法院经审理认为：关于上海某信息技术公司应否承担赔偿责任的问题。上海某信息技术公司作为网络服务提供者，仅提供“×A”平台的维护及技术服务，并未参与涉案店铺的经营行为，其承担责任的前提是对涉案店铺实施的直接侵权行为主观上具有明知或者应知的过错，且未及时采取删除、屏蔽等必要措施。根据长沙某文化公司目前提交的证据，长沙某文化公司向上海某信息技术公司提供网络店铺构成侵权的初步证据并不充分，上海某信息技术公司已针对长沙某文化公司的每一封函件积极回邮引导投诉人，同时向涉案店铺发送站内信转通知投诉情况，便于投诉人维权及平台内经营者申诉。综合本案案情，长沙某文化公司发送的律师函不构成有效通知，上海某信息技术公司不存在明知或者应知的过错，未造成长沙某文化公司损害扩大。因此，长沙某文化公司要求上海某信息技术公司承担赔偿责任，证据不足，不予支持。

山东省临清市人民法院依照《中华人民共和国公司法》第六十三条，《中华人民共和国著作权法》第五十二条、第五十三条第一项、第五十四条，《最高人民法院关于审理著作权民事纠纷案件适用法律若干问题的解释》第七条、第二十五条、第二十六条，《中华人民共和国民事诉讼法》第六十七条之规定，判决如下：

一、被告邓某于本判决之日起十日内赔偿原告长沙某文化公司经济损失及合理费用共计8000元；

二、驳回原告长沙某文化公司的其他诉讼请求。

长沙某文化公司不服一审判决，提起上诉。

山东省聊城市中级人民法院经审理认为：除法定情形外，平台内的经营者都应办理市场主体登记，电子商务平台经营者应对平台内经营者进行定期核验更新，且在知道或者应当知道平台内经营者侵犯知识产权的，应当采取删除等必要措施，未采取必要措施的，与侵权人承担连带责任。本案中，从上海某信息技术公司提交的店铺协议签约记录来看，上海某信息技术公司与涉案店铺的经营者约3个月或9个月签署一次协议。聊城某商贸公司于2019年3月5日注销，涉案图书于2020年10月23日才下架，时间长达一年半多，应认定上海某信息技术公司未尽到定期审核义务。长沙某文化公司多次给上海某信息技术公司发送律师函，且在2020年6月8日第六次律师函中明确告知涉案店铺主体已经注销，2020年7月14日第七次律师函明确告知因12家经营主体销售盗版图书（包括涉案图书），已向长沙县法院提起诉讼（包含多个聊城区域的店铺）并在立案的情况下，上海某信息技术公司应当意识到侵权行为的存在、尽到合理的注意义务并采取必要措施，而上海某信息技术公司未采取必要措施，致使邓某在其店铺主体注销后仍以公司的名义销售图书，涉案图书于2020年10月23日才下架，上海某信息技术公司的行为应属上述规定中的“应知”的情形，故上海某信息技术公司应与邓某承担连带责任。

山东省聊城市中级人民法院依照《中华人民共和国电子商务法》第四十五条，《中华人民共和国民事诉讼法》第一百七十七条第一款第二项规定，判决如下：

一、维持山东省临清市人民法院一审民事判决第一项；

二、撤销山东省临清市人民法院一审民事判决第二项；

三、上海某信息技术公司对上述第一项承担连带赔偿责任；

四、驳回长沙某文化公司的其他诉讼请求。

上海某信息技术公司不服二审判决，申请再审。

山东省高级人民法院同意二审法院裁判意见，判决驳回其再审申请。

【法官后语】

本案主要涉及电子商务平台经营者承担连带责任的认定标准问题。

根据《中华人民共和国电子商务法》（以下简称《电子商务法》），电子商务平台是指在电子商务中为交易双方或者多方提供网络经营场所、交易撮合、信息发布等服务，供交易双方或者多方独立开展交易活动的平台。随着信息网络技术的发展，我国电子商务产业进入蓬勃发展时期，但同时也在一定程度上加剧了著作权侵权行为的产生，如何规制电商领域著作权侵权成为版权保护的一大难题。当电子商务平台经营者开展的自营业务侵权时，其毋庸置疑会因直接侵权承担法律责任，但当平台内经营者通过电商平台实施侵权行为时，电子商务平台往往会因提供平台服务被诉侵权，正如学者提到的“由于网络用户的匿名性以及来源跨地域性，版权人不但有时无从寻找个人侵权者，而且往往难以通过追究个人的侵权责任获得充分的补偿”。因此，知识产权权利人通常会将电子商务平台与平台内经营者一起作为被告提起诉讼，这就使得电子商务平台与平台内经营者承担连带责任的认定越发重要。关于电子商务平台的责任认定，可参照以下思路予以正确把握。

一、认定电子商务平台责任时应遵循的基本理念

对于法院而言，在认定电子商务平台的知识产权法律责任时，除坚持严格保护知识产权的原则外，还应遵循两个基本理念：权责统一与尊重平台自治理

念。从理论上看，平台内经营者的任何侵权行为的发生都离不开电子商务平台提供的技术服务，但若仅凭此便认定电子商务平台构成帮助侵权，显然会导致利益失衡，更不利于网络技术创新和商业模式发展。随着互联网新业态的快速发展，电子商务平台在互联网治理体系中的地位不言而喻，在激烈的市场竞争下，电子商务平台为获得竞争优势，更倾向于主动营造健康有序的竞争秩序，以增加消费者的黏合度，因此法院应充分尊重电子商务平台自治，避免其负担过重的法律责任。《电子商务法》《最高人民法院关于审理涉电子商务平台知识产权民事案件的指导意见》等法律和规范性文件也采取平台自治与侵权责任并重的模式，通过制定“通知—删除”等规则，让电子商务平台有条件地承担责任，并赋予电子商务平台“根据知识产权权利类型、商品或者服务的特点等，制定平台内通知与声明机制的具体执行措施”的自治空间。

二、电子商务平台对权利人通知的审查标准

《电子商务法》第四十二条第一款、第二款明确电子商务平台在收到权利人通知后需要对通知内容进行审查，但对于该种审查应当达到何种标准一直存在争议。笔者认为应以形式审查+一定程度的实质审查为标准，因为如果排除了电子商务平台的实质审查要求，虽然可以降低平台审查成本，但单纯的形式审查既很难防范恶意通知和错误通知又可能导致电子商务平台滥用“避风港规则”免除自身责任。本案中，在长沙某文化公司针对“×A”平台内“×B店铺”销售涉案图书先后七次向上海某信息技术公司发送律师函，并在第六次律师函中明确告知“×B店铺”经营主体已经注销的情况下，上海某信息技术公司既未采取任何必要措施，也未对“×B店铺”是否具有经营资质进行审核，已违反其法定义务。在此情况下，若认定上海某信息技术公司关于权利人的通知因缺少合法有效的投诉人身份证明材料、可供准确定位侵权的信息等不构成有效通知的抗辩成立，从而免除上海某信息技术公司的责任，显然有失公平。

三、电子商务平台构成“知道或者应当知道”情形的认定

《电子商务法》第四十五条对电子商务平台侵权责任进行了原则性规定，当电子商务平台具有过错，即知道或者应当知道平台内经营者的侵权行为，即

使权利人没有通知平台，若平台未及时采取必要措施，也应与侵权人承担连带责任。一般而言，电子商务平台收到权利人发送的有效通知后便应认定其“知道”，有些情况下，通知虽缺少平台要求的形式要件，但若该形式要件并不会对电子商务平台判断侵权造成影响，仍可认定电子商务平台在主观上明知。而在认定“应当知道”时，则应着重考虑电子商务平台是否尽到了合理的注意义务，存在下述情形的，可以认定电子商务平台未尽到合理注意义务，一是违反法律规定的管理义务。根据《电子商务法》的相关规定，电子商务平台负有对平台内经营者进行核验、登记并定期核验更新的管理义务，若平台未尽到该义务，可能导致承担法律责任。二是重复侵权。如果电子商务平台对于多次重复侵权的侵权人，仍仅是消极删除商品链接，却未采取必要的事前监控措施，或者关闭店铺等更为严厉的措施，应当认为平台具有过错。三是电子商务平台存在有意识地推荐行为。如果平台主动推荐某种商品，那么平台对该商品是否构成侵权就应当承担更高的注意义务。本案中，上海某信息技术公司负有对平台内经营者进行核验、登记并定期核验更新，以及在知道或者应当知道平台内经营者侵犯知识产权时采取必要措施的义务。长沙某文化公司针对“×A”平台内“×B 店铺”销售涉案图书先后七次向上海某信息技术公司发送律师函，并在第六次、第七次律师函中明确告知“×B 店铺”经营主体已经注销、长沙某文化公司已就平台内多家经营者销售盗版图书（包括涉案图书）向法院提起诉讼并立案，在此情形下，上海某信息技术公司作为平台经营者应当意识到被诉侵权行为的存在、应尽到合理审慎的注意义务并采取必要措施，但其并未采取必要措施；再结合聊城某商贸公司已于 2019 年 3 月 5 日注销，而“×B 店铺”却一直在“×A”平台销售图书，涉案图书直至 2020 年 10 月 23 日才下架。因上海某信息技术公司未及时采取必要措施致使邓某在其店铺主体注销后仍以公司名义销售涉案图书，涉案图书于 2020 年 10 月 23 日才下架，上海某信息技术公司的行为属于“应当知道”的情形，故上海某信息技术公司应与邓某承担连带责任。

综上，在认定电子商务平台经营者应否承担连带责任时，应在坚持严格保护知识产权的原则下，遵循权责统一与尊重平台自治的基本理念，合理确定电子商务平台对权利人通知的审查标准，在正确认定电子商务平台过错程度的基础上，科学界定电子商务平台经营者应承担的知识产权法律责任，以充分保护电商平台知识产权，促进互联网产业的健康发展。

编写人：山东省聊城市中级人民法院　莫陈愿

4

软件开发者是否违反开源许可证要求，不影响其就开发的软件向侵权行为人主张权利①

——某科技公司诉某通信公司等侵害计算机软件著作权案

【案件基本信息】

1. 裁判书字号

最高人民法院（2021）最高法知民终51号民事判决书

2. 案由：侵害计算机软件著作权纠纷

3. 当事人

原告（被上诉人）：某科技公司

被告（上诉人）：某通信公司、某网络公司

被告：刘甲、吴甲、谢甲

【基本案情】

××A是通信领域的系统操作控制软件，其源代码可供软件开发者免费获取使用，适用《GNU通用公共许可（版本2）》开源许可协议（即“GPLv2”协

① 入库案例，参见人民法院案例库2024-13-2-158-001。

议）。某科技公司于2013年在××A基础上二次开发了案涉“××B”系统软件，其中由某科技公司自行编写的源代码超过26万行。

某通信公司通过谢甲设立了某网络公司作为其研发机构，以某网络公司名义招募了刘甲、吴甲等多名某科技公司的前员工，通过复制并修改案涉软件源代码的方式，开发了与“××B”软件实质性相似的同类软件。

某科技公司以侵害计算机软件著作权为由提起诉讼。各被告在诉讼中主张“GPL抗辩”，认为“××B”软件源代码是在开源框架××A的基础上进行的开发，受到GPL2.0开源许可证（以下简称GPLv2）的约束，某科技公司并未按照该许可证将“××B”源代码开源，因此并不享有软件著作权，也无权指控他人侵害其著作权。

【案件焦点】

1. 某科技公司是否拥有××B系统软件著作权；2. 某通信公司等被告是否存在侵害某科技公司××B系统软件著作权的行为。

【法院裁判要旨】

江苏省苏州市中级人民法院经审理认为：基于××A开源框架开发软件的著作权归属应区分不同情况，基于开源产品本身进行的功能修改、优化及开发，应按开源协议确定其著作权归属；但只是调用开源产品或者在开源产品之上进行二次开发，开发者付出创造性劳动足以构成独立作品的，则由开发者享有著作权，被告主张开发者一概无著作权或著作权属于××A开源代码权利人，缺乏依据。关于某科技公司是否应当遵循GPL协议进行开源的问题，根据GPL协议，其许可客体是在GPL协议许可下批准的受版权保护的程序以及基于该程序的衍生产品或修订版本，不能简单地认为与该程序相关的所有软件必须开源。某网络公司的举证仅证明涉案网关软件含有开源代码，不能证明该软件仅是对开源代码的使用（增改或删减）。本案中无证据表明“××B”系统软件各目录下均存在GPL协议开源代码，且“××B”系统软件源代码并非公开，不存在被告有权在GPL协议授权下使用第三方开源程序并构建衍生软件产品的先决条件。

江苏省苏州市中级人民法院依照《中华人民共和国著作权法》（2010 修正）第三条第八项、第十条、第四十八条第一项、第四十九条，《计算机软件保护条例》第二十四条第一款第一项之规定，作出如下判决：

一、某通信公司、某网络公司立即停止侵害某科技公司“××B”系统软件计算机软件著作权的行为；

二、某通信公司、某网络公司共同赔偿某科技公司经济损失及维权合理费用共计 50 万元；

三、某通信公司应就涉案侵权事项在其官网刊登告示以消除影响；

四、驳回某科技公司的其他诉讼请求。

某通信公司、某网络公司不服一审判决，提起上诉。

最高人民法院经审理认为：在××A 系统软件权利人并非本案当事人情形下，基于合同相对性原则，本案不宜对涉案软件是否全部或部分受 GPLv2 协议约束、某科技公司是否违反 GPLv2 协议以及某科技公司是否因此需承担任何违约或侵权责任等问题进行审理。即便假定某科技公司因违反 GPLv2 协议导致涉案软件存在权利瑕疵，该假定瑕疵亦不影响某科技公司在本案中针对被诉行为寻求侵权救济。但本案最终认定被诉行为构成侵权并支持某科技公司部分诉请，并不表明某科技公司将来在潜在的违约或侵权之诉中可免予承担其依法应当承担的违约或侵权责任。

最高人民法院依照《中华人民共和国民事诉讼法》第一百七十条第一款第一项之规定，作出如下判决：

驳回上诉，维持原判。

【法官后语】

本案入选《最高人民法院知识产权法庭成立五周年 100 件典型案例》[①]，既为我国软件从业者的研发方向及风险防范提供了指引，也有利于规范开源软件

---

① 《最高人民法院知识产权法庭成立五周年 100 件典型案例》，载最高人民法院网站，https：//www. court. gov. cn/zixun/xiangqing/425832. html，最后访问时间：2025 年 3 月 29 日。

的商业化市场秩序。

开源软件源自国外的“自由软件运动”，其英文为“Copyleft”，意为与版权（Copyright）“相左”，由于“开源”与“知识产权保护”天然地具有一定的对抗性，如何将二者完美“嫁接”，一直以来都是法律界与软件界积极探索的话题。对于违反开源协议不将二次开发的源代码进行开源的开发者，是否能向他人主张其著作权，在实务界存在争议。本案两审法院分别从不同角度对这一争议问题进行了说理，合理界定了开源软件二次开发者的权利边界。

一、二次开发软件的著作权归属：开源义务不影响对二次开发者独创性贡献的判断

基于开源产品开发软件的著作权归属，应区分不同情况：其一，基于开源产品本身进行的功能修改、优化及开发，应按开源协议确定其著作权归属。其二，调用开源产品或者基于开源产品之上进行的二次开发，只要开发者付出了创造性劳动足以构成独立作品，则开发者当然对软件享有著作权。

在第二种情形下，软件开发者是否未尽开源义务和是否基于其独创性贡献享有涉案软件著作权并不必然相关。也即，“是否遵循开源许可证进行开源”与“是否有权针对侵权行为进行维权”是两个相对独立的法律问题。若将二次开发软件视为在开源软件基础上再创作而形成新的作品，开源协议可理解为附解除条件的许可合同。即便二次开发者使用了开源代码而未履行许可证义务具有法律上的可责性，其软件产品具有权利瑕疵。但该行为应由开源产品权利人主张违约或侵权责任，属于另案法律纠纷。在满足独创性要求，构成新作品的情况下，二次开发者基于自有代码所享有的，排除他人未经许可的复制、使用的权利并不应被当然地剥夺。

二、GPL协议约束范围的判断：基于通信机制进行判定是否受开源义务约束

某科技公司开发的“××B”软件具体可分为两个部分：一部分是对开源代码进行增删、修改、调整而形成的涉案软件底层系统（以下简称底层系统软件），另一部分则是与涉案软件具体功能相对应的新增源代码形成的上层功能

软件。某科技公司在底层系统软件与上层功能软件之间采用套接字（socket）与命令行（command line）等技术手段建立了隔离层，且二者之间通信内容不涉及内部数据结构信息，由此使得上层功能软件构成GPLv2协议项下“独立且分离的程序”。

本案中，由于开源软件权利人并不涉诉，难以认定，也不必认定涉案软件是否受GPL协议开源义务约束。但如要判定GPL协议约束范围，应考察软件自有部分与开源软件的通信机制，具体涉及底层系统软件是否受GPLv2协议约束、上层功能软件是否构成GPLv2协议项下“独立且分离的程序”、两者间采用的隔离技术手段、通信方式、通信内容等如何界定，以及软件领域对GPLv2协议传导性的通常理解与行业惯例等。以通信机制来判断开源义务的约束范围同样也符合GPL协议发布者自由软件基金会组织的观点。

三、责任范围的界定：考虑权利软件中的独创性部分与被诉侵权软件代码的相似比例

基于他人适用GPL协议发布的开源产品二次开发的软件，在作侵权认定时，可以不考虑二次开发的软件是否整体被GPL协议传染，但认定判赔金额时，有必要将开源产品部分的软件代码排除在外，仅考虑原告所主张权利软件中其有独创性表达的开发部分与被诉侵权软件代码的相似比例。“××B”软件是在××A系统软件基础上经二次开发形成的独立软件，由于××A系统软件已是较为成熟的通信控制软件，且为该软件作出贡献的开发者众多，编写的代码量较大，权利人不应获得开源部分所带来的利益，故在计算侵权损失过程中需遵循比例原则，着重考虑某科技公司二次开发部分在整体软件作品中所占比例，合理地剥离已开源部分，仅计算涉案软件中某科技公司有独创性表达的开发部分。

编写人：江苏省苏州市中级人民法院　管祖彦　李昕玥

5

“避风港规则”在短视频平台责任判定中的创新性适用

——某文化公司诉某网讯公司侵害作品信息网络传播权案

【案件基本信息】

1. 裁判书字号

上海知识产权法院（2022）沪73民终275号民事裁定书

2. 案由：侵害作品信息网络传播权纠纷

3. 当事人

原告（被上诉人）：某文化公司

被告（上诉人）：某网讯公司

【基本案情】

某文化公司系影视剧《××A》在约定区域独家信息网络传播权的权利人。××视频是由某网讯公司开发及运营，面向用户提供网络存储空间及搜索服务的产品，可向用户提供个性化视频分享、信息流浏览、评论、直播、搜索、虚拟社区币等功能及服务。

在某网讯公司运营的××视频搜索框内搜索“××A”，页面出现涉案视频，左方出现“××A中文免费观看全集”等相关推荐。依次点击“搞笑四川方言：××A破案讲四川话，你确定你不是在搞笑?”（播放量9.5万次）、“××A：甲发现了乙的真实身份！是乙向她坦白了?”（播放量4.5万次）、“××A：强盗集团抓了乙，他们还嫌弃乙很吵！”（播放量2.9万次）、“××A——十大离奇案件”（播放量385次）等共计198个××视频进行播放，均可正常播放，视频中均有

××视频的水印 logo[①]。其中，在“××A：甲发现了乙的真实身份！是乙向她坦白了?”播放框内的左下角，出现有“学日语 来樱花 ××A_ 免费申……”的广告。在页面播放框右侧有“接下来播放”栏目，该栏目中的视频也均与涉案作品有关。涉案视频的播放量从 1 次至 12 万次不等，其中播放 1 万次以上的有 30 个，超过 5 万次的有 6 个。

【案件焦点】

短视频平台作为网络服务提供者，其注意义务的边界及责任判定问题。

【法院裁判要旨】

上海市浦东新区人民法院经审理认为：对于短视频平台的责任的判定，司法既不能超越技术发展而对其科以过高的注意义务，亦不能任其躲进“通知—删除”的避风港而对大量可能的侵权行为视而不见。对短视频平台是否具有过错及应否承担责任的判定，应坚持管理能力与技术发展水平相适应，保护权利与促进作品传播相平衡、责任承担与经济收益相对等的基本原则，综合网络服务提供者提供服务的性质，权利作品的知名度，引发侵权可能性的大小，是否对被诉侵权作品进行了选择、编辑、推荐，是否从被诉侵权作品中获得收益等因素加以考量。本案中，某网讯公司未尽到合理的注意义务，对侵权行为的发生具有过错，应当承担侵权责任。具体理由如下：

1. 被诉侵权平台“××视频”是专业的短视频网站。某网讯公司将自己经营网站“××视频”定义为用户提供海量优质短视频内容的专业聚合平台。作为专业的短视频聚合网站，某网讯公司应对短视频的发展现状及可能存在的侵权行为有更为深入的了解，并采取合理措施避免侵权行为的发生。

2. 涉案权利作品具有较高的知名度。涉案权利作品《××A》在中国具有较高的知名度，某文化公司提交的其在授权给第三方视频平台上的较高的观看量和观影热度。

---

① 标志、标识。

3. 被诉侵权行为属于容易引发侵权的领域。一般而言，知名度较高的综艺节目、体育赛事节目、动漫作品属于短视频侵权易发领域。某网讯公司作为专业的短视频网站，对此应尽到相应的审慎注意义务。此外，涉案被诉侵权视频的部分上传者通过其用户名及上传数量即可判断其上传的短视频可能存在侵权行为，如名称为“××爱动漫”“××侃动漫”“动漫××站”的上传者，其用户名中均含有“动漫”字样，其粉丝量最高者达5.4万人，上传视频最多者近2000个，视频播放量最高者近2000万次。对如此大规模上传容易发生侵权的动漫作品的自然人用户，作为平台的某网讯公司对此应尽到与其专业短视频网站相应的注意义务。

4. 某网讯公司未采取积极预防侵权的合理、有效措施。在案证据显示，被诉侵权视频中除大量短视频外，也存在时长在20分钟以上的5个完整剧集的长视频，且该5个视频的名称直接标明了涉案权利视频的剧集名称“××A”及集数。日本动漫作品每集剧集的时长通常为20分钟左右，某网讯公司作为专业的短视频网站，在网络用户上传过程中完全可以通过设置动漫时长、动漫名称等关键词将完整剧集的知名动漫作品予以屏蔽，被告在此过程中未采取积极预防侵权的合理、有效措施。

5. 被诉侵权平台有投放广告的行为，且存在根据被诉侵权视频的类型有针对性地投放广告的行为。根据本案查明的事实，部分被诉侵权视频中存在片尾广告和弹窗广告，且部分弹窗广告中有“学日语 来樱花××A_ 免费申……”的字样。某网讯公司平台此种在涉案日本动画片中投放日语广告且在广告中含有“××A”字样行为，即使某网讯公司认为系根据大数据技术进行的精准投放，但此种将广告投放与被诉侵权视频直接关联的行为，亦证明其对被诉侵权行为的发生存在主观上的放任。

综上，某网讯公司作为网络服务提供者，未尽到与其应当具备的管理信息的能力相应的注意义务，存在过错，构成对某文化公司权利作品信息网络传播权的间接侵权。

上海市浦东新区人民法院依照《中华人民共和国著作权法》第十条第十二

项、第五十三条、第五十四条第一款至第三款，《最高人民法院关于审理侵害信息网络传播权民事纠纷案件适用法律若干问题的规定》第七条第一款、第八条、第九条、第十一条以及《最高人民法院关于审理著作权民事纠纷案件适用法律若干问题的解释》第七条、第二十五条第一款及第二款之规定，判决如下：

一、被告某网讯公司于本判决生效之日起十日内赔偿原告某文化公司经济损失及合理开支 100000 元；

二、驳回原告某文化公司的其余诉讼请求。

一审判决后，某网讯公司提起上诉。后其申请撤回上诉，上海知识产权法院作出民事裁定书，准许其撤回上诉。

【法官后语】

网络服务提供者侵权责任的认定问题，已经在多年的立法及司法实践中总结为“避风港规则”。而在人工智能时代，作为技术受益者的短视频平台已经从一个被动的信息服务提供者转变成为一个比较积极的内容信息传播者。“避风港规则”在司法实践中出现了因技术发展不对等从而导致当事人之间权利、义务不均衡现象，有必要在司法实践中对该规则予以创新性适用。

一、现行短视频平台责任承担的判断标准——“避风港规则”

“避风港规则”又被称为“通知—删除”规则，它出现在以人工通知与人工审核为制度预设的时代。该规则界定了网络服务商和版权人各自的责任范围，相较于网络服务提供者，版权人在查找和识别版权侵权方面具有更强的敏感性，故版权人负责监测侵权内容并发送通知，被动提供信息储存、定位技术服务的网络商在不知晓侵权事实的前提下，接到通知之后迅速移除侵权内容，即可免除赔偿责任。“避风港规则”既帮助权利人在不动用行政或司法的力量前提下快速进行权利救济，也为网络服务提供者设置了有限的、可预期的责任，较好地协调了两者的利益诉求。

我国通过立法的形式引入并确认了“避风港规则”。根据《中华人民共和国民法典》《信息网络传播权保护条例》《最高人民法院关于审理侵害信息网络传播权民事纠纷案件适用法律若干问题的规定》等法律、司法解释的规定，用户未经许可擅自上传侵权视频的行为构成侵犯信息网络传播权，属于直接侵权行为；短视频平台作为提供信息存储空间服务的网络服务提供者，其对侵权视频并不负有主动的事先审查义务，仅在明知或应知用户存在侵害信息网络传播权的直接侵权行为后，未采取删除、屏蔽、断开链接等必要措施的，构成帮助侵权行为，承担间接侵权责任。

二、“避风港规则”在短视频平台责任判定中面临的挑战

在人工智能时代，作为技术受益者的短视频平台已经从一个被动的信息服务提供者转变成为一个比较积极的内容信息传播者，与作为技术受损者的版权人之间的力量强弱对比发生显著变化，在此情形下，“通知—删除”规则的不适应性逐渐凸显。

（一）版权人的通知难度提升

当前，算法推送技术的商业应用弱化了版权人对作品传播的支配力，加大了其利用通知救济程序快速维护自身权利的难度。主要体现在：

1. 平台用户侵权呈现分散化

在“用户创造内容”模式下，大众既是内容的消费者，也是内容的生产者。普通用户在制作和上传视频的过程中，由于版权意识淡薄，很容易将借鉴与抄袭混同，直接使用他人受到版权保护的作品进行创作。本案中，即是众多“××号”账号对涉案作品片段进行切片、搬运并上传至“××视频”平台。该类涉嫌侵权的短视频借助算法推送的传播，版权人通常很难一一进行查找并维权，即使版权人采用算法发送侵权通知，也存在定位不精确、查找不全面、成本耗费高等问题。

2. 算法推送机制改变了信息的传播方式和获取方式

侵权短视频往往以“即时流动”的样态进行传播，内容扩散路径具有较高的隐蔽性。本案中，“××视频”即有这样一个功能，即在浏览完一个涉案被诉侵权视频后，平台会根据算法自动推荐下一个关联视频。而该关联视频可能系由平台上不同的用户上传的。因此，即便权利人发现了侵权并且成功向平台发

送侵权通知，对于具有时间敏感性的作品而言，等到平台完成审查并采取相应的措施时，传播范围已然很广。

（二）短视频平台“必要措施”治理滞后

在“避风港规则”中，不管是平台接到权利人的通知后对侵权内容进行处置并把侵权通知转送给网络用户，还是平台在接收到用户发出的反通知后，立即恢复被处置的内容并将反通知转送给权利人，主动发现侵权事实的义务并不由网络平台承担，平台在其中仅需根据权利人或用户的“指令”被动地履行相应的程序。

1. 采取“必要措施”的时间节点具有滞后性

当前，基于内容储存服务平台的运营理念，平台利用算法推送用户上传的侵权视频，既能够规避版权许可费用，又可以收割大量商业利益，而且其只需履行通知后的“必要措施”，或是处置已经像一面鲜亮的“红旗”在其面前飘扬的侵权事实，便可免予承担赔偿责任，那么，即使平台在算法推送过程中接触到或是知晓相关侵权内容的存在，也仍然可能为了攫取流量利益而偏向于采取“不通知，不负责”“等通知，再负责”的“鸵鸟心态”帮助侵权视频传播。由此可知，“必要措施”的事后性和被动性似有成为相关网络服务提供者赚取侵权利益的“挡箭牌”。

2. 采取“必要措施”的治理对象具有模糊性

《中华人民共和国民法典》在确立“避风港规则”时，将“通知—移除”规则中的“移除”表述为“必要措施”，这在一定程度上提高网络服务提供者承担的义务。但是该规则并没有指明，“必要措施”所指向的除了经版权人明确通知的某个作品的侵权事实外，是否还包括针对该作品的其他类似被侵权行为或是同一用户的重复侵权行为。当平台对经版权人通知的特定侵权事实采取措施时，相同或者其他用户上传的同类或是类似侵权视频又经由算法被推送到众多的用户信息接收端口。如果平台并无对此类重复侵权或者类似侵权行为则不能纳入“必要措施”的治理范畴，那么“必要措施”必然难以发挥立法者预设的治理效果。

三、“避风港规则”在司法实践中的创新性适用

基于“避风港规则”在治理短视频领域侵权问题时的滞后性，有必要要求短视频平台采取“与其技术能力、经营规模以及服务类型相适应的预防侵权措施”，同时基于算法推送的短视频平台的信息管理能力，亦应承担“更高注意义务”。现结合本案详述如下：

（一）短视频平台应积极采取预防侵权的合理、有效措施

本案在案证据显示，被诉侵权视频中除大量短视频外，也存在时长在20分钟以上的5个完整剧集的长视频，且该5个视频的名称直接标明了涉案权利视频的剧集名称“××A”及集数。日本动漫作品每集剧集的时长通常为20分钟左右，被告作为专业的短视频网站，在现有技术条件下，完全可以通过设置动漫时长、动漫名称等关键词将完整剧集的知名动漫作品，在事前予以限制用户上传，在事后通过技术措施予以屏蔽展示。因此，被告作为短视频平台在此过程中未积极采取预防侵权的合理、有效措施。

（二）对易发侵权领域的作品应尽到更高的注意义务

通常情况下，知名度较高的综艺节目、体育赛事节目、动漫影视作品等属于短视频侵权易发领域。作为专业运营短视频的平台，应当对该等相关领域的作品特别是上传数量庞大的个人用户施以更高的注意义务。本案中，涉案被诉侵权视频的部分上传者通过其用户名及上传数量即可判断其上传的短视频可能存在侵权行为，如名称为“××爱动漫”“××侃动漫”“动漫××站”的上传者，其用户名中均含有“动漫”字样，其粉丝量最高者达5.4万人，上传视频最多者近2000个，视频播放量最高者近2000万次。对如此大规模上传容易发生侵权的动漫作品的自然人用户，作为平台的被告未采取相关的措施，未尽到与其专业短视频网站相应的注意义务，应承担相应的责任。

（三）有针对性投放广告行为的应提高注意义务

根据本案查明的事实，部分被诉侵权视频中存在片尾广告和弹窗广告，且部分弹窗广告中有“学日语 来樱花 ××A_ 免费申……”的字样。被告平台此种在涉案日本动画片中投放日语广告且在广告中含有“××A”字样行为，即使

被告认为系根据大数据技术进行的精准投放，但此种将广告投放与被诉侵权视频直接关联的行为，亦证明其对被诉侵权行为的发生存在有主观上的放任。同时，法院认为，本案被告此种广告投放行为已不再是为“提供网络服务而收取一般性广告费、服务费”，而属于“网络服务提供者针对特定作品、表演、录音录像制品投放广告获取收益，或者获取与其传播的作品、表演、录音录像制品存在其他特定联系的经济利益”，被告因此负有较高的注意义务。

（四）算法推荐并不当然免除短视频平台的注意义务

算法推荐是利用机器深度学习，分析用户历史行为记录数据，提取用户兴趣偏好，从而向用户实现精准信息推送的技术。但在算法推荐技术深度嵌入短视频平台商业运营模式的情境下，算法推荐并不能因为“技术中立”而当然免除短视频平台的注意义务。因为算法推荐机制运行过程中，机器进行用户数据收集、内容偏好识别和精准推送行为的底层逻辑体现了算法撰写者的价值取向与利益计算，技术中立表象下隐藏着平台追逐用户黏性和商业利益的实质。本案中，在播放某一被诉侵权短视频时，在页面播放框右侧有“接下来播放”栏目，该栏目中的视频也均与涉案作品有关。这其实即一种算法推荐。如果在推荐播放的短视频播放量极高、上传人为个人用户且用户名为“动漫加油站”等极有可能为侵权账号的情况下，被诉侵权行为已然像“红旗”一样明显，被告的算法推荐抗辩并不能免除短视频平台的责任。

综上，关于短视频平台“更高注意义务”的判定上，有两点仍需注意：一是在范围上，“更高注意义务”以一般性注意义务为参照，但整体上不应当超过人工推荐模式下的注意义务，更不能够等同于事先的、全面的审查义务；二是在内容上，“更高注意义务”应当从事前、事后两个维度进行建构，将事前的版权过滤义务与事后的通知救济义务相结合。一方面，事前的版权过滤既可以增强版权人控制作品传播的能力，也能够消减后期海量通知带给平台的移除压力以及个性化推送机制可能引发的侵权风险；另一方面，事后平台方根据权利人的通知所采取的“必要措施”，也能够降低其事前过滤的成本，有效阻断侵权内容的进一步传播。

编写人：上海市浦东新区人民法院　姜广瑞

6

复制品制作者适用合法来源抗辩的条件有别于发行者，须为有“合法授权”

——甲服装贸易公司诉乙贸易公司等著作权侵权案

【案件基本信息】

1. 裁判书字号

广东省中山市中级人民法院（2023）粤20民终391号民事判决书

2. 案由：著作权侵权纠纷

3. 当事人

原告（被上诉人）：甲服装贸易公司

被告（上诉人）：乙贸易公司、某制衣厂

被告：某科技公司

【基本案情】

甲服装贸易公司是美术作品《××A》的著作权人，作品完成时间、首次发表时间为2018年3月7日。2021年8月30日，甲服装贸易公司的委托代理人在网店“××旗舰店”（经营者：乙贸易公司）购买被诉侵权产品T恤1件。衣服前胸是以花旦漫画形象为主的图案，该图案与诉请保护作品在人物头身比例、面部构图的基本美术元素及造型、姿势等方面均基本相同。

被诉侵权产品由某制衣厂生产，吊牌标注企业名称为“某制衣有限公司”。所用图案是乙贸易公司委托某科技公司广州分公司设计，双方于2021年4月12日签订《款式图稿/企划 设计服务合同》，约定由该公司为乙贸易公司提供50款定制款式版单，服务时间自2021年4月17日起至2022年4月17日止，服务费用29000元，并保证被采用的设计版单为其原创设计，相关版权或其他知识产权在乙贸易公司付清款项后归乙贸易公司所有；除定制花稿/图案服务外，设计服务中使用的第三方图片仅起到为乙贸易公司提供指导参考作用，乙贸易公司如需使用，须获取图片著作权人授权。乙贸易公司支付了服务费。2021年4月17日，设计方人员向乙贸易公司发送5款设计稿确认单，其中1款连衣裙的胶印图案及字样与被诉侵权产品的胶印相同。诉讼中，某科技公司客服告知乙贸易公司，被诉图案是在甲服装贸易公司注册版权图稿上进行的衍生款，“我们的图稿，主要是衣服款式的设计，图稿只是占其中一部分相当于配饰的图稿，我们会借鉴一些图形，进行衍生创作”。

乙贸易公司注册资本100万元，经营范围为销售（含利用互联网销售）服饰、服装等，案发时法定代表人为赵甲。某制衣厂为个人独资企业，出资额3万元，业务范围于2021年6月17日由加工、生产、销售服装变更为服装、服饰制造、批发、零售、互联网销售等，案发时投资人为赵甲。某科技公司注册资本1000万元，经营范围为服饰设计及销售等；其分支机构某科技公司广州分公司在诉讼中被注销。

【案件焦点】

1. 被诉侵权产品使用的图案与甲服装贸易公司诉请保护作品是否构成相同或实质性相似；2. 乙贸易公司、某制衣厂主张的合法来源抗辩是否成立。

【法院裁判要旨】

广东省中山市第一人民法院经审理认为：被诉侵权产品T恤上使用的花旦漫画图案与甲服装贸易公司诉请保护的美术作品构成实质性相似。甲服装贸易公司的案涉作品及使用作品的T恤已于2018年3月公开发布，被告完全有接触该在先作品的合理机会。在未经甲服装贸易公司许可的情形下，生产被诉侵权产品的行为构成对其作品复制权的侵犯，而销售该产品的行为构成对其作品发行权的侵犯。因侵权行为发生时，乙贸易公司的法定代表人及某制衣厂的投资人均为赵甲，两被告属关联企业，某制衣厂为乙贸易公司生产被诉侵权产品并向乙贸易公司经营的网店买家发货，二者构成共同侵权。而某科技公司广州分公司承接销售商乙贸易公司的服装版单设计项目，对版单用于服装生产、销售应当是明知的，其仍向乙贸易公司提供侵权图案形象，与乙贸易公司构成共同侵权。根据《中华人民共和国公司法》第十四条第一款规定，某科技公司广州分公司的民事责任由某科技公司承担。

关于乙贸易公司、某制衣厂主张的合法来源抗辩是否成立的问题。甲服装贸易公司提供的证据不能直接证明诉请保护作品的知名度，仅能证明在其成立以前，其法定代表人江某创立的创可贴 T 恤品牌具有一定知名度。品牌知名度与作品知名度仍应有所区别。但是，乙贸易公司作为经营规模较大的销售服饰、服装行业的从业者，对其定制、销售的产品是否侵犯他人知识产权，理应比一般消费者负有更高的审查注意义务。虽然设计服务合同中有某科技公司广州分公司关于设计版单为原创设计的保证内容，但结合中某云衣图、微信聊天记录来看，双方约定 50 款设计版单设计服务费合共 29000 元，在设计内容包括服装款式、尺寸、面料、配饰图案等的情形下，价格相对较低；某科技公司广州分公司在签订合同 5 天内就向乙贸易公司提供 5 款设计版单，未见被诉侵权图案的设计立意、过程，亦未见乙贸易公司专门针对相关图案的著作权进行审查；在收到诉讼文书后，乙贸易公司才向设计方提出索要设计过程来证明是其设计成果。据此，法院认定乙贸易公司未尽到合理的审查注意义务。某制衣厂作为乙贸易公司的关联企业，其主观上亦非善意不知情。乙贸易公司、某制衣厂主张的合法来源抗辩不成立。

关于赔偿责任的数额问题。因甲服装贸易公司未能举证证明其实际损失或者侵权人的违法所得，综合考虑作品类型、独创性程度、合理使用费、侵权行为性质、后果、侵权产品的价格、销量等情节，法院酌情认定赔偿数额为 18000 元（含甲服装贸易公司为制止侵权的合理支出）；对甲服装贸易公司诉求超出部分，不予支持。

广东省中山市第一人民法院依照《中华人民共和国著作权法》第三条第四项、第十条、第十一条、第十二条、第五十二条、第五十三条、第五十四条、第五十九条，《中华人民共和国公司法》第十四条第一款，《最高人民法院关于审理著作权民事纠纷案件适用法律若干问题的解释》第七条、第十九条、第二十五条、第二十六条，《最高人民法院关于知识产权民事诉讼证据的若干规定》第四条，《中华人民共和国民事诉讼法》第六十七条第一款、第一百四十七条之规定，判决如下：

一、被告乙贸易公司、某制衣厂停止生产、销售侵害原告甲服装贸易公司美术作品《××A》著作权之商品的行为；

二、被告某科技公司停止对外提供侵害原告甲服装贸易公司美术作品《××A》著作权之形象的行为；

三、被告乙贸易公司、某制衣厂、某科技公司向原告甲服装贸易公司赔偿经济损失 18000 元（含甲服装贸易公司为制止侵权的合理支出）；

四、驳回原告甲服装贸易公司的其他诉讼请求。

乙贸易公司、某制衣厂不服一审判决，提起上诉。

广东省中山市中级人民法院同意一审法院裁判意见，判决：

驳回上诉，维持原判。

【法官后语】

合法来源抗辩是通过寻求权利人和善意第三人之间利益平衡点，旨在保护权利人著作权的同时，兼顾市场交易中善意销售者基于信赖利益做出的民事法律行为，维护经济秩序的稳定，保障正常商业活动顺利进行。

在著作权侵权案件中，适用复制品合法来源抗辩的主体既包括被诉侵权复制品的出版者、制作者，又包括发行者及特殊作品和制品的出租者。根据《中华人民共和国著作权法》第五十九条，《最高人民法院关于审理著作权民事纠纷案件适用法律若干问题的解释》第十九条规定，复制品的制作者应当对其制作的复制品、发行者应当对其发行的复制品有合法来源承担举证责任。

不同主体适用合法来源抗辩的条件不同。

1. 针对出版者、制作者，法律规定是“合法授权”，复制品的出版者、制作者不能证明其出版、制作有合法授权，即复制他人作品是经过著作权人授权许可的，就推定其主观上有过错，应当承担法律责任。本案中，乙贸易公司复制诉请保护作品用于服装产品之上，并未取得著作权人甲服装贸易公司的授权许可，其主观上是存在过错的。结合设计服务合同、中某云衣图、微信聊天记录等证据进行分析，虽然合同中有乙方关于设计版单为原创设计的保证内容，但约定的设计服务费价格相对较低，还有设计服务中会使用第三方图片为甲方提供指导参考作用的内容。乙贸易公司作为经营规模较大的销售服饰、服装行业的从业者，某制衣厂作为生产者及乙贸易公司的关联公司，对其生产制作和销售的产品是否侵犯他人知识产权，理应比一般消费者负有更高的审查注意义务，乙贸易公司在收到本案诉讼文书后才向设计方提出索要设计过程来证明是其设计成果，明显未尽到必要的审查注意义务。

2. 发行者、出租者的举证责任则是证明“复制品有合法来源”，有合法的取得渠道，不需要其保证作品本身合法。《最高人民法院关于知识产权民事诉讼证据的若干规定》第四条规定：“被告依法主张合法来源抗辩的，应当举证证明合法取得被诉侵权产品、复制品的事实，包括合法的购货渠道、合理的价格和直接的供货方等。被告提供的被诉侵权产品、复制品来源证据与其合理注意义务程度相当的，可以认定其完成前款所称举证，并推定其不知道被诉侵权产品、复制品侵害知识产权。被告的经营规模、专业程度、市场交易习惯等，可以作为确定其合理注意义务的证据。”有关合理注意义务的内容涉及行为人是否知道或者应当知道获得的商品为侵权商品，及被诉侵权商品的来源。审判实践中，考虑到作品形式和类型的多样性，且作品是采用自愿登记，一般销售者无从得知其所销售的商品是否为侵犯他人著作权的产品，对此应当先审查其产品来源是否清晰、渠道是否合法，是否符合通常交易惯例，再结合销售者的经营资质、经营规模的大小、经营能力的强弱等因素进行综合判断。

3. 著作权法对出版者、制作者和发行者、出租者规定不同的抗辩理由，主要原因是前者是直接制作侵权复制品的主体，其主要获利方式是基于制作行为，因此需要以获得权利人的合法授权为前提。而发行者、出租者则是通过销售或出租复制品来传播侵权产品的主体，其获利的主要方式是购进商品与出售（或出租）商品间的差价，并非主要基于作品著作权所产生的价值；且作品复制品上既承载着商品的物权，也承载着作品的著作权，为平衡物权所有人和著作权人的利益，促进商品的市场流通，不应对其科以过高的审查义务。虽然该判决对小型个人独资企业某制衣厂的合法来源抗辩不予支持，但原因在于某制衣厂与乙贸易公司存在关联关系，构成共同侵权，通过对两者合法来源抗辩是否成立的分析，寻找了现行法律的依据，确立判断标准，可为同类案件裁判思路提供有益的借鉴。

编写人：广东省中山市第一人民法院　巫洁涛

7

合法来源抗辩中“在先司法判决”对“注意义务”的影响

——王某诉北京某文化传播有限公司侵害作品发行权案

【案件基本信息】

1. 裁判书字号

北京知识产权法院（2022）京73民终2735号民事判决书

2. 案由：侵害作品发行权纠纷

3. 当事人

原告（被上诉人）：王某

被告（上诉人）：北京某文化传播有限公司（以下简称某公司）

【基本案情】

王某系涉案美术作品的著作权人，并经最高人民法院于2020年9月3日作出的（2020）最高法民再243号民事判决书确认。2021年9月10日，王某在某公司于某电商平台开设的店铺“某图书专营店”购买“2018某台历”一本，其上记载该台历由毛某编著，由河南某出版社有限公司出版。该台历封面使用的剪纸“福”字左边为一狗造型，系文字图形组合体，该剪纸图文与涉案美术作品整体高度近似。

河南某出版社有限公司批销业务清单显示，2017 年 11 月 1 日，销售《2018 某台历》至北京某书店有限公司 30 本。2016 年 12 月 25 日，河南某出版社有限公司与北京某书店有限公司签订《图书采购协议》，合同有效期为 2017 年 1 月 1 日至 2018 年 12 月 31 日。2021 年 1 月 1 日，某公司与北京某书店有限公司签订《网点图书供销合作协议》，合同有效期为 2021 年 1 月 1 日至 2022 年 12 月 31 日。

王某向法院提出诉讼请求，主张某公司销售《2018 某台历》的行为侵犯了署名权、修改权、发行权、信息网络传播权，要求其赔礼致歉，赔偿经济损失，并适用惩罚性赔偿责任。

【案件焦点】

“在先司法判决”认定案涉产品使用了侵权作品，行为人销售案涉产品时的注意义务应当如何界定，其主张的合法来源抗辩是否成立。

【法院裁判要旨】

北京市西城区人民法院经审理认为：王某享有涉案美术作品的著作权。某公司 2021 年 9 月在其电商平台店铺“某图书专营店”销售了《2018 某台历》。某公司与北京某书店有限公司签订的《网点图书供销合作协议》系 2021 年签订，2020 年 9 月 3 日，最高人民法院作出（2020）最高法民再 243 号民事判决书，确认河南某出版社有限公司侵犯王某著作权，河南某出版社有限公司与北京某书店有限公司在 2021 年应当已知《2018 某台历》存在侵权行为，应该对于《2018 某台历》采取措施，而某公司作为专业的图书经销商，在 2021 年向北京某书店有限公司进购书籍时应当对所经销的图书提高审查注意义务；某公司与北京某书店有限公司签订的图书购销合同中，没有明确图书种类，亦未显示其已对进购图书进行知识产权方面的审查。故某公司销售涉案作品存在过错，某公司在没有经过王某授权的情形下出售带有王某美术作品的台历产品，侵害了王某对涉案美术作品享有的发行权。王某主张某公司侵害其对涉案美术作品的署名权、修改权、复制权、信息网络传播权，不能成立。

北京市西城区人民法院依照《中华人民共和国著作权法》第十条、第十二条、第五十三条、第五十四条规定，判决如下：

一、本判决生效之日起七日内，某公司赔偿王某经济损失及维权合理支出共计 6000 元；

二、驳回王某的其他诉讼请求。

某公司不服一审判决，提起上诉。

北京知识产权法院经审理认为：关于某公司是否侵犯王某的署名权、修改权、复制权、发行权及信息网络传播权。（2020）最高法民再 243 号民事判决已经认定被诉侵权产品封面及脊背上使用的“福狗”图案与涉案美术作品构成实质性相似，河南某出版社有限公司未经著作权人许可将涉案美术作品使用在《2018 某台历》上并进行复制、销售的行为侵害了王某的著作权。因此，某公司未经著作权人许可销售被诉侵权产品的行为，侵害了王某就涉案美术作品所享有的发行权。因王某未提交证据证明某公司系被诉侵权产品的生产者、设计者，通过网络向不特定公众提供涉案作品，其主张某公司侵害涉案美术作品署名权、修改权、复制权、信息网络传播权缺乏事实和法律依据。

关于某公司的合法来源抗辩是否成立。对于通过正常渠道获取图书进行销售的销售者，苛责其负有持续主动搜集包括司法裁判在内的各类信息以判断所销售图书是否侵权的注意义务，将导致商品流通环节的此类经营者负担明显与其经营活动不匹配的过高成本与风险，严重影响其正常经营活动。因此，不能仅基于存在认定相关图书具有侵犯知识产权情形的在先判决，就认定其他销售该图书的经营者就判决后销售侵权图书的行为存在过错，进而排除合法来源抗辩的适用。本案中，某公司并非（2020）最高法民再 243 号案件的当事人，在王某未进一步举证的情况下，不能仅基于前述案件作出裁判的事实，就认定某公司在实施涉案销售行为前已知该案的裁判结论，存在过错。因此，一审法院的相应认定不妥。根据已查明的事实，某公司已经初步证明了对其销售的侵权图书具有的合法来源，其作为下游销售商已经尽到合理的审查义务，对销售侵权产品并无主观过错，不应承担损害赔偿责任，一审法院认定错误，二审法院予以纠正。

北京知识产权法院依照《中华人民共和国民事诉讼法》第一百七十七条第一款第二项规定，判决如下：

一、撤销北京市西城区人民法院一审民事判决；

二、某公司于本判决生效之日起十日内，支付王某维权合理开支50元；

三、驳回王某的其他诉讼请求；

四、驳回某公司的其他上诉请求。

【法官后语】

在知识产权侵权纠纷中，合法来源抗辩是不侵权抗辩的重要理由之一。合法来源抗辩制度设立的目的，是在保护知识产权的同时对善意侵权人给予合理的救济，维护双方当事人的利益平衡和交易的安全。如果善意侵权人因合法来源抗辩成立而不承担赔偿责任，则权利人只能通过向侵权产品的提供者主张权利而获得救济。因此在司法实践中，对于是否采信合法来源抗辩，通常是案件审理的难点。本案是一件典型案例，尤其是对于涉及权利认定的“在先司法判决”应当如何考量，其对判决之不特定案外人的注意义务是否有影响在司法实践中尚无明确定论。

一、本案审理的观点之争

本案一、二审裁判意见出现分歧，主要原因在于“在先司法判决”认定被控侵权产品使用了侵权作品的情况下，行为人销售被控侵权产品时的注意义务应当如何界定，其主张的合法来源抗辩是否成立，实践中存在以下不同的观点：

第一种观点认为，某公司应当承担侵权责任。某公司应当证明侵权产品系合法取得，尽到了合理的注意义务，并能说明产品提供者。“在先司法判决”已经确认了侵权的事实，司法判决是公开的，不特定人都可进行查询，因此，某公司对于已公开的侵权事实不审查，放任侵权结果的发生，主观上具有过错，应当承担侵权责任。

第二种观点认为，某公司不应当承担侵权责任。某公司在能证明侵权产品系合法取得，并能说明产品提供者的情况下，不应承担侵权责任。某公司作为销售方应当对其售卖的产品进行审查，但应根据客观情况综合认定，要求其对“在先司法判决”认定的侵权事实进行全面、专业审查，标准过高，对于销售方明显不公平，背离了此项制度设计的初衷。

本案二审持上述第二种观点，其得出这一判断缘于综合考虑了合法来源抗辩制度的价值功能、规范要义和被控侵权产品提供者与销售者之间注意义务的合理界定。

二、合法来源抗辩制度的价值功能和规范解析

合法来源抗辩当前被广泛适用于知识产权侵权纠纷中，通说认为，知识产权领域合法来源抗辩条款的法理依据是民法上的善意第三人理论，即通过免除善意制作、使用、销售者的经济赔偿责任，实现当事人之间利益的调和，进而促进商品流通具体来说，就是指销售者等特定的主体在被诉侵犯知识产权时，若能够举证自己不知道涉诉产品侵犯了他人的知识产权，并能够提供产品合法来源，即可免于承担侵权损害赔偿责任。

《中华人民共和国专利法》最早规定了合法来源抗辩制度，该法第七十七条将“不知道”与“合法来源”作为免除侵权产品使用者、销售者赔偿责任的必要条件予以规定。《中华人民共和国商标法》第六十四条第二款规定，“销售不知道是侵犯注册商标专用权的商品，能证明该商品是自己合法取得并说明提供者时，不承担赔偿责任”。《中华人民共和国著作权法》第五十九条与《中华人民共和国专利法》《中华人民共和国商标法》不同，采用了否定的表达方式，即复制品的出版者、制作者不能证明其出版、制作有合法授权的，复制品的发行者或者视听作品、计算机软件、录音录像制品的复制品的出租者不能证明其发行、出租的复制品有合法来源的，应当承担法律责任。《最高人民法院关于审理著作权民事纠纷案件适用法律若干问题的解释》（2020 修正）第十九条进

一步明确了举证责任。[①] 发行者对自己所经营的业务应当负有不侵犯他人著作权的比一般人更强的注意义务，应当保证经营中所涉及的复制品等的合法授权或者来源合法，举证不能的推定未尽到注意义务。[②]《中华人民共和国著作权法》相关规定的表述在司法实践中产生了不同理解，对于发行者的认定以及注意义务的标准如何把握等问题未形成统一的认识。

（一）对“发行者”和“销售者”概念理解的分歧

依照《中华人民共和国著作权法》第五十九条的规定，著作权领域合法来源抗辩适用的主体包括“发行者”和“出租者”。依照该法第十条第一款第六项之规定，“发行权，即以出售或者赠与方式向公众提供作品的原件或者复制件的权利”，即发行包括出售和赠与两种行为。那么，销售行为是否可以等同于出售行为，实践中的侵权复制品销售者是否可以直接认定为发行者而适用第五十九条规定，对此有不同认识[③]：一种观点认为，出售等同于销售；另一种观点认为，“出售”应理解为包括“首次销售”和“再次销售”，而“首次销售”是“生产并销售”的行为，不能适用合法来源抗辩，而“再次销售”者属于合法来源抗辩的主体。本案中的某公司作为图书复制品的销售者，应属于“再次销售”者，属于可以适用合法来源抗辩的主体。

（二）责任承担问题

由于《中华人民共和国著作权法》第五十九条采用了否定的表述方式，当该条规定的“发行者”和“出租者”能够证明侵权产品的“合法来源”时，

---

① 《最高人民法院关于审理著作权民事纠纷案件适用法律若干问题的解释》第十九条规定：“出版者、制作者应当对其出版、制作有合法授权承担举证责任，发行者、出租者应当对其发行或者出租的复制品有合法来源承担举证责任。举证不能的，依据著作权法第四十七条、第四十八条的相应规定承担法律责任。”

② 最高人民法院法院知识产权审判庭编：《最高人民法院知识产权司法解释理解与适用：最新增订版》，中国法制出版社2016年版，第278页。

③ 丁文严：《论知识产权侵权诉讼中合法来源抗辩的构成要件》，载《知识产权》2017年12期。

其是否不承担赔偿责任，对此亦存在不同意见①：一种观点认为，只要“发行者”和“出租者”能够证明“合法来源”就可以不承担赔偿责任；另一种观点认为，上述观点缺乏法律依据，即使“发行者”和“出租者”能够证明“合法来源”，也不一定不承担赔偿责任。笔者认为，为了更好理解《中华人民共和国著作权法》第五十九条，可以结合《中华人民共和国专利法》《中华人民共和国商标法》的相关规定，从法理依据、立法意图以及比较法角度来理解。法理依据如前所述合法来源抗辩源于民法上的善意第三人理论，《中华人民共和国专利法》《中华人民共和国商标法》从正面保护“善意侵权者”免除赔偿责任，《中华人民共和国著作权法》则从反面规定了过错推定原则，三部法律虽然从不同角度对合法来源抗辩制度进行了规定，但在知识产权领域内并不影响对合法来源抗辩制度保持一致的理解。故本案中某公司只要能够证明其“不知道”及具有“合法来源”，则免除赔偿责任。

三、行为人对销售被控侵权产品的注意义务认定

合法来源抗辩中需同时满足“不知道”及具有“合法来源”，对“不知道”的判断标准实际上就是行为人在法律上的注意义务判断之标准。民事侵权法领域的注意义务最早可追溯至中世纪的损害赔偿之诉，并随后与主体身份紧密联系，成为判定不同主体承担过错的依据。本质上，因主体身份地位的不同，受害人基于行为主体身份而产生信赖并因此产生相应的注意义务。② 社会生活是千变万化、错综复杂的，注意义务就是具体社会生活秩序对行为人的法律要求。因此在讨论注意义务时，要考虑环境、对象、场合，斟酌案件的具体情况，根据社会生活经验界定注意义务标准，判断行为人在涉案场景下是否尽到了“合理注意义务”。在现代侵权责任法中，注意义务构成过错责任核心要件，行为人未尽注意义务是构成过失的根据③。依照义务人所承担的注意义务，既可

---

① 丁文严：《论知识产权侵权诉讼中合法来源抗辩的构成要件》，载《知识产权》2017年12期。

② 刘伟斌：《生成式人工智能版权侵权注意义务的设置逻辑与制度安排》，载《网络法律评论》2024年第1期。

③ 屈茂辉：《论民法上的注意义务》，载《北方法学》2007年第1期。

以从其未履行注意义务而推定过错事实，也可以为义务人履行注意义务设定证明责任。复制品的出版者、制作者及发行者多为市场交易主体，应在实际经营过程中，依经营规模等承担一定注意义务①。但同时对其注意义务的标准或程度的把握则应考虑环境、对象、场合，斟酌案件的具体情况，根据社会生活经验界定注意义务标准，平衡各方利益，促进社会经济的有序发展。本案情形中，某公司作为不特定的再次销售者未参与在先司法案件审理程序的情况下，依照日常生活经验，难以知晓他人的侵权事实。要求再次销售者承担审查“在先司法判决”的义务，将导致商品流通环节的此类经营者负担明显与其经营活动不匹配的过高成本与风险，严重影响其正常经营活动。本案从各方合法利益保护与平衡的角度，明确“在先司法判决”不属于再次销售者的注意义务范围，其主张“不知道”有其合理性，应予以支持。

综上所述，合法来源抗辩在知识产权法体系中的设立初衷，在于协调权利保护与交易安全之间的价值冲突，其制度功能主要体现为对善意第三人的保护。在数字时代背景下，图书复制品网络销售已形成规模化产业形态，相关经营者群体在商品流通环节中扮演着重要角色。从制度功能看，合法来源抗辩旨在保护善意交易者，其适用应与销售者的认知能力和行业惯例相适应。本案的裁判厘清了著作权中再次销售者的责任边界，既避免权利滥用，又促进市场有序运行，也为同类案件提供了可资借鉴的裁判尺度。

编写人：北京知识产权法院　李志峰　陈维

---

① 安新源：《论著作权合法来源抗辩制度适用规则的优化》，载《河南科技》2024 年第 21 期。

8

NFT 数字藏品著作权侵权的法律认定

——范某诉某科技公司、王某著作权侵权案

【案件基本信息】

1. 裁判书字号

北京知识产权法院（2023）京 73 民终 3237 号民事判决书

2. 案由：著作权侵权纠纷

3. 当事人

原告（被上诉人）：范某

被告（上诉人）：某科技公司、王某

【基本案情】

范某，系我国知名画家、艺术家，涉案美术作品为范某于 1979 年创作的人物水墨画《×××》（以下简称涉案美术作品）。某科技公司是提供国内外 IP 数字藏品（NFT）服务的综合平台服务提供商，王某是某科技公司的唯一股东。范某诉称某科技公司未经许可，在其注册运营的微信公众号（以下简称涉案公众号）上发布了标题为“爆！国画大师范某画作《×××》来了!!!”的文章；并在其开发、运营的手机软件（以下简称涉案软件）上发行涉案美术作品的 NFT 数字藏品，上架数量为 10000 份，销售单价为 39.9 元，至诉讼时已售罄。范某认为，某科技公司的行为构成著作权侵权，应当承担法律责任，诉至法院。

【案件焦点】

1. 被诉行为是否侵犯了范某对涉案作品享有的著作权；2. 被诉行为如构成

侵权，侵权责任如何认定。

【法院裁判要旨】

北京互联网法院经审理认为：某科技公司未经许可将涉案美术作品在宣传文章中进行展示，并在涉案软件首页、商品详情页面、支付页面以及订单详情页面等处提供查阅功能，使公众可以在其个人选定的时间和地点在线浏览涉案美术作品，侵害了范某对于涉案美术作品享有的信息网络传播权。

北京互联网法院根据《中华人民共和国著作权法》第十条第一款第五项、第六项及第十二项，第五十三条第一项，第五十四条之规定，判决如下：

一、本判决生效之日起十日内，被告某科技公司、被告王某连带赔偿原告范某经济损失 330731.1 元；

二、本判决生效之日起十日内，被告某科技公司、被告王某连带赔偿原告范某合理开支 20000 元；

三、驳回原告范某的其他诉讼请求。

某科技公司及王某不服一审判决，提起上诉。

北京知识产权法院经审理认为：

1. 关于权属问题。在无相反证据的情况下，涉案美术作品中范某的题字署名和钤印，可以证明范某为涉案美术作品的作者，享有涉案美术作品的著作权。尽管某科技公司提交了其与河南某有限公司（以下简称某公司）签订的《数字化产品所有权购买协议》，但是某科技公司并未提供证据证明某公司许可其使用涉案美术作品的复制件，获得了著作权人范某的许可。

2. 关于侵权行为的定性。某科技公司未经许可，通过公司运营的公众号刊登涉案文章，将涉案美术作品作为文章配图，配图可以看到涉案美术作品的完整图片、细节展示图片及拼图配字并配字“国画大师范某大作 全球首发”。该行为侵害了范某对涉案美术作品的信息网络传播权。某科技公司未经许可，在涉案软件首页、订单详情页、商品详情页、藏品详情页展示涉案美术作品的行为。该行为使公众可以在其选定的时间和地点欣赏作品，侵害了范某对作品享有的信息网络传播权。涉案公众号和涉案 APP 运营者为某科技公司。王某并非涉案公众号和APP软件的运营者，未实施侵害涉案作品著作权的行为。一审法院判决其承担连带赔偿责任，是由于王某并未提交证据证明，其作为某科技公司的唯一股东期间，个人财产独立于某科技公司的财产。王某并未对一审法院的该项认定进行上诉，其无权就一审法院认定某科技公司构成著作权侵权进行上诉。

关于赔偿数额的认定。某科技公司和王某未提交充分证据证明其主张的成本费用的真实性、合法性和关联性，一审法院判决某科技公司和王某赔偿范某经济损失及合理开支，并无不当，二审法院予以维持。

北京知识产权法院依照《中华人民共和国民事诉讼法》第一百七十七条第一款第一项之规定，判决如下：

驳回上诉，维持原判。

【法官后语】

NFT，是“非同质化代币”或“非同质权益凭证”（Non-Fungible Token）的简称，是用加密算法生成的一串无法篡改的编码，用来标记特定数字内容区块链上的元数据。随着互联网数字技术的发展，NFT不可分割、不可替代和独一无二的特征，促成了数字作品在线收藏、交易市场的形成和发展，尤其艺术家创作的作品，更是炙手可热的投资交易产品。市场的发展使得相关的法律纠纷也陆续出现，其中涉及的法律问题主要集中在著作权领域，争议点在于NFT数字作品制作、交易、流通各环节受到著作权哪些权项的支配和控制。

本案中，涉案美术作品为范某创作的一幅水墨画，某科技公司对其使用方式可以分为两类，一是其在涉案公众号上宣传数字藏品，使用了涉案美术作品，该行为使得网络用户可以在其选定的时间和地点获得涉案美术作品，落入《中华人民共和国著作权法》第十条第一款第十二项规定的信息网络传播权的控制范围，侵害了范某对涉案美术作品享有的信息网络传播权。二是某科技公司将涉案美术作品复制件上传到服务器中，向公众展示并且“出售”所形成的数字藏品。关于上传行为的法律认定。该上传行为形成了以数字形式存在于服务器中的作品复制件，该行为属于著作权法的复制行为，但该复制行为是某科技公司实施后续信息网络传播行为的必要步骤，此特殊情况下的复制行为，应当由信息网络传播权予以规制，无需再行适用复制权这一规制一般复制行为的权项进行评价。关于展示行为的法律认定，某科技公司未经许可，在涉案软件首页、订单详情页、商品详情页、藏品详情页展示涉案美术作品，该行为能够使公众以交互的方式获得涉案美术作品，侵害了范某对作品享有的信息网络传播权。关于交易行为的法律认定，著作权法规定的发行行为，应当符合下列构成要件：(1) 该行为应当面向公众提供作品的原件或复制件；(2) 该行为应当以转移作品有形物质载体所有权的方式提供作品的原件或复制件。数字藏品的交易过程中，购买者支付对价“购入”藏品后，其账户显示了涉案美术作品，但藏品的交易过程并不包含作品有形物质载体的转移，故该交易行为并未落入发行权的控制范畴，不构成对作品发行权的侵害。

需要指出的是，NFT 数字藏品市场的健康长远发展，有赖于版权方、设计方、平台方三方的权利义务平衡。NFT 数字藏品的铸造、交易过程中，相关市场主体应当首先取得作品著作权人的授权许可，避免产生侵权法律纠纷。

本案厘清了 NFT 数字藏品交易流通的各环节可能涉及的法律疑难问题，对数字环境下使用作品行为的性质进行了界定，有助于规范 NFT 数字藏品市场主体的行为，对于类似案件的审理具备一定的参考意义，入选北京市高级人民法院《2023 年度知识产权司法保护十大案例和商标授权确权司法保护十大案例》。①

编写人：北京知识产权法院　杨洁　张恒

---

① 《北京高院发布 2023 年度知识产权司法保护十大案例和商标授权确权司法保护十大案例》，载京法网事微信公众号，https：//mp. weixin. qq. com/s/PRmVPeaDJqbhOJZYdnPqUA，发布时间：2024 年 4 月 26 日，最后访问时间：2025 年 3 月 29 日。

9

利用“AI换脸”对他人作品进行局部合成处理行为的性质认定

——陈某诉某网络公司侵害作品信息网络传播权案

【案件基本信息】

1. 裁判书字号

上海市嘉定区人民法院（2024）沪0114民初1326号民事判决书

2. 案由：侵害作品信息网络传播权纠纷

3. 当事人

原告：陈某

被告：某网络公司

【基本案情】

陈某实名认证抖音账号“摄影师某某”。该账号主页信息显示315.1万获赞、151朋友、279关注、16.5万粉丝，备注“古风人像摄影师”“主页发的都是我拍摄的，禁止搬运二改”“接汉服写真/视频拍摄/景区活动/商务推广”。陈某主张权利的作品为“摄影师某某”发布的13段短视频（以下简称原始视频），主要内容为女子身着古装的展示，时长10秒左右。陈某提交原始视频底稿、视频文件信息截图，显示作品创作时间早于原始视频在抖音平台发布时间。

抖音小程序“某颜”由某网络公司开发。小程序设置AI生成“一键换脸古风汉服”板块，在“古典汉服”标签下展示诸多女子身着古装的短视频。经对比，其中13段短视频（以下简称涉案视频）与原始视频仅在人物面部五官特征上存在差别，视频场景、镜头、人物造型、动作则基本一致。点击其中一段短视频，视频画面下方显示标签“上传照片”。点击“上传照片”，提示“选择一张人脸制作”，从取证人员手机相册中选择一张人物照片上传后，页面弹出标签“看广告免费制作”。点击标签后观看30秒的广告，小程序即进行视频合成，随后生成的视频人脸则更换成所选照片中的人脸。点击“保存到相册”，生成的视频即可保存至取证人员手机相册。某网络公司主张AI技术具有“中立性”，其主观上并没有侵权的故意，作为技术提供者不应承担相应责任。

诉讼中，某网络公司表示已意识到相关行为可能构成侵权，并积极配合整改，包括删除涉案视频、主动履行相关人工智能算法备案手续后重新上架小程序。在此基础上，法院就运用算法技术提供网络服务向某网络公司提出司法建议，某网络公司接受建议并承诺今后将加强算法安全评估及素材来源合法性审查，注意对他人个人信息、隐私、肖像等人身权益及知识产权的保护。鉴于某网络公司已认识到行为违法性，停止侵害行为并积极整改，陈某对此表示谅解并撤回要求某网络公司下架视频、赔礼道歉的诉讼请求。

【案件焦点】

某网络公司利用“AI换脸”对陈某视频进行局部替换合成，以此开展运营活动，是否侵害陈某作品信息网络传播权。

【法院裁判要旨】

上海市嘉定区人民法院经审理认为：原始视频系古风人像写真类视频，由一系列有伴音的连续画面组成，在内容编排、景别选取、拍摄角度等方面体现了制作者独创性的选择安排，属于受《中华人民共和国著作权法》保护的视听作品。涉案视频的内容系通过AI算法对他人原始作品进行局部替换合成，生成内容不符合独创性改编特征，且与他人作品构成实质性相似。某网络公司将他人作品“换脸”后在小程序展示，使小程序用户能够在任意选定的时间和地点浏览或使用该作品。而用户选定涉案视频自行制作“换脸”视频，本质上系利用某网络公司提供的平台、素材和技术服务，实现随时以“替换人脸”方式使用、下载他人作品的目的。某网络公司就其利用AI技术提供网络服务行为负有合理注意义务，其以“AI 换脸”为卖点将他人作品用于谋取商业利益，既未经授权许可，又未支付报酬，其行为不属于《中华人民共和国著作权法》规定的合理使用情形，侵害了陈某作品信息网络传播权，应当依法承担相应的民事责任。某网络公司应诉后主动响应司法建议并积极整改，陈某基于谅解撤回停止侵权、赔礼道歉之诉请，法院予以确认，并综合原始作品的类型、独创性程度、市场价值、被告使用方式、侵权行为影响等酌情确定损害赔偿金额。

上海市嘉定区人民法院依照《中华人民共和国著作权法》第三条第六项、第十条第一款第十二项、第五十三条第一项、第五十四条第一款至第三款，《最高人民法院关于审理著作权民事纠纷案件适用法律若干问题的解释》第七条，《最高人民法院关于审理侵害信息网络传播权民事纠纷案件适用法律若干问题的规定》第三条及《中华人民共和国民事诉讼法》第十三条第二款、第六十七条第一款之规定，判决如下：

一、被告某网络公司应于本判决生效之日起十日内赔偿原告陈某经济损失及合理维权费用共计 7500 元；

二、原告陈某的其余诉讼请求，不予支持。

宣判后，双方当事人均未上诉，一审判决已经生效。

【法官后语】

近年来，以算法为基础的人工智能技术迅速发展，成为推动新质生产力及数字经济发展的重要力量。本案系生成合成类算法应用场景下的典型纠纷，涉及使用 AI 技术对他人作品进行局部合成行为的性质认定。本案裁判明确，“AI 换脸”不构成对原作品的独创性改编与合理使用，使用 AI 技术提供网络服务者负有合理注意义务（不适用技术中立抗辩），不得利用 AI 算法技术侵害他人作品信息网络传播权。

一、利用“AI 换脸”对他人作品进行局部合成处理不属于创作，合成内容与原始作品可能构成实质性相似

独创性是作品的基本要求，只有具备独创性的表达，才能被认定为受著作权法保护的作品。本案中的原始视频是古风人像写真视频，在内容编排、景别

选取、拍摄角度等方面体现了制作者独创性的选择安排，是受著作权法保护的作品。原始视频发表在先，某网络公司通过“AI换脸”对原始视频进行局部替换后合成涉案视频。涉案视频与原始视频相比，仅在人物面部五官特征上存在差别，视频场景、镜头、人物造型、肢体动作等基本相似，而相似的部分恰为原始视频的独创性表达部分。某网络公司利用AI技术合成涉案视频的行为不属于具有独创性的改编行为，其未参与涉案视频的内容创作过程，也未将其个性化表达体现在生成的“换脸”视频中，仅以AI技术更换原始视频人物面部肖像，保留原始视频的独创性及核心表达内容，所合成的视频不具有独创性，与原始视频构成实质性相似。

二、未经授权利用“AI换脸”进行商业活动不属于合理使用，可能侵害他人合法权益

“AI换脸”系利用合成算法进行素材局部替换处理，生成内容可能涉及与他人知识产权、肖像权等人格权益保护的冲突，如该处理行为不具有正当性，则可能构成对他人合法权益的侵害。就本案而言，一方面，某网络公司未经著作权人同意，将原始作品“换脸”后作为素材模板展示，使用户能够在任意选定的时间和地点浏览或使用权利人享有信息网络传播权的作品；另一方面，某网络公司以营利为目的，为用户提供平台、素材和技术制作“换脸”视频，使不特定公众能随时实现以“替换人脸”方式使用他人作品的目的。某网络公司在此过程中提供内容服务和技术服务，二者高度融合，但其既未取得著作权人的同意或授权，又不存在著作权法规定的合理使用情形，侵害了权利人的作品信息网络传播权，应当承担相应的侵权后果。

三、利用AI技术提供网络服务者负有相应合理注意义务，不适用技术中立抗辩

以算法为基础的人工智能技术对于推动新质生产力及数字经济发展具有重要意义，但技术中立抗辩仅适用于具有合理合法的非侵权用途的技术提供者，使用者利用人工智能技术实施侵害他人合法权益、妨害市场竞争秩序及整体利益等行为，应依法承担相应责任。本案某网络公司系利用AI技术提供网络服务

者，虽辩称原始视频素材系用户提供，但未提供用户上传视频的相关证据。即便原始视频素材确系用户提供，某网络公司接收视频并使用 AI 技术直接进行“换脸”，其应当知道自己提供的网络服务合成内容可能侵害素材承载的他人著作权等合法权益，然未尽合理注意义务，应当承担相应的侵权责任。

同时，某网络公司作为数字经济行业小微初创民营企业，应诉后能够主动响应法院的司法建议，积极整改并获得权利人一定谅解，其后续合规经营也有利于市场健康发展。

编写人：上海金融法院　顾全
上海市嘉定区人民法院　郑磊　叶莎

10

酒店仅提供影视作品点播设备行为不构成侵权

——某文化传媒公司诉某酒店管理公司著作权侵权案

【案件基本信息】

1. 裁判书字号

最高人民法院（2023）最高法民申 711 号民事裁定书

2. 案由：著作权侵权纠纷

3. 当事人

原告（被上诉人、再审申请人）：某文化传媒公司

被告（上诉人、再审被申请人）：某酒店管理公司

【基本案情】

2020 年 4 月 1 日，某文化传媒公司从相关著作权人处获得在约定区域独占专有涉案电影《××A》的信息网络传播权及相关维权权利的授权。2021 年 11

月3日，某文化传媒公司的委托代理人入住某酒店管理公司经营的酒店客房，发现其提供的交互式智能投影仪自带点播系统和播放软件，可在该设备上查找到涉案电影，并进行播放观影。经维权取证，某文化传媒公司认为，某酒店管理公司未经许可，在其客房内向住店客户提供涉案影片的在线点播服务，使入住客户可根据需要自主选择在特定的时间和地点观看该影片，侵害了某文化传媒公司对涉案电影作品享有的信息网络传播权，应承担停止侵权、赔偿损失的民事责任。

二审中，某酒店管理公司向法院提交了一份视频证据，拟证明仅在有会员账号的情况下才能收看涉案电影，而其未向顾客提供会员账号。

【案件焦点】

某酒店管理公司仅提供播放设备、由用户自行使用第三方视频软件观看影片的行为是否构成侵权。

【法院裁判要旨】

浙江省金华市中级人民法院经审理认为：《中华人民共和国著作权法》第十二条第一款规定，如无相反证明，在作品上署名的公民、法人或者其他组织为作者。第十七条第一款规定："视听作品中的电影作品、电视剧作品的著作权由制作者享有，但编剧、导演、摄影、作词、作曲等作者享有署名权，并有权按照与制作者签订的合同获得报酬。"本案中，根据电影《××A》的片头关于出品单位的介绍及影片公映许可证的记载信息，能够确定该片系联合出品，故上述出品单位均为涉案电影的著作权人。经授权，甲文化传媒公司获得涉案电影在约定范围内的独占专有信息网络传播权及转授权权利、维权权利，后甲文化传媒公司将权利授权给本案某文化传媒公司，某文化传媒公司享有涉案电影信息网络传播权的权源依据链条完整，其有权就本案提起诉讼。

《最高人民法院关于审理侵害信息网络传播权民事纠纷案件适用法律若干问题的规定》第二条规定："本规定所称信息网络，包括以计算机、电视机、固定电话机、移动电话机等电子设备为终端的计算机互联网、广播电视网、固定通信网、移动通信网等信息网络，以及向公众开放的局域网络。”第三条规定：“网络用户、网络服务提供者未经许可，通过信息网络提供权利人享有信息网络传播权的作品、表演、录音录像制品，除法律、行政法规另有规定外，人民法院应当认定其构成侵害信息网络传播权行为。通过上传到网络服务器、设置共享文件或者利用文件分享软件等方式，将作品、表演、录音录像制品置于信息网络中，使公众能够在个人选定的时间和地点以下载、浏览或者其他方式获得的，人民法院应当认定其实施了前款规定的提供行为。”本案中，某酒店管理公司经营的涉案酒店未经许可，在其客房内向住店客户提供涉案影片的在线点播服务，使入住客户可根据需要自主选择在特定的时间和地点观看该影片，侵害了某文化传媒公司对涉案电影作品享有的信息网络传播权，应承担停止侵权、赔偿损失的民事责任。

关于赔偿数额，由于现有证据无法确定某文化传媒公司的实际损失及某酒店管理公司的违法获利，该院综合考虑如下因素酌情确定赔偿数额：（1）涉案电影上映时间为 2014 年，并非时下热映电影；（2）被诉侵权行为的传播范围仅限于涉案酒店内，传播范围较小；（3）某酒店管理公司主营电竞，其对于被诉侵权行为主观过错较小；（4）某文化传媒公司为本次诉讼入住酒店并委托律师出庭必然支出律师费、住宿费等合理费用；（5）某文化传媒公司未能举证侵权的起始时间，综上，法院酌定某酒店管理公司应赔偿某文化传媒公司经济损失（含制止侵权的合理支出）4000 元。

浙江省金华市中级人民法院依照《中华人民共和国著作权法》第十条、第十一条、第四十八条、第五十四条，《最高人民法院关于审理侵害信息网络传播权民事纠纷案件适用法律若干问题的规定》第二条、第三条，《中华人民共和国民事诉讼法》第六十七条之规定，判决如下：

一、某酒店管理公司立即停止提供涉案电影《××A》的点播服务并删除电影《××A》；

二、某酒店管理公司于判决生效之日起十日内赔偿某文化传媒公司经济损失及维权合理开支共计 4000 元；

三、驳回某文化传媒公司的其他诉讼请求。

某酒店管理公司不服一审判决，提起上诉。

浙江省高级人民法院经审理认为：《中华人民共和国著作权法》第十条第一款第十项、第十二项规定，放映权，即通过放映机、幻灯机等技术设备公开再现美术、摄影、视听作品等的权利；信息网络传播权，即以有线或者无线方式向公众提供，使公众可以在其选定的时间和地点获得作品的权利。《最高人民法院关于审理侵害信息网络传播权民事纠纷案件适用法律若干问题的规定》第三条第二款规定，通过上传到网络服务器、设置共享文件或者利用文件分享软件等方式，将作品、表演、录音录像制品置于信息网络中，使公众能够在个人选定的时间和地点以下载、浏览或者其他方式获得的，人民法院应当认定其实施了前款规定的提供行为。

本案中，某文化传媒公司主张某酒店管理公司在客房内通过交互式投影仪连接互联网，使不特定的消费者可以在其选定的时间地点获得涉案电影，侵害了该公司对涉案电影作品享有的信息网络传播权。但根据已经查明的事实，某酒店管理公司系在客房内提供带有某视频播放软件的智能投影仪，使得入住者能够播放已经通过某视频播放软件在互联网上传播的作品，因此，某酒店管理公司并未实施将涉案电影置于信息网络中的行为。某文化传媒公司关于某酒店管理公司侵害其对涉案电影作品享有的信息网络传播权的主张不能成立，一审法院认定被诉行为构成侵害信息网络传播权不当，应予纠正。某文化传媒公司仅对涉案电影作品享有独家信息网络传播权，不包括放映权，因此，即使被诉行为落入放映权的控制范围，某文化传媒公司亦无权要求某酒店管理公司承担侵权责任。

浙江省高级人民法院依照《中华人民共和国著作权法》第十条第一款第十项和第十二项及第二款、第十七条，《最高人民法院关于审理著作权民事纠纷案件适用法律若干问题的解释》第七条，《最高人民法院关于审理侵害信息网络传播权民事纠纷案件适用法律若干问题的规定》第三条，《中华人民共和国民事诉讼法》第一百七十七条第一款第二项之规定，判决如下：

一、撤销浙江省金华市中级人民法院一审民事判决；

二、驳回某文化传媒公司的全部诉讼请求。

某文化传媒公司不服二审判决，申请再审。

最高人民法院经审理认为：涉案电影系已经通过某视频播放软件在互联网上传播的作品，某酒店管理公司仅在客房设置通过合法渠道购买的影视播放设备的行为，不构成侵权。

最高人民法院依照《中华人民共和国民事诉讼法》第二百一十一条，《最高人民法院关于适用〈中华人民共和国民事诉讼法〉的解释》第三百九十三条第二款规定，裁定如下：

驳回某文化传媒公司的再审申请。

【法官后语】

近年来，随着传播技术的不断发展，酒店提供的服务项目也逐渐丰富多元，对于相关经营者在其客房内提供投影仪、智能电视、机顶盒等播放设备、由用户自行登录第三方视频播放软件播放影视作品的行为是否构成信息网络传播权或放映权侵权的问题，司法实践中存在较大争议。

一、酒店仅提供播放设备不构成信息网络传播权侵权

信息网络传播权规制的是远程的、交互式传播行为，包括但不限于通过上传到网络服务器、设置共享文件或者利用文件分享软件等方式，将作品置于信息网络中，使公众能够在个人选定的时间和地点以下载、浏览或者其他方式获得。而仅在特定场所提供硬件播放设备，向公众进行现场传播，而并未实施将作品置于信息网络中的行为，不构成侵犯信息网络传播权。

二、酒店仅提供播放设备不宜认定存在过错

《中华人民共和国著作权法》第十条第一款第十项规定："放映权，即通过放映机、幻灯机等技术设备公开再现美术、摄影、视听作品等的权利。"根据上述规定，酒店作为经营场所，面向不特定公众提供影视播放设备，在形式上符合放映权侵权的构成要件。据此，为数不少的司法裁判在此类案件中支持原告的诉讼请求。而最高人民法院裁判要旨明确酒店、民宿仅在客房设置通过合

法渠道购买的影视播放设备，而未提供相关播放软件的会员账号、密码，其行为不构成侵权。

放映权的构成要件包括：提供作品、提供技术设备、公开再现作品。在传统的放映权侵权案件中，由于不涉及互联网搜索点播的问题，被公开再现的作品往往已经被储存于播放设备等介质或载体中，因此面向不特定公众提供设备的人往往构成放映权侵权。但是，在酒店、民宿仅提供影视播放设备，而并未在本地、局域网或互联网中提供相关作品，也并未向公众提供影视播放软件会员账号、密码的情况下，其无从知晓用户下载和使用APP的情况，无法控制用户的行为，亦无法对第三方视频播放软件的内容进行审核、删改，从权利义务均衡的角度来看，不应当由酒店、民宿对视频播放软件中的内容承担侵权责任。

酒店、民宿的主要营业范围是住宿服务，而非观影娱乐，其提供播放设备的目的在于优化服务，不在于以侵犯著作权方式获取不正当利益，主观不存在侵权故意。在传播技术日益发展的当下，应当允许经营者对其服务内容进行迭代升级，在酒店、民宿仅提供播放设备的情况下，不宜认定其存在放映权侵权的过错。

三、认定不构成侵权有利于实现三效统一

有权利必有救济。若认定酒店构成侵权，需施以停止侵权、损害赔偿的救济措施。在酒店经营者无法控制第三方视频播放软件的内容及用户搜索行为的情况下，如要停止侵权，其只能采取卸载软件乃至拆除播放设备的方法予以实现，这既不符合比例原则，也剥夺了公众共享科技发展红利的机会；在明确视频播放平台是实施上传作品行为的主体的情况下，不直接向其主张权利，而是由处于传播链终端的酒店、民宿承担停止侵权责任，客观上也无法真正实现权利救济。

编写人：北京市海淀区人民法院　瞿倩

11

传媒公司、电信公司在IPTV平台提供体育赛事点播服务是否侵害权利人信息网络传播权的认定

——某体育公司诉某传媒公司、某通信公司侵害作品信息网络传播权案

【案件基本信息】

1. 裁判书字号

黑龙江省高级人民法院（2023）黑民终528号民事判决书

2. 案由：侵害作品信息网络传播权纠纷

3. 当事人

原告（上诉人）：某体育公司

被告（上诉人）：某传媒公司

被告（被上诉人）：某通信公司

【基本案情】

某体育公司经赛事活动组织管理者的授权，取得赛事公共信号视频的信息网络传播权。相关公众在某通信公司为其提供的机顶盒中可点播体育赛事视频。被诉侵权视频的播放平台为IPTV（交互式网络电视）集成播控总平台。某传媒公司为该平台的内容服务商、集成播控方，某通信公司为该平台提供网络传输服务。被诉侵权视频与案涉赛事公共信号视频构成相同。某体育公司认为某通信公司、某传媒公司通过案涉机顶盒向公众提供案涉赛事公共信号视频的行为构成共同侵权，向法院起诉，要求某通信公司、某传媒公司连带赔偿其经济损失。

【案件焦点】

某传媒公司、某通信公司是否侵害某体育公司作品信息网络传播权。

【法院裁判要旨】

黑龙江省哈尔滨市中级人民法院经审理认为：某传媒公司未经相关权利人许可，在案涉 IPTV 平台向公众提供被诉侵权赛事点播服务的行为，使得公众可在选定的时间和地点获得案涉赛事公共信号视频，构成对某体育公司信息网络传播权的侵害。某通信公司作为网络传输服务提供者，为案涉 IPTV 平台提供信号传输和技术服务保障服务，仅收取一般性服务费用，其对案涉 IPTV 平台上的具体内容没有审查义务及控制权，没有侵权的故意，因此，某通信公司不构成侵权。

黑龙江省哈尔滨市中级人民法院依照《最高人民法院关于适用〈中华人民共和国民法典〉时间效力的若干规定》第一条第二款，《中华人民共和国著作权法实施条例》第二条、第四条，《中华人民共和国著作权法》第十条第一款第十二项、第四十八条、第四十九条，《最高人民法院关于审理著作权民事纠纷案件适用法律若干问题的解释》第七条、第二十五条第二款，《最高人民法院关于审理侵害信息网络传播权民事纠纷案件适用法律若干问题的规定》第二条、第四条，《专网及定向传播视听节目服务管理规定》第二条规定，判决如下：

一、某传媒公司赔偿某体育公司经济损失 36 万元、为制止侵权行为所支付的合理开支 2 万元，共计 38 万元，于判决生效之日起十日内付清；

二、驳回某体育公司的其他诉讼请求。

某体育公司、某传媒公司不服一审判决，提起上诉。

黑龙江省高级人民法院经审理认为：关于某传媒公司和某通信公司是否构成侵权的问题。经查，通过机顶盒提供被诉侵权视频的平台为 IPTV 中央集成播控总平台，某传媒公司作为 IPTV 中央集成播控总平台内容服务商、集成播控方，其承认被诉侵权视频由其提供。某传媒公司主张其有权在案涉 IPTV 平台“央视影音”中直播、点播被诉侵权视频。依据《体育赛事购买版权合同》

约定，中央电视台体育频道取得授权的播放路径包括 CCTV5、CCTV5+、风云足球电视频道、中央电视台运营的网站、“央视影音” PC 客户端软件、“央视影音”和“CCTV5” APP 等新媒体平台。中央电视台体育频道取得授权的名为“央视影音”的授权对象，包括“央视影音” PC 客户端软件和“央视影音” APP，不包括案涉 IPTV 平台上“点播”模块下的“央视影音”，故某传媒公司在案涉 IPTV 平台上提供被诉侵权视频点播服务，构成对某体育公司依据授权已取得的信息网络传播权的侵害，某传媒公司应就其侵权行为承担相应的法律后果和责任。

依据《IPTV 合作框架协议》，某通信公司经某传媒公司审核，能够向案涉 IPTV 平台提供内容。本案中，某通信公司称其未在 IPTV 平台上提供被诉侵权视频内容，某体育公司亦未提供证据予以证明，某通信公司作为网络传输服务提供者，为案涉 IPTV 平台提供信号传输和技术服务保障服务，仅收取一般性服务费用，其对案涉 IPTV 平台上的具体内容没有审查义务及控制权，没有与某传媒公司共同侵权的故意，其提供网络传输服务的行为不构成共同侵权。

黑龙江省高级人民法院依照《中华人民共和国民事诉讼法》第一百七十七条第一款第一项规定，判决如下：

驳回上诉，维持原判。

【法官后语】

在互联网、大数据全面普及的背景下，涉及 IPTV 著作权侵权纠纷日益增多。著作权权利人大多要求电信企业与相关 IPTV 运营主体共同承担侵权责任，但各地法院裁判结果差异较大，本案通过梳理 IPTV 的组织架构、运营管理以及电信企业在 IPTV 业务中的权利义务，以侵权构成要件作为侵权标准，认定电信企业与相关 IPTV 运营主体是否承担侵权责任，权衡各主体间的权益，具有指导意义。该案例入选《2023 年中国法院 50 件典型知识产权案例》。[①]

---

① 本案入选《2023 年中国法院 50 件典型知识产权案例》，载中国法院网，https://www.chinacourt.org/article/detail/2024/04/id/7910043.shtml，最后访问时间：2025 年 3 月 29 日。

首先，关于案涉 IPTV 平台的认定。按照《广电总局关于三网融合试点地区 IPTV 集成播控平台建设有关问题的通知》《关于 IPTV 集成播控平台建设有关问题的通知》《国家新闻出版广电总局关于当前阶段 IPTV 集成播控平台建设管理有关问题的通知》等文件规定，IPTV 集成播控平台实行两级架构即 IPTV 集成播控总平台和分平台，播控平台的节目源由各 IPTV 内容服务平台提供。IPTV 集成播控平台播出的节目信号经由电信企业架构的虚拟专网，传输到由 IPTV 集成播控平台管控的用户机顶盒。IPTV 集成播控总平台由中央电视台组织建设，为全国性 IPTV 平台提供内容接入服务，与负责 IPTV 传输业务的电信企业统一洽谈签约，对外采用统一的播出呼号“中国广电 IPTV”。全国范围内仅有一个 IPTV 中央集成播控总平台，被诉侵权行为发生时，黑龙江省域内并未设立 IPTV 集成播控分平台。结合公证取证的屏幕持续显示“中国 IPTV”字样等事实，可认定通过案涉机顶盒提供被诉侵权视频的案涉 IPTV 平台为 IPTV 中央集成播控总平台。

其次，某传媒公司无权在案涉 IPTV 平台提供被诉侵权视频的点播服务。《专网及定向传播视听节目服务管理规定》第二条规定：“本规定所称专网及定向传播视听节目服务，是指以电视机、手机等各类固定、移动电子设备为接收终端，通过局域网络及利用互联网架设虚拟专网或者以互联网等信息网络为定向传输通道，向公众定向提供广播电视节目等视听节目服务活动，包括以交互式网络电视（IPTV）、专网手机电视、互联网电视等形式从事内容提供、集成播控、传输分发等活动。”本案中，某传媒公司提出依据中央电视台体育频道与某体育传播公司签订的《体育赛事购买版权合同》，其有权在案涉 IPTV 平台“央视影音”中直播、点播被诉侵权视频。某传媒公司的上述抗辩主要涉及对《体育赛事购买版权合同》相关条款的解释及授权范围的认定。该合同的签订主体为中央电视台体育频道，其取得的授权播放路径包括 CCTV5、CCTV5+、风云足球电视频道、中央电视台运营的网站（域名 cctv. com/cntv. cn）、“央视影音”PC 客户端软件、“央视影音”和“CCTV5”APP 等新媒体平台，播放方式包括直播、重播、点播。中央电视台体育频道取得授权的名为“央视影音”

的授权对象，包括“央视影音”PC客户端软件和“央视影音”APP，上述授权范围与合同记载的授权性质为“卫视独家授权、非独家新媒体”相符，即中央电视台体育频道在新媒体传播上并未取得全面授权。新媒体部分的授权应严格依据合同条款加以限定。某传媒公司关于案涉IPTV平台上“点播”模块下的“央视影音”即为《体育赛事购买版权合同》中的“央视影音”APP的抗辩主张，并未举证证明。且，即使该“央视影音”的性质为APP，版权合同明确约定的新媒体授权中的域名为cctv.com/cntv.cn的网站、“央视影音”的PC客户端软件的运行环境均为互联网（公网），在没有另行明确约定的情况下，根据整体解释、目的解释的原则，该条款中后半部分的“央视影音”APP亦应适用于互联网，这与案涉IPTV平台利用虚拟架构的专网进行定向传输不同。中央电视台体育频道并未取得在通过案涉IPTV平台直播、重播、点播案涉赛事公共信号视频的权利。某传媒公司关于通过将“央视影音”APP嵌入至IPTV平台，中央电视台体育频道即取得与IPTV有关的权利以及就此提出的其取得授权的“央视影音”APP可适用于局域网、专网等全部网络新媒体的主张，系其对合同授权范围的单方扩大解释，缺乏依据，且与合同中的其他条款相互矛盾。各方当事人确认被诉侵权视频系在某体育传播公司制作的案涉赛事公共信号视频的基础上，由中央电视台体育频道加入自己的解说等因素形成的中央电视台体育频道视频版本。被诉侵权视频中的连续画面和现场收音与某体育公司主张的案涉赛事公共信号视频构成相同。某传媒公司未经相关权利人许可，在案涉IPTV平台向公众提供被诉侵权赛事点播服务的行为，使得公众可在选定的时间和地点获得案涉赛事公共信号视频，构成对某体育公司依据授权已取得的信息网络传播权的侵害。

最后，某通信公司提供信号传输和技术服务保障的行为不构成共同侵权。某传媒公司负责案涉IPTV平台的建设和运营，负责对内容提供服务单位播出的节目的统一集成和播出监控，负责电子节目指南（EPG）、用户端、计费、版权等管理。某通信公司作为网络传输服务提供者在公证取证中收取的“电信服务费、调测费”等费用是因其提供网络服务而收取的一般性服务费用，其与某传媒公司的合作进而参与分配视听服务费、参与IPTV业务在当地业务的开展，属于其作为网络传输服务提供者在 IPTV 业务中的正常经营活动，亦不违反本案所涉规范性文件中关于内容提供方、集成播控方和网络传输服务提供方的分工模式、合作模式、收费方式等要求。某通信公司作为网络传输服务提供者仅为案涉 IPTV 平台提供的信号传输和技术服务保障服务，客观上与某传媒公司共同完成向用户提供被诉侵权视频。但某通信公司对案涉 IPTV 平台上的具体内容没有审查义务及控制权，主观上不具有过错，没有与某传媒公司共同侵权的主观故意，其提供网络传输服务的行为不构成共同侵权。

编写人：黑龙江省高级人民法院　闫梁红

12

民歌类同源民间文学艺术演绎作品之间的侵权判定

——王某甲等诉龚某、某出版社著作权侵权案

【案件基本信息】

1. 裁判书字号

重庆市第一中级人民法院（2021）渝 01 民终 6354 号民事判决书

2. 案由：著作权侵权纠纷

3. 当事人

原告（被上诉人）：王某甲、王某乙、王某

被告（上诉人）：龚某、某出版社

【基本案情】

自 1942 年 2 月至今，《××A》等出版物刊载有简谱歌曲《××B》，标注王某丙“记谱、译谱、编译、编曲”等信息。王某丙各版本均为声乐简谱，除在节拍、调式上略有不同外，旋律基本无差别。王某丙的继承人王某甲、王某于

2019年将该歌曲进行作品登记，标注“哈萨克族民歌”“王某丙编词曲”“创作日期：1939年1月1日”等。

某出版社出版的五线谱钢琴曲《××E》中收录了《××B》，标注为“龚某编配”。该版本系五线谱钢琴曲，4/4拍，D调，标注为“新疆哈萨克族民歌龚某编曲”。与王某丙版本相比，该版本弱拍起，王某丙版本正拍起，部分小节的旋律相同，部分小节的旋律所使用的音符、节奏上存在一定差异。

王某丙的继承人王某甲、王某乙、王某认为王某丙对涉案歌曲享有著作权，龚某、某出版社的上述行为侵犯了其著作权。

【案件焦点】

1. 王某丙对涉案民歌是否享有著作权；2. 龚某、某出版社的涉案行为是否构成侵权。

【法院裁判要旨】

重庆自由贸易试验区人民法院经审理认为：王某丙对涉案作品享有著作权，龚某、某出版社的行为侵犯了王某甲、王某乙、王某的权利。

重庆自由贸易试验区人民法院依据《中华人民共和国著作权法》第十条第一款第二项、第三项、第五项、第六项，第十一条，第十二条，第二十一条第一款，第四十八条第一项，第四十九条和《最高人民法院关于审理著作权民事纠纷案件适用法律若干问题的解释》第二十五条、第二十六条，《最高人民法院关于适用〈中华人民共和国民事诉讼法〉的解释》第七十四条、第九十条之规定，作出判决如下：

一、龚某、某出版社于一审判决生效之日起停止销售含有涉案钢琴曲《××B》的《××E》；

二、龚某、某出版社于一审判决生效之日起十日内赔偿王某甲、王某乙、王某经济损失及合理费用共计3000元；

三、驳回王某甲、王某乙、王某的其他诉讼请求。

龚某、某出版社不服一审判决，提起上诉。

重庆市第一中级人民法院经审理认为：民歌属于进入公有领域的作品，若记录整理者在原始民歌的基础上对民歌进行记录整理所形成的成果融入了其独创性表达，则构成新的作品。基于民歌自身的特性以及民歌记录整理工作的专业性特点，在没有相反证据的情况下，一般应认定民歌记录整理成果在整体上具备一定的独创性进而构成演绎作品。本案中，从现有证据来看，王某丙所作的艺术劳动并非轻而易举，且王某丙版本与同源民歌的在先版本相比，旋律差异明显，风格迥异，可以认定王某丙整理涉案民歌结合了其自身音乐素养和独特的音乐思维，体现了其个性化表达，王某丙对该版本享有著作权。

民歌演绎作品的著作权保护范围仅限于演绎者的独创性表达，排除民歌原始内容。当民歌的原始内容无法考证时，若在后演绎作品与在先演绎作品存在实质性差异进而具有独立艺术价值，应允许二者共存，不能仅因二者的主旋律相同或基本相同而认定在后演绎作品侵权。本案中，龚某版本系五线谱钢琴曲，王某丙版本为简谱声乐曲，两者的旋律或节奏并不完全一致，乐曲体裁以及音乐表现方式（声乐演唱和钢琴演奏）亦不相同。龚某在和声的使用及钢琴化写作方面体现了其专业的音乐素养和独特的音乐思维，整首钢琴曲具有独立艺术价值，两者可以成为并行存在的作品。龚某及某出版社的涉案行为不构成侵权。

重庆市第一中级人民法院依据《中华人民共和国民事诉讼法》第一百七十七条第一款第二项、第二百六十六条之规定，作出判决如下：

一、撤销重庆自由贸易试验区人民法院一审民事判决；

二、驳回王某甲、王某乙、王某的诉讼请求。

【法官后语】

近年来，随着传统文化艺术活动兴盛和知识产权保护意识增强，涉及民间文学艺术演绎作品侵权的法律纠纷逐渐增多。民间文学艺术演绎作品具有原始版本难以确定、独创性范围难以界定且举证难度较大等特点，本案中，民歌类同源民间文学艺术演绎作品之间的侵权判定是值得探讨的重点和难点问题。

一、民歌类同源民间文学艺术演绎作品之间侵权认定的裁判理念

民歌类民间文学艺术作品通常是以口头方式在民间传播，并以口口相传的方式传承发展，是一定地域、群体精神生活和文化习俗的外在表现形式，有相对稳定的精神内核和文化要素，集中了特定群体的智慧和劳动，具有集体性特征。而民歌类民间文学艺术演绎作品通常由特定区域范围内的一人或多人创作，在流传中又被多人在原有基础上进行了再创作，与原始版本产生区别和变异，融入了创作人的独创性因素，具有个体性特征。因此，在审理同源民歌演绎作品侵权纠纷中，应注意原始民歌、不同演绎作品作者和社会公众之间的利益平衡，同时也应对其保护边界加以适当的限制，根据其独创性程度做出限缩或对其他权益进行让渡。具体为：在没有相反证据的情况下，一般应认定民歌记录整理成果在整体上具备一定的独创性进而构成演绎作品，但该类演绎作品不能把属于原始民歌和公有领域的素材纳入保护范围，且该类作品的著作权人对他人利用相同民间文学艺术作品进行正常的再创作应予以适度容忍。

二、民歌类同源民间文学艺术演绎作品之间侵权判定的一般规则

民歌类同源民间文学艺术演绎作品之间的侵权判定，首先要判断在先演绎作品是否受到著作权保护，在确定在先演绎作品受保护的情况下，再按照著作权侵权判定方法认定在后演绎作品是否侵犯了在先演绎作品的著作权。这一过程中，对独创性的判断属于事实判断，对是否构成侵权则属于价值判断，需要综合前文所述的裁判理念进行考量。需注意的是，不能以演绎作品产生时间的先后，简单地认定在后作品构成对在先作品的侵权，也不能以在后演绎作品与在先演绎作品存在相同或相似之处，就认定在后演绎作品构成侵权，对是否构成侵权的判断应建立在独创性比对的理解上。

三、民歌类同源民间文学艺术演绎作品之间侵权判定的裁判方法

其一，在民歌演绎作品独创性可以查明的情况下，作品的著作权保护范围清晰确定，司法裁判采用著作权侵权判定的“实质性相似”比对法就可完成。即在确定在先演绎作品权利范围的基础上，进一步将两个演绎作品进行比对，确定二者相同或实质性近似部分是否属于在先演绎作品的独创性表达部分，进

而进行侵权与否的判定。若二者相同部分系原始民歌的内容，该部分为公众享有，任何人均有权开发利用，则不构成侵权；若二者相同部分系在先演绎作品的独创性表达，则构成侵权。

其二，在演绎作品独创性无法查明的情况下，著作权侵权判定的“实质性相似”裁判方法缺乏适用条件。这是由于同源民歌演绎作品的“同源性”使得该类演绎作品旋律曲调相同或高度相似成为必然，又因原始民歌的非物质性，其初始内容往往难以查明，即使双方当事人均已尽力举证，演绎作品的独创性表达范围可能仍无法查证。为此，本案围绕独创性这一核心判断要素，提出“独立艺术价值”判定法以破解裁判僵局，具体内容如下：

（一）判断诉争的民歌演绎作品在作品元素和艺术表达形式上有无不同

民歌演绎作品是艺术工作者在原始民歌的基础上，凭借个人的艺术素养和专业审美，通过个人对音乐的理解、判断、选择和取舍，对音调、节奏和旋律、乐谱形式等进行确定形成。在作品形成的过程中，作者的创造性思考可能使得曲调、曲风、曲式、乐谱形式等有所不同。同一首民歌的不同演绎作品，曲调可能欢快活泼，也可能低沉忧郁；可能采用回旋曲式，也可能采用变奏曲式；可能是民族曲风，也可能是流行曲风……如本案中，王某丙版本和龚某版本的《××B》，旋律和节奏并不完全一致，龚某版本为五线谱钢琴曲，王某丙版本为简谱声乐曲，曲调和演奏者须融入的情绪亦不相同。

（二）判断诉争民歌演绎作品的不同之处是否可以使彼此具有“独立艺术价值”

在确定不同民歌演绎作品具有不同之处的基础上，应对这些不同之处进行比对判定，以确定这些不同之处是否都能体现出各自独立的创造性思考和劳动，具有“独立艺术价值”，作为在后演绎作品是否侵犯在先演绎作品著作权的判定标准。一般来说，可以从不同元素的“质”和“量”两个方面进行掌握。从“质”上讲，在后民歌演绎作品与在先民歌演绎作品虽有不同，但若只是个别音符的差异，不能引起作品欣赏体验和艺术美感的实质性改变，则不具有“独立艺术价值”。从“量”上讲，一般来说，在后民歌演绎作品与在先民歌演绎作品在曲风、曲调、节奏及音的长短高低等方面的不同之处越多，该作品承载的作者独创性表达范围就越大，侵犯在先演绎作品著作权的可能性就越小，反之，侵权可能性越大。本案中，龚某版本与王某丙版本旋律或节奏不完全一致，乐曲体裁以及音乐表现方式亦不相同。龚某在和声的使用及钢琴化写作方面体现了其专业的音乐素养和独特的音乐思维，整首钢琴曲应当具有独立艺术价值，两者可以成为并行存在的作品。故龚某、某出版社的行为不构成侵权。

编写人：重庆市第一中级人民法院　张琰　黄晨　南洪会

13

基于中华优秀传统文化再创作作品的独创性认定及比对规则

——陈某诉某公司著作权权属、侵权案

【案件基本信息】

1. 裁判书字号

福建省泉州市中级人民法院（2023）闽 05 民终 4966 号民事判决书

2. 案由：著作权权属、侵权纠纷

3. 当事人

原告（被上诉人）：陈某

被告（上诉人）：某公司

【基本案情】

2018 年 10 月 17 日，福建省版权局核发的《作品登记证书》载明作品名称为“山水罐”、作者及著作权人为陈某等内容。从作品图片看，该作品系一茶叶罐的模型图，茶叶罐底部是一圈“海浪”的图案，海浪之上在茶叶罐中间部位有一圈连绵起伏的“山”的图案。2022 年 11 月 7 日，陈某就上述“山水罐”

作品的实物向福建省版权局再次申请著作权登记，并取得相应的《作品登记证书》，载明的作品名称为“山海茶叶罐 1”。

2023 年 1 月，陈某向法院起诉某公司，主张某平台“某堂旗舰店”销售的茶叶罐侵犯了其“山海茶叶罐 1”作品著作权。本案诉讼中，陈某提交的其与案外人徐某的聊天记录明确，陈某曾于 2018 年 9 月 13 日发送两张茶叶罐 3D 参数图给徐某，同日，徐某回复给陈某一组茶叶罐模型图，该模型图即陈某本案主张权利的“山水罐”作品。某公司在诉讼中提交了某甲网站于 2015 年 9 月 4 日发布的“水纹图片”、某乙网站于 2016 年 7 月 21 日发布的“古典海浪花纹矢量素材”，以及某甲网站发布的“桂林山水映晚霞”等图片，欲证实陈某主张权利的“山水罐”“山海茶叶罐 1”作品不具有独创性，不构成著作权法意义的美术作品，不应受到法律保护。

【案件焦点】

1. 案涉“山水罐”美术作品是否具有独创性；2. 若具有独创性，侵权比对“实质性相似”的判断标准应如何把握。

【法院裁判要旨】

福建省德化县人民法院经审理认为：判断一部作品是否具有独创性，应当从是否独立创作以及在外在表现上是否与公有领域作品存在一定程度的差异方面进行分析判断。本案中，陈某能就案涉“山水罐”作品的创作过程、创作思路及独创性表达作出说明和解释，结合其与案外人徐某的微信往来记录，可以确认其对案涉作品投入了具体的创作，创作完成的“山水罐”作品，底部是“海浪”图形，“海浪”之上还有一圈连绵起伏的“山”的图案，“海浪”与“山”的结合共同构成“山水罐”作品，使作品在整体上与公有领域单独的“海浪”或单独的“山”元素呈现出较大差异，体现了作者的独特构思和就具体表达作出的独特取舍、安排和设计，符合《中华人民共和国著作权法》关于作品应具有的独创性的构成要件，应当受到法律保护。某公司销售的茶叶罐产品与案涉作品构成实质性相似，构成侵权。

福建省德化县人民法院作出如下判决：

一、某公司应于判决生效之日起十日内赔偿陈某经济损失（含合理维权费用）25000元；

二、驳回陈某的其他诉讼请求。

某公司不服一审判决，提起上诉。

福建省泉州市中级人民法院经审理认为：著作权法所保护的作品的独创性体现于作品之中的创造性劳动，现有作品对已有作品既存要素的发掘、取舍、创新、组合、复现的过程，正是著作权法所保护的创造性之所在。“山水罐”美术作品与前述在先作品相比，在图案设计的基本元素构成上虽有一定的相似，但陈某对这些基本元素又进行了新的挑选、排列、组合以及变换，即两者呈现一定的差异，而这些差异部分也正体现了陈某对涉案美术作品的智力创造及个性特征，亦达到了一定水准的智力创造高度，具有独创性，符合作品的构成条件。同时对利用传统元素进行创作的陶瓷作品，应合理考虑传统元素所占比例及组合排列样式，“实质性相似”判断应更加严格，侵权比对时应当更着重于细节与创新之处，防止著作权的不当扩张。对比案涉美术作品与被诉侵权产品，除存在山形细微的差别及海浪上方多了几个水滴点缀外，二者在造型设计、山水比例、形态等均存在诸多相同之处，一审判决据此认定被诉侵权产品侵害了涉案著作权，认定事实清楚，适用法律正确。

福建省泉州市中级人民法院依照《中华人民共和国民事诉讼法》第一百七十条第一款第一项规定，作出如下判决：

驳回上诉，维持原判。

【法官后语】

中华优秀传统文化是中华民族的“根”与“魂”，为当代文艺创作提供源源不断的素材和源头活水。但随着社会的进步和科技的发展，现代文化的多样性不断压缩传统文化的生存空间，一些创新的民间文艺作品因被仿冒而失去创新动力。故而在审理基于中华优秀传统文化再创作作品的著作权侵权案件时，过宽与过严的保护都有害传统文化的传承与创新，只有精准界定，才能让传统文化焕发新的活力，如何判断作品是否具有独创性、侵权比对尺度如何把握，一直是司法实践中的重点和难题。

一、传统元素在独创性认定中的衡平原则

我国传统文化博大精深，为大众的创作提供了丰富的资源。在对我国传统文化艺术进行再创新过程中，往往存在涉及公有领域表达元素、已有作品独创性表达以及对已有作品进行再创作等而产生的多个著作权权利主体和客体的问题。

基于著作权保护对创作自由、表达自由的关联和影响，在处理此类案件时，首先，要妥善处理好传承与创新、保护和利用的关系，强化利益平衡观念。合理平衡原作者权利、后续作者权利和社会公众利益，厘清各自的权利保护边界。在考量历史因素和现实认知的基础上，既要留存丰富的公有领域，又要尊重原作品权利人的合法权益，更要给予历史传统文化以创新空间，以利于我国传统历史文化的弘扬与发展。其次，要妥善处理好作品的独创性与独创高度的关系，既要维护现有法律框架内作品著作权保护基本标准的统一性，又要根据不同作品类型的特点和相关保护领域的产业发展需求，合理确定独创性尺度，综合考虑作品属性、所属领域的作品现状、创作空间、公众需求等因素，依法确定与之相对应的相关权利归属和保护范围。

对此，司法实践也普遍认为，应当根据不同作品类型的特点和我国产业发展需求，合理确定独创性尺度，努力实现作品保护范围和强度与其独创性范围和尺度相适应。要在各类知识产权保护中贯彻比例原则、著作权保护程度与独创性高度等相适应、重视知识产权保护的比例原则、避免使创新和贡献程度较低的知识产权获得过高的保护和得到额外的奖赏形成不必要的市场障碍等观点。

二、优秀传统文化再创作作品的侵权比对规则

判定作品是否侵权的一般方法是“实质性相似加接触”。对优秀传统文化再创作作品相同或相似的判断，以美术作品为例，应遵循从外在形式到内在内容的逻辑判断思路，以作品整体画面为标准，同时对图形布局、色彩、结构等加以比较，进而以画面所表达的内容进行实质相同或相似分析，再看案涉美术作品与被诉侵权产品是不是对公共领域的素材进行了相同的选择或安排。结合

本案案情，鉴于权利人作品具有一定独创性，被诉侵权产品与权利人作品在上述造型设计上具有高度相似性，而非与公有领域作品或他人作品更相似，被诉侵权人亦没有充分且合理的理由予以解释，故可以认定被诉侵权产品与案涉作品构成实质性相似。

传承与创新并不相悖，传承致远，创新增华，在审理此类涉及中华优秀传统文化再创作的著作权侵权案件时，法院应注重考量历史因素和现实认知，平衡著作权人利益和再创作者利益，促进我国优秀传统文化的弘扬和发展。在传统元素已较为定型成熟的情况下，再创作的空间往往较为狭窄，此时应当遵循利益平衡原则，结合该元素的发展历史和创作规律，对新作品所呈现出的不同于以往作品的显著特征，应作为独创性部分予以重点关注。同时，著作权的保护范围和保护强度与作品的独创性密切相关，对于在较窄创作空间内形成的独创性较高的作品，应给予较强的保护，从而实现激励创新的价值导向。

编写人：福建省泉州市中级人民法院　洪颍雅
福建省德化县人民法院　陈小鑫

14

采用汉字元素美术作品的认定及惩罚性赔偿的适用

——冯甲诉景德镇某陶瓷公司、潮州市某陶瓷公司著作权权属、侵权案

【案件基本信息】

1. 裁判书字号

江西省景德镇市珠山区人民法院（2023）赣0203知民初157号民事判决书

2. 案由：著作权权属、侵权纠纷

3. 当事人

原告：冯甲

被告：景德镇某陶瓷公司、潮州市某陶瓷公司

【基本案情】

冯甲于2020年至2022年期间陆续对喜字花纹（图案）及使用喜字花纹图案创作的囍杯、囍盘、囍壶（造型与外观设计）等7件作品进行著作权登记，作者均为冯甲。景德镇某陶瓷公司在网店销售使用其该系列作品的陶瓷碗盘杯器具，潮州市某陶瓷公司系景德镇某陶瓷公司的供货商，且潮州市某陶瓷公司在其他法院判决后仍实施侵权行为。冯甲认为景德镇某陶瓷公司、潮州市某陶瓷公司的行为侵犯了其著作权，要求两公司停止侵权并赔偿损失，并向潮州市某陶瓷公司主张惩罚性赔偿。

经查，景德镇某陶瓷公司在其淘宝店铺销售的陶瓷碗盘杯器具使用了诉争红色囍字和红花绿叶组成的图案，潮州市某陶瓷公司在淘宝店铺和微信小程序店铺销售的陶瓷碗盘杯器具亦均使用了诉争红色囍字和红花绿叶组成的图案。经审查比对，景德镇某陶瓷公司和潮州市某陶瓷公司销售的碗盘等器具上使用的图案和冯甲主张享有著作权的作品图案构成实质性相似。冯甲以潮州市某陶瓷公司生产、销售使用“喜字花纹（图案）”的陶瓷碗盘等器具侵害其著作权向广东省潮州市潮安区人民法院提起诉讼，该案于2023年6月19日立案。2023年9月11日，广东省潮州市潮安区人民法院作出第1855号民事判决认定冯甲享有诉争作品的著作权，潮州市某陶瓷公司停止侵权行为并赔偿冯甲经济损失及维权合理费用。该判决于2023年10月8日发生法律效力，该案诉争的作品与本案诉争的作品相同。景德镇某陶瓷公司销售的案涉产品系景德镇A陶瓷公司从潮州市某陶瓷公司采购。

【案件焦点】

1. 案涉图案是否具有独创性，被告是否构成侵权问题；2. 潮州市某陶瓷公司是否应当承担惩罚性赔偿；3. 被告侵权赔偿数额的认定问题。

【法院裁判要旨】

江西省景德镇市珠山区人民法院经审理认为：

1. 对采用公有领域元素创作的图案，应从图案整体出发判断是否具有独创性。案涉作品主要系由红色囍字与红花绿叶组成的图案，囍字居中，红花绿叶围绕囍字在四周散布，花瓣和叶子的形状均经过艺术处理，明显区别于自然界的红花绿叶，体现了作者的个性化选择和独立的表达风格，属于《中华人民共和国著作权法》的保护客体。景德镇某陶瓷公司、潮州市某陶瓷公司未经著作权人许可，销售侵害案涉美术作品的商品，构成侵权。

2. 关于惩罚性赔偿问题。本案与景德镇某陶瓷公司、潮州市某陶瓷公司的另一侵害著作权纠纷，即第 1855 号案件于 2023 年 6 月 19 日在广东省潮州市潮安区人民法院立案，该院认定冯甲享有案涉作品著作权，潮州市某陶瓷公司承担停止侵权、赔偿经济损失及维权费用侵权责任。潮州市某陶瓷公司收到另案判决后，仍继续实施侵权行为，可以认定潮州市某陶瓷公司具有侵害冯甲案涉著作权的故意且构成情节严重，应当承担惩罚性赔偿责任。

3. 关于侵权责任的承担问题。（1）侵权获利。冯甲主张按照两被告销售链接中的最低价格和月销量计算两被告销售额，按照销售价和拿货价的差价认定其利润率。根据冯甲取证的月销量和最低销售价格，景德镇某陶瓷公司的销售额为 9961.9 元，潮州市某陶瓷公司的销售额为 7804.4 元。按照景德镇某陶瓷公司的进货价格及潮州市某陶瓷公司的单价与线上控价计算，案涉商品的综合销售利润率约 50%，即景德镇某陶瓷公司侵权获利约 4981 元。潮州市某陶瓷公司作为案涉侵权产品的供货商，其自行销售案涉产品的销售利润率酌定为 75%，其侵权获利约 5853 元。（2）赔偿数额。根据景德镇某陶瓷公司提交的证据能够证明尽到了合理注意审查义务，故对其提出的合法来源抗辩，法院予以采信。鉴于冯甲就潮州市某陶瓷公司的部分侵权行为已在另案中获得赔偿，故酌定减轻其在本案中的赔偿责任，为有效遏制侵权行为再发生，综合考虑潮州市某陶瓷公司的主观故意、侵权获利及侵权情节严重程度等因素，按照侵权获利的三倍计算赔偿数额（含两倍惩罚性赔偿）。

江西省景德镇市珠山区人民法院依照《中华人民共和国民法典》第一千一百八十五条，《中华人民共和国著作权法》第三条第四项、第九条、第十条、第五十二条、第五十四条第一款，《最高人民法院关于审理著作权民事纠纷案件适用法律若干问题的解释》第七条、第二十六条，《最高人民法院关于审理侵害知识产权民事案件适用惩罚性赔偿的解释》第三条、第四条、第六条，《中华人民共和国民事诉讼法》第六十四条第一款、第一百四十五条，判决如下：

一、景德镇某陶瓷公司、潮州市某陶瓷公司立即停止销售、传播侵权产品，并销毁剩余库存侵权产品；

二、景德镇某陶瓷公司赔偿冯甲维权合理费用 2500 元；

三、潮州市某陶瓷公司赔偿冯甲经济损失 17559 元及维权合理费用 2500 元；

四、驳回冯甲的其他诉讼请求。

宣判后，双方当事人均未上诉，一审判决已经生效。

【法官后语】

陶瓷是泥与火的结晶，汉字内涵的构成方式承载着文字与图像视觉化符号的双重功能，彰显着独特的东方视觉艺术魅力。将中国古文字运用于陶瓷装饰艺术领域的历史流变在纵向上是悠久而漫长的，在横向上是不断集前人成果而逐渐完善丰富和多元化的。为避免影响社会公众对公有领域元素的正常使用，本案的判决结果对如何认定采用汉字元素装饰的陶瓷花面具有独创性提供了一定的标准。

同时通过适用惩罚性以彰显法院对陶瓷知识产权的强力保护、全面保护，严厉打击生产者的侵权故意明显且侵权情节严重的行为，能够有效遏制陶瓷行业的惯常抄袭行为，在鼓励陶瓷行业在传承上创新的同时，又不影响社会公众对公有领域元素的正常使用，对于优化营商环境、营造尊重和保护知识产权的社会氛围起到了较好的推动和促进作用。

一、融合与创新：基于公有领域元素创作的图案独创性分析

法院在判定采用公有领域元素创作的图案是否具备独创性时，应当从图案的整体进行考量。独创性是指作品中包含了作者独立的创作劳动，展现了一定的个性表达或创造性思维，而非简单的复制或微小改动。即使使用的元素本身

来源于公有领域，创作者如果通过对这些元素进行独特的选择、安排、组合或以新的表现形式呈现，使得最终作品展现出超出原有元素简单叠加的个性特征和创造性，即可认为该作品具有独创性，从而成为受版权保护的新作品。因此，裁判的关键在于创作过程中是否加入了足够的原创性劳动，使作品形成了区别于原公有领域元素的新的表达形式。在裁判采用公有领域元素创作的图案是否具有独创性时，应考虑以下几个方面：

第一，独创性的标准。法院应遵循公共领域保留的认知视角与原则，追溯独创性从无到有的生成路径。作品与公有领域元素的关系也是判断独创性的重要方面。如果作品仅仅是对公有领域元素的简单堆砌或复制，而没有形成新的、具有独创性的表达，那么该作品不应被认为具有独创性。

第二，公有领域元素的使用。在判断利用公有领域元素创作的作品时，需要全面考察这些元素在具体布局、形态等方面的运用。既要考察整体的、立体的视觉效果，也要考察局部的细微的异同点。作品中含有大量属于公有领域的元素，那么对这些作品的独创性要求应适度提高。

第三，作品的整体视觉效果。法院在裁判时，应注意考察作品的整体视觉效果。应从图案的整体效果出发，而不是单独审视其中的每一个元素。这意味着即使个别元素来自公有领域，整体图案的独创性也可能存在于元素的选择、排列、组合方式，或者在表达上的新颖性。

二、独创性边界：采用汉字元素的陶瓷作品独创性认定

在历史的长河中，随着陶瓷技术的进步以及书法艺术的繁荣发展，陶瓷文字装饰艺术得到了迅猛发展，从单纯记录到以诗词歌赋反映人们的情感价值，再到突破文字独立的格局，将诗、书、画元素相互结合、交相呼应，越发彰显了文字装饰的独特艺术魅力，极大地提高了陶瓷文字装饰的艺术价值和文学内涵。汉字系我国传统的字符，具有记载和表达人们情感价值的多种功能，已被广泛普及发扬和使用。在陶瓷装饰的发展进程中，将文字纹饰运用于陶瓷花面也是由来已久，因此如何认定采用汉字元素的美术作品的独创性，对于审理涉陶瓷著作权纠纷案件具有一定的司法实践意义。

独创性标准的背后是著作权人利益与社会公益的平衡。汉字融入了历代人民的智慧，属于中国传统文化和智慧的传承，在汉字未在字体上进行再创作的情况下，应属于公有领域，社会公众均可使用。然而，汉字是陶瓷装饰艺术发展中的重要组成部分，一些传统汉字形式也依赖于当代艺术来呈现和发展，因此对于采用汉字元素的美术作品的独创性认定时应当同时采用“比例原则”和“整体原则”，即从作品整体出发，考虑作品中汉字元素与创新元素的比例和整体布局。

本案诉争陶瓷装饰花面系由红色“囍”字与红花绿叶组成的图案，“囍”字是我国传统文字字符，在婚嫁等喜庆场合被普遍使用，为避免影响社会公众对公有领域元素的正常使用，应从图案整体出发判断是否具有独创性。本案系列作品中，均是以“囍”字居中，红花绿叶围绕“囍”字散布，其中红花的花瓣及绿叶数量不一，多为三片花瓣三片绿叶，花瓣和叶子的形状均经过艺术处理，花朵中心用白色圆点做花蕊，明显区别于自然界的红花绿叶，将立体瓶身花面展开则可发现经作者艺术化处理的红花绿叶占整体布局的主要部分，与红色“囍”字的组合协调有致，既能体现喜庆的氛围又带有活力的美感，能够让公众感受到该“囍”字与其在公有领域固定的表达方式存在显著差别。因此诉争作品整体设计和布局体现了作者的个性化选择和独立的表达风格，应当作为美术作品受到著作权法的保护。

三、威慑与补偿并重：探究知识产权领域惩罚性赔偿的应用策略

《中华人民共和国民法典》在规定惩罚性赔偿的主观要件时选择“故意”为要件，而《最高人民法院关于审理侵害知识产权民事案件适用惩罚性赔偿的解释》第一条第二款规定，“本解释所称故意，包括商标法第六十三条第一款和反不正当竞争法第十七条第三款规定的恶意”。为此，有观点指出，虽然《中华人民共和国民法典》规定惩罚性赔偿的主观要件为故意，而《中华人民共和国商标法》第六十三条第一款规定为恶意，但是因《中华人民共和国民法典》位阶效力与司法实践中故意与恶意难以区分徒增实践困难等原因，故意与恶意的含义应当作一致性理解。① 为了对加害者提供有效的行为指引，激励人

---

① 林广海、李剑、秦元明：《〈关于审理侵害知识产权民事案件适用惩罚性赔偿的解释〉的理解和适用》，载《人民司法》2021年第10期。

们采取正确的行为方式，惩罚性赔偿在以填平性赔偿予以恢复的实际损害为适用前提的情况下，还可苛责以超出实际损害的赔偿。正如朱广新教授所提出的，“实质上，惩罚性赔偿是公私法二分体制下私法机制执行由公法担当的惩罚功能的特殊惩罚制度，其适用应以公法上惩罚制度秉持的理念与原则为指导，无法奉行传统损害赔偿法的基本原则”。① 在此语境下，惩罚性赔偿表达了对严重不法行为的道德谴责。

对于被诉侵权人是否应当承担惩罚性赔偿，应当从其行为是否具有侵权故意以及侵权情节是否严重两个方面进行认定。(1) 直接故意。故意是指行为人预见到自己的行为会导致某一损害后果而希望或者放任该后果发生的一种主观心理状态。而作为惩罚性赔偿的主观要件只能是直接故意，即行为人不仅明知侵权行为会对权利人造成损害结果，还带有对攀附权利人商誉、谋取不当利益的积极追求。② (2) 情节严重。现行法律均以“情节严重”作为知识产权惩罚性赔偿适用客观要件，一般来说侵权次数和侵权后果等是重要考量因素，其中多次侵权是典型的情节严重情形，即多次侵权表明适用补偿性赔偿没有达到威慑作用，因此应给予惩罚性赔偿。③

结合本案，潮州市某陶瓷公司与冯甲就本案诉争作品产生的另一侵害著作权纠纷，即第 1855 号案于 2023 年 6 月 19 日在广东省潮州市潮安区人民法院立案，该院于 2023 年 9 月 11 日作出认定冯甲享有案涉作品著作权，潮州市某陶瓷公司承担停止侵权、赔偿经济损失及维权费用侵权责任的民事判决。该判决于 2023 年 10 月 8 日发生法律效力，而同日潮州市某陶瓷公司仍在网店销售侵权产品，即潮州市某陶瓷公司在收到冯甲起诉材料、出庭应诉且在收到判决后，仍继续实施侵权行为，其行为具有明显的侵权故意，且构成情节严重，应当承担惩罚性赔偿责任。

---

① 朱广新：《惩罚性赔偿制度的演进与适用》，载《中国社会科学》2014 年第 3 期。

② 宫晓艳、刘畅：《知识产权惩罚性赔偿适用的要件解构与路径探究——以上海首例知识产权惩罚性赔偿案件为研究范例》，载《法律适用》2020 年第 24 期。

③ 曹新明：《知识产权侵权惩罚性赔偿责任探析——兼论我国知识产权领域三部法律的修订》，载《知识产权》2013 年第 4 期。

四、精细化裁判：推动知识产权损害赔偿合理化的司法实践与思考

精细化裁判确定损失是通过利益衡量的理性判断，在损害事实、制度价值与评价规范之间展开逻辑涵摄和法律运用的具体化过程。[①] 法院在适用精细化裁判方式确定知识产权损害赔偿时，应强化当事人高额赔偿的举证责任和对证据妨碍等证据认定采信规则的适用，引导当事人提供详细的计算方式及其酌定参考因素，同时审慎选取关于认定侵权产品销售量、价格以及利润率的数据，确保精细化计算结果的可靠性及与市场价值的契合性。

本案中，原告主张通过被告销售链接中的最低价格和月销量计算被告销售额，同时按照被告作为生产商的批发价和零售价计算成本控价，根据在案证据，被告的销售链接存在较大的价格跨度，因此原告提供的侵权获利计算方式在一定程度上放弃了自己部分权利，同时能够充分运用一般证据规则，确保计算结果的可靠性及与市场价值的契合性，因此法院采纳了该计算侵权获利的计算方式，但对于销售量、销售价格等数据的选取保持审慎态度，严格根据经审查确认的证据予以认定。具体计算方式为：侵权获利=（销售量×最低销售价格）×利润率，利润率=（销售价格-成本价格）/销售价格。从原告取证的数据中，能够得到被告网店的每个销售链接的月销量和最低销售价格，同时根据两被告的供销关系可依据其成本价和销售价计算利润率，从而得到一个精确且可靠的侵权获利数据，通过该侵权获利数据对原告主张的侵权赔偿中的合理部分予以支持，同时也为惩罚性赔偿提供了一个计算基准。如此，不仅合理降低了权利人的维权难度，使赔偿额的确定更具有可预见性和确定性，也为提高赔偿数额计算的科学性、合理性提供了一套可供参考的审判经验。

编写人：江西省景德镇市中级人民法院　贾珺

江西省景德镇市珠山区人民法院　洪文霞

---

① 徐飞云、王聪：《知识产权损害赔偿中精细化裁判的适用》，载《人民司法》2022年第29期。

15

陶瓷实用艺术作品著作权的认定和法律保护路径

——乙陶瓷公司诉甲陶瓷公司著作权权属、侵权案

【案件基本信息】

1. 裁判书字号

江西省景德镇市中级人民法院（2023）赣 02 民终 115 号民事判决书

2. 案由：著作权权属、侵权纠纷

3. 当事人

原告（被上诉人）：乙陶瓷公司

被告（上诉人）：甲陶瓷公司

第三人（上诉人）：吴甲

【基本案情】

乙陶瓷公司于 2021 年对雕塑小鱼喷泉循环流水底过滤桶陶瓷鱼缸圆形底座凤凰灯式等 5 件作品进行著作权登记，载明创作者为郭甲，创作完成时间为 2007 年。甲陶瓷公司在淘宝网店对外销售此类鱼缸。乙陶瓷公司认为侵犯了其著作权，要求甲陶瓷公司停止侵权并赔偿损失。

甲陶瓷公司主张，被诉侵权产品为案外人丙陶瓷公司法定代表人余甲的自创作品，其系经丙陶瓷公司授权而销售该产品的，并称余甲的版权登记时间和创作日期均早于乙陶瓷公司，且第三人吴甲的公司公开销售时间亦早于乙陶瓷公司，且鲤鱼本身属于公知常识，涉案作品缺乏独创性。

第三人吴甲加入诉讼，并主张其系涉案作品的著作权人，认为乙陶瓷公司与甲陶瓷公司的行为均构成侵权，要求两公司立即停止侵权并赔偿损失。之后，

乙陶瓷公司变更诉讼请求，要求甲陶瓷公司和吴甲均停止侵权并赔偿损失。

经查，郭甲于1984年毕业于江西省某高等院校的陶瓷设计专业，于1990年9月获得助理工艺美术师职称，一直从事于陶瓷行业，且曾开办陶瓷厂。吴甲系北京某文化公司的法定代表人，其公司的经营范围为组织文化艺术交流活动、淡水养殖、销售观赏鱼及渔具、工艺品、承办展览展示等。吴甲于2007年带着一款水循环过滤器系统的实用新型专利设计图纸让郭甲制作雕刻陶瓷鱼缸，并支付费用，为同时满足水循环过滤器功能和美术观念价值，郭甲尝试多种附着器型，最终选定鲤鱼。2009年，吴甲将该系列作品进行版权登记后开始销售，郭甲曾是其生产商。

【案件焦点】

1. 诉争"附着雕塑小鱼的陶瓷鱼缸"系列作品是否受著作权法保护；2. 诉争作品的著作权归属问题；3. 吴甲提出的专利权抗辩能否成立；4. 诉争作品的著作权若归属于乙陶瓷公司，甲陶瓷公司的行为是否构成侵权。

【法院裁判要旨】

江西省景德镇市珠山区人民法院经审理认为：

1. "附着雕塑小鱼的陶瓷鱼缸"是由雕塑小鱼与陶瓷鱼组合而成，其设计要点在于为满足水循环流动需求及整体观赏性，在鱼缸边缘附着雕刻一条小鱼作为水的进出口，该小鱼是以自然界鲤鱼作为创作来源，根据鱼缸造型及流水需要对小鱼的造型进行了艺术化和功能化的处理，同时鱼缸表面可根据喜好绘制图案，雕塑小鱼与鱼缸组成的"附着雕塑小鱼的陶瓷鱼缸"体现了作者在美学领域付出的智力劳动的独特个性和创造力，具有一定的艺术性。对鱼缸图案及小鱼造型、鱼身纹路等细节进行改动，不会影响该陶瓷鱼缸的实用功能，其艺术性与实用性在观念上可分离，排除其实用功能部分，仍具有审美意义的独创性表达，符合《中华人民共和国著作权法》关于作品的规定，应当受到《中华人民共和国著作权法》的保护。

2.《作品登记证书》仅是认定著作权权属的初步证据，在认定著作权权属时还需结合底稿、原件等其他证据予以认定。结合原告提交的创作底稿、作者资质证明、作者声明及证人证言等证据可以认定郭甲具有创作涉案作品的创作意图、创作能力和创作时间及场所，能够相互印证郭甲于 2007 年创作涉案作品的事实，且吴甲未提交证据证明其与郭甲之间就该委托创作作品的著作权归属进行约定。据此，郭甲为诉争作品的作者，乙陶瓷公司系著作权人。

3. 吴甲提交的实用新型专利与涉案美术作品存在区别，该证据仅能证明其早期享有涉案实用新型的专利权，吴甲不因该专利权而对使用该项专利的艺术作品当然享有著作权。

4. 被诉侵权产品与乙陶瓷公司生产的产品构成实质性相似，甲陶瓷公司擅自销售侵犯乙陶瓷公司著作权的产品侵犯了著作权人的发行权。乙陶瓷公司未提交证据证明吴甲实施了侵权行为。

江西省景德镇市珠山区人民法院依照《中华人民共和国著作权法》第三条第四项、第九条、第十条、第十九条、第五十二条、第五十四条、第五十九条，《最高人民法院关于审理著作权民事纠纷案件适用法律若干问题的解释》第七条、第二十五条、第二十六条，《中华人民共和国民事诉讼法》第五十九条、第六十七条第一款、第一百四十三条、第一百四十五条之规定，判决如下：

一、甲陶瓷公司立即停止侵犯乙陶瓷公司享有的“雕塑小鱼”著作权的行为；

二、甲陶瓷公司于本判决生效之日起五日内赔偿乙陶瓷公司经济损失及合理费用支出共计人民币 8000 元；

三、驳回乙陶瓷公司的其他诉讼请求；

四、驳回吴甲的全部诉讼请求。

甲陶瓷公司、吴甲不服一审判决，提起上诉。

江西省景德镇市中级人民法院同意一审法院裁判意见，判决：

驳回上诉，维持原判。

【法官后语】

在面对附着型陶瓷实用艺术作品著作权判定时，法院需细致分析作品中的艺术构思与实用功能是否能清晰界定，确保在不损害作品实用性的同时，充分认可并保护其中蕴含的原创艺术价值。而在界定陶瓷实用艺术作品的权利归属时，单纯的著作权登记证明虽具有法律效力，但绝非唯一准绳。同时，专利权的拥有并不当然涵盖艺术创作的著作权，两者各有其保护的侧重点和范围。

一、陶瓷实用艺术作品著作权的界定：超越著作权登记证书的深度考量

陶瓷作品的创作不仅是对艺术灵感的表达，更是对创作者专业技能和丰富实践经验的全面考验。在确立陶瓷实用艺术作品的权利归属时，虽然著作权登记证明具有法律效力，但它并非唯一的衡量标准。在案件审理中，著作权的审查应聚焦于创作的实质内容而非单纯的登记形式，同时，著作权的审查应强调创作的独立性和原创性贡献。

著作权的审查应聚焦于创作的实质内容而非单纯的登记形式。陶瓷作品的创作不仅是艺术灵感的体现，更是对创作者专业技能与实践经验的严峻考验。在界定陶瓷实用艺术作品的权利归属时，单纯的著作权登记证明虽具有法律效力，但绝非唯一准绳。通过本案的判决，确立了一个明确的法律原则，即著作权的审查应聚焦于创作的实质内容而非单纯的登记形式。这一原则确保了即便在著作权登记存在延迟或遗漏的情况下，真正的创作者也能获得应有的法律保护。应深入调查创作者的从业背景，包括其在陶瓷领域的实际工作经验、专业资质认证、掌握的技术工艺水平，以及创作过程中涉及的工作环境与条件等因素。此外，对设计初稿的审查、作品中传统陶瓷文化元素的创新运用，也是评判作品原创性与个人风格的关键环节。

在具体案件审理中，聚焦于创作的实质内容而非单纯登记形式，需要采取一系列细致而专业的审查步骤，包括以下几方面：一是详细比对分析。审理法院应对争议作品与现有作品或声称被侵权的作品进行详细的内容比对。这包括但不限于主题、情节、角色设定、表达方式、设计元素等方面的分析，以确定是否存在实质性相似。二是评估原创性。深入分析争议作品的原创性，确认其中是否包含作者独立创作且具有独创性的表达。这要求审查作品的创意性、个性表达及与既有作品的差异性。三是调查创作过程。审理法院应收集和审查关

于争议作品创作过程的证据，如草稿、创作日志、合作证明等，以证明作品的创作背景和时间线，辅助判断作品的真实原创性。四是专家证人与鉴定。在特定情况下，还可以邀请相关领域的专家进行专业鉴定，或作为证人出庭，就作品的专业技术特点、艺术风格、行业标准等提供意见，帮助法庭理解作品的实质内容和创造性。五是考虑创作意图与背景。在审理过程中还应充分调查和评估作者的创作意图、灵感来源以及作品创作的社会文化背景，这些因素有助于更全面地理解作品的实质内容和价值。

二、陶瓷实用艺术作品的双维保护：专利权与著作权的并行不悖

陶瓷实用艺术作品，作为艺术性与实用性的巧妙融合，在知识产权的浩瀚范畴内扮演着不可或缺的角色。它们不仅自然而然地享有著作权的覆盖，这种保护基于作品独特的艺术表现和创意表达，确保了创作者的智慧结晶免遭未经授权的复制或盗用。而当这些艺术品在其实用设计层面展现出新颖独特、富含创造力且具有实用价值的特征时，便跨入了专利保护的范畴。通过专利权的授予，不仅维护了设计者对创新成果的专属权利，还进一步激发了在陶瓷领域内技术创新与设计革新的活力，推动整个行业向更高层次的发展迈进。如此，陶瓷实用艺术作品便在著作权与专利权的双重保障下，得以在尊重原创与鼓励创新的环境中繁荣共生。

（一）专利权与著作权在法律上的保护边界和侧重点不同

专利权与著作权在法律保护上各有侧重，前者偏重技术创新和工业应用，后者则关注文学艺术创作的表达和传播。主要体现在以下几个方面：一是保护对象。专利权主要保护的是技术创新成果，包括发明、实用新型和外观设计。这些创新成果必须具备新颖性、创造性和实用性。著作权则保护的是文学、艺术和科学领域内具有独创性的表达形式，如文字作品、音乐作品、戏剧、绘画、雕塑、摄影作品、电影作品等。著作权强调作品的原创性和表达方式，而非思想本身。二是保护期限。专利权的保护期限相对较短，发明专利通常为20年，实用新型和外观设计专利通常为10年，自申请日起算。著作权的保护期限较长，通常为作者终身加死后50年或更长，部分情况下，如法人作品，保护期可

能是作品首次发表后的若干年。三是保护条件。专利权的授予需要经过审查程序，确保申请的发明或设计符合新颖性、创造性和实用性的要求。著作权自作品创作完成时自动产生，无需注册或审查，只要作品具有最低限度的独创性即可。四是保护重点。专利权侧重于技术方案的独创性和实用性，防止他人未经许可实施相同或等效的技术方案，保护技术创新和经济利益。著作权则侧重于保护作者的表达自由和创作成果，禁止他人未经许可复制、发行、展示、表演或改编作品，保障文化多样性与艺术创新。五是权利内容。专利权主要包括制造、使用、销售、许诺销售和进口专利产品的专有权利。著作权涵盖复制权、发行权、出租权、展览权、表演权、放映权、广播权、改编权、翻译权、汇编权等。

（二）陶瓷实用艺术作品的双维保护原则探讨

在复杂的司法实践中，若著作权与专利权保护范围产生交集，我们在坚守“保护在先权利”原则的同时，必须明晰一个事实，即便某人拥有某项陶瓷实用艺术作品的专利权，这并不意味着他自然拥有基于该专利设计图创作的陶瓷实用艺术作品的著作权。陶瓷实用艺术作品，凭借其独特的双重属性——集实用功能与艺术创造性于一体，在知识产权的广袤领域中占据着举足轻重的地位。不但具有著作权保护的天然优势，当这些作品在实用功能设计上达到新颖性、创造性和实用性的专利法标准时，理应受到专利权的法律庇护，以此激励技术的持续创新与进步。

本案通过审慎的裁判，明确了陶瓷实用艺术作品的双维保护原则，即一项已获专利权保护的陶瓷实用艺术作品，若其基于专利设计图创作出的实体作品，在艺术表达上展现了独特的创意与个性，那么这种艺术创造的著作权并不会自动归属于专利权人。

三、陶瓷实用艺术作品的保护范围：司法裁判中的界定与实践

由于实用艺术作品的保护问题复杂且难以达成共识，现阶段，《中华人民共和国著作权法》及实施条例始终未明确将实用艺术作品纳入其保护范围。《保护文学和艺术作品伯尔尼公约》明确将艺术作品纳入作品保护范围，我国作为成员国，具有承担公约义务的责任。当前，我国司法实践通常将实用艺术

作品纳入美术作品予以保护，而实用艺术作品具有集艺术性与实用性于一体的特殊性属性，对实用艺术作品存在不同的认定模式，导致实用艺术作品的保护具有不确定性。以下，将结合本案案情，对陶瓷实用艺术作品著作权保护的具体裁判路径进行分析。

（一）陶瓷实用艺术作品应符合实用艺术作品所具备的艺术特征

本案中，诉争作品为“附着雕塑小鱼的陶瓷鱼缸”及底座和灯饰支架的组合体，作者为同时实现循环流水功能和艺术观赏价值，在鱼缸边缘附着一条陶瓷雕塑的鲤鱼，同时配有雕花木质底座和凤凰头灯饰支架，使得该鱼缸兼具水族养殖器的下排水、下过滤的整体循环功能又具有一定的艺术观赏价值，符合实用艺术作品所应具备的艺术特征，即由线条、颜色等构成的具有审美意义的装饰性设计，且该装饰性设计既融合了辅助人民生产生活的实用价值，又能够体现作者的审美个性，并产生审美意义上的装饰、欣赏、收藏价值。

（二）陶瓷实用艺术作品应满足实用艺术作品的观念分离要求

本案中，“附着雕塑小鱼的陶瓷鱼缸”是由雕塑小鱼与陶瓷鱼缸组合而成，其设计要点在于为满足水循环流动需求及整体观赏性，在鱼缸边缘附着雕刻一条鲤鱼作为水的进出口。第三人吴某自称当时用过鱼、龙、鱼化龙等造型，即变动“雕塑小鱼”的造型并不会影响该鱼缸的循环出水功能，同时对鱼缸图案及其他组合进行改动，亦不会影响该陶瓷鱼缸的实用功能，其艺术性与实用性在观念上可分离。为满足其设计要点，作者对鲤鱼的造型、头身比例、摆动姿态及组合方式等方面进行特别设计，呈现出大气又生动的艺术风格，同时鱼缸表面绘制图案并与其他部位进行组合，体现了作者在美学领域付出的智力劳动及其个性选择和独立的表达，并且排除其实用功能部分，仍具有审美意义的独创性表达。

（三）陶瓷实用艺术作品著作权的归属应审查创作的实质性内容

本案诉争对象系陶瓷艺术作品，原告、被告、第三人均提交了作品登记证书，被告和第三人均主张其证书上载明的创作及完成时间均早于原告。原告为进一步证明其权利基础，向法院提供了创作底稿原件、作者资质证件及作者声明，并申请证人出庭作证。法院结合审查确认的证据及当事人陈述，得出以下结论：(1) 郭甲具有创作能力，其提交了1984年毕业于江西省某高等院校陶瓷设计专业的毕业证书及1990年获得助理工艺美术师职称的职称证书，且一直从事陶瓷行业，故其具备设计创作诉争作品的资质和能力；(2) 郭甲具有创作意图，第三人自认系其于2007年带着实用新型设计图纸让郭甲生产能够实现水族养殖器的下排水、下过滤的整体循环功能的陶瓷鱼缸，郭甲为满足第三人要求的整体循环功能所生产的产品与诉争作品的实用性表达相符；(3) 郭甲具有创作条件，郭甲于2007年在其开办的陶瓷厂内创作诉争作品，该时间与其版权登记的首次发表的时间能够相互印证。据此，法院认定郭甲系诉争作品的作者。

(四) 以“接触+实质性相似”判断侵害陶瓷实用艺术作品著作权的标准

首先，“接触”作为认定著作权侵权的前提条件，其目的在于在逻辑上证实被诉侵权人具有侵权的可能。其次，“实质性相似”应当体现在实用艺术作品的独创性部分，公共领域元素不属于相似范围。本案中，郭甲与余甲均多年在景德镇从事陶瓷行业，且余甲在电话录音中亦认可其多年前便知道郭甲生产了诉争作品，故应当认定余甲具有接触的可能。诉争作品的鱼缸器型、鲤鱼品种及颜色均是单独的公共领域元素，被控侵权产品即便相同亦不构成“相似”，而郭甲运用陶瓷工艺对鲤鱼的造型、头身比例、摆动姿态、鱼缸花纹图案及组合方式等方面进行特别设计，呈现出活泼生动的艺术风格体现了作者的创造力和独立的表达风格，被诉侵权产品在该独创性部分存在相似设计，足以使得相关公众难以分辨，则构成实质性相似，属于侵权行为。

编写人：江西省景德镇市昌江区人民法院　汪越
江西省景德镇市中级人民法院　贾珺
江西省景德镇市珠山区人民法院　洪文霞

16

舞蹈作品独创性、保护范围及实质性相似的认定标准

——北京某娱乐公司诉上海某文化公司侵害作品表演权、信息网络传播权案

【案件基本信息】

1. 裁判书字号

上海知识产权法院（2022）沪73民终850号民事判决书

2. 案由：侵害作品表演权、信息网络传播权纠纷

3. 当事人

原告（被上诉人）：北京某娱乐公司

被告（上诉人）：上海某文化公司

【基本案情】

北京某娱乐公司通过委托创作及合作创作的方式，取得涉案《××A》舞蹈作品和音乐作品的著作权，并组织旗下艺人进行演唱和表演。2020年11月29日，上海某文化公司在举办"《××B》周年庆特别公演"时，组织旗下艺人在现场表演中演唱《××A》歌曲和表演《××A》舞蹈作品，并将表演涉案歌曲及舞蹈的视频发布在其运营的网站上。后续北京某娱乐公司、上海某文化公司就上海某文化公司旗下艺人表演《××A》一事进行沟通协商，因金额未达成一致双方协商未果。

经比对，双方确认前述被诉的《××A》表演，所涉及的词曲与北京某娱乐公司主张保护的《××A》词曲相同。对前述表演所涉及的舞蹈，北京某娱乐公司认为，其舞蹈由椅子道具、舞蹈过程中类似小丑妆容、动作、姿势、表情等

元素结合编排而成，被诉舞蹈与北京某娱乐公司主张保护的舞蹈实质性相似。上海某文化公司认为，两者的类型不同，被诉舞蹈是女团双人舞，而北京某娱乐公司主张保护的舞蹈是男团成员单人舞，有其他群舞来配舞，且该舞蹈仅是常规动作的展示，是公知领域的内容，舞美设计、道具、妆容等也不应在舞蹈作品范围内，被诉舞蹈与北京某娱乐公司舞蹈存在差异性。

【案件焦点】

舞蹈作品独创性、保护范围及实质性相似的认定标准。

【法院裁判要旨】

上海市杨浦区人民法院经审理认为：北京某娱乐公司所主张保护的《××A》舞蹈，系用于与音乐作品《××A》配套表演。该舞蹈以整体呈现为暗黑色舞台背景加蓝色光效为表演场景，包含一系列连贯的由领舞单独，或与伴舞共同完成的身体动作、机械化的姿势或茫然或癫狂的表情、类似小丑妆的妆容等元素，领舞、伴舞的部分动作利用舞台沙发道具实现，上述内容通过与《××A》音乐旋律、节奏及歌词内容相呼应而进行独创性编排，由此组合形成具有一定艺术美感的视觉整体，具有独创性，构成舞蹈作品。

上海某文化公司的艺人在进行公演活动时，所表演的《××A》节目使用了北京某娱乐公司的音乐作品，该节目的配舞与北京某娱乐公司的舞蹈作品相比，即便存在诸如上海某文化公司舞蹈是女团双人舞，而北京某娱乐公司舞蹈是男团成员单人舞、有其他群舞来配舞，部分舞蹈动作、舞者表情姿态，以及伴舞的数量、道具沙发的颜色等细节存在差异，但基于整体的舞蹈背景氛围、道具与舞者的关系、舞蹈的节奏和编排段落、舞蹈各段落的关系和推进进程方式、关键舞蹈动作和妆容细节、领舞与伴舞的互动关系及互动方式等方面存在较高的相似性，从整体上看，被诉舞蹈与北京某娱乐公司的舞蹈作品，构成实质性相似，侵害了北京某娱乐公司对《××A》舞蹈所享有的著作权。

上海市杨浦区人民法院依照《中华人民共和国民法典》第一百七十九条第一款第八项、第十项以及第一千一百九十一条，《中华人民共和国著作权法》

第三条第三项，第九条，第十条第一款第九项及第十二项、第二款、第三款，第十一条第一款、第二款，第十二条第一款，第十九条，第五十二条第七项，第五十三条第一项及第五十四条第一款、第二款、第三款，《最高人民法院关于审理著作权民事纠纷案件适用法律若干问题的解释》第七条，《中华人民共和国民事诉讼法》第六十七条第一款规定，判决如下：

一、被告上海某文化公司在其网站首页显著位置发布声明，消除影响；

二、被告上海某文化公司赔偿原告北京某娱乐公司经济损失 35000 元；

三、被告上海某文化公司赔偿原告北京某娱乐公司为制止侵权行为所支付的合理开支 20000 元。

上海某文化公司不服一审判决，提起上诉。

上海知识产权法院同意一审法院裁判意见，判决：

驳回上诉，维持原判。

【法官后语】

近年来随着演艺市场的繁荣，明星艺人表演时因为没有取得著作权人授权，擅自使用他人舞蹈作品的“上车不买票”或“先上车后买票”行为，引发侵权纠纷的情况有所出现。由于一段完整的舞蹈往往包含大量的动作、姿态等元素，而多数情况下，每一个具体的动作、姿势等具体元素很难是独一无二的，往往在之前被其他舞蹈所使用，故本案争议的一大焦点就在于如何认定原告主张保护的舞蹈之独创性达到舞蹈作品的高度。同时，由于舞蹈是视觉上连续动态的一系列动作、姿态等元素的展现，在某一个具体的动作、姿态，本身有可能是在先舞蹈中常见内容的情况下，在对原告主张保护的舞蹈与被诉舞蹈进行侵权比对时，是对两段舞蹈内各具体动作、姿势等元素的一一比对，还是对两段舞蹈的整体进行比对，还是存在其他更合理的比对方式，为本案另一大焦点问题。

一、舞蹈作品独创性的认定因素

《中华人民共和国著作权法》规定的作品是指文学、艺术和科学领域内具有独创性并能以一定形式表现的智力成果，故一项智力成果具有独创性是其构成作品、受著作权法保护的前提。根据学界通说，“独创性”要求是作者独立创作的智力成果，并非抄袭，体现出作者独特的智力判断与选择，展示作者的个性并达到最基本的创造性要求，[①] 而作品独创性的认定要结合具体作品类型具体认定。[②]《中华人民共和国著作权法实施条例》规定，舞蹈作品是指通过连续的动作、姿势、表情等表现思想情感的作品，该类型作品的独创性一方面体现对舞蹈动作、姿势、表情等表达元素的独特设计；另一方面因舞蹈作品对于表达元素提出“连续”性的视觉观看要求，故其独创性还包括对各表达元素的编排。此外，对于舞蹈领域内常见的常规舞步、造型、动作等，或因缺乏独创性，或因流入公有领域，不能构成舞蹈作品或不受保护。但是，若上述公有领域的表达经过作者重新选择、编排而产生独创性后，亦可受到著作权法保护，即舞蹈作品中的单个舞姿等元素如同文章中的单个汉字，无法表现作品的内容并无独创性可言，而连续的多个舞姿经过有选择性的编排可具有独创性。[③]

此外，不是所有智力成果均受到著作权法保护，《TRIPs 协议》[④] 第九条第二款规定，版权保护应延及表达，而不延及思想、工艺、操作方法或数学概念之类，故思想不属于著作权法保护的对象，由此形成著作权法中思想表达二分法的基本原理。故当针对某一思想的表达形式极其有限时，就会产生思想与表达的混同，无论表达多么简洁、生动、形象，为避免思想被个人垄断，该表达都应视为思想而不受著作权法保护。

综上，判断某项智力成果是否属于舞蹈作品，一是判断外在表达是否与思想混同而排除作品认定范围；二是判断舞蹈动作是否属于公有领域内的表达；三是判断舞蹈整体是否具有独创性、能否较为完整地表达作者的思想感情，从而体现其个性思想与观念，形成独具特色的表达方式。本案中，北京某娱乐公司的《××A》舞蹈系用于与音乐作品《××A》配套表演，其通过舞蹈动作、姿

① 王迁：《知识产权法教程（第七版）》，中国人民大学出版社 2021 年版，第 59~66 页。

② 吴伟光：《著作权法研究——国际条约、中国立法与司法实践》，清华大学出版社 2013 年版，第 61~64 页。

③ 宋鱼水主编：《著作权纠纷诉讼指引与实务解答》，法律出版社 2014 年版，第 171 页。

④ 《与贸易有关的知识产权协议》。

势、表情等来实现与音乐作品《××A》所含思想情感相对应的情感表达，虽然具体的细节动作、姿势、表情等元素可能属于公有领域的内容或未证明其独创性，但各个动作、姿势、表情等元素的选择、编排所形成的组合，并无证据证明存在在先权利或亦属公有领域，故该等选择、编排具有独创性，由此形成在视觉上一系列动作、姿态、表情等元素的组合所成的动态整体，足以构成舞蹈作品。

二、舞蹈作品表达元素的范围

《中华人民共和国著作权法实施条例》对舞蹈作品的定义中，明确列举的舞蹈作品的表达元素包括动作、姿势、表情，但同时也以开放式的用语“等”，为划定舞蹈作品元素的保护范围留下弹性的司法认定空间。从日常生活经验看，一段舞蹈中，除了动作、姿态、表情作为常见的基本元素外，还经常性会包含多种其他元素。通常而言，舞蹈多与配乐结合，舞蹈动作、姿势、表情与音乐节奏、旋律、演唱的歌词内容相呼应，共同用以表达一定的思想情感。但为实现或强化表达的效果，往往还会对与舞蹈动作、姿势、表情等相关的妆容、服装、道具以及舞蹈所在的舞台场景加以特别的设计和安排。需要指出的是，若舞蹈所含的一系列动作、姿势、表情等因素，以及与之有关的不可缺少的妆容、服装、道具及舞蹈的舞台场景，整体上可以实现对某一思想情感的独创表达，则舞蹈作品不仅是该一系列连续的动作、姿势、表情等元素之结合，还应包含为实现或强化舞蹈表达的舞台艺术元素。

具体而言，舞蹈作品的艺术效果不能单独割裂只看动作本身，服装、化妆、道具等舞台艺术对于舞蹈作品效果的呈现也具有重要的影响。因为舞蹈作为一种舞台艺术表现形式，需要在统一的艺术构思的基础上，将舞蹈动作与光影、服装、音效、演员装扮等舞台艺术有机结合，共同呈现完美的艺术效果。如表演传统秧歌的服饰较为固定，一般为红色、绿色的北方服饰，若舞者穿着秧歌服饰表演迈克尔·杰克逊的经典舞蹈太空步，虽动作一致，但所呈现的效果必然将大相径庭。妆容也是一样的道理，不同妆容影响舞者的舞台表演效果，该影响可以参考同为舞台艺术的戏剧。我国传统戏剧中将演员行当分为生旦净末丑五个类别，不同类别的演员妆容不同，最为明显的是演员脸谱颜色和样式不同。如京剧脸谱中红色的脸谱表示人物忠勇义烈，黑色的脸谱表示刚烈、正直、勇猛甚至鲁莽，黄色的脸谱表示凶狠残暴，蓝色或绿色的脸谱表示一些粗豪暴躁的人物，白色的脸谱一般表示奸臣、坏人。若演员的妆容扮错，整个作品的表现效果必将大打折扣。因此，若舞蹈动作、姿势、表情等与舞台背景、光效、音乐、道具等共同结合，形成舞蹈作品不可分割的整体表达，则亦应属于舞蹈作品的保护范围。

本案中，北京某娱乐公司的舞蹈以整体呈现为暗黑色舞台背景加蓝色光效为表演场景，包含一系列由领舞单独或与伴舞共同完成的连贯性身体动作、机械化的姿势或茫然或癫狂的表情、类似小丑妆的妆容等元素，领舞、伴舞的部分动作利用舞台沙发道具实现。此外，涉案《××A》舞蹈系用于与音乐作品《××A》配套表演，根据介绍该音乐作品含有人声低吟、尖叫、古老的歌剧等元素，形成一丝恐怖气氛，具有一种暗黑风格。上述舞蹈作品内容通过与《××A》音乐旋律、节奏及歌词内容相呼应而进行独创性编排，由此组合形成具有一定艺术美感的视觉整体，可以与《××A》音乐作品的情感表达主题相契合，共同实现该舞蹈的独创性，故该等元素均属于涉案舞蹈作品的要素。

三、整体观感法加关键元素比对法的应用

司法实践中，对侵权作品的认定遵循“接触+实质性相似”的判断公式，若被控侵权人曾接触过原告作品，同时被控侵权作品又与原告作品存在内容上的实质性相似，除非有合理使用等法定抗辩事由，否则即可认定为侵权作品。①从该原理出发，法院判断作品实质性相似的比对一般采用“整体观感法”（整体对比法）和“抽象分离法”（部分比较法）。所谓“整体观感法”，是指以普通观察者对作品整体上的内在感受来确定两部作品之间是否构成实质性相似；“抽象分离法”是指通过抽象的手段，将作品中的思想、事实或通用元素等不受保护部分予以分离，以作品中受保护的部分进行比对，从而判定两部作品是

① 王迁：《知识产权法教程（第七版）》，中国人民大学出版社2021年版，第78页。

否构成实质性相似。[①]

不同作品类型的表现形式与受众的感知方式不同，故侵权比对的方法也应有不同，鉴于舞蹈作品的表现方式及其特点，故选取整体对比法进行实质性相似对比的方法更为科学。一是舞蹈作品通常是一段连续的动作、姿势等元素编排成的整体，具有高度的视觉化表现形式，其呈现方式就是观众直接的观看效果，并非阅读文字作品时需要在脑海中将文本文字进行到思想感情的转化，不涉及思想与表达的抽象与分立，对比时仅需将舞蹈的视觉效果进行比较即可。二是限于舞蹈作品篇幅原因，不一定需要传递出情节，无法进行抽象与分立对比。不可否认部分舞蹈作品具有一定的情节。但对于篇幅较小的舞蹈作品，其表达体量不够，无法充分展示动作背后的情节。故选取整体对比法进行舞蹈作品的实质性相似对比更为适宜。

整体对比法的具体适用过程中，除非原被告舞蹈完全一致认定必然侵权，否则就需综合分析两者舞蹈的相同与不同之处，此时需要着重将舞蹈作品中如关键舞蹈动作的关键元素作为比对分析的重要参考要点。一方面关键元素对观众的视觉感知、调动情绪和舞蹈表演的推动发挥重要作用，比如关键舞蹈动作往往在舞蹈整体中较之其他舞蹈动作更具视觉冲击力。另一方面关键元素的选择使用及在舞蹈编排中的地位，凝聚着舞蹈作品作者极高的独创性，某些舞蹈关键动作甚至可能成为整个舞蹈动作中的标志性动作，为观众所知悉。所以在侵权比对若有多个关键元素的一致或实质性相似，从观众角度出发，容易产生两个舞蹈整体一致或近似的判断。

本案中，基于原告的涉案舞蹈作品在先公开进行了传播，可以认定被告接触了原告作品，故涉案作品的实质性相似比对就是本案的审理重点。[②]

从原、被告舞蹈的设计细节进行对比，两者确实存在一些区别：如原告的

---

① 梁志文：《版权法上实质性相似的判断》，载《法学家》2015年第6期。

② 为进行全面和整体对比，本案判决书附件将原被告舞蹈进行了舞台及道具、舞蹈结构和动作、姿势、表情等三大部分的拆分，并对动作细分，逐一描述动作过程和舞蹈作品的元素，并进行详细对比。

舞蹈是一人领舞加两人伴舞，被告艺人的舞蹈则是一人领舞加一人伴舞，两个舞蹈的部分具体的动作姿态等细节上也有一些不同之处。但两个舞蹈的相同或实质性相似部分占据主要内容，如被告所用舞台与原告舞台均呈偏暗黑色背景加蓝色光效，均有舞蹈相关的沙发道具，均为单人舞开场、中段为领舞加伴舞、单人舞收尾的三段编排结构。在三段舞蹈表演进程上，无论是领舞的独舞还是领舞与伴舞的组合舞蹈，部分动作的展开方式、动作之间的衔接、领舞与伴舞的互动动作模式，具有较高的相似度，比如均有领舞弯腰并用左手半遮眼、领舞及伴舞双掌相互交叉作翅膀状、伴舞在地板上翻滚一周后坐地板上双手拍双膝。在表达情感细节的关键动作上，均有领舞作发狂状、伴舞对领舞作“微抱”“虚摸”状、第三段舞蹈过程中均有类似拉长嘴角（原告的舞蹈为拉长口红）至脸颊部位形成类似小丑妆的妆容等，这些细节要素比较容易在观众视觉上留存更深印象或视觉冲击力。虽然三段舞蹈表演中，部分舞蹈动作、舞者表情姿态，以及伴舞的数量、道具沙发的颜色等细节存在差异，但基于整体的舞蹈背景氛围、道具与舞者的关系、舞蹈的节奏和编排段落、舞蹈各段落的关系和推进进程方式、关键舞蹈动作和妆容细节、领舞与伴舞的互动关系及互动方式等方面存在较高的相似性，从整体上，被诉舞蹈与原告的舞蹈作品，构成实质性相似。

尽管上海某文化公司表演的涉案舞蹈与北京某娱乐公司的权利舞蹈部分细节存在不同之处，但从整体上看，尚没有形成独立于原作的新作品，故并非侵害北京某娱乐公司对权利舞蹈享有的改编权。综上，法院判决认定上海某文化公司未经许可向公众表演北京某娱乐公司舞蹈，侵害北京某娱乐公司享有的表演权，将表演的舞蹈录制后上传到信息网络供公众观看侵害了北京某娱乐公司的信息网络传播权。

编写人：上海市杨浦区人民法院　张呈　苏亚博

17

工业产品外观之著作权、专利权叠加保护成因及其权利边界厘定

——上海某材料公司诉广州某墙纸公司著作权侵权案

【案件基本信息】

1. 裁判书字号

广州知识产权法院（2021）粤73民终4810号民事判决书

2. 案由：著作权侵权纠纷

3. 当事人

原告（上诉人）：上海某材料公司

被告（被上诉人）：广州某墙纸公司

【基本案情】

上海某材料公司于2018年9月7日向国家版权局申请登记名称分别为“C××”及“B××”的美术作品，并获颁发《作品登记证书》。材料公司称其为开发适用于酒店、商业空间及高端家装的背景墙面，创作涉案“C××”及“B××”设计，两款墙纸有强烈的艺术感和时尚感，构成著作权法保护的极简主义美术作品，“C××”作品自砖墙里获得了灵感，将长方形做凹凸处理，并增加线条，使立体感突出；“B××”作品从石块状的建筑外墙和织物获得灵感，将宽度不等的长方形状的立体图案随机组合，用细腻布纹增加画面柔和度。上海某材料公司主张广州某墙纸公司生产、销售的两款被诉墙纸与“C××”“B××”墙纸近似度高，侵犯其对“C××”“B××”两款墙纸的复制权及发行权。

“V××”微信公众号于2016年5月3日、2016年10月24日发布的文章中

称“V××总部在2016年春季向全球推出了全新的七种墙布系列产品”，并分别展示“C××”“B××”墙纸。

广州某墙纸公司提交的专利号为ZL2012××.4. 名称为“墙纸（74）”的外观设计专利文献显示，该专利为方形墙砖凹凸相接的墙纸产品设计，该专利的申请日为2012年6月27日，授权公告日为2012年10月10日。

【案件焦点】

1. 工业产品外观能否以极简主义美术作品标准获得专利权、著作权的叠加保护；2. 工业产品外观的著作权、专利权之间的边界及权利认定标准。

【法院裁判要旨】

广东省广州市越秀区人民法院经审理认为：“C××”墙纸由大小一致的、凹凸不平的小长方形组成；“B××”墙纸由大小不一的、宽度不等的、厚度相同的类似石块的立体图案组成。上述墙纸图案的色彩单调，组成元素为一般公众所熟知的图形，色彩和图形的整体构图亦属于简单搭配组合，并未展现出独立于其实用功能的艺术成分，未达到作为美术作品应有的创作高度及审美意义，涉案墙纸未构成美术作品。

广东省广州市越秀区人民法院依照《中华人民共和国著作权法》第三条第四项，《中华人民共和国著作权法实施条例》第二条、第四条第八项，《中华人民共和国民事诉讼法》第六十四条第一款之规定，判决如下：

驳回上海某材料公司的全部诉讼请求。

上海某材料公司不服一审判决，提起上诉。

广州知识产权法院经审理认为：《中华人民共和国著作权法》所列举的作品种类未包括实用艺术作品，对于受著作权法保护的实用艺术作品的认定，应结合《中华人民共和国著作权法实施条例》第二条、第四条对美术作品标准进行判定。虽实用艺术作品兼具实用性和艺术性的双重属性，但实用艺术作品在寻求获得著作权保护时，对其独创性的判断标准应着重于艺术性。达到一定的艺术创作高度，足以体现作者在美术领域的独特创作。

当工业产品作为实用艺术作品寻求著作权保护时，由于著作权保护期限长、缺乏法定授权确权程序、无效宣告程序及相应的失权公示程序，如工业产品的著作权保护标准设定过低，容易导致经营者转向谋求工业产品外观的著作权保护，更容易导致外观设计专利审查制度被架空和著作权的滥用，故在认定工业产品是否因具有审美意义的独创性而受到著作权保护时，据以判定审美意义独创性的艺术创作标准应略高于外观设计专利产品的新颖性标准。本案中，墙纸产品获得著作权保护的前提是其设计具有著作权法上审美意义的独创性。涉案“C××”“B××”墙纸设计早已公开宣传、销售，难以依据专利法获得外观设计专利权的授权。而且，相对于在先的外观设计专利设计而言，前述二者设计的独创性未达到略高于外观设计专利的新颖性标准，也未达到著作权法上审美意义的独创性。上海某材料公司主张广州某墙纸公司侵害著作权的意见依据不足。

综上所述，一审判决认定事实清楚，适用法律正确，法院予以维持。上海某材料公司的上诉请求不能成立，法院不予支持。

广州知识产权法院依照《中华人民共和国民事诉讼法》第一百七十七条第一款第一项的规定，判决如下：

驳回上诉，维持原判。

【法官后语】

随着商品市场的多元化，越来越多的工业产品经营者意图通过著作权诉讼来获取对其产品外观设计的排他性保护。尤其是，部分案件中，经营者主张其工业产品外观构成极简主义美术作品，实践中，如工业产品外观的可版权性认定标准过低，容易导致工业产品外观谋求著作权与专利权的叠加保护，更容易导致外观设计专利审查制度被架空和著作权的滥用，不仅违背专利保护制度的法旨，也不利于工业创新发展。现代商业模式下，如何有效规制因工业产品外观的著作权认定标准过低而导致外观专利审查制度架空、著作权滥用，并实现对文化创作的严格保护，成为司法实践中的难点和热点问题。

一、关于实用艺术作品的独创性标准与外观设计专利产品的新颖性标准、商品特有装潢的识别性标准之间的关系

上海某材料公司主张其涉案“C××”及“B××”墙纸设计为极简主义美术作品。在司法实践中，经营者在工业产品外观难以获得外观设计专利权的情况下，通过提起侵害著作权诉讼或不正当竞争之诉来获取对其产品外观设计的排他使用权益。但是，工业产品外观的专利权、著作权及知名商品特有装潢权益之间的法益并不相同，其受法律保护的程度并不相同，其获得权利的标准也应有所区别。

（一）关于外观设计专利权、著作权、商品特有装潢权益的保护对象之重合

依据《中华人民共和国专利法》第二条第四款规定，外观设计专利保护的客体为产品的形状、图案及色彩相结合的美感设计。依据《中华人民共和国著作权法》第三条及《中华人民共和国著作权法实施条例》第二条、第四条规定，实用艺术作品是指以线条、色彩或者其他方式构成的有审美意义的平面或者立体的造型艺术作品。依据《中华人民共和国反不正当竞争法》第六条的规定，在商品外部所附的图案及其排列组合所构成的装潢，当其能够区别商品来源时，即属于《中华人民共和国反不正当竞争法》保护的装潢。由此可见，就工业产品而言，产品装潢、产品外观设计和实用艺术作品同样是基于其外部形状、图案、色彩或者三者的结合所形成富有美感的产品设计。因此，外观设计专利权、著作权、特有装潢权益在保护工业产品外观设计时，三者的客体存在重合性。相对而言，实用艺术作品在类型上更接近外观设计专利产品。在判定实用艺术作品是否达到具有审美意义的独创性问题上，外观专利设计产品的新颖性及可专利性判定标准具有一定的参考价值。

上海某材料公司在本案中主张墙纸著作权实质是对作为立体工业产品的墙纸外观设计主张以著作权进行保护。实用艺术作品兼具实用性和艺术性的双重属性，但对其独创性的判断应注重于艺术性，实用艺术作品应具有审美意义，达到一定的艺术创作高度，可表现作者在美术领域的独特创作和思想。

（二）关于工业产品的外观设计专利权、著作权、特有装潢权益认定标准之差异

1. 从有效保护期来看，实用艺术作品的著作权保护期，远长于外观设计专利权的保护期①。《中华人民共和国著作权法》第二十三条规定，著作权的财产权利保护期截止于作品首次发表后第五十年的12月31日，亦即，著作权的财产权利保护期不低于五十年。修订前的《中华人民共和国专利法》规定，外观设计专利权的期限为自申请日起计算十年，《中华人民共和国专利法》于2020年修正后，外观设计专利权的保护期为十五年。由此可见，实用艺术作品的著作权保护期超出外观设计专利保护期至少达三十五年之久。

2. 从授权审查程序及失权宣告程序来看，专利法对于外观设计专利的确权程序、失权程序及其法律后果均作出明确的法律规定。《中华人民共和国专利法》第四十五条中规定，任何单位或者个人认为该专利权的授予不符合本法有关规定的，可以请求国务院专利行政部门宣告该专利权无效。第四十六条第一款中规定，宣告专利权无效的决定，由国务院专利行政部门登记和公告。第四十七条第一款规定，宣告无效的专利权视为自始即不存在。由此可见，对于外观设计专利产品而言，外观设计专利的取得需经授权程序，且其可能因缺乏新颖性而被宣告无效，外观设计专利权被宣告无效后，有相应专利权失权的公示制度。此外，外观设计专利的授权保护范围仅限于指定的产品类别。而著作权、商品特有装潢并无法定的授权确权、失权程序，通常以提起侵权诉讼的形式进行确权，著作权的权益也不因使用与否的原因而导致减损。

二、关于工业产品外观获取著作权法、反不正当竞争法保护的前提条件

著作权法、专利权法、反不正当竞争法对于工业产品外观的保护是否叠加式的问题，存在较大争议。部分意见认为，三者的保护客体不同，边界清晰；部分观点认为，当工业产品的外观具备技术性、艺术性、识别性时，可获得叠

---

① 在《保护文学和艺术作品伯尔尼公约》第二条第七款中，要求成员国保护实用艺术品和工业品外观设计，实用艺术品的保护期可以短于一般文学作品的保护期，但不得低于该作品完成后的25年。

加保护模式。

(一) 著作权法、专利权法、反不正当竞争法保护的客体

上海某材料公司在本案中主张其“C××”及“B××”墙纸设计为极简主义美术作品。一项工业产品的外观，可能同时具备技术性、艺术性、识别性，但其获得著作权法、专利权法、反不正当竞争法上权益的基础并不相同，三者并非叠加关系。

1. 著作权法保护的是作品所体现的美感性、艺术性、独创性，是基于审美价值所体现出来的创造性智力投入。

2. 专利权法对于外观的设计方案予以保护，保护的是产品外观的新颖性和美感，以及与产品结合，其权利所保护的是图案和产品结合背后所体现的一种竞争优势。

3. 反不正当竞争法对于商品特有装潢的保护，是基于对商品特有装潢所承载的识别性和商誉，以及其所形成的市场资源配置及竞争秩序。

(二) 著作权法、专利权法、反不正当竞争法对于工业产品外观保护标准的认定及其边界

无论能否成为极简主义美术作品，即使具备技术性、艺术性、识别性工业的产品外观，获得专利权法、反不正当竞争法对于工业产品外观的保护程度不同，其获得著作权法、专利权法、反不正当竞争法的标准亦应有所不同，三类法益之间并非叠加关系。

1. 如工业实用艺术作品在民事诉讼程序中获得著作权的确认，则其法律效果包括权利人对该工业设计的实用艺术作品享有不少于五十年的绝对权利。而且，在现行法律制度中，实用艺术作品的著作权确权并未设置相应的失权程序及失权公示程序，故即使在具体案件中该实用艺术作品被认定为非美术作品，也缺乏相应的登记程序对著作权失权的状态进行公示，该认定不必然导致作品登记撤销程序的启动。因此，相应地，实用艺术作品具有独创性的艺术美感部分所达到的艺术创作高度也应高于外观设计专利产品。

2. 工业产品的实用性与艺术性在理论上具有可分离性，但在判断标准上始

终具有模糊性和不确定性，存在著作权法保护范围不当延及的风险。若权利人意图使其工业实用艺术作品作为美术作品获取著作权法的保护时，往往选择通过在侵害著作权纠纷案件中请求法院认定侵权行为的程序，来确认其工业产品属于著作权法的保护客体，亦即，通过侵权诉讼来完成其对实用艺术作品的著作权确权程序。当事人通过侵害著作权纠纷来确认实用艺术作品的著作权，不仅可实现其作品确权的目的，还可免去专利相关审查程序，并可较少成本获取对工业实用艺术作品的最大保护。相对于外观设计专利而言，实用艺术作品的著作权易于通过个案诉讼获取，且获得保护的类别范围更广。

3. 对实用艺术作品而言，其具有美感的外观设计的本质追求是获得经济效益，但其独创性尚不足以成为竞争法保护的原因，其通过使用、宣传等市场行为而具备来源识别性时，才能借助反不正当竞争法加以保护。当工业产品设计者的自由个性发挥受到相当程度的限制，外观设计以迎合市场需求为主要目的且投入大批量工业生产时，其应纳入外观设计保护范围。当工业产品寻求著作权保护时，不应仅限于一般作品的独创性认定标准，基于实用艺术作品的著作权保护期限长、确权程序及失权公示程序缺失等因素考量，在认定具体的工业产品是否因具有审美意义的独创性而受到著作权保护时，据以判定审美意义独创性的艺术创作标准应略高于外观设计专利产品的新颖性标准。

《工业品外观设计国际注册海牙协定》于2022年5月5日在我国正式生效，而且，新修订的《中华人民共和国专利法》扩大了外观设计的保护范围，将局部设计纳入专利法赋予排他性权利的范畴，而且，增加外观设计的国内优先权，并将外观设计专利权的保护期限延长至15年。前述规定，已加大对工业产品外观设计的保护力度，工业产品外观也更加适合借助外观设计专利法加以保护。

产品特有装潢具有独创性，是其产生来源识别性的前提，通过市场运营而承载商誉后，当其为经营者带来的市场竞争优势受到竞争对手损害，并因此影响正常的市场竞争秩序时，才受反不正当竞争法的保护。在工业产品外观的可版权性标准有待立法明确的情况下，对工业产品外观进行著作权保护时，如仅适用一般作品的独创性认定标准，将容易导致未能获得外观设计专利权的工业产品通过主张著作权的方式，规避外观设计专利制度审查，反而获得期限更长的著作权保护，这不仅易使外观设计专利制度被架空，而且违反专利保护制度的法旨，不利于工业产品创新发展。工业产品的著作权独创性标准略高于外观设计专利产品的新颖性标准，有助于解决防止工业产品外观设计的著作权滥用与加大对文化创作的司法保护力度之间的衡平问题。

编写人：广州知识产权法院　黄彩丽

18

剧本合作作者认定中需主客观要件相统一

——陈某诉韩某、北京某公司侵害作品署名权案

【案件基本信息】

1. 裁判书字号

北京知识产权法院（2022）京73民终4474号民事判决书

2. 案由：侵害作品署名权纠纷

3. 当事人

原告（上诉人）：陈某

被告（被上诉人）：韩某、北京某公司

【基本案情】

陈某主张，其与韩某共同创作完成了刑侦剧本《××A》的故事大纲及前四集的分集剧本创作，但因未能找到合适的制片者，后续创作被二人搁置。后陈某发现由北京某公司担任制片者、韩某署名编剧的《××A》剧在北京某公司所属视频网站播出。在摄制《××A》剧所依据的《××A》剧本中，包含了陈某参与创作的内容：一是前四集的分集剧情，在《××A》剧中体现为前三集和第四

集前半部分的内容；二是故事大纲，包括整个人物设定、人物关系和故事框架。上述行为未经陈某许可，侵害了其作为《××A》剧本合作作者所享有的著作权，包括发表权、署名权、复制权、摄制权、改编权和信息网络传播权。故诉至法院，请求判令停止侵权、消除影响、赔礼道歉。

韩某认为，陈某本人并没有创作刑侦类题材作品的经验和能力，系受某娱乐公司指派，在其职务范围内以编剧助理的身份，按照韩某的指示对情景进行描述、增加人物对话等，此类文字加工性质的工作并无任何独创性。在剧本创作过程中，韩某处于绝对的主导地位，而陈某则处于绝对的从属地位，陈某依据韩某的意志、在韩某的指示之下对剧本进行的相应修改和扩展，双方无合作创作的意思和事实。其中前四集的创作过程中，所有重要的独创性情节及情节串联，均为韩某独自完成；陈某所辅助添加的文字内容，即使有部分独创性，但基于前述原因，即使其作出了一定贡献，但也无法达到署名编剧的程度，不应被认定为与韩某共同进行创作的合作作者。

【案件焦点】

陈某和韩某是否属于合作作者，即是否存在合作创作的合意和行为。

【法院裁判要旨】

北京市海淀区人民法院经审理认为：根据《中华人民共和国著作权法》第十四条第一款中的规定，没有参加创作的人不能成为合作作者，而判断是否属于合作作者，关键在于判断韩某与陈某是否存在合作创作涉案作品的合意，以及是否存在合作创作涉案作品的行为。

关于双方是否存在合作创作的合意。由于双方未订立书面协议，本案应结合陈某参与韩某创作过程的背景、二人在相互沟通中的意思表示以及对外传达出的作者身份信息等情况进行综合判断。首先，陈某无丰富编剧尤其刑侦题材的创作经验和较高知名度，同时不能证明韩某在缺少合作作者的情况下便无法创作完成。其次，陈某在公司的安排下履行职务，而不是基于个人意愿与创作自由。再次，韩某未主动邀请陈某合作创作，陈某亦无要求以合作作者身份参与剧本创作的表示。最后，陈某在《××A》剧播出前，未曾对外明示自己为编剧之一。综上，双方无合作创作涉案作品的合意。

关于双方是否存在合作创作的行为。从创作内容来看，根据双方邮件，剧本的名称、主要角色的姓名和人物关系以及主要情节等均源自韩某所创作的内容，陈某在韩某基础上对剧本进行扩写、修改等。从创作过程和创作模式来看，陈某本质上属于对韩某相关创作要求的具体落实，而不是以合作作者的身份与韩某平等地进行探讨并将自身独创的内容融入剧本之中，而且对于其是否已经修改到位、是否符合相应要求，也均是由韩某进行最终判断和决定的。

如前所述，韩某与陈某通过各自在剧本创作过程中的语言表达和实际行动，在事实上形成并且默认了二者并非合作创作的关系，而是协助创作的关系，这种模式并不意味着陈某能够主张自己为该剧本的合作作者。此外，他人在合作、交流过程中提出的某些修改建议、情节设置、意见建议等，即使最终被编剧所采纳，也不能因此被视为剧本的合作作者。综上，陈某与韩某不属于合作作者。

北京知识产权法院依照《中华人民共和国著作权法》第十二条第一款、第十四条第一款，《中华人民共和国民事诉讼法》第六十七条第一款之规定，判决如下：

驳回原告陈某的全部诉讼请求。

陈某不服一审判决，提起上诉。

北京知识产权法院同意一审裁判意见，判决：

驳回上诉，维持原判。

【法官后语】

《中华人民共和国著作权法》第十四条第一款规定："两人以上合作创作的作品，著作权由合作作者共同享有。没有参加创作的人，不能成为合作作者。"在剧本创作领域内，经常存在多人共同为一个作品付出"劳动"的情形，但如何认定是否属于合作作品是司法实践中值得探讨的问题，这个问题的核心在于，当事人是否存在合作创作作品的合意，以及是否存在合作创作作品的行为，即合作作品的认定需要符合主客观相统一的条件。

一、合作作品的主观要件——合作创作的合意

合作作品认定的第一步，就要判断各方是否存在合作创作作品的合意。本案的专家证人提到，共同创作作品时需要提前约定好具体的创作模式，包括作者之间的关系、分工情况、署名方式、经济利益分配等内容，这样可以避免之后产生不必要的纠纷。提前约定创作模式，就为判定各方是否具有创作合意提供了很好的依据，但在司法实践中大多数案件均没有事先明确约定创作模式，或者是虽有约定但在实际创作过程中发生了变化，这就需要根据创作背景、沟通中的意思表示以及对外传达出的作者身份信息等情况来确定是否具有创作合意。

首先，从创作背景的角度来看，各方参与创作时的身份、经验、目的是判断是否具有合作创作合意的基础。如果各方的剧本创作经验悬殊，经验丰富的创作者处于主导地位，其他缺乏创作经验的人大概率从事的是一些辅助性的工作；如果各方代表不同的身份，如作者和出版社编辑的关系，那么编辑对作品的修改大多是文字性的修改；如果一方出于帮助作者完成创作的目的，如本案的某娱乐公司是为了使得剧本能更快完成而派人协助作者完成。上述情况下，其他参与方一般难以认定具有合作创作作品的合意。

其次，从沟通中的意思表示以及对外传达出的作者身份来看，各方表达的意思是判断是否具有创作合意的重要依据。各方参与创作的过程中，在沟通中的语气、称呼、文字表达等内容，可以反映出双方是平等合作的关系还是从属关系，合作创作的各方一般是相对平等合作的关系，从属关系一般是一方完全服从另一方的安排，并且作品的最终定稿是由一方来确定的。在从属关系下，从属的一方不能认定具有合作创作的合意。

二、合作作品的客观要件——合作创作的行为

剧本创作时各方具体实施了合作创作的行为是认定是否为合作作品的关键，认定时需要根据创作内容、创作过程和创作模式来判定双方是否有合作创作的合意。

首先，从创作内容来看，需要看各方对作品是否作出了实质性的贡献。依

据著作权的思想表达二分法，著作权保护的是表达，而非思想。在共同创作的时候，如果一方仅提供了简单的建议、策划、启发等，另一方实际执笔将具体的表达内容展现出来，如本案中剧本的名称、主要角色姓名及人物关系、主要情节等内容均由韩某完成，陈某仅提供了自己的想法，这种情况下双方就不属于合作创作。在时间先后上，如果一方已经创作出大部分实质性内容，另一方仅是在此基础上进行简单修改或扩写，即剧本行业内所称的“剧本医生”，未作出实质性修改的润色在多数情况下亦难以认定为合作创作。

其次，从创作过程和创作模式来看，当前我国编剧合作形式主要包括并肩合作模式、原著作者和职业编剧合作模式、拼接组合模式、成熟编剧带新人模式、“刘和平”模式（编剧口述、助理录入），不同的合作模式对合作作者的认定亦不同。前三种模式下，合作的各方基本处于平等地位，分工合作地完成作品的创作，一般可以认定为合作作者；“刘和平”模式下，基本是编剧在创作，助理从事的简单录入工作无实质性的创作。成熟编剧带新人模式下，需要根据具体的创作过程来判断各方的关系，如果新人在成熟编剧对剧本的设想和构思框架下，按照其要求执笔进行相应的修改和扩写，是否修改到位、是否符合相应要求是由成熟编剧最终判断和决定的，这是对成熟编剧相关创作要求的具体落实，属于成熟编剧主导创作、新人提供协助的模式，即使新人对创作完成具有不可否认的贡献，但不意味着其必然能够据此享有著作权意义上的相关权利，不能作为合作作者。

综上，剧本合作作者的认定在司法实践中的情形比较复杂，但根本在于各合作作者应当符合法律规定的主客观要件，只有达到主客观相统一才能认定为合作作品。

编写人：北京市海淀区人民法院　杨德嘉　曹文涓

19

“AI换脸”视频模板著作权侵权的认定

——宋某诉南京某科技公司著作权侵权案

【案件基本信息】

1. 裁判书字号

江苏省南京市中级人民法院（2023）苏01民终10264号民事判决书

2. 案由：著作权侵权纠纷

3. 当事人

原告（被上诉人）：宋某

被告（上诉人）：南京某科技公司

【基本案情】

宋某系汉服模特、摄影师，其摄影作品在抖音短视频平台具有较高的知名度。涉案短视频系宋某与赵某合作完成，由赵某出镜，宋某拍摄并剪辑，后由赵某发布在其个人抖音账号并在短视频下方评论“@”宋某抖音账号。

南京某科技公司是一款名为“AI视频换脸”微信小程序的运营方，其将众多网红或明星的肖像视频上传至该小程序中，作为“AI换脸”模板供用户“换脸”使用。用户付费成为会员后，能够自行创设换脸图片，形成除脸部特征不同外其余内容与模板视频完全一致的“新”视频。涉案短视频在该小程序中被编号为“古风汉服177”，播放该视频模板时，在下方显示“花费50金币实现换脸”。宋某认为南京某科技公司未经授权，擅自将其原创摄影作品上传作为“AI换脸”模板提供给他人使用并获益，侵害了其作品的信息网络传播权和署名权。

【案件焦点】

擅自将“AI 换脸”模板使用的原创视频作品在互联网平台上传并提供给他人使用的，是否构成著作权侵权。

【法院裁判要旨】

江苏省南京江北新区人民法院经审理认为：涉案短视频内容体现了宋某个性化编排，具有一定的独创性，属于《中华人民共和国著作权法》保护的视听作品。南京某科技公司对用于“AI 换脸”的视频模板进行了分类和标号，现有证据不足以证明被诉侵权视频系用户自行上传。南京某科技公司作为专业的技术公司，也应对用户上传的视频尽必要的管理和注意义务，南京某科技公司亦未提供证据证明其履行了审慎审核义务。从“AI 视频换脸”小程序的运行模式看，采用了用户付费开通会员的模式，南京某科技公司在运行过程中亦参与收益。综上，南京某科技公司的行为侵害了宋某对涉案作品享有的信息网络传播权。

江苏省南京江北新区人民法院依照《中华人民共和国著作权法》第三条、第十条、第十一条、第五十二条、第五十三条、第五十四条，《最高人民法院关于审理著作权民事纠纷案件适用法律若干问题的解释》第七条、第二十五条第二款、第二十六条，《中华人民共和国民事诉讼法》第六十七条之规定，判决如下：

一、被告南京某科技公司于本判决生效之日起十日内赔偿原告宋某经济损失及维权的合理费用共计 3000 元；

二、驳回原告宋某的其他诉讼请求。

南京某科技公司不服一审判决，提起上诉。

江苏省南京市中级人民法院同意一审法院裁判意见，判决：

驳回上诉，维持原判。

【法官后语】

近年来，人工智能时代的新兴技术，不仅在影视制作、游戏开发等多个领域得到广泛应用，也在各大社交平台作为娱乐性工具供大众进行“二创”使用。本案体现出人民法院对于新技术带来的法律问题的关注，明确了相关运营企业或平台在采用新技术创新盈利模式的同时，应遵守行业治理的底线，划定相关行为的合理边界，对上传的合成模板所涉作品、肖像、个人隐私等要素，应尽到必要的管理、审慎审核等注意义务，避免造成对著作权、肖像权等权利的侵犯，构建虚拟世界的正常秩序。

“AI换脸”技术是一种逼真交换面孔的新视频技术。技术本身中立，但AI换脸对隐私权和人格权带来新的冲击，新技术的出现需要法律予以规制，以避免被滥用。“AI换脸”涉及的法律风险包括：侵犯肖像权、侵犯著作权、侵犯名誉权、侵犯公民个人信息等。

从著作权的角度予以规制，主要涉及以下问题：

平台上提供的素材的版权问题。平台上的素材主要包括平台自行上传和用户上传两种情形。对于平台自行上传的素材，应获得版权许可协议。对于用户上传的素材，平台应承担审慎审核的义务。

AI换脸侵权时网络平台的责任。依据《中华人民共和国民法典》第一千一百九十五条以及《信息网络传播权保护条例》第二十二条至第二十五条的规定，即网络平台的责任应遵循“避风港原则”“红旗原则”。平台企图通过“用户承诺”而规避侵权风险无法实现。本案中，法院认定被告未经原告许可，擅自在其运营的微信小程序使用原告的权利视频，使不特定的公众可以在其选定的时间和地点获得该作品，其行为已经侵犯了原告对案涉作品享有的信息网络传播权。主要基于以下理由，其一，被告对用于“AI换脸”的视频模板进行了分类和标号，现有证据尚不足以证明被诉侵权视频系用户自行上传。其二，被告作为专业的技术公司，应对用户上传的视频尽必要的管理和注意义务。被告未提供证据证明其履行了审慎审核义务。其三，从“AI视频换脸”小程序的运行模式看，采用了用户付费开通会员的模式，被告在运行过程中亦参与收益。无论是“换脸”APP运营者还是用户，未经照片、影视、短视频等作品著作权人授权和许可，擅自将图片或者视频作为模板提供给用户或者将换脸后的作品通过网络提供给公众，就可能侵犯著作权人的信息网络传播权。

对AI换脸的规制，可以从以下三个层面综合治理：

1. 制度层面。深度伪造技术需要法律予以回应，作出规制。2023年1月10日起施行的《互联网信息服务深度合成管理规定》，明确了深度合成数据和技术管理规范，有利于积极防范化解深度合成技术带来的风险，促进互联网信息服务健康发展，维护网络空间良好生态。

2. 行业层面。企业采用新技术、创新盈利模式应该建立在合法合规的基础之上，树立行业标杆，倡导制定针对本行业的行业治理标准、公约。

3. 用户层面。基于娱乐目的使用深度合成技术的个人用户，也应以更审慎的态度对待，谨慎上传自身的肖像、声音、指纹等生物信息，增强知识产权风险防范意识。

编写人：江苏省南京江北新区人民法院 张岚

20

导航电子地图受著作权法保护的构成要件

——北京甲科技股份有限公司诉北京乙科技有限公司等侵害著作权及不正当竞争案

【案件基本信息】

1. 裁判书字号

北京市高级人民法院（2021）京民终421号民事判决书

2. 案由：侵害著作权及不正当竞争纠纷

3. 当事人

原告（被上诉人）：北京甲科技股份有限公司

被告（上诉人）：北京乙科技有限公司、乙在线网络技术有限公司、乙云计算技术有限公司

【基本案情】

北京甲科技股份有限公司拥有甲级测绘资质，自 2002 年开始进行电子地图的研发和推广，分别创作完成《××A 互联网电子地图》和《××B 互联网电子地图》（以下统称权利地图），均向原国家测绘地理信息局[①]送审备案，向中国版权保护中心进行作品登记。2013 年，北京甲科技股份有限公司与北京乙科技有限公司等签署《合作协议》，约定授权北京乙科技有限公司及其关联公司使用权利地图至 2016 年年底。北京甲科技股份有限公司主张，合同到期后，北京乙科技有限公司及其关联公司在运营的“××地图”网页版、iOS 版和 Andriod 版、“××CarLife”iOS 版和 Andriod 版以及“××导航”Andriod 版共计 6 款被诉应用软件中使用与权利地图构成实质性相似的导航电子地图，侵害其著作权并构成不正当竞争，遂诉至法院。

【案件焦点】

北京甲科技股份有限公司主张的导航电子地图是否属于著作权法保护的作品及具体作品类型。

【法院裁判要旨】

北京知识产权法院经审理认为：权利地图系导航电子地图，可以根据需要选择叠加成为包含道路、行政区划、水系、海域、地名、建筑信息等在内的地图。权利地图与其他地图区别明显，具有应受著作权保护的图形作品表达形式，满足图形作品创作空间范围内的独创性要求，构成图形作品。北京甲科技股份有限公司提交了包括暗记、内部道路、扩海行政图、模式图等在内的 246 处比对点，遍布 26 个省级行政单位，覆盖全国大部分地区，可初步证明被诉 6 款应

① 2018 年 3 月，根据国务院机构改革方案，将国家测绘地理信息局的职责整合，组建自然资源部，不再保留国家测绘地理信息局。

用软件中使用的导航电子地图与权利地图构成实质性相似。北京乙科技有限公司等未经许可在被诉 6 款应用软件上使用与权利地图构成实质性相似的地图，构成著作权侵权行为。

北京知识产权法院依照《中华人民共和国著作权法》第三条第七项，第十条第一款第二项、第三项、第五项、第十二项、第十四项，第四十八条第一项，第四十九条第一款，《中华人民共和国侵权责任法》第八条，《最高人民法院关于审理著作权民事纠纷案件适用法律若干问题的解释》第七条，《中华人民共和国民事诉讼法》第六十四条第一款之规定，判决如下：

一、北京乙科技有限公司、乙在线网络技术有限公司、乙云计算技术有限公司立即停止在“××地图”网页版、“××地图”iOS 版、“××地图”Android 版、“××Carlife”iOS 版、“××Carlife”Android 版和“××导航”Android 版上侵犯权利地图作品著作权的行为；

二、北京乙科技有限公司、乙在线网络技术有限公司、乙云计算技术有限公司共同在《新京报》上刊登致歉声明，向北京甲科技股份有限公司公开赔礼道歉、消除影响；

三、北京乙科技有限公司、乙在线网络技术有限公司、乙云计算技术有限公司向北京甲科技股份有限公司连带赔偿经济损失 6450 万元；

四、北京乙科技有限公司、乙在线网络技术有限公司、乙云计算技术有限公司向北京甲科技股份有限公司连带赔偿合理支出 926597.5 元；

五、驳回北京甲科技股份有限公司的其他诉讼请求。

北京乙科技有限公司、乙在线网络技术有限公司、乙云计算技术有限公司不服一审判决，提起上诉。

北京市高级人民法院经审理认为：权利地图构成著作权法上的图形作品。关于侵害著作权的认定，同意一审法院裁判意见。鉴于已适用著作权法保护权利人合法权益，不宜再适用《中华人民共和国反不正当竞争法》第二条作重复保护。

北京市高级人民法院依照《中华人民共和国民事诉讼法》第一百七十七条

第一款第一项规定，判决如下：

驳回上诉，维持原判。

【法官后语】

本案核心问题是导航电子地图是否属于《中华人民共和国著作权法》保护的作品及作品类型的确定。与传统纸质地图不同，导航电子地图以数字方式存储，将多维度各种地理信息以数据集形式存储于数据存储设备中，需由具备相应功能的特定软件读取底层数据集在特定终端进行可视化展现，且用户的不同操作会产生不同的视觉效果。本案中，北京甲科技股份有限公司主张权利地图构成图形作品，北京乙科技有限公司主张不构成作品，即使构成作品，也属于著作权法规定的“符合作品特征的其他智力成果”（以下简称其他作品）。

关于导航电子地图是否构成著作权法保护的作品。根据《中华人民共和国著作权法》第三条规定，涉案客体构成著作权法保护的作品，需要具备以下要件：(1) 必须具有独创性。(2) 必须属于文学、艺术和科学领域内的创造。(3) 必须是能以一定形式表现的智力成果。虽然导航电子地图与传统纸质地图存在上述差异，但这些差异与作品的构成要件并无关系，因为著作权法保护的是以特定形式表现的独创性表达，其是否利用计算机创作或存储，是否需要借助软件或硬件调用和呈现，以及在创作完成后是否因用户的个性化操作在感知上因人而异，都不影响对作品的认定。导航电子地图在被存储于网络服务器或下载至终端设备时，独创性的各表达性要素早已确定。无论用户如何操作，均未改变构成作品的表达性要素，而是依照预设的算法和规则调出相应的画面，故具有可确定性。

地图是客观地理现象的反映，导航电子地图的精准性要求必须与客观地理地貌相符合。导航电子地图与纸质地图相比，往往更具创作空间。许多导航电子地图在车辆行驶到特定位置，如交叉路口时，为了更加直观清晰地指示方向，会将该处的建筑物或者其他标志性场景以三维画面的形式显示出来。由于不同的地图制作者独立绘制的此类画面总会在外观造型、比例关系、色彩搭配和细节处理上别具一格，导航电子地图的独创性程度会由此进一步得到提升。虽然事实不受著作权法保护，但涉案导航电子地图对于客观地理信息在标注对象、绘制方式和色彩搭配等方面与其他地图制作者有相当差异，且不是由标准、规则和实用功能所决定的选择和处理，在反映基本事实的同时产生了个性化的构图，能够体现独创性，形成受著作权法保护的地图作品（图形作品）。

关于导航电子地图的作品类型。导航电子地图是信息技术进步的产物，虽与纸质地图差异较大，但作为科学领域具有独创性的治理成果，在符合著作权法图形作品构成要件的情况下应认定为图形作品。其他作品是著作权法中关于作品范围的兜底性规定，从立法角度上是为了科学解决法律列举式规定可能的挂一漏万，为实践发展预留空间。从法律适用角度，应当首先判断涉案智力成果能否纳入《中华人民共和国著作权法》第三条第一项至第八项规定的典型作品类型，只有在前八项规定的典型作品类型难以涵盖涉案智力成果时，才适用兜底性规定进行判断，该规定具有规范上的填补性与适用顺位上的后序性。

编写人：北京市高级人民法院　亓蕾　储洁强

（二）商标权权属、侵权纠纷

21

低显著性商标的侵权认定标准

——王某诉某酒厂、某网络科技公司侵害商标权案

【案件基本信息】

1. 裁判书字号

北京知识产权法院（2022）京 73 民终 18 号民事判决书

2. 案由：侵害商标权纠纷

3. 当事人

原告（被上诉人）：王某

被告（上诉人）：某酒厂

被告：某网络科技公司

【基本案情】

王某于2004年12月28日，在第33类酒商品上受让取得了第2××11号“”商标，该商标注册有效期至2027年1月9日。2010年2月14日，王某经核准，在第33类白酒等商品上注册了第6××89号“”商标，该商标注册有效期经续展至2030年2月13日（上述两商标合称涉案商标）。王某曾将第2××11号商标许可给吉林省某酿酒有限公司使用。

2018年5月15日，王某在某网络科技公司经营的网站上购买了一瓶盒装“百年牛栏山白酒”产品（以下简称涉案产品），涉案产品包装盒及酒瓶瓶身正面上部均印有“®”“”标识，中部印有“百年牛栏山某白酒”，中下部印有金色字体的“盛世源”“贵宾”标识，下部印有某酒厂名称。

另查，某网络科技公司为平台服务商，其经营的网站为用户提供信息发布、交流，第三方经营者开设店铺经营以及其他技术服务的电子商务交易服务空间。诉讼中，涉案产品在该网站的购买链接已经断开。

【案件焦点】

涉案产品是否侵犯了王某的注册商标专用权。

【法院裁判要旨】

北京市东城区人民法院经审理认为：王某系涉案注册商标专用权人，在该商标的有效期内依法享有注册商标专用权，有权提起诉讼。涉案产品外包装盒及酒瓶正面以较为醒目的方式突出使用“贵宾”标识，根据使用的位置、方式，显然具有标示商品来源以达到使相关公众区分不同商品提供者的目的，构成商标法意义上的使用。某酒厂虽辩称使用“贵宾”标识系为描述产品用途的正当使用，但该种使用并未直接表示产品的功能、用途等特点，亦非为了描述该种产品特点所必要，客观上能够发挥识别商品来源的作用，故对该抗辩理由不予采纳。

涉案产品属于涉案商标核准注册的商品类别，被诉侵权的“贵宾”标识与涉案商标的主要识别部分“贵宾”文字，除字体外，在读音、含义、外观上基本相同，整体构成近似。涉案产品上使用“贵宾”标识的方式易使相关公众认为涉案产品来源于涉案商标权利人或者与之具有某种关联关系，进而导致混淆误认，侵犯了王某对涉案商标享有的专用权。某网络科技公司并未参与买卖双方就涉案产品的交易事宜，现无证据证明其对涉案店铺在其平台销售侵权产品的行为主观上明知或者应知，且涉案产品链接已经断开，故王某要求某网络科技公司共同承担赔偿责任的主张缺乏依据。

北京市东城区人民法院依照《中华人民共和国商标法》第五十七条、第六十三条之规定，判决如下：

一、某酒厂于一审判决生效之日起立即停止涉案侵犯王某涉案商标专用权的行为；

二、某酒厂于一审判决生效之日起十日内赔偿王某经济损失 30000 元及合理支出 3000 元；

三、驳回王某的其他诉讼请求。

某酒厂不服一审判决，提起上诉。

北京知识产权法院经审理认为：判断商标侵权行为，首先应当判断被控侵权行为是否属于商标意义上的使用行为，而商标性使用的判断应以是否用于识别商品来源为标准。具体到本案，首先，“贵宾”系日常生活中经常使用的固定词语，意指尊贵的宾客，地位显贵的宾客，在酒类商品领域使用时，存在一定具有指示商品消费对象、描述商品质量或档次的含义，因此“贵宾”一词作为酒类商品的注册商标本身显著性较低，不能阻止他人在同类产品上正当使用“贵宾”标志进行宣传。其次，王某提交的在案证据虽表明涉案商标在市场中实际加以使用，但使用的时间、范围有限，在知名度和美誉度等方面均相对较弱，因此涉案商标的保护范围和强度均会受到相应的限制。最后，某酒厂生产的涉案产品中使用的“贵宾”文字为普通黑体字，无任何突出的艺术设计，且与“盛世缘”共同使用，从使用字样所占位置、比例、字体等来看，均未超出说明或客观描述商品适用人群、档次等特点的正当使用“贵宾”一词第一含义的界限。与此同时，涉案产品外包装、酒瓶瓶身的显著位置均贴附使用了某酒厂知名度较高的第 86××2 号“”、第 15××67 号“”商标，并标注了生产企业名称，清晰而全面地标明了商品的来源，在此情况下，相关公众在选购商品时，不会对商品来源产生混淆误认，亦不会误认为某酒厂与王某两者之间具有特定的联系。综上，某酒厂使用“贵宾”字样的行为并非用于识别商品来源的行为，不构成商标意义上的使用，其涉案行为并未侵犯王某对涉案注册商标享有的专用权。

北京知识产权法院依照《中华人民共和国民事诉讼法》第一百七十七条第一款第二项之规定，判决如下：

一、撤销一审民事判决书；

二、驳回王某的全部诉讼请求。

【法官后语】

商标的基本功能在于区别商品或服务的来源，商标的这一功能被称为识别功能。而商标的识别功能是基于商标所具有的显著性。《中华人民共和国商标法》第九条中规定，申请注册的商标，应当有显著特征，便于识别。可见，显著性是商标的根本属性，是发挥识别商品和服务来源的关键因素。商标法对商标权的保护本质是对商标识别功能的保护，只要商标合法注册，无论其显著性强弱均应获得保护，但显著性较弱的商标一定程度上会削弱识别商品或服务来源的作用，也就降低了相关公众由此产生混淆误认的可能性。如何在审判中准确把握低显著性商标的侵权认定标准，以下原则可作为参考：

一、商标权的保护范围和强度应当与商标的显著性相一致

对于经核准注册的商标的保护需考虑显著性的强弱。固有显著性强，知名度高的商标，识别商品或服务来源的作用就高，相关公众对来源混淆的可能性就大，商标专用权的保护范围相对较大，从激励市场竞争的优胜者角度，应给予其范围越宽和强度越大的保护。反之，对于固有显著性较弱的商标，其识别商品或服务来源的作用较小，相关公众由此产生混淆的可能性就小，商标专用权的保护范围相对较小，为实现权利人与社会公共资源之间的利益平衡，对其保护范围不宜过宽，否则会妨碍其他市场主体的正当使用，影响公平竞争的市场秩序。因此，对于弱显著性商标在商标侵权判定中应当从严掌握。本案中的“贵宾”文字，作为酒类商品的注册商标本身显著性较低，知名度和美誉度较弱，因此其保护范围和强度均受到相应的限制。

二、是否构成商标性使用是判断是否侵犯弱显著性商标权需要考虑的首要因素

商标权人无权禁止他人非商标意义上的使用行为。因此，判断商标侵权行为，首先应当判断被控侵权行为是否属于商标意义上的使用行为，而商标性使用的判断应以是否用于识别商品来源为标准。如果他人是将与注册商标相同或近似的文字用来叙述、说明商品的特点、质量、数量等或者描述某种商业活动的客观事实，不具有区分商品来源和不同生产者的作用，则他人的使用不属于商标意义上的使用，进而不构成对他人注册商标专用权的侵犯。具体可考虑以下方面：

1. 使用人的主观状态。如构成商标法意义上的使用，使用人主观意图及使用方式必须能够发挥商标标识的识别功能，即使用人主动地体现该标识识别来源的作用，亦即突出性使用。如使用人仅为表达某一词汇固有的第一含义而进行使用，相关公众难以据此知晓该商品或者服务的来源，也就无法体现该标识的商标功能，此种使用方式不应认定为突出性使用，不属于商标意义上的使用。当注册商标含有描述性的要素时，其他生产者出于说明或客观描述商品特点的目的，以善意方式在必要的范围内予以标注，只要该种标注没有超出正当、合理使用的范畴，不会导致相关公众混淆商品来源，就可以认定构成正当使用。

本案中，被诉标识使用字样未超出说明或客观描述商品适用人群、档次等特点的正当使用“贵宾”一词第一含义的界限，构成正当使用。与此同时，在涉案产品外包装、酒瓶瓶身的显著位置均标注了某酒厂知名度较高的注册商标和企业名称，相关公众在选购商品时，不会对商品来源产生混淆误认。

2. 商业惯例和公众使用状态。对于低显著性的商标而言，如果本身没有较高的知名度，且存在大量的市场主体进行使用，基本上可以推定这些市场主体并非出于攀附商标权人的商誉，其使用只是基于商业习惯的描述性使用，并非用于识别商品或服务的来源，进一步印证了不构成商标性使用。

三、妥善运用商标法规定的裁量性法律标准，实现商标权保护的强弱有度

《最高人民法院关于审理商标民事纠纷案件适用法律若干问题的解释》第九条、第十条、第十一条、第十二条分别对商标法规定的商标近似、商品类似的判断标准进行了规定，上述规定内容都属于裁量性法律标准。在具体案件的裁判中，充分利用裁量性法律标准所允许的弹性空间，实现商标权保护的强弱有度。例如，对比商标是否近似，弱显著性商标比对时应重点考虑涉案商标的字体设计等显著性部分，而非与普通商标一样直接比对文字、读音或含义。本案中，涉案商标受保护的识别性特征为，经特定艺术化设计所形成的“贵宾”艺术字内容或者艺术字及图组合带来的整体效果。至于“贵宾”文字本身，并不单独构成涉案商标的识别性标识特征。因此，比对是否构成商标近似应限定在涉案商标具有显著性特征的艺术设计上，而涉案产品中使用的“贵宾”文字为普通黑体字，无任何突出的艺术设计，因此不构成商标近似。

编写人：北京知识产权法院　范米多

22

知识产权批量维权案件中损害赔偿数额的确定

——上海某公司诉鸡西某超市侵害商标权案

【案件基本信息】

1. 裁判书字号

黑龙江省鸡西市中级人民法院（2022）黑03民初38号民事判决书

2. 案由：侵害商标权纠纷

3. 当事人

原告：上海某公司

被告：鸡西某超市

【基本案情】

上海某公司经原国家工商行政管理总局商标局核准取得第111××号“××A”商标的注册商标专用权，核定使用商品为第3类：香皂、药皂、消毒皂、浴液、香波、洗面奶、洗手液、洗发软皂、洗涤剂、沐浴露、化妆品、护肤品、雪花膏、化妆用护肤剂、花露水、爽身粉、痱子粉、去头皮水、发乳、牙膏，注册有效期自1997年10月7日至2007年10月6日。经续展，该商标有效期至2027年10月6日。2002年“××A”注册商标被认定为驰名商标。

2021年12月23日，辽宁某公证处出具辽×字第××号公证书，载明：“2021年8月21日，公证人员随同上海某公司委托代理人指派的工作人员来到鸡西某超市，对上述地点进行了拍照，使用手机上的某地图软件在该商店门口进行定位并截屏，工作人员在该店内以手机支付宝支付的方式，支付了人民币10元购买了标有‘××A’字样的驱蚊花露水一瓶，购买行为结束后，公证人员对上述所购物品进行拍照，并密封带回公证处。2021 年 9 月 8 日，对拆封后的上述所购物品进行鉴定，并出具《上海某公司产品鉴定书》，公证人员对上述所购物品再次进行密封并加贴密封签后拍照。”公证书所附《上海某公司产品鉴定书》鉴定结论：以上规格、批号的产品经我公司鉴定，非我公司生产的产品，属侵犯我公司注册商标专用权的假冒产品。

2022 年以来，上海某公司以批量诉讼的方式进行司法维权。截至本案一审作出时，上海某公司以鸡西辖区内的不同商超为被告，提起侵害商标权纠纷诉讼 61 件。

【案件焦点】

1. 鸡西某超市是否侵犯了上海某公司的涉案注册商标权；2. 如何判定鸡西某超市的责任。

【法院裁判要旨】

黑龙江省鸡西市中级人民法院经审理认为：辽×字第××号公证书能证明鸡西某超市销售了被诉侵权商品，被诉侵权商品使用的“××A”商标与涉案第 111××号“××A”注册商标相同，核定使用的花露水商品属同种商品。鸡西某超市未举证证明其销售的被诉侵权商品是上海某公司或经其授权许可生产、销售的合法商品，故鸡西某超市销售涉案商品侵害了上海某公司涉案第 111××号“××A”注册商标权。鸡西某超市不能证明被诉侵权商品系来源于上海某公司的真实商品，亦不能证明其所销售的带有涉案“××A”注册商标的被诉侵权商品具有合法来源，应当承担停止侵权、赔偿损失等民事责任。由于上海某公司因被侵权所受损失和鸡西某超市因侵权所得利益均难以确定，且上海某公司未提供合理支出费用的证据，故根据鸡西某超市侵权行为的性质、主观过错，销售侵权商品的种类、价格、期间、地域范围、经营规模、所处商业区域、后果等情况，考虑当地经济发展状况、涉案注册商标的声誉，酌情确定鸡西某超市赔偿上海某公司经济损失（包括制止侵权行为支出的合理开支）1500 元。

黑龙江省鸡西市中级人民法院依照《中华人民共和国民法典》第一百七十

九条，《中华人民共和国商标法》第五十七条、第六十三条第一款和第三款，《最高人民法院关于审理商标民事纠纷案件适用法律若干问题的解释》第十六条、第十七条、第二十一条第一款规定，判决如下：

一、鸡西某超市自本判决生效之日起停止销售侵害上海某公司第111××号“××A”注册商标专用权商品的行为；

二、鸡西某超市于本判决生效之日起十日内赔偿上海某公司的经济损失1500元；

三、驳回上海某公司的其他诉讼请求。

宣判后，双方当事人均未上诉，一审判决已经生效。

【法官后语】

审理商标侵权纠纷案件首先要判断被诉行为是否构成商标侵权，其次认定行为人应否承担赔偿责任，最后确定赔偿数额。在知识产权批量维权案件中，权利人整体诉讼维权规模可以作为个案中损害赔偿计算的考量因素。

一、关于侵权行为认定与责任承担

首先，判断经营者是否构成商标侵权，法律依据为《中华人民共和国商标法》第五十七条第一项、第二项、第三项。凡未经商标注册人的许可，在同一种商品上使用与其注册商标相同的商标；或未经商标注册人的许可，在同一种商品上使用与其注册商标近似的商标，或者在类似商品上使用与其注册商标相同或者近似的商标，容易导致混淆；或销售侵犯注册商标专用权的商品的，均构成侵犯注册商标专用权。本案被诉侵权商品使用的“××A”商标与涉案第111××号“××A”注册商标相同，核定使用的花露水商品属同种商品。上海某公司提交的公证书能证明鸡西某超市销售了被诉侵权商品，故应认定鸡西某超市构成商标权侵权。

其次，判断经营者是否承担责任。商品经营者负有辨别并经营真实商品的诚信义务，须对所经营的商品来源施以充分注意。《中华人民共和国商标法》第六十四条规定，只有在销售者不知道销售的商品系侵权产品，且能够证明该商品合法取得并说明提供者时，销售者构成侵权但不需承担赔偿责任。具体到本案，因鸡西某超市不能证明被诉侵权商品系来源于上海某公司的真实商品，亦不能证明其所销售的带有涉案“××A”注册商标的被诉侵权商品具有合法来源，故应承担停止侵权、赔偿损失等民事责任。

二、关于赔偿数额的确定

依据《中华人民共和国商标法》及司法解释的规定，确定侵权人的赔偿责任时，可以根据权利人选择的计算方法计算赔偿数额。因被侵权所受到的损失，可以根据权利人因侵权所造成商品销售减少或者侵权商品销售量与该注册商标商品的平均单位利润乘积计算。侵权所获得的利益，可以根据侵权商品销售量与侵权商品平均单位利润乘积计算，该商品单位利润无法查明的，按照注册商标商品的单位利润计算。权利人的损失或者侵权人获得的利益难以确定的，参照该商标许可使用费的倍数合理确定。对恶意侵犯商标专用权情节严重的，可以在权利人因侵权受到的损失、侵权人因侵权获得的利益或者商标使用费的一倍到五倍的范围内确定惩罚性赔偿数额。赔偿数额包括权利人为制止侵权行为所支付的合理开支，如交通费、调查费、鉴定费、适当的律师费及其他合理费用。法院根据当事人的请求或依职权确定赔偿数额时，应考虑侵权行为的性质、期间、后果，商标的声誉，商标使用许可费数额，商标使用许可的种类、时间、范围及制止侵权行为的合理开支等因素，酌情在500万元以下确定。

司法实践中，商标侵权赔偿数额的确定通常有三种方法：一是被侵权人在被侵权期间因被侵权所受到的损失，包括被侵权人为制止侵权行为所支付的合理开支。二是侵权人在侵权期间因侵权所获得的利益。三是法定赔偿数额，侵权人因侵权所得利益，或者被侵权人因被侵权所受到的损失难以确定，当事人又没有达成协议，法院可以根据当事人的请求或依职权，结合侵权行为的情节，判决给予500万元以下的赔偿。同时，在知识产权批量维权案件中，权利人整体诉讼维权规模可以作为个案中损害赔偿计算的考量因素。

具体到本案，上海某公司因被侵权所受损失和鸡西某超市因侵权所得利益均难以确定，故不能仅以上海某公司主张认定，应综合考虑侵权行为的性质、主观过错，销售侵权商品的种类、价格、期间、地域范围、经营规模、所处商业区域、后果、当地经济发展状况及涉案注册商标的声誉等因素。上海某公司虽没有提交合理开支的相关证据，但考虑维权必然产生相关支出的事实，应当对其主张的维权费用的合理部分予以支持。又考虑到上海某公司系采用公证方式固定证据，成本较低，同时考虑其批量维权的方式，相关费用可以酌情降低，故酌定赔偿经济损失（包括制止侵权行为支出的合理开支）1500元。

编写人：黑龙江省鸡西市中级人民法院　徐媛凤

23

同一标识侵犯多个不同主体商标权的责任认定及侵权责任的承担

——甲生物科技公司诉马甲侵害商标权案

【案件基本信息】

1. 裁判书字号

上海知识产权法院（2022）沪73民终2号民事判决书

2. 案由：侵害商标权纠纷

3. 当事人

原告（上诉人）：甲生物科技公司

被告（上诉人）：马甲

【基本案情】

甲生物科技公司注册成立于2017年5月19日，经营范围包括生物制品的技术研发及销售，化妆品及保健产品的技术开发，护肤品、化妆品的销售等。股东为罗甲、王甲、陈甲。

经核准，甲生物科技公司注册第2××91号“曼瑜”商标，核定使用商品范围为第3类香皂、去污剂、化妆剂、化妆品、喷雾式护肤品等，有效期2018年10月7日至2028年10月6日。该商标申请注册日期为2017年9月18日。

经核准，甲生物科技公司注册第2××94号商标，核定使用商品范围为第3类去污剂、化妆剂、化妆品、喷雾式护肤品等，有效期2018年11月21日至2028年11月20日。该商标申请注册日期为2017年12月20日。

乙生物科技公司2021年9月29日出具的《商标使用授权情况说明》，记载：鉴于甲生物科技公司在2020年12月13日已完成第2××91号、第2××94号商标权转让手续至乙生物科技公司，乙生物科技公司将前述商标许可甲生物科技公司使用至2022年12月30日，且授权甲生物科技公司以自身名义对侵犯两个商标行为提起诉讼、履行其他相关司法程序，并认可甲生物科技公司以自身名义对2022年12月30日之前的知识产权侵权行为提起的诉讼及其他司法程序。

2020年4月13日，甲生物科技公司至甲公证处申请证据保全公证，在公证处人员的监督下，同日，使用该处联网手机，下载某购物应用程序后登录查看“某靓妆行”订单，显示有商品链接名称为“曼瑜天雅童颜喷雾淡斑淡细纹去眼袋提升肌肤保湿补水爽肤晒后修复”的商品，并有该商品图片展示，已支付64.6元购买该商品，该购买商品经物流送至指定地点，当日由公证处人员监督签收并取货。公证处据此出具第20224号公证书。

当庭拆封前述公证所附实物，为一喷雾式化妆品，其外包装盒正面上部有“LAMNYU”字样，下部有“曼瑜天雅”“曼瑜天雅童颜喷雾”字样；顶面有“LAMNYU曼瑜天雅”字样；背面正上方有“LAMNYU曼瑜天雅”字样，稍下方有“曼瑜天雅童颜喷雾”字样；右侧面防伪标上有“LAMNYU曼瑜天雅”字样；底部有委托方“广州某生物科技有限公司”等字样。第20224号公证书所展示的商品链接有关商品图片中商品情况，与公证购买的商品实物样式一致。

经比对，甲生物科技公司认为马甲所售商品的商品标题、商品链接所用展示图片及商品上使用了“LAMNYU”“曼瑜天雅”相关字样，其中所用“曼瑜天雅”相关字样侵害甲生物科技公司第2××91号“曼瑜”商标，所用“LAM-

NYU”字样侵害甲生物科技公司第2××94号商标，“LAMNYU曼瑜天雅”字样侵害甲生物科技公司第2××94号商标，均与甲生物科技公司主张保护的商标构成近似；马甲认为两者不相同不近似，消费者第一眼看到的是“LAMNYU”“曼瑜天雅”，而非“曼瑜”，不会造成混淆；第三人亦认为两者不相同不近似。

某信息技术公司出具说明，明确“某靓妆行”由马甲经营，涉案商品于2020年11月9日由平台禁售，至被禁售日，销售599066.4元。

上海市徐汇区人民法院第805号刑事判决书查明，2019年4月至案发(2020年5月19日被抓获)，马甲通过其经营的“某靓妆行”对外销售假冒“LMANYU”品牌的曼瑜天雅童颜喷雾，销售金额达42万余元，经鉴定，相关商品均为假冒，构成销售假冒注册商标的商品罪，鉴于马甲存在坦白、自愿认罪认罚、赔偿被害单位损失并取得谅解等，判处其有期徒刑三年，缓刑三年，罚金10万元等。被告提交其所支付赔偿款30万元、缴纳罚金10万元的银行回单、支付记录。

第三人广州某生物科技有限公司注册成立于2018年6月22日，经营范围包括生物制品的技术研发及销售，化妆品及保健产品的技术开发，护肤品、化妆品的销售等。股东为罗乙、罗丙。其中，罗乙系于2020年7月自罗甲处受让股权。

经核准，第三人注册第3××99号“LMANYU”商标，核定使用范围第3类沐浴露、洗发液、清洁制剂、化妆品等，有效期2020年1月14日至2030年1月13日，商标申请日期在2018年12月6日。经核准，第三人注册第3××50号“曼瑜天雅”商标，核定使用范围第35类会计，有效期自2019年8月21日至2029年8月20日，商标申请日期在2018年7月24日。第三人另于2020年5月12日申请注册第4××26号“曼瑜天雅嬷嬷宝”商标，核定使用范围第3类化妆品、洗衣剂、喷雾式化妆品等。

经查询，在国产非特殊用途化妆品备案信息服务平台上存在第三人广州某生物科技有限公司生产的“曼瑜天雅童颜喷雾”备案信息。

2017年10月31日，某服饰公司与某电子商务公司签订《LOGO设计委托书》，合作项目为“曼瑜及曼瑜天雅的logo设计”。2018年8月29日，某电子商务公司出具版权声明，其确认2017年10月31日由其设计的“MANYU曼瑜”“LMANYU曼瑜天雅”所有权、经营权和版权等归属某服饰公司。2018年10月23日，国作登字2018-F-0××21号作品登记证书记载，作品名称“曼瑜MANYU图形”，作品类别为美术作品，作者某电子商务公司，著作权人某服饰公司，创作完成时间2017年10月31日。2018年10月23日，国作登字2018-F-0××20号作品登记证书记载，作品名称“曼瑜天雅LMANYU图形”，作品类别为美术作品，作者某电子商务公司，著作权人某服饰公司，创作完成时间2017年10月31日。

2018年10月28日，某服饰公司与第三人广州某生物科技有限公司签订两份《著作权许可使用合同》，约定将国作登字2018-F-0××21号作品登记证书所涉“曼瑜MANYU图形”特别授权许可广州某生物科技有限公司以任何方式在任何品类的商品上和广告中使用，再授权许可他人使用，将许可作品申请为注册商标等；将国作登字2018-F-0××20号作品登记证书所涉“曼瑜天雅LMANYU图形”独占许可广州某生物科技有限公司在任何区域、以任何方式、在任何商品上或广告中使用，再授权他人使用，将许可作品修改、改编、申请注册商标等；有效期均为2018年10月28日至2038年10月27日。

2021年9月24日，某服饰公司及罗甲共同出具《情况说明》，内容为自2000年起至今，罗甲除法律上需要使用自身身份证名字外，其他场合包括自我介绍、人际往来、业务联络、广告宣传等使用的都是小名“曼瑜”；2011年8月25日某服饰公司成立以来，罗甲从始至今是该公司的股东、法定代表人；2017年5月19日甲生物科技公司成立，罗甲是该公司40%股权的大股东，该公司最初使用“花千骨”商标，从2017年9月开始使用来源于罗甲小名“曼瑜”的文字商标；美术作品创意来源于罗甲小名“曼瑜”及其拼音大写“MANYU”组合而成，美术作品创意来源于罗甲小名“曼瑜”加上“天雅”及其“罗”姓拼音大写“L”加上“曼瑜”拼音大写“MANYU”组合而成；2018年6月22日，广州某生物科技有限公司成立，罗甲系该公司股东和法定代表人，2018年10月28日，该公司经授权可使用美术作品；2017年10月18

日，甲生物科技公司将罗甲的小名“曼瑜”注册为商标，2017 年 12 月 20 日，甲生物科技公司完全复制美术作品注册为商标；某服饰公司从未将美术作品授权甲生物科技公司使用，罗甲基于与甲生物科技公司的持股利益关系，所以没有对甲生物科技公司使用“曼瑜”的商业行为提出异议，但不代表放弃权利，也不代表甲生物科技公司取得商标注册后可以对抗、否定罗甲对“曼瑜”的名字权、广州某生物科技有限公司的字号权、著作权等在先权利。

2021 年 9 月 26 日，王甲出具《情况说明》，内容为 2017 年 5 月 19 日甲生物科技公司成立，罗甲及王甲各持股 40%，陈甲持股 20% 并担任法定代表人；罗甲又名“曼瑜”，其自我介绍、别人对其称呼均为“曼瑜”；甲生物科技公司刚成立时使用“花千骨”商标，后在经营中改用“曼瑜”文字商标，该文字商标来源于罗曼瑜中的“曼瑜”。

第三人提交第 135447 号公证书，内为重庆某品牌管理有限公司法定代表人童甲的手机微信查看名为“甲生物科技公司陈甲”的微信人员的微信记录，显示在 2017 年 10 月 11 日、2017 年 12 月 30 日、2018 年 5 月 30 日发布的照片中有“曼瑜”相关内容等。第三人亦用以证明第三人所涉美术作品来源于罗曼瑜姓名加上天雅二字，以及罗姓拼音首字母 L 加上曼瑜的拼音“MANYU”。第三人另提交第 14700 号民事判决书，该判决对第三人就享有著作权利作出认定。

【案件焦点】

1. 原告是否为适格的诉讼主体；2. 被告是否实施侵害涉案商标权的行为；3. 若被告实施侵权行为，需承担的民事责任。

【法院裁判要旨】

上海市杨浦区人民法院经审理认为：

1. 注册商标专用权受法律保护。结合甲生物科技公司提交的商标注册证明、授权许可文件等证据，甲生物科技公司对第 2××91 号“曼瑜”、第 2××94 号注册商标享有相关的商标权利，他人未经许可不得在相同商品上使用相同或近似的商标。马甲、第三人虽提出前述商标处于商标无效宣告程序、被转让、商标源于罗甲的别名“罗曼瑜”等意见，但目前尚无证据反映前述商标权利已经灭失，故确认甲生物科技公司对涉案商标的权利及维权的权利，甲生物科技公司诉讼主体适格。

2. 被诉侵权的商品系化妆品，与甲生物科技公司主张保护的商标核定使用的商品相同。被诉侵权的商品上使用“LMANYU”“曼瑜天雅”等相关标记，可以起到识别商品来源的作用，系商标性使用。上海市徐汇区人民法院第 805 号刑事判决书认定马甲销售假冒“LMANYU”品牌的曼瑜天雅童颜喷雾，也即马甲所售商品侵害了第三人的“LMANYU”注册商标，故马甲所售涉案商品及商品销售链接有关信息中使用“LMANYU”标记，并不构成对甲生物科技公司主张保护的第 2××94 号商标权利的侵害。然而，基于马甲所售涉案商品本系未得到包括第三人在内相关商标权利人授权的商品，故除该商品因使用“LMANYU”标识从而被相关刑事判决认定为假冒商品外，该商品及商品销售链接有关信息中使用其他被诉侵权标识也并无依据，而从整体看，上述被诉侵权的“曼瑜”相关标识与甲生物科技公司主张保护的商标整体构成近似，可导致消费者发生混淆，故涉案商品亦属侵害甲生物科技公司商标权的商品，被告的销售行为构成侵权。

3. 关于赔偿金额，甲生物科技公司并未提供证据证明其因被告的侵权行为所遭受的实际损失，虽被告在涉案网络店铺销售的情况可以查明，但因无证据证明被告所售涉案侵权商品中，与侵害甲生物科技公司主张保护的商标权利有关的标识对销售金额的贡献度，亦无其他证据证明马甲因其对甲生物科技公司主张保护的商标的侵害行为而获得的利益，故综合考虑被告所售商品所用侵权标识的具体状况、被告过错程度、经营规模、侵权行为的持续时间、被告对第三人的赔偿实际情况等因素予以酌定。对于律师费、公证费，虽然甲生物科技公司未提供相应票据，但客观上确有律师出庭诉讼、有公证实际发生，综合考虑甲生物科技公司委托诉讼代理人的实际工作量、案件难易程度、相关律师收费标准、公证费一般的收费标准等因素，酌定支持。

上海市杨浦区人民法院依照《中华人民共和国商标法》第四十八条、第五十七条第二项、第六十三条第一款及第三款，《最高人民法院关于审理商标民事纠纷案件适用法律若干问题的解释》第九条第二款、第十条、第十六条第一款及第二款、第十七条、第二十一条第一款规定，判决如下：

一、被告马甲于本判决生效之日起十日内赔偿原告甲生物科技公司经济损失及合理费用 50000 元；

二、驳回原告甲生物科技公司的其余诉讼请求。

甲生物科技公司、马甲均不服一审判决，提起上诉。

上海知识产权法院同意一审法院裁判意见，判决：

驳回上诉，维持原判。

【法官后语】

通常而言，一款商品上所用的一个商标或多个不同商标往往是某个商标权利人所持有的商标，因此，司法实务中，通常的商标侵权纠纷涉及的是判断被诉侵权商品上使用的标识是否侵犯某个商标权人享有的某一个或某几个注册商标专用权，若构成侵权则需要承担相应的民事责任。除此之外，还存在一些特殊的情况，即一款商品上使用的一个标识与不同的权利人的商标同时构成相同或近似，或者使用的多个标识与不同的权利人的商标构成相同或近似，由此产生不同权利人维权诉讼之间如何协调的问题。本案即涉及被诉侵权的同一商品上所用被诉侵权标识，可能侵犯了多个不同的商标权人享有的注册商标专用权，从而先后引发刑事诉讼与民事诉讼。这类案件中，除判断被诉侵权标识与不同商标权人的注册商标是否相同或近似从而构成侵权外，还需要考虑刑民案件之间、多个不同的注册商标专用权之间是否可能存在冲突，同时侵害多个注册商标权利人时侵权行为人的责任承担如何确定以及损害填平原则、公平原则、各方利益平衡的问题。

一、相互独立的商标权利人有权就同一事实各自主张法律保护并分别进行司法评判

本案中，被告在对外销售的曼瑜天雅童颜喷雾商品上使用“LMANYU”“曼瑜天雅”“LMANYU 曼瑜天雅”等标识，该行为已在刑事案件中被认定假

冒了第三人广州某生物科技有限公司享有的“LMANYU”注册商标，构成销售假冒注册商标的商品罪。在前述刑事案件已经将侵权商品所涉及的加害对象指向第三人享有的“LMANYU”商标的情况下，就同一事实，是否还可能构成对甲生物科技公司注册商标专用权的侵犯?

对此，首先，基于注册商标专用权人的权利各自独立，其各自的注册商标专用权均受法律的平等保护，从而就同一事实，若各权利人均认为其权利遭受损害，当然各自有权就各自的商标权独立主张法律保护，若确系侵权，均应受法律保护。其次，对于各权利人的商标侵权主张，应当从商标法规定的商标侵权构成要件出发，分别进行独立的司法评判，来确定是否符合商标侵权构成要件。最后，在各权利人的主张均能符合商标侵权构成要件时，方有必要进一步考虑不同的案件、不同权利人的权利之间是否存在冲突或如何协调的问题。

由于刑事案件已经独立认定被告销售被诉商品侵害第三人广州某生物科技有限公司“LMANYU”注册商标专用权。此时，本案第一步还是对被告销售商品是否侵害甲生物科技公司的“曼瑜”“MANYU 曼瑜”注册商标作出独立认定。因被告所售商品与原告的涉案注册商标核定使用的商品属于相同商品，被告所售商品上所用“LMANYU”“曼瑜天雅”“LMANYU 曼瑜天雅”等标识构成商标性使用，“曼瑜天雅”“LMANYU 曼瑜天雅”标识完整包含了甲生物科技公司的“曼瑜”商标，“LMANYU”与“MANYU”仅相差一个字母，而“MANYU”与“曼瑜”在读音上相同，对普通公众而言容易误认“曼瑜天雅”属于“曼瑜”品牌或两者存在特定的关联，故在被诉商品上使用前述标识的行为以及销售被诉商品均符合侵害原告注册商标专用权的构成要件。

二、刑事案件与民事案件具有相对独立性

刑事和民事法律针对注册商标权益的保护，在评价对象、保护法益、要件构成及程序适用等方面各有其独特性。在评价对象上，刑法规范评价的是一个行为是否构成犯罪，民法基于平等原则对某行为是否构成侵权作出评价；在保护法益上，刑法保护的往往是更广泛意义上的公众利益或者经济秩序，而民事法律保护的是具体某个当事人的合法权益；在要件构成上，刑法针对的是相同商品、相同商标，民事法律则扩展到类似商品、近似商标上；在程序适用上，刑事诉讼程序与民事诉讼程序独立，按照各自的法律事实证明标准来认定被诉行为的性质。因此，若同一个侵权行为既损害公共利益、经济秩序，又对商标权人的个人利益产生侵害，就可以同时被刑事及民事法律分别依据其规范要件及法律程序进行评价。

前述独立性，包括两个层面，第一个层面，刑事案件就某一事实作出刑事认定及处理，权利人可以就同一事实另外独立主张民事赔偿。司法上常见的涉商标的关联刑事案件与民事案件，就是在刑事案件认定某一行为对商标权利实施加害行为构成刑事犯罪从而予以刑事处理后，该权利人针对加害行为提起民事诉讼以寻求民事损害赔偿。该情况下，刑事案件与民事案件所针对的事实基本一致，均涉及对同一权利人的一项或几项商标的司法保护问题。第二个层面，刑事案件就某一事实作出刑事认定及处理，但对于被刑事认定事实以外的事实，乃至对刑事已经认定的某些事实（比如刑事所认定的损害）不认同的，刑事案件的处理不影响权利人（包括刑事认定的受害人以外的自认为遭受损害的人）单独就此另行通过民事诉讼提起权利主张，由民事案件独立对有关事实作出认定。

本案就涉及第二个层面，刑事案件中，被告销售使用第三人广州某生物科技有限公司“LMANYU”商标的商品，被认定构成销售假冒注册商标的商品罪，此系刑法规范对其进行的评价，而甲生物科技公司则认为无论是刑事案件已予以定性的侵权商品上所用“LMANYU”商标，还是未被认定的“曼瑜天雅”“LMANYU 曼瑜天雅”商标，均构成对其注册商标权利的侵害，起诉要求被告承担民事侵权责任，对此应该由民事法律规范对其进行独立评价，不应受刑事案件的认定而限制其诉讼权利的行使。

三、对多个主体的商标权之间的权利冲突问题的考量

（一）判定商标侵权≠不同商标主体间也存在相互侵权

本案中，被告所售的假冒商品，与第三人广州某生物科技有限公司的商品在样式包括所使用的标识均一致，也即第三人广州某生物科技有限公司的商品

上亦使用了“LMANYU”“曼瑜天雅”“LMANYU 曼瑜天雅”等标识。若判定被告所售商品侵犯了原告对“曼瑜”“MANYU 曼瑜”享有的注册商标专用权，那么第三人广州某生物科技有限公司生产销售的印有“LMANYU”等标识的同类化妆品是否也会侵犯原告的商标权？上述问题产生的背后逻辑是数学中常见的等量代换概念：若 A=B 且 A=C，则 B=C。按照该逻辑推理得出，被告所售商品使用的被诉侵权标识与第三人的注册商标相同而构成假冒，被诉侵权标识同时被认定与原告“曼瑜”“MANYU 曼瑜”商标近似构成侵权，由此第三人生产销售的商品上印有“LMANYU”“LMANYU 曼瑜天雅”等标识也应当与原告的“曼瑜”“MANYU 曼瑜”商标近似而构成侵权。

但在商标侵权认定中，不应当简单地采用等量代换概念。在可能涉及不同权利人之间权利冲突案件中，认定商标侵权前要考虑一个前提问题，即被诉侵权商品本身有无得到任何相关一方权利人的授权，若没有，则被诉商品对所使用的任何商标标识均无相应的权利，即便因此侵害多个不同权利人的权利，也不能推断出该不同权利人之间会存在侵权关系，不同权利人之间仍应根据其权利本身的状况来独立判断双方之间是否存在侵权。本案中，被告所售商品与第三人的商品虽然使用一致的标识，但被告所售商品上使用标识并未得到原告和第三人的任何授权，完全系侵权假冒商品，由此同时侵害原告、第三人的权利，但该认定并不当然等同于第三人的商品标识，侵害原告的权利，该事实需单独针对原告和第三人之间的权利关系另行判断。

（二）使用他人注册商标是否可阻却侵害己方注册商标权的构成

具体到本案，被诉商品所使用的“LMANYU”“曼瑜天雅”“LMANYU 曼瑜天雅”等标识中，“曼瑜天雅”“LMANYU 曼瑜天雅”并非第三人的注册商标，则被告所售商品的上述标识构成对原告的商标侵权，第三人同款商品使用上述标识是否会侵害原告的权利，此应由原告和第三人另行解决双方的权利冲突。然而，“LMANYU”系第三人的注册商标，若将被诉商品使用该标识认定为侵害原告“MANYU 曼瑜”商标，虽从被诉商品本身系未获授权的假冒产品、民事侵权的独立判断出发，可以得出被诉商品所用“LMANYU”标识侵害原告

"MANYU 曼瑜"商标权之结论，但从注册商标权利的性质（具有对外公示性的排他权利）角度出发，能否阻却侵权的构成？

本案一审、二审的观点上存在一个分歧，即被诉侵权商品上使用的"LMANYU"标识，是否侵害了甲生物科技公司的"MANYU 曼瑜"注册商标专用权。一审认为被告所售商品侵害了第三人的"LMANYU"注册商标，故对原告主张被告所售商品使用"LMANYU"标识也侵害原告的"MANYU 曼瑜"商标未作出认定，二审则认定前述"LMANYU"标识还侵害原告的"MANYU 曼瑜"商标。

笔者认为，基于商标权利具有公示效力并且具有排他性，并列的多个注册商标，理论上各注册商标有各自核定的权利使用范围。若被诉商品标识同时包含两项注册商标的元素并构成近似，比如标识为 AB，则可能分别与商标 A 和商标 B 构成近似，但若 A 和 A+两个商标并列注册，理论上两个商标有其各自独立的商标权利范围，此时，若商品上使用的是 A 标识，即便可能 A 和 A+存在近似，在司法上也应当视为被诉侵权商品侵害的对象是 A 注册商标，而与 A+注册商标不近似或不会引发混淆，此系商标民事司法审判与商标行政授权、确权的分离而产生的必然结果，否则在民事侵权纠纷案件中直接确认 A 与 A+构成近似，会产生侵入商标行政主管的范围之虞。本案审理中，第三人广州某生物科技有限公司"LMANYU"注册商标有效存续，并与原告的"MANYU 曼瑜"注册商标并列，理论上，被诉商品所使用的是与第三人的"LMANYU"注册商标完全相同的标识，则侵权所针对的对象即为该注册商标，侵权所影响的范围亦应当是该注册商标的权利范围，侵害的应当限于第三人的权利，而并不理所当然地进入原告"MANYU 曼瑜"注册商标权利范围内，从被诉商品对"LMANYU"的使用行为而言，因使用的是第三人的注册商标，故而阻却构成对原告"MANYU 曼瑜"注册商标的侵权。至于客观上，消费者实际可能对"LMANYU"与"MANYU 曼瑜"两项商标产生混淆，但这已经属于商标行政授权正确与否的问题，在商标局没有作出两件注册商标之一无效的宣告前，应当对两件注册商标的权利均加以平等尊重。考虑上述原因，一审法院作出有关认定，而二审法院可能更偏重考虑被诉商品本身作为未得到原告和第三人授权的事实以及商标侵权的独立判断，虽最终该分歧不影响案件本身处理的结果，但该分歧所涉问题仍值得更深入探讨。

四、同一行为侵害多个主体的商标权时的赔偿确定

（一）赔偿的一般考量因素

民事侵权损害赔偿最基本的功能是补偿功能，一般适用的是“填平原则”，损害赔偿应当能够填补受害人因侵权行为所受到的损害，不能“填补不足”，也不能“过分填补”。对于商标侵权赔偿，《中华人民共和国商标法》第六十三条规定了四种赔偿金额确定的方式：实际损失、侵权获利、许可费的倍数及法定赔偿。一般而言，根据实际损失加以赔偿，与损害填平原则最为贴切，但商标侵权案件中经常性出现实际损失无法确定的情况，故其他替代赔偿金额确定方式所得出的赔偿金额，也可以视为对侵权损害予以填平。

本案中，原告没有证据证明因被告侵权行为所遭受的实际损失，则无法适用实际损失赔偿方式。涉案某购物平台提交证据证明至涉案商品被禁售日，销售额达59万余元，但司法实践中，适用侵权获利赔偿方式的条件是具有清晰准确的侵权获利金额，本案中，因侵权商品采购、经营成本等无法确定，并且本案涉及同一标识侵害不同主体商标权的情况，无法准确判断被告销售侵权商品获利中有哪些属于因侵害原告商标权而引发的获利，因此难以适用侵权获利赔偿方式，涉案商标许可费亦无法确定，故本案适用法定赔偿，考量的因素包括侵权标识状况、被告的主观过错程度、经营规模、原告商标的知名度、侵权行为持续时间等。

（二）基于“填平原则”正确看待刑事赔偿的反射效应

本案赔偿确定中，还涉及一个重要的考量因素，即被告对第三人已作出了刑事赔偿。与本案关联的刑事案件中，认定被告违法销售金额达42万余元，被告已向第三人广州某生物科技有限公司赔偿损失30万元并缴纳罚金10万元，由此可知，被告的侵权获利必然低于42万元，其赔偿30万元应当足以填补第三人因被告假冒行为遭受的损失，被告据此抗辩表示其已经进行

了刑事上的赔偿与缴纳罚金，不应再支付额外的赔偿。而对于原告而言，基于被告的赔偿前述金额的反射，其对于本案的赔偿金额亦抱有相当的期待。由此产生的问题是，在被告的同一行为同时侵害两个商标权利人的情况下，其已经向权利人之一赔偿，向权利人之二赔偿的标准是否应当一致，或者此前的赔偿对后续赔偿金额的确定有无影响？两项赔偿累计是否可能违背损害赔偿的“填平原则”？

本案对此考虑如下：一是刑事赔偿与民事赔偿之间的关系。刑事责任与民事责任虽然应当分别评价，但仍应当考虑其侵权故意可能性和程度，从而两项赔偿金额并非必然应保持一致。本案中，被告作出刑事赔偿是基于假冒第三人的注册商标，而原告的注册商标与被诉侵权标识属于近似，毋庸置疑，假冒行为的关键在于使用了与注册商标相同的标识，因此当被告的标识同时侵害原告、第三人的注册商标专用权时，对第三人的假冒行为恶意更明显，而对原告的侵权行为在被告销售获利中的贡献度可以认为相对较小，相应的本案民事赔偿金额小于已经赔付的刑事赔偿款，并非不当。二是罚金是否对赔偿金额存在影响。罚金 10 万元主要体现国家对行为人犯罪行为的惩罚，对被害人而言并不具有补偿性，不影响民事案件中赔偿金额的认定，也不作为本案酌定金额的考量因素。三是被告作出两项赔偿是否可能导致超过“侵权获利”。本案虽然并非按照被告侵权获利确定赔偿金额，但适用法定赔偿不应当超出被告可能的侵权获利，除非有证据证明权利人可能的损失金额远大于被告可能的侵权获利，此时法定赔偿金额方可按照权利人可能的损失金额来确定。本案无法确定两个商标权利人可能的损失金额，被告的获利金额虽也难以确定具体数额，但从一般商业惯例以及原告主张其利润率约为 35%可知被告的大致获利范围，此应被视为两个商标权人应当被填平的损失。由于刑事案件中，被告在刑事和解程序下自愿赔偿 30 万元，但从民事侵权损害赔偿的角度审视，该金额明显过高，那么其在向第三人作出该赔偿后，再向原告进行同样标准的赔偿，将远远超过其获利也即其有待填平的损失，有违填平原则，故刑事赔偿金额不能作为原告主张赔偿金额的参考依据，否则将导致严重的不公。因此，本案根据前文赔偿的一般考量因素，结合被告已作出刑事赔偿的情况以及原告支出的合理开支，酌定5万元的赔偿金额，是比较合理的。

编写人：上海市杨浦区人民法院　张呈　金珅亦

24

商标性使用和描述性正当使用的边界认定

——吴甲诉某生态公司、某网络公司侵害商标权案

【案件基本信息】

1. 裁判书字号

广西壮族自治区钦州市中级人民法院（2023）桂07民终182号民事判决书

2. 案由：侵害商标权纠纷

3. 当事人

原告（上诉人）：吴甲

被告（被上诉人）：某生态公司、某网络公司

【基本案情】

吴甲经原国家工商行政管理总局商标局核准，于2009年8月21日注册了第××号商标，核定使用商品（第29类）：蛋黄、蛋、蛋粉、咸蛋、皮蛋、鹌鹑蛋、木耳、干食用菌、鱼片、腌制鱼、海参（非活）、鱼翅、鱼肚、鱼肉干、鱿鱼、海米、海蜇皮、干贝，注册有效期限自2009年8月21日至2019年8月20日，续展注册有效期至2029年8月20日。

2022年4月21日，吴甲的委托代理人周某在广西壮族自治区南宁市某公证处的监督下，对某电商网上某生态公司店铺内的产品信息进行了证据保全，公证员查明事实后由某公证处出具公证书，证明：登录某电商网，在某电商网

主页搜索栏选择“店铺”并输入“海鸭子海鸭蛋”，点击“搜索”出现“海鸭子海鸭蛋”店铺，点击“资质”显示该店铺的经营者为某生态公司。返回店铺主页，点击“所有宝贝”，显示多款海鸭蛋产品，产品图片下方的文字描述中包含了“红树林特产烤海鸭蛋20枚70克特大咸熟广西北部湾红心流油咸蛋鸭蛋”“【海鸭子特大】70克装熟咸鸭蛋广西北部湾红树林红心流油烤海鸭蛋”“广西红树林海鸭蛋蛋黄即食熟咸鸭蛋黄月饼粽子蛋黄酥烘焙原料零食”“红树林海鸭子烤海鸭蛋40枚70克咸熟海鸭蛋广西北海北部湾流油野生”“红树林烤海鸭蛋特大50枚70克熟咸蛋鸭蛋北部湾流油咸鸭蛋广西北海”“广西红树林特产烤海鸭蛋20枚70克礼盒装熟咸蛋鸭蛋红心流油北部湾”“广西红树林烤海鸭蛋30枚70克特大装咸熟鸭蛋北部湾红心流油咸鸭蛋”“广西北海烤海鸭蛋20枚70克咸熟北部湾红树林特产红心流油咸蛋鸭蛋”等内容。

另查明，某生态公司成立于2016年12月13日，注册资本500万元，经营范围：对农业的投资，家畜、家禽及水产品的养殖、加工销售，农副产品销售，蛋制品加工销售等。某生态公司在某电商公司开发的域名为某电商网平台上开设店铺名为“海鸭子咸鸭蛋”的网店，该网店经营海鸭蛋等产品。

【案件焦点】

吴甲注册了第××号注册商标专用权，某生态公司在其网店销售的海鸭蛋产品信息中使用“红树林”文字，是否属于对该注册商标的描述性正当使用，抑或是商标性使用，这是否属于商标侵权行为，吴甲的主张能否得到支持。

【法院裁判要旨】

广西壮族自治区钦州市钦北区人民法院经审理认为：某生态公司在其网店销售的海鸭蛋产品信息中使用“红树林”文字是否造成相关公众的误认，是否侵害了吴甲的第××号注册商标专用权。

一、关于某生态公司在其网店销售的海鸭蛋产品信息中使用“红树林”文字是否属于商标性使用的问题

根据《中华人民共和国商标法》第五十七条的规定，“有下列行为之一的，

均属侵犯注册商标专用权：（一）未经商标注册人的许可，在同一种商品上使用与其注册商标相同的商标的；（二）未经商标注册人的许可，在同一种商品上使用与其注册商标近似的商标，或者在类似商品上使用与其注册商标相同或者近似的商标，容易导致混淆的……”吴甲主张某生态公司完整使用其注册商标文字“红树林”，属于商标性使用，构成侵权，法院认为，根据《中华人民共和国商标法》第四十八条的规定：“本法所称商标的使用，是指将商标用于商品、商品包装或者容器以及商品交易文书上，或者将商标用于广告宣传、展览以及其他商业活动中，用于识别商品来源的行为。”商标的作用主要在于防止消费者对商品及服务的来源产生混淆。本案中，吴甲注册的商标为“红树林 MAN GROVE”，该商标由“红树林”中文及字母“MAN GROVE”构成，某生态公司在其网店海鸭蛋产品图片下方的标题描述所使用的表述虽含有“红树林特产”“红树林烤海鸭蛋”“红树林海鸭蛋蛋黄”等文字，但该处文字与其他描述产品规格、品质的词语连用，其意在表明其销售的海鸭蛋产品为放养于滨海红树林植物群落的鸭子所产，突出其产品的品质及特性，其文意并非表明产品品牌；该处“红树林”字体也与吴甲的商标中的文字字体有明显区别，某生态公司在其网店首页和产品详情页均未使用吴甲的“红树林 MAN GROVE”商标，以普通消费者的一般注意力，即可辨别二者商品的来源，不会产生混淆或误认。吴甲主张其“红树林 MAN GROVE”商标具有较高的知名度，某生态公司存在故意攀附的意图，但吴甲持有的商标并未被依法认定为驰名商标，吴甲提供的证据不足以证实其“红树林 MAN GROVE”商标具有较高的知名度，根据上述某生态公司对“红树林”文字的使用情况无法认定某生态公司有故意攀附吴甲品牌知名度的主观恶意。因此，某生态公司在其海鸭蛋产品描述中使用“红树林”文字不属于商标性使用。

二、关于某生态公司在其销售的海鸭蛋产品信息中使用“红树林”文字是否属于正当使用的问题

根据《中华人民共和国商标法》第五十九条第一款的规定，“注册商标中含有的本商品的通用名称、图形、型号，或者直接表示商品的质量、主要原料、功能、用途、重量、数量及其他特点，或者含有的地名，注册商标专用权人无

权禁止他人正当使用”。本案中，原告、被告双方对于红树林是一种植被名称均无异议，从吴甲提供的各类报道中可以看出，吴甲认为红树林中养殖的海鸭相较于其他海鸭营养更丰富，有其独特性，某生态公司对此亦无异议，可见，红树林的通用含义是一种滨海植物群落，“红树林海鸭蛋”的通用含义是放养于红树林植物群落中的鸭子所产的蛋，而非表明吴甲商标的商品。某生态公司在其销售的海鸭蛋产品信息中使用“红树林”文字标明其产品来源及品质特性，符合《中华人民共和国商标法》第五十九条第一款中“直接表示商品的……其他特点”的规定，属于正当使用，吴甲无权禁止某生态公司在其海鸭蛋产品介绍中使用“红树林”文字。

综上，某生态公司辩解其使用“红树林”文字标识的行为未侵犯吴甲的注册商标专用权的理由成立，法院予以采信。吴甲主张某生态公司侵犯其注册商标专用权，事实和法律依据不足，法院不予支持。由于某生态公司在本案中不构成侵害吴甲商标权的行为，因此吴甲主张某网络公司帮助某生态公司侵权亦不成立，对于吴甲请求某生态公司、某网络公司停止侵权的请求，法院不予支持。

广西壮族自治区钦州市钦北区人民法院依照《中华人民共和国商标法》第四十八条、第五十七条、第五十九条第一款，《中华人民共和国民事诉讼法》第六十七条的规定，判决如下：

驳回吴甲的诉讼请求。

吴甲不服一审判决，提起上诉。

广西壮族自治区钦州市中级人民法院经审理认为：综合双方的诉辩意见，本案的争议焦点：某生态公司在销售相关产品标题中使用“红树林”三个字是否侵害吴甲注册商标的合法权益，如构成侵害商标权，造成的损失应如何确定。

关于某生态公司在销售相关产品的标题中使用“红树林”三个字是否侵害吴甲注册商标的合法权益的问题。法院认为，《中华人民共和国商标法》第五十七条中规定，未经商标注册人的许可，在同一种商品上使用与其注册商标相同的商标的以及未经商标注册人的许可，在同一种商品上使用与其注册商标近似的商标，或者在类似商品上使用与其注册商标相同或者近似的商标，容易导致混淆的，均属侵犯注册商标专用权。《中华人民共和国商标法实施条例》第七十六条规定，在同一种商品或者类似商品上将与他人注册商标相同或者近似的标志作为商品名称或者商品装潢使用，误导公众的，属于侵犯注册商标专用权的行为。首先，某生态公司的被诉行为是否构成商标性使用的行为。是否属于商标性使用行为，关键在于被诉行为是否发挥识别商品或服务来源的作用。本案中，某生态公司在网上销售涉案商品与吴甲持有的注册商标"红树林 MANGROVE"核定使用商品类别相同。某生态公司在网上销售涉案商品时，在商品下面的文字介绍中使用了"红树林特产烤海鸭蛋""广西北部湾红树林""广西红树林海鸭蛋""红树林海鸭子烤海鸭蛋""红树林烤海鸭蛋""广西红树林特产烤海鸭蛋""北部湾红树林特产"等文字，但某生态公司在使用包含有"红树林"文字时是与其他商品描述文字如该商品的规格、制作方法、产品属性等文字共同使用于商品下方的商品描述中，从整个文句的语义、内容来看，应当是指其经营的海鸭蛋来源于放养在红树林的海鸭所产的蛋以及对蛋品的规格、制作方法、产品特性的描述，并非指该鸭蛋的品牌，不属于商标性使用的行为。某生态公司在产品下方的文字描述中以及网店介绍、产品的详情页中均没有单独使用"红树林"三个字，也没有突出使用"红树林"三个字，更没有使用吴甲的注册商标"红树林 MANGROVE"，仅凭某生态公司在产品下方使用包含有"广西红树林""北部湾红树林海鸭蛋"等文字，普通消费者只要施以一般注意力即不会产生误认或混淆。吴甲主张某生态公司在网上销售海鸭蛋产品下方的标题中使用包含"红树林"三个字容易导致消费者误认或混淆某生态公司经营的商品与吴甲经营的"红树林 MANGROVE"牌商品没有事实依据，不予采信。其次，某生态公司在产品下方使用包含"红树林""北部湾红树林""广西红树林"等文字对产品进行必要介绍，是正当使用"红树林"文字的行为，不构成侵权。众所周知，红树林是生长于热带、亚热带海岸潮间带，由红树植物为主体的常绿乔木或灌木组成的湿地木本植物群落，是鱼、虾、蟹、贝类等海洋生物生长繁殖的重要场所，该场所为鸭子提供丰富的食物来源，当地居民有在红树林下放养鸭子的传统。广西北部湾沿海一带也分布着大片红树林，当地居民历来有将鸭子放养于红树林浅海滩涂的传统，通常把放养在红树林浅海滩涂的鸭子所产的蛋称为“红树林海鸭蛋”，该称谓在吴甲注册“红树林MANGROVE”商标前早已经存在，因此，某生态公司在不突出、不单独使用“红树林”三个字的情况下，在商品海鸭蛋的下方标题中使用包含有“红树林”的文字对商品的来源地、制作方法等介绍商品的特点，属于正当使用直接表示商品其他特点的文字的行为，吴甲无权限制他人正当使用。最后，吴甲主张其持有的“红树林MANGROVE”商标知名度较高，某生态公司有傍名牌、搭品牌便车的恶意。本案中，吴甲经营的产品不属于地理标志保护产品，其持有的“红树林MANGROVE”商标不是地理标志集体商标或证明商标，也不属于国家驰名商标，在诉讼中吴甲提供的证据不足以证明其持有的“红树林MANGROVE”商标在广西、全国有较高的知名度，也不能证明某生态公司存在故意攀附吴甲商标知名度进行销售的行为，应承担举证不能的不利后果。综上，吴甲主张某生态公司在销售相关产品中使用“红树林”三个字侵犯了其注册商标专用权的合法权益缺乏事实和法律依据，法院不予支持。

综上，吴甲的上诉请求不成立，应予驳回。原判认定事实清楚，判决正确，应予维持。

广西壮族自治区钦州市中级人民法院依照《中华人民共和国民事诉讼法》第一百七十七条第一款第一项的规定，判决如下：

驳回上诉，维持原判。

【法官后语】

近年来，通过电子商务和网络销售地理标志性产品成为提高农产品附加值和促进产业发展的有效途径，对于打造农产品品牌和促进乡村振兴具有十分重要的意义。红树林海鸭蛋生产于北部湾国家红树林保护区的滩涂地，海鸭放养于北部湾的红树林浅海滩涂，以每日海潮落后红树林滞留的鱼、虾、蟹、贝类等海洋生物为食物，故海鸭所产的海鸭蛋本身较其他地区拥有更多的微量元素和更高营养价值，是广西北部湾海域的地理标志性产品。就本案而言，本案的争议焦点为吴甲注册了“红树林MANGROVE”注册商标专用权，某生态公司在其网店销售的海鸭蛋产品信息中使用“红树林”文字，是否属于对“红树林 MAN GROVE”注册商标的描述性正当使用，抑或是商标性使用，笔者将通过对本案案情的梳理以及对商标性使用和正当使用的边界认定，尝试就上述问题进行一定的探讨。

本案一审法院认为某生态公司在其网店销售的海鸭蛋产品信息中使用“红树林”文字不构成商标性使用，属于正当使用，驳回了吴甲的诉讼请求，二审法院认为“红树林”在吴甲注册“红树林 MAN GROVE”商标前早已存在，且某生态公司在不突出、不单独使用“红树林”三个字的情况下，属于正当使用直接表示商品其他特点的文字的行为，最终判决驳回上诉，维持原判。

一、被诉行为是否构成商标性使用的认定

认定商标侵权的前提是被诉行为构成商标性使用。根据《中华人民共和国商标法》第四十八条的规定：“本法所称商标的使用，是指将商标用于商品、商品包装或者容器以及商品交易文书上，或者将商标用于广告宣传、展览以及其他商业活动中，用于识别商品来源的行为。”商标是用以区别不同企业所提供的商品或服务的标识，商标近似并不仅仅是商标各构成要素在事实上的近似，更是一个法律概念，即应从制止商标侵权的目的是禁止市场混淆的前提出发，因此，商标是否具有混淆可能性，系判断被诉行为是否侵犯注册商标专用权的必要条件。如果被诉行为不会产生混淆后果，则意味着该注册商标专用权人的利益不会因此受到影响，相应地，该行为亦不应被认定构成商标侵权。保护注册商标专用权仅限于禁止他人将商标用于标识商品或服务的来源，而不能禁止他人非商标性使用。判断被诉行为是否构成商标性使用，应当判断被诉行为是否存在混淆可能性，在司法实践中应具体结合商标近似程度、商标显著性和市场知名度以及相关公众的注意程度等因素进行考量。具体到本案中，吴甲注册的商标为“红树林 MAN GROVE”，该商标由“红树林”中文及字母“MAN GROVE”上下组成，某生态公司在其网店海鸭蛋产品图片下方的标题描述所使用的表述虽含有“红树林特产”“红树林烤海鸭蛋”“红树林海鸭蛋蛋黄”等文字，但该处文字与其他描述产品规格、品质的词语连用，其意在表明其销售的海鸭蛋产品为放养于滨海红树林植物群落的鸭子所产，突出其产品的品质及特性，其文意并非表明产品品牌；吴甲主张其“红树林 MANGROVE”商标具有较高的知名度，某生态公司存在故意攀附的意图，但吴甲持有的商标并未被依法认定为驰名商标，也不属于地理标志保护产品，不是地理标志集体商标或证明商标，也不属于国家驰名商标，吴甲提供的证据不足以证明其持有的“红树林 MANGROVE”商标在广西、全国有较高的知名度；本案中该处“红树林”字体也与吴甲的商标中的文字字体有明显区别，某生态公司在其网店首页和产品详情页均未使用吴甲的“红树林 MANGROVE”商标，以普通消费者的一般注意力，即可辨别二者商品的来源，不会产生混淆或误认。因此，某生态公司在其海鸭蛋产品描述中使用“红树林”文字不具有混淆可能性，也就不属于商标性使用。

二、描述性正当使用的边界认定

根据《中华人民共和国商标法》第五十九条的规定：“注册商标中含有的本商品的通用名称、图形、型号，或者直接表示商品的质量、主要原料、功能、用途、重量、数量及其他特点，或者含有的地名，注册商标专用权人无权禁止他人正当使用……”我国的注册商标权人对注册商标依法享有商标专有权，但在一些情况下，他人可以对注册商标中的一些要素进行正当性使用，其中，如何去界定描述性正当使用的边界问题，目前我国未作出明确的法律规定。在司法实践中，判断被诉行为是否属于描述性正当使用，一般可以以该词汇的普遍性、相关公众对于该词汇的通常认识以及该使用行为是否超出合理必要限度为边界认定。一般来说，商标可以表明商品或者服务的来源，其显著性的强弱影响着商标是否能与商品提供者之间建立特定、稳定的联系，如果商标中含有公有领域内的描述性信息，就会在辨识上界限混淆，降低注册商标的显著性，导致注册商标在长期使用中越来越无法起到识别商品或服务来源的作用。注册商标专用权人无权禁止他人为描述或者说明其产品或者服务的特点而善意使用注册商标中含有的公有领域内的描述性信息，该行为可以依法认定为正当使用而不构成商标侵权。如果商标包含这些含有公有领域内的描述性信息的商标，或者这些描述性标识本身，因为获准注册后完全为商标注册人排他占有，而绝对禁止他人进行任何形式的使用，则会在为商标注册人带来垄断利益的同时严重损害社会公众利益。具体到本案，红树林是生长于热带、亚热带海岸潮间带，由红树植物为主体的常绿乔木或灌木组成的湿地木本植物群落，是鱼、虾、蟹、贝类等海洋生物生长繁殖的重要场所，该场所为鸭子提供丰富的食物来源，当地居民有在红树林下放养鸭子的传统。广西北部湾沿海一带也分布着大片红树林，当地居民历来有将鸭子放养于红树林浅海滩涂的传统，因在北部湾海域红树林中养殖的海鸭相较于其他海鸭营养更丰富而富有独特性，“红树林海鸭蛋”也因此成为北部湾的地理标志性产品。吴甲注册的“红树林 MANGROVE”商标含有公有领域内的描述性信息“红树林”，该词汇在作为商标注册前本已被用于全国范围内普遍描述一类自然植被，或与在北部湾海域的红树林海鸭蛋建立了一定的联系，对于吴甲注册的“红树林 MANGROVE”商标来说，其显著性是较弱的，一般消费者通常不会将该词汇“红树林”与吴甲的商标建立唯一、稳定的联系；本案的某生态公司在其网店商品下面的文字介绍中使用了“红树林特产烤海鸭蛋”“广西北部湾红树林”“广西红树林海鸭蛋”“红树林海鸭子烤海鸭蛋”“红树林烤海鸭蛋”“广西红树林特产烤海鸭蛋”“北部湾红树林特产”等文字，从对词汇的使用方式来看，是对其经营的海鸭蛋来源于放养在红树林的海鸭所产的蛋以及对蛋品的规格、制作方法、产品特性的描述，并非指该鸭蛋的品牌，某生态公司将“红树林”用于描述自己商品，并没有超出一般描述性文字的表现形式，也没有超出合理必要限度，吴甲没有证据证明某生态公司存在故意攀附上诉人商标知名度进行销售的行为。综上所述，本案中在涉案商标注册申请日之前，“红树林”已与北部湾海域点“红树林海鸭蛋”建立一定的联系，且吴甲亦未使该“红树林 MANGROVE”商标获得新的特定含义，未建立与该商标的唯一对应关系的情况下，无权禁止他人正当使用“红树林”的文字。

随着注册商标制度的蓬勃发展和知识产权排他性的保护进入深水区，商标权不可避免地存在一些被滥用的情形，该案的一审、二审判决明确了商标性使用和正当使用的边界认定，判决结果彰显了法院依法平衡商标权人、其他经营者及社会公众之间的利益最大化。本案涉及了广西北部湾海域的地理标志性产品“红树林海鸭蛋”，鼓励商标权人积极申请地理标志的集体商标和证明商标，可以借助政府发展当地特色产业和品牌建设的东风形成自身的品牌价值，这对于区域打造农产品品牌和促进乡村振兴也具有十分重要的意义。

同时，本案也具有一定的警示作用，商标权人一方面要警惕商标中的元素特别是文字内容有可能被通用化或者成为核准商品上的描述性词汇的趋势，需要宣传、使用以及联系确保自己的商标在显著性上不被弱化；另一方面法律给予了商标权人排他性的商标权保护，在积极使用和依法维权的同时，不能滥用权利消耗商誉，而是通过呵护和培塑自身品牌提升商标的经济价值。对于经营者来说，经营者应当本着诚实信用原则对同竞争领域的注册商标予以合理避让，不恶意攀附他人商誉，采用法律许可的正当方式规范经营及宣传行为，维护自身的合法权益。

编写人：广西壮族自治区钦州市钦北区人民法院　谢惠徽

25

拆分、改动他人注册商标进行注册，并与他人注册商标要素结合使用，意图攀附他人商誉的，应当构成恶意注册行为

——某运动用品公司诉某食品销售公司、某信息技术公司侵害商标权案

【案件基本信息】

1. 裁判书字号

安徽省高级人民法院（2022）皖民终1689号民事判决书

2. 案由：侵害商标权纠纷

3. 当事人

原告（上诉人）：某运动用品公司

被告（被上诉人）：某食品销售公司

被告：某信息技术公司

【基本案情】

2017年，顾甲与卢某为共同创业者。顾甲为第4××6号“A××”商标、第3××7号“a××”商标的注册申请人，该商标核定使用商标注册类别均为第28类，商品为：玩具；玩具熊；长毛绒玩具；比例模型套件（玩具）；玩具模型；运动用护胸；等等，有效期分别为：2020年4月7日至2030年4月6日，2019年12月7日至2029年12月6日。2021年9月13日，卢某通过受让获得上述两商标，并于9月15日，与某运动用品公司签订《商标使用许可合同》，将注册登记的上述两商标许可某运动用品公司使用。使用范围为运动用护胸、男性下体弹力护身（体育用品）、护膝（体育用品）、运动用护腰、运动用护腿、玩具、护胫（体育用品）、运动用护臂、竞技手套、护肘（体育用品）及玩具熊、长毛绒玩具、比例模型套件（玩具）、玩具模型、手套、保护垫（运动服部件）。许可使用的期限自2021年9月15日起至2029年9月14日止。在第7394号公证书记载某运动用品公司代理人在公证人员的见证下于2022年1月7日、2022年1月14日、2022年3月2日、2022年3月3日，利用“公证云”平台的取证功能，对其网络购买涉案玩具公仔的过程进行取证，该涉案玩具公仔为头戴摩托车头盔的机车公仔，公仔头盔上有绿白红三色及“a××”字母组合而成的图案，公仔身着的骑行服上也有上述图案。

经在中国商标网查询案涉商标情况，意大利某股份公司最早于2002年、2008年对“A××”商标在国内进行注册，核准使用商品类别为第9类、第25类；通过查询某运动用品公司商标注册情况，除案涉商标外，某运动用品公司大范围注册其他与国外或国内知名商标相同或类似商标，如日本知名摩托车后箱品牌“C××”、广州知名摩托车头盔品牌“G××”后箱品牌“C××”、广州知名摩托车头盔品牌“G××”。

【案件焦点】

某食品销售公司被诉行为是否侵害了某运动用品公司涉案注册商标专用权。

【法院裁判要旨】

安徽省亳州市中级人民法院经审理认为：根据某运动用品公司举证的第4××6号“A××”、第3××7号“a××”商标注册证，商标转让证明及《商标使用许可合同》，某运动用品公司经商标权利人许可使用上述两商标，并有权以自己名义在第三方侵权时发起诉讼、获得收益，故某运动用品公司具备本案的诉讼主体资格。商标的作用主要在于供消费者识别和区分商品及服务的提供者，避免混淆。商标侵权实质上是行为人使用与他人已经具备一定知名度或市场影响力的相同或近似的商标，意图造成消费者对产品或服务的来源产生混淆，损害商标权人合法利益的行为。某运动用品公司主张被告所售侵权产品是头戴摩托车头盔的机车公仔，公仔头盔上有绿白红三色及“a××”字母组合而成的图案，公仔身着的骑行服上也有上述图案。经查，某食品销售公司所售机车公仔上的图案与意大利知名摩托车头盔品牌“A××”的商标实质上相同，结合案涉公仔的机车设计风格，即使存在搭便车、蹭品牌知名度的意图，某食品销售公司实质上也是在利用意大利摩托车头盔品牌“A××”的市场知名度寻求获取非法利益，并无侵犯本案某运动用品公司商标的侵权故意，实质上也不会对某运动用品公司商品的市场份额造成损害。综上，某运动用品公司关于某食品销售公司侵害其商标权的主张不成立，法院不予支持。对某运动用品公司的侵权事实不成立已如上述，因此，对某运动用品公司的诉讼请求法院不予支持。

安徽省亳州市中级人民法院依照《中华人民共和国民事诉讼法》第十三条第一款、第六十七条，《中华人民共和国商标法》第七条第一款之规定，判决如下：

驳回某运动用品公司的诉讼请求。

某运动用品公司不服一审判决，提起上诉。

安徽省高级人民法院经审理认为：根据《中华人民共和国商标法》第四十八条规定，本法所称商标的使用，是指将商标用于商品、商品包装或者容器以及商品交易文书上，或者将商标用于广告宣传、展览以及其他商业活动中，用于识别商品来源的行为。又根据第五十七条第二项、第三项规定，未经商标注册人的许可，在同一种商品上使用与其注册商标近似的商标，或者在类似商品上使用与其注册商标相同或者近似的商标，容易导致混淆的；以及销售侵犯注册商标专用权的商品的，属于侵犯注册商标专用权的行为。本案中，某食品销售公司所售侵权产品是头戴摩托车头盔的机车公仔，公仔头盔上有绿白红三色及“a××”字母组合而成的图案，公仔身着的骑行服上也有上述图案，产品介绍中明确记录“A××”车迷某同款小熊玩偶拉力熊车尾箱熊公仔吉祥物装饰品挂件，而某运动用品公司两枚“A××”“a××”注册商标标识为一般字母组合，结合案涉公仔的机车设计风格，不会使一般消费者产生混淆，一审法院认为某食品销售公司无侵犯本案某运动用品公司商标的侵权故意，并无明显不当。综上，某运动用品公司的上诉请求不能成立，应予驳回；一审判决认定事实清楚，适用法律正确，判决结果适当，应予维持。

安徽省高级人民法院依据《中华人民共和国民事诉讼法》第一百七十六条第一款、第一百七十七条第一款第一项规定，作出如下判决：

驳回上诉，维持原判。

【法官后语】

本案特殊性在于原被告双方均在其生产或销售的产品上使用他人已在国内注册的国外知名商标，但原告在不同商品种类上对该国外知名商标进行拆分注册，且在实际使用中又与该商标其他要素结合使用，由此对他人提起侵害商标权诉讼。从形式上看，原告具有合法权利外观，具有提起诉讼的主体资格，但从实质上分析，因原告注册商标与他人在先商标使用字母、组合排列顺序均相同，在实际使用中又与该注册商标其他要素相组合，且经在中国商标网查询，原告大规模注册类似国外知名商标，其注册及使用意图难谓善意。形式和实质的相互矛盾、法律规定空白以及基于对商标行政授权的考虑导致裁判者处于两难境地。本案经一审、二审审理后，驳回原告诉讼请求，但在具体裁判路径上，一审、二审略有不同。如何在避免对商标行政授权体系造成冲击的同时，对此类恶意行为予以规制和打击，值得深思和探讨，以解决司法在规制商标权滥用中的被动状态。

随着商标行政管理部门制止恶意注册力度的加大，更加隐蔽的抢注方式不断出现，比如本案中将国外知名商标进行改动、拆分等方式在不同商品种类上进行注册，在实际使用中又存在不规范行为，其行为性质如何，值得研究和探讨。《中华人民共和国商标法》第七条第一款规定："申请注册和使用商标，应当遵循诚实信用原则。"第十条第一款第八项规定，"有害于社会主义道德风尚或者有其他不良影响的"。商标注册与使用应当遵循诚实信用和公序良俗价值判断标准。此外，《中华人民共和国商标法》及相关司法解释也从非使用目的、非正当性手段以及违反合法性条款等方面对恶意注册商标的进行类型化规定，如1993年《中华人民共和国商标法》禁止将属于公共资源的地名作为商标使用；2001年修正《中华人民共和国商标法》增加对驰名商标的保护，禁止复制、摹仿或者翻译他人驰名商标；2013年引入诚实信用原则，制止恶意抢注和损害他人在先权利的行为；2019年修正《中华人民共和国商标法》规定了"不以使用为目的的恶意商标注册"以规制商标囤积商标代理中的恶意注册行为。但由于知识产权的无形性、价值性，实践中更为隐蔽的抢注手段层出不穷，具体规则难以涵盖实践中所有行为类型。笔者认为，"恶意"一词本身具有否定性判断色彩，对于"恶意"的理解应当从商标法倡导商标合理使用、规制不正当竞争的立法宗旨出发，此处的"恶意"更多的是对注册行为违背诚实信用原则的消极评价。现行《中华人民共和国商标法》规定的诚实信用原则和公序良俗原则，并非仅具有形式化的宣誓意义，其意旨在于授予法院自由裁量权，以在实际审理中依据原则精神对适用法律进行解释，或者填补法律漏洞。在具体规定难以涵盖现实中的具体恶意注册行为状态时，应由法官结合行为人注册时的主观状态，以及注册后的客观行为及目的对是否存在"恶意"进行价值评价。如本案中，一方面商标注册人在申请注册诉争商标时，便明知或应知该商标属于与他人享有在先权益的相同或相近的标识，或者属于与他人在先使用并具有一定影响的商标相同或近似的标识，仍为实现攀附他人商誉或以其他方式谋取不正当利益的目的，对该标识进行注册。另一方面商标注册人获得注册商标后，采取不规范使用注册商标、将该注册商标与其他知名商标要素结合使用，导致消费者对商品来源产生混淆、误认，实现商标注册人攀附他人商誉、获取不正当利益的目的。上述情况下，商标注册人所持有的注册商标已不是商标法意图保护的商标，而是沦为与商标法保护的商标背道而驰的圈地符号，已严重背离商标法的立法目标和制度目的，严重违反诚实信用原则，扰乱商标注册和保护秩序，不仅不应予以司法保护，还应依法坚决予以规制。

编写人：安徽省亳州市中级人民法院　王艳东　卞岩岩

26

将他人已获识别商品来源功能的涉地名商标进行商标性使用构成侵权

——某窖酒公司诉某斗酒公司等侵害商标权案

【案件基本信息】

1. 裁判书字号

广东省高级人民法院（2023）粤民终2213、2214、2215号民事判决书

2. 案由：侵害商标权纠纷

3. 当事人

原告（上诉人）：某窖酒公司

被告（上诉人）：某斗酒公司、某古酒公司、某酒业公司

被告（被上诉人）：某商贸公司

【基本案情】

贵州省毕节市某某县有出产过优质知名白酒的历史。某窖酒公司、某斗酒公

司、某古酒公司均为住所地在某某县的生产、销售白酒的企业。某窖酒公司是“某某”“某某及图”“某某酱酒”三枚商标的权利人。前述商标在全国具有较高知名度。其中“某某及图”商标曾被认定为“中国驰名商标”。某斗酒公司等被告在其生产、销售的白酒产品上使用了“某某古酱”“某某及图”等被诉标识。

【案件焦点】

1. 某斗酒公司、某古酒公司、某酒业公司在被诉侵权产品上使用被诉侵权标识是否构成侵害某窖酒公司注册商标权；2. 一审法院判决的赔偿金额是否适当。

【法院裁判要旨】

广东省深圳市中级人民法院经审理认为：某斗酒公司等被告在被诉侵权商品及其包装、附随物等突出使用与某窖酒公司注册商标标识近似的标识，攀附某窖酒公司涉案注册商标的知名度，使得消费者对商品的来源产生混淆或误认。

广东省深圳市中级人民法院依照《中华人民共和国商标法》（2019 修正）第五十七条第二项及第三项、第五十九条第一款及第三款、第六十三条等规定，判决如下：

一、某斗酒公司、某古酒公司、某酒业公司、某商贸公司立即停止侵害某窖酒公司涉案注册商标专用权的行为；

二、某斗酒公司、某古酒公司于一审判决生效之日起十日内赔偿某窖酒公司经济损失及合理维权开支合计 300 万元；

三、某酒业公司于一审判决生效之日起十日内赔偿某窖酒公司经济损失 50 万元；

四、某商贸公司于一审判决生效之日起十日内赔偿某窖酒公司经济损失 30 万元；

五、驳回某窖酒公司的其他诉讼请求。

某窖酒公司、某斗酒公司、某古酒公司、某酒业公司均不服一审判决，提起上诉。

广东省高级人民法院经审理认为：某斗酒公司等被告未经某窖酒公司的许可，在商品及其包装上的显著位置突出使用含有“某某”字样的标识，直接指向被诉侵权商品本身，并非单纯地用以指明商品来源于某某县地区或与某某县地区有关，对于相关公众而言，前述被诉标识已经起到了识别商品来源的作用，属于商标法意义上的使用行为。虽然“某某”作为贵州省毕节市下辖某某县的行政区划名称，本身不具有固有显著性，但是涉案注册商标经过某窖酒公司长期持续性地使用，不仅提升了知名度和影响力，还使其中的“某某”部分产生了行政区划名称以外的第二含义，即用于指代某窖酒公司生产销售的白酒产品。某斗酒公司等作为与某窖酒公司同处某某县白酒产区的同业竞争者，在知悉涉案商标知名度和市场影响力的情况下，仍然实施被诉行为，构成侵权。

广东省高级人民法院依照《中华人民共和国民事诉讼法》第一百七十七条第一款第一项规定，判决如下：

驳回上诉，维持原判。

【法官后语】

如何正确划分合理使用地理名称和侵害商标权行为之间的界限，一直是相关司法实践中的难题。本案是一起因使用涉地理名称商标引起纠纷的典型案件，其中的法律关系值得深入探讨和研究。

一、对地理名称的描述性使用和商标性使用之区分

描述性使用是经营者为提供商品或服务的基本信息而善意地使用商品通用名称或自己的名称、地址、产品原产地等，该行为不构成侵犯他人商标权。现行《中华人民共和国商标法》第五十九条第一款对于描述性使用进行了规定，即“注册商标中含有的本商品的通用名称、图形、型号，或者直接表示商品的质量、主要原料、功能、用途、重量、数量及其他特点，或者含有的地名，注册商标专用权人无权禁止他人正当使用”。

商标性使用，即将商标用于商品、包装、容器、服务场所以及交易文书上，或者将商标用于广告宣传、展览以及其他商业活动中，用以识别商品或者服务来源的行为。判断被诉行为是否构成商标侵权，一般需要先判断其是否属于商

标性使用。《中华人民共和国商标法》第五十七条对属于侵权的商标性使用行为作出了规定。

因在商业经营中使用地理名称而引起的侵害商标权纠纷中，争议焦点通常都包括被诉行为属于描述性使用还是商标性使用。如果被诉行为属于描述性使用，不会构成侵害商标权；如果属于商标性使用，有可能构成侵害商标权。对于该问题，人民法院应当从以下方面进行综合考虑：被诉侵权人使用被诉标识的场景、方式，被诉标识的组成、字体、视觉效果，权利人商标的知名度，被诉侵权人主观上是否存在攀附商誉的故意，客观上是否会导致相关公众对商品的来源混淆、误认等。

本案中，某斗酒公司等被告在明知某窖酒公司及其注册商标知名度和市场影响力的情况下，在白酒商品显著位置上突出使用与某窖酒公司注册商标标识高度近似的标识“某某古酱”。从使用意图来看，其使用目的并非简单地指明该白酒产自于某某县地区，也并非简单地标识该白酒为酱香型白酒，而是意在借助“某某”与某窖酒公司相关的第二含义，攀附某窖酒公司涉案注册商标的知名度及所承载的声誉。客观上，该行为使得相关公众对商品的来源产生混淆或误认。因此，本案被告的前述被诉行为属于商标性使用。

二、地理名称属于公共领域的共有资源，将其作为商标使用则显著性较弱，商标权利人是否可以在特定类别商品上将其作为商标进行“独占使用”

地理名称作为表述某一特定地域的称谓，是社会公众的共有资源，且地理名称商标本身显著性较弱，因此，《中华人民共和国商标法》第十条第二款规定，“县级以上行政区划的地名或者公众知晓的外国地名，不得作为商标。但是，地名具有其他含义或者作为集体商标、证明商标组成部分的除外；已经注册的使用地名的商标继续有效”。地理名称商标，若在注册后经过权利人的长期使用，产生了行政区划名称以外的第二含义，获得了较强的显著性，在相关公众看来，该商标已经与权利人及其相关商品产生了固定的联系，则在此情形下，如果允许其他主体对该商标在其同类商品上进行商标性使用，会导致相关公众对商品的来源产生混淆，故权利人有权禁止该使用行为。

本案中，“某某”作为贵州省毕节市下辖某某县的行政区划名称，其本身显著性较弱。但是，涉案注册商标经过某窖酒公司长期持续性地使用，不仅提升了一定的知名度和影响力，还使其中的“某某”部分产生了行政区划名称以外的第二含义，即用于指代某窖酒公司生产销售的白酒产品，在相关公众看来，“某某”商标已经与某窖酒公司及其白酒商品产生了固定的联系。因此，某窖酒公司有权利禁止其他经营者在白酒类商品上实施对“某某”等商标的商标性使用行为。

本案判决厘清了涉地理名称商业标识侵害商标权司法认定的相关法律关系，确立了相关司法裁判标准。对于妥善解决涉及地理名称的侵害商标权纠纷作出了有益探索，打击了“搭便车”“傍名牌”的不正当行为，净化了市场竞争环境，发挥了正确引导市场主体诚信经营的作用，对于今后类似纠纷的解决具有较重要的参考意义。

编写人：广东省高级人民法院　肖少杨　宋薇薇

27

寻求商标注册与使用的平衡：“反向混淆”场景下商标在后使用者的权益维护

——南宁某餐饮公司诉江西某餐饮公司、赣州某饮品店侵害商标权案

【案件基本信息】

1. 裁判书字号

江西省赣州市中级人民法院（2022）赣07民终6346号民事判决书

2. 案由：侵害商标权纠纷

3. 当事人

原告（被上诉人）：南宁某餐饮公司

被告（上诉人）：江西某餐饮公司、赣州某饮品店

【基本案情】

2013 年 6 月 7 日，吴某取得第 1××5 号“察理王子”注册商标，有效期至 2023 年 6 月 6 日。核定服务项目为第 43 类：餐厅、饭店、餐馆、自助餐馆、自助餐厅、快餐馆、流动饮食供应、茶馆、咖啡馆。2020 年 7 月 20 日，吴某将第 1××5 号商标转让给某国际公司。2020 年 9 月 7 日，经国家知识产权局核准，某国际公司许可南宁某餐饮公司使用第 1××5 号商标，许可期限自 2020 年 7 月 21 日起至 2023 年 6 月 6 日止，许可使用项目为第 43 类：餐厅、饭店、餐馆、自助餐馆、自助餐厅、快餐馆、流动饮食供应、茶馆、咖啡馆。2020 年 8 月 1 日，某国际公司出具《商标使用授权书》，将第 1××5 号注册商标以排他使用授权给原告使用，包括南宁某餐饮公司自己使用，也可以自己名义授权给第三人使用，以及单独就被授权商标提起相关维权诉讼，授权使用的期限自 2020 年 7 月 21 日起至 2023 年 6 月 6 日止。

2015 年开始，江西某餐饮公司开始使用“茶理王子”商标经营奶茶店，至今在全国有 300 余家加盟门店。2016 年 11 月 28 日，江西某餐饮公司取得第 1××3 号“茶理王子”注册商标，有效期至 2026 年 11 月 27 日。核定服务项目为第 43 类：住所代理（旅馆、供膳寄宿处）；咖啡馆；自助餐厅；餐厅；饭店；酒吧服务；流动饮食供应；茶馆；旅游房屋出租；饮水机出租。2021 年 11 月 20 日，中国商标网刊登第 1768 期公告宣告第 1××3 号“茶理王子”商标无效。宣告无效服务项目为：住所代理（旅馆、供膳寄宿处）、咖啡馆、自助餐厅、餐厅、饭店、酒吧服务、流动饮食供应、茶馆。2021 年 11 月 23 日，赣州某饮品店美团店名为“茶理王子（杨坑店）”。上述事实由联合信任时间戳服务中心签发可信时间戳证书进行认证。截至庭审之日，赣州某饮品店已停止涉案侵权行为。

江西某餐饮公司经营过程中形成了一定的知名度、影响力及社会美誉度。2019 年，被中国连锁餐饮产业联盟饮品专委会授予旗下品牌“茶理王子”为优

质连锁餐饮品牌。2021 年 12 月，被江西省青少年发展基金会授予“江西希望工程 30 周年贡献奖”。2022 年 1 月，被江西省品牌建设促进会授予理事单位。截至庭审之日，江西某餐饮公司已停止涉案侵权行为，已将“茶理王子”更换为“轻茶理”。2021 年 4 月 4 日，赣州某饮品店与江西某餐饮公司签订运营合同，开始加盟江西某餐饮公司旗下的“茶理王子”。

【案件焦点】

1. 被告使用商标行为是否构成商标侵权；2. 损害赔偿数额应如何认定。

【法院裁判要旨】

江西省赣州市章贡区人民法院经审理认为：某国际公司是第 1××5 号注册商标“察理王子”的注册人，上述商标在有效期内，依法享有上述注册商标专用权。本案中，某国际公司出具的《商标使用授权书》载明南宁某餐饮公司有权独立以自己名义针对本商标发生的侵权行为进行维权，南宁某餐饮公司有权以自己名义提起本案诉讼。本案中，诉争商标即江西某餐饮公司使用的“茶理王子”与南宁某餐饮公司专有的商标“察理王子”仅有一字之差，呼叫相同、文字构成相近，且系同时使用在同一种或类似服务上，在同一种或者类似服务上的商标近似，故被告使用“茶理王子”标识的行为对南宁某餐饮公司专有商标“察理王子”构成商标侵权，应承担停止侵权、赔偿损失的民事责任。

关于赔偿经济损失的数额。《中华人民共和国商标法》第六十三条第一款规定“侵犯商标专用权的赔偿数额，按照权利人因被侵权所受到的实际损失确定；实际损失难以确定的，可以按照侵权人因侵权所获得的利益确定；权利人的损失或者侵权人获得的利益难以确定的，参照该商标许可使用费的倍数合理确定……”第三款规定：“权利人因被侵权所受到的实际损失、侵权人因侵权所获得的利益、注册商标许可使用费难以确定的，由人民法院根据侵权行为的情节判决给予三百万元以下的赔偿。”本案中，南宁某餐饮公司未举证证明其因被侵权所受到的实际损失，亦未举证证明被告因侵权所获得的利益。南宁某餐饮公司的损害结果除考虑商标近似程度外，还需要综合考虑其他相关因素，诸如侵权行为的性质、期间、后果、商标的声誉，被诉侵权人的主观意图、双方共存和使用的历史与现状、相关市场实际等因素。

本案中，南宁某餐饮公司门店皆位于广西南宁，市场的影响力也仅限于广西，在江西及江西周边省份均无门店，江西某餐饮公司并未与其形成经营竞争关系。江西某餐饮公司于2015年开始使用“茶理王子”商标经营奶茶店，至今在全国其他省份有300余家加盟门店。2019年，江西某餐饮公司旗下品牌“茶理王子”获得“优质连锁餐饮品牌”称号；2021年12月，江西某餐饮公司获得“江西希望工程30周年贡献奖”；2022年1月，江西省品牌建设促进会授予被告为理事单位。2021年11月20日，江西某餐饮公司“茶理王子”商标被宣告无效之前，江西某餐饮公司已在江西形成稳定的市场并在全国已有300余家加盟门店，已有一定的知名度，故其无需攀附原告商标的声誉傍名牌、搭便车，更无需借助南宁某餐饮公司的商标进行营销宣传以此获利，江西某餐饮公司的经营行为不会对南宁某餐饮公司的利益造成损失，亦不会误导消费者，损害消费者的利益。综上，虽江西某餐饮公司使用“茶理王子”标识的行为对南宁某餐饮公司专有商标“察理王子”构成商标侵权，但江西某餐饮公司早已有稳定市场，并非在主观上故意侵犯南宁某餐饮公司案涉商标专用权，实际也并未对南宁某餐饮公司造成损失。法院根据上述情节，综合考虑被告侵权行为性质及情节、商标的声誉、因制止侵权行为的合理开支等因素，酌情确定两被告共同赔偿原告经济损失及合理维权费用共计3000元。

江西省赣州市章贡区人民法院依照《中华人民共和国民法典》第一百七十九条第一款第八项，《中华人民共和国商标法》第四十八条、第五十七条第一项至第三项、第六十三条第一款及第三款，《中华人民共和国商标法实施条例》第七十六条，《最高人民法院关于审理商标民事纠纷案件适用法律若干问题的解释》第九条、第十条、第十六条第一款及第二款、第十七条之规定，判决如下：

一、被告江西某餐饮公司、赣州某饮品店于本判决生效之日起立即停止实施侵害原告第1××5号“察理王子”注册商标专用权的行为；

二、由被告江西某餐饮公司、赣州某饮品店于本判决生效之日起十日内赔偿原告南宁某餐饮公司经济损失及合理维权费用共计3000元；

三、驳回原告南宁某餐饮公司的其他诉讼请求。

南宁某餐饮公司不服一审判决，提起上诉。

江西省赣州市中级人民法院同意一审法院裁判意见，判决：

驳回上诉，维持原判。

【法官后语】

商标“反向混淆”是指享有更高商誉的在后使用者未经商标权人许可擅自使用该注册商标在同一种或类似服务上，或者在同一种或者类似服务上的商标近似，进而导致相关消费者产生“混淆”。商标“反向混淆”行为的特殊之处，导致司法实践中认定“混淆可能性”以及救济适用上存在障碍和困难。

一、商标“反向混淆”行为的表现形式

“无权利则无救济，无救济则无权利”，商标反向混淆行为其前提是在先商标所有人应当是受商标法保护的注册商标权利人。当前，商标“反向混淆”行为主要有以下表现形式。

（一）行为主体商誉更高、经济实力更强

基于行为主体的市场地位不同，混淆的标准也存在差异。“正向混淆”的行为主体往往经济实力、消费市场占比和行业商誉较弱，而“反向混淆”的行为主体在使用商标过程中，经过自身经营，经济实力较强，且形成了一定的消费市场。因此，在商标“反向混淆”侵权纠纷中，商标对在后使用者注册商标的影响越大，越能证明商标的覆盖和推广削弱了商标权人对商标的控制，从而构成侵权。本案中，被告作为在后使用者未经商标权人许可，在自己提供的相同或相类似商品或服务中使用诉争商标，并通过后期经营使得消费者产生了误认，在某种程度上压缩了在先商标权人的商业发展空间，从而构成商标“反向混淆”侵权。

（二）行为主体主观无攀附目的

在“正向混淆”场景中，行为主体由于进入市场较晚，在市场推广过程中，往往企图攀附商标权人积攒的品牌优势，以获取更为可观的市场和消费群体从而获取经济利益。但是，在“反向混淆”场景中，行为主体本身已形成了一定的消费市场，甚至经济实力还要高于商标权人，因此往往并无主观攀附目的。本案中原告、被告门店市场区域不同，原告主要集中广西、海南等地，在被告门店的市场区域并无门店，双方未形成经营竞争关系。

二、商标“反向混淆”行为规制的价值构成

在知识产权法价值体系架构中，正义价值和效率价值具有重要地位。基于正义价值，规制商标“反向混淆”侵权行为具有法律正当性，以实现相关主体的公平正义；基于效率价值，规制商标“反向混淆”侵权行为具有法律适恰性，以实现利益的平衡。

（一）正义价值

知识产权法价值体系中正义价值的实现追求主要体现在以下方面：第一，平等主体的人格正义。每个主体追求权利和履行义务是相对平等的，就商标“反向混淆”行为而言，在先注册商标的权利人，由于其市场地位较低，行业商誉亦要弱于在后使用者，如果不对相关侵权行为加以规制，必然会影响其先前的权利保护。第二，权益分配中的矫正正义。商标权人由于其权利分配享有了商标使用的排他权利，通过要求侵权人停止侵害和赔偿损失来达致矫正正义。第三，权利安排的秩序正义。为维护知识产权的交易秩序的权利秩序，不论在后商标使用者的市场经营如何，如果未获得前权利人的许可，擅自使用商标，应当追究侵权者的责任。本案中，诉争商标即被告使用的“茶理王子”与原告专有的商标“察理王子”仅有一字之差，呼叫相同、文字构成相近，且系同时使用在同一种或类似服务上，在同一种或者类似服务上的商标近似，故被告使用“茶理王子”标识的行为对原告专有商标“察理王子”构成商标侵权。

（二）效率价值

对商标“反向混淆”侵权行为而言，其规制路径是建立在社会私益的基础上，旨在通过商标权的保护、使用和边界限制来达到优化社会资源配置之目的。这也就意味着，司法认定应注重各方商标使用情况、权益分配情况、经济价值获取情况等。因此，对商标“反向混淆”侵权纠纷的处理，应当着重强调商标权保护的社会价值，在保障商标权利人优先权范围内，进一步寻求商标权人、在后使用者和社会公众之间的利益平衡。在本案中，随着被告后期的投资和经营，诉争商标显然已经在消费者心目中建立了稳定的联系，如果贸然采取苛刻的赔偿数额认定，不仅会打破这种双向的固定联系，增加公众的搜索成本，而且会需要商标权人在后期投入高昂的广告成本以挽回其消费市场。

三、商标“反向混淆”损害赔偿认定的考量因素

尽管商标“反向混淆”规制的目标是实现矫正正义的价值，但知识产权法价值的实现存在权利冲突、利益失衡等诸多现实障碍。而解决这一问题的关键是保护商标权人的合法权利，同时避免损害救济成为商标权人利益的寻租工具。即对在先商标权人是否构成权利滥用，是否有扩大市场运作的可能性，以及原被告的客观市场结构等因素予以考量。

（一）商标权人是否构成权利滥用

在认定商标是否构成“反向混淆”之前，应当根据禁止滥用权利的原则考虑原告的实际使用情况。如果商标权人属于囤积或注册商标而不使用者，则应将其排除在保护范围之外。如果商标权人属于正当行使商标权，而在后使用者未经过商标权人同意而使用商标，则构成侵权。本案中，原告所注册商标在有效期内，并未构成权利滥用，而被告未经原告许可，使用近似商标，应承担侵权责任，赔偿原告损失。但由于原告未举证证明其受损情况，故法官在综合考虑各项因素下作出酌定处理。

（二）商标权人扩大市场经营的可能性

在某种程度上，在先商标权人的未来市场发展收益是不可预期的。如果采取“一刀切”的模式，过度保护这种预期利益，于在后使用者而言显然是不公平的，亦不利于市场竞争的良性发展。因此，法院在审理“反向混淆”案件时，应考察在先商标权人是否能够提供相关证据证明其市场推广计划因在后使用者的侵权行为而搁置或受到影响。如果未提供相关证据，而在后使用者却能

证明其具有更为可观的发展前景和商业实力，那么法院在认定损害赔偿时应予以考虑酌减赔偿数额。本案中，原告未提供相关证据证明因被告侵权导致其市场扩大受阻，反之，被告在“茶理王子”商标被宣告无效之前，已在江西形成稳定化的市场并在全国已有300余家加盟门店，还获得行业认可，已有一定的知名度。故其无需攀附原告商标的声誉傍名牌、搭便车，更无需借助原告的商标进行营销宣传以此获利。

（三）原被告所处客观市场格局的稳定性

商标不是简单的符号组合，相反它凝结了商标权人大量的经济成本以及行业商誉。因此，原告、被告所在的客观市场是否稳定，也是认定损害赔偿数额的重要因素。如果在商标权人提起“反向混淆”侵权诉讼之前，商标权人和在后使用者已经形成了稳定的市场，并且消费者也能够明确区分，那么在认定损害赔偿数额时也应适当酌减，否则将打破已经形成的客观稳定的市场格局，并折损社会公共利益。本案中被告的经营行为不会对原告的利益造成损失，亦不会误导消费者，损害消费者的利益。虽被告使用“茶理干子”标识的行为对原告专有商标“察理王子”构成商标侵权，但被告早已有稳定市场，并非在主观上故意侵犯原告对案涉商标专用权，实际也并未对原告造成损失，故虽构成侵权，但是在认定损害赔偿数额时应当予以酌减。

综上所述，“反向混淆”行为的判断最终的衡量标准仍是相关消费者是否会产生混淆，而这一主观因素的判断往往需要相关客观因素的把控，并在这些客观因素之间进行综合分析，以便得出公平合理的结论。因此，法官应基于个案情形，对商标权人权利滥用以及扩大市场运作的可能性进行考量，同时在不打破原被告的客观市场结构下作出裁决。

编写人：江西省赣州市中级人民法院　方际雄

江西省赣州市章贡区人民法院　李晓霞　钟君

28

因恶意提起知识产权诉讼损害责任纠纷的程序优化与“恶意”认定

——罗某、甲珠宝公司诉乙珠宝公司商标权侵权、因恶意提起知识产权诉讼损害责任案

【案件基本信息】

1. 裁判书字号

广东省深圳市罗湖区人民法院（2023）粤0303民初251号民事判决书

2. 案由：商标权侵权纠纷（本诉）、因恶意提起知识产权诉讼损害责任纠纷（反诉）

3. 当事人

原告（反诉被告）：罗某、甲珠宝公司

被告（反诉原告）：乙珠宝公司

【基本案情】

2019年2月21日，罗某经注册取得第3××2号“K×× L××”商标（以下简称案涉注册商标），核定使用在第14类商品上，包括首饰用小饰物等。2021年，罗某成立甲珠宝公司，生产、销售“吻爱”“K×× L××”品牌珠宝，罗某担任公司法定代表人。2014—2023年期间，罗某、甲珠宝公司同时使用中文“吻爱”与英文“K×× L××”标识对商品、品牌进行宣传，主要推广渠道为个人微信朋友圈、店铺微信公众号、明星代言等。

乙珠宝公司持有“××A”系列注册商标。2016年7月17日，乙珠宝公司完成“K×× L××”系列情侣对戒的设计创作，2017年3月该系列商品上市销

售。2018 年 6 月 7 日，乙珠宝公司就“K×× L××”系列情侣对戒的设计创作申请美术作品著作权登记，作品名称为《K×× L××》。乙珠宝公司长期销售“K×× L××”系列商品，商品标签上印有“K×× L××”英文，同时显著标明“××A”注册商标。

罗某、甲珠宝公司诉称，乙珠宝公司在其销售的商品上使用“K×× L××”标识，侵犯了其享有的注册商标专用权，应当承担停止侵权、赔偿损失（500 万元）、赔礼道歉、消除影响的侵权责任。

乙珠宝公司反诉称，其公司对于“K×× L××”商品名称是正当使用，先于案涉注册商标的注册时间，罗某、甲珠宝公司系以不正当手段抢先注册其公司已经使用并具有知名度的商品名称，权利取得不正当。罗某、甲珠宝公司在明知无合法权利基础的情况下，提起本诉，构成恶意诉讼，应当承担赔礼道歉、消除影响、赔偿损失（10 万元）的侵权责任。

【案件焦点】

1. 乙珠宝公司行使在先权利是否构成商标侵权；2. 罗某、甲珠宝公司是否构成恶意诉讼。

【法院裁判要旨】

广东省深圳市罗湖区人民法院经审理认为：在审理程序上，因恶意提起知识产权诉讼损害责任（以下简称恶意诉讼责任）能否以反诉形式提起，需要看与本诉存在的牵连关系。乙珠宝公司反诉的主要理由是罗某、甲珠宝公司的注册商标权利来源不正当，与本诉商标侵权纠纷之间既存在事实查明的牵连，亦存在法律适用的牵连，可以合并审理。在实体裁判上，首先，甲珠宝公司非案涉注册商标的注册人，亦未通过授权方式获取独立维权权利，并非本诉的适格原告。其次，关于商标侵权。我国实行商标权注册取得制，未注册商标难以等同注册商标获取法律保护。罗某虽自 2014 年起将“K×× L××”标识使用在商品宣传上，但截至 2019 年 2 月 21 日，该标识属于未注册商标，不能依据现行商标法主张注册商标专用权，亦无法作为“他人未在中国注册的驰名商标”进行保护。乙珠宝公司在商标注册前将“K×× L××”登记为美术作品名称，并作为商品名称使用，实际销售该系列商品时显著标明“××A”注册商标，“K×× L××”标识未起到识别商品来源的作用，不构成商标性使用。据此，罗某本诉主张不成立。最后，关于恶意诉讼。审查罗某是否恶意抢注商标后提起本诉，应当遵循主客观相结合的判断标准。一方面，罗某在品牌经营中使用“K×× L××”标识的时间早于乙珠宝公司使用该商品名称的时间，“K×× L××”亦是其珠宝品牌的英文翻译，罗某基于对该标识的长期使用在原使用范围内申请商标注册，不构成恶意抢注。另一方面，诉讼过程中未发现罗某、甲珠宝公司存在其他不法动机或恶意诉讼的行为表现，考虑到二者对于知识产权权属的认知情况与诉讼能力，难以认定其具有明知不具备相关权利基础而提起本诉的故意。至于庭前两次变更案由，是当事人对于请求权基础的选择，亦不宜认定为恶意诉讼。据此，乙珠宝公司的反诉主张不成立。

广东省深圳市罗湖区人民法院依照《中华人民共和国民法典》第一千一百六十五条，《中华人民共和国商标法》第四十八条、第五十七条，及《中华人民共和国民事诉讼法》第十三条、第五十四条、第六十七条、第一百四十五条之规定，判决如下：

一、驳回原告罗某的全部诉讼请求；

二、驳回反诉原告乙珠宝公司的全部诉讼请求。

宣判后，双方当事人均未上诉，一审判决已经生效。

【法官后语】

《最高人民法院民三庭关于恶意诉讼问题的研究报告》[①] 认为，恶意诉讼一般指故意以他人受到损害或获取不法利益为目的，无事实根据和正当理由而提起民事诉讼，致使相对人在诉讼中遭受损失的行为。审判实务中，知识产权恶

---

① 李剑：《最高人民法院民三庭关于恶意诉讼问题的研究报告》，载中国法学网，http：//iolaw. cssn. cn/oldcloumn/lltt/200404/t20040412_ 4589815. shtml，最后访问时间：2025年4月10日。

意诉讼多表现为权利人虽具有正当权利但滥用权利，或者虽在形式上享有相应权利，但因该权利获得基础缺乏正当性，实质上并无受保护的权利，却出于损害他人利益之目的，提起维权诉讼。知识产权恶意诉讼，不仅损害司法公信力与司法权威，更阻碍守法企业的技术创新、品牌培育、竞争机会，危害知识产权市场高质量发展。基于此，2011年，“因恶意提起知识产权诉讼损害责任纠纷”被确定为三级案由列入《民事案件案由规定》。然而，实践中该案由的适用遇冷，笔者以为，一则与诉讼程序启动艰难、时效滞后有关，一则与“恶意”认定标准模糊有关。如何从程序优化与标准明晰“双管齐下”破解实务难题，即为本案探讨之意义所在。

一、诉讼程序优化

因有观点认为恶意诉讼责任系基于不同事实基础与法律关系，无法与本诉构成反诉关系，故恶意诉讼责任较少在本诉进行时以反诉形式提起，即使提起，也少有法院会同意受理。而考察我国恶意诉讼责任的司法历程、司法解释、立法趋势以及反诉法律规定，均赋予恶意诉讼责任在符合一定条件时可以作为反诉与本诉合并审理的正当性与合理性。

从司法经验与相关司法解释来看，2011年，恶意诉讼责任成为独立案由后，多地法院不再将其作为反诉受理。直至2021年6月3日，《最高人民法院关于知识产权侵权诉讼中被告以原告滥用权利为由请求赔偿合理开支问题的批复》（以下简称《批复》）明确，在知识产权侵权诉讼中，被告提交证据证明原告的起诉构成法律规定的滥用权利损害其合法权益，依法请求原告赔偿其因该诉讼所支付的合理的律师费、交通费、食宿费等开支的，人民法院依法予以支持。（2021）京0101民初9648号①、（2022）闽0526民初2706号②等案件的

---

① 北京市东城区人民法院（2021）京0101民初9648号民事判决书，马某与某文化传媒有限公司因恶意提起知识产权与讼损害责任纠纷案，载中国裁判文书网，https://wenshu.court.gov.cn/，最后访问时间：2025年4月8日。下文同一出处案例不再标注。

② 福建省德化县人民法院（2022）闽0526民初2706号民事判决书，福建省甲陶瓷有限公司、福建省乙陶艺有限公司等侵害商标权纠纷案，载中国裁判文书网，最后访问时间：2025年4月8日。

审理法院开始将关于合理开支赔偿的恶意诉讼责任作为反诉受理。但是，该《批复》未就合理开支之外的其他经济损失能否一并提出予以明确，实务中的理解与适用仍有分歧。本质上，无论是合理开支还是其他经济损失，均为反诉方因相对人的恶意诉讼行为遭受的实际损害，该基点不以诉请赔偿的损失类型不同而改变。故而《批复》虽仅对“合理开支”的损害类型进行列举，但如有其他损害，亦可一并提出。同理可参见《全国法院民商事审判工作会议纪要》第二十六条之股东代表诉讼的反诉，股东依据《中华人民共和国公司法》第一百五十一条第三款的规定提起股东代表诉讼后，被告以原告股东恶意起诉侵犯其合法权益为由提起反诉的，人民法院应予受理。

从反诉的法律规定与法理学依据来看，《最高人民法院关于适用〈中华人民共和国民事诉讼法〉的解释》第二百三十三条第一款、第二款中规定，反诉的当事人应当限于本诉的当事人的范围。反诉与本诉的诉讼请求基于相同法律关系、诉讼请求之间具有因果关系，或者反诉与本诉的诉讼请求基于相同事实。恶意诉讼责任能否以反诉形式提出，重点在于如何对两诉之间存在事实或法律上的牵连性进行界定：(1) 关于相同法律关系。恶意诉讼责任纠纷与著作权、商标权、专利权等侵权纠纷系并列于知识产权权属、侵权纠纷案由下的独立案由，请求权基础不同，但均可抽象为知识产权侵权法律关系。具体到个案中，被告的知识产权也可能因原告的恶意诉讼行为受到侵犯，被告提起恶意诉讼责任的请求权基础暗含自有的知识产权权利。(2) 关于因果关系。正因本诉系出于不正当目的、无事实根据和正当理由而提起，导致被告遭受损失，被告才会提起反诉，前、后诉具有因果关系上的继发性。(3) 关于牵连性。恶意诉讼责任中，本诉所依据的权利基础与侵权事实，多为反诉所反驳或推翻，二者具有事实上的牵连关系；反诉请求与本诉请求相排斥、抵销或吞并，二者具有法律效果上的牵连关系。

基于此，法院应当准许恶意诉讼责任通过反诉形式提出，由同一合议庭与本诉合并审理，一则有利于从正反两面查明案件事实，综合全案证据确定赔偿范围；一则有利于实现制度的诉讼防御功能，防止矛盾判决、程序空转，压缩诉讼周期，实现诉讼效益。

二、“恶意”认定标准

恶意诉讼本质上是侵权行为，应当符合侵权责任构成的四要件，即主观恶意、侵害行为、损害后果及侵害行为和损害后果之间具有因果关系。实务难点与争点在于“恶意”的认定标准。《中华人民共和国民法典》侵权责任编中并无“恶意”的表述，因此需在“过错”的概念范畴内对“恶意”进行考量，同时结合恶意诉讼责任的定义，则恶意的主观过错程度肯定大于一般故意，“恶意”认定至少包含两个要素：“以追求他人之损害为目的”的不法动机与“明知自身诉求缺乏法律依据或事实基础”的主观认知。

认知因素直接影响到对于目的因素合理性的判断，应当从严解读。首先，权利人对于权利基础瑕疵应当是明知的，“间接故意或者过失”除外。知识产权较之一般民事权利更具法定性、专业性与无形性，权利人对于知识产权权利的类型、内容与边界的认知无法实现准确与周延，难以对自有或他人知识产权的保护边界进行定位。如对其诉权轻易施以主观限制，则会引发权利人惮于诉讼、侵权人恶性报复的反效果。其次，权利人据以提起诉讼的知识产权被宣告无效或撤销，并不当然推论出“明知”权利存在瑕疵。知识产权的取得既受到权利人对于权属认知的影响，又受到其他权利人对于其是否侵害自有在先权利的判断，最后取决于行政机关的审查，各方主体对于事实掌握、效力认定与利益平衡的标准不一，极易导致知识产权的权属状态变动。对此应进一步对被宣告无效或撤销的原因进行区分：对于恶意抢注、未事先进行合理审查等不当取得权利的，方可认定权利人具有明知的过错。再次，对于权利人权利与他人的在先权利或其他类型的权利相冲突的，不宜直接认定为具有主观恶意。知识产权的权利客体多样化，同一标识可以表现为商标权、著作权甚至商品名称、企业名称等多种权利形态，并由不同主体在不同时期取得。通常情况下，如各权利人对于自身权利的取得与使用符合法律规定，则可以在相应权利范围内继续享有知识产权。权利人间因此产生争议的，不以恶意诉讼论。最后，对于“恶意”的认定，因个案细节不同而难以机械统一。法官应当秉持审慎、克制的原则，综合考量诉讼全貌与客观行为表现进行裁判：恶意的认定不应局限于某个诉讼环节甚至某个案件，而应尽量从权利的取得与行使、维权的方式与后果等方面进行全方位考察，关注到关联案件中的诉讼表现。对于行为人的诉讼动机、认知水平、行为表现与抗辩事由则参考“合理人”“良家父”的标准作综合评价。

申言之，解决知识产权恶意诉讼的实务困境，更好发挥恶意诉讼责任的反制效用，一则应着力优化诉讼程序，扩大反诉受理范围，为制度运行提供程序便捷；一则应尽快明晰“恶意”认定标准，为法律适用构建实体法依据。

编写人：广东省深圳市罗湖区人民法院　蒋璐璐

29

具有地域性特点商品通用名称的判定应以名称所表达的主要含义确定名称属性

——陆某诉A县原老附小汤包馆、潘某擅自使用与他人有一定影响的商品名称、包装、装潢等相同或者近似的标识案

【案件基本信息】

1. 裁判书字号

安徽省高级人民法院（2023）皖民申8998号民事裁定书

2. 案由：擅自使用与他人有一定影响的商品名称、包装、装潢等相同或者近似的标识纠纷

3. 当事人

原告（上诉人、再审被申请人）：陆某

被告（被上诉人、再审申请人）：A县原老附小汤包馆、潘某

【基本案情】

某师专附属小学（原A县师专附属小学）始创于1926年。2010年该校建立新校区，2016年该地区成立5个小学教育联盟，官方称呼某师专附属小学等为附小北校联盟，附小南校等为附小南校联盟。当地居民一般将某师专附属小学（文明街××号）称为“老附小”，该称谓出现时间在2010年至2016年之间。经至某师专附属小学及周边现场查看，在文明街经营的店铺多数带有“老附小”文字。陆某自1992年开始在A县某街经营汤包店，并于2015年开设“老附小汤包”（体育路店），2021年开设“老附小汤包”（××店）。在案证据证明，陆某最迟从2015年8月开始在其经营的汤包店门头招牌使用“老附小汤包”标识，陆某在某外卖平台、微信公众号上持续进行过店铺推广宣传，其中2017年10月顾客评价所附照片中也能看出店面门头为“老附小汤包”字样。2021年6月，陆某以“老附小汤包”名义赞助过“A县马拉松比赛”。2022年9月，A县人民政府公布陆某经营的陆氏汤包为第七批县级非物质文化遗产名录及代表性传承人名录。

另查明，潘某及其家人长期经营餐饮小吃，早期也在某师专附属小学（文明街33号）附近经营餐饮店。2018年，潘某注册“A县潘某早点小吃店”个体工商户。2021年，潘某开始使用“老附小灌饼汤包”门头招牌，并于2022年1月7日将其个体工商户名称变更为“A县原老附小汤包馆”，同时，开设“原老附小汤包馆”（××总部店）。2022年1月10日，A县原老附小汤包馆获得食品经营许可。

【案件焦点】

A县原老附小汤包馆、潘某案涉行为是否对陆某经营的“老附小汤包”构成不正当竞争。

【法院裁判要旨】

安徽省利辛县人民法院经审理认为：“老附小”是位于文明街××号的某师范高等专科学校附属小学的简称，同时，经A县当地公众长期使用，已成为公众认可的

A 县当地的地名，其指代的地理位置是某师范高等专科学校附属小学在文明街××号的校区及周边。另查明，潘某及其家人长期经营餐饮小吃，早期也在某师范高等专科学校附属小学附近经营过餐饮店。“老附小”作为地名，陆某无权禁止他人使用，原老附小汤包馆使用“老附小汤包”的行为不构成不正当竞争。

安徽省利辛县人民法院根据《中华人民共和国反不正当竞争法》第六条、《最高人民法院关于适用〈中华人民共和国反不正当竞争法〉若干问题的解释》第六条第三项之规定，判决如下：

驳回原告陆某的诉讼请求。

陆某不服一审判决，提起上诉。

安徽省亳州市中级人民法院经审理认为：陆某长期在其经营的汤包店门头使用“老附小汤包”标识，且经过其多年经营并在美团、大众点评等平台及线下持续宣传、推广，已使公众对其销售产品形成特定联系。当地居民提及“老附小汤包”即指向陆某在当地经营的汤包店。陆某所经营使用的“老附小汤包”标识，具有识别商品和服务来源的功能，在 A 县区域范围内汤包经营行业具有一定影响力，属于《中华人民共和国反不正当竞争法》第六条第一项规定的“有一定影响”的服务、商品名称。原老附小汤包馆使用“老附小汤包”的行为构成不正当竞争。

安徽省亳州市中级人民法院根据《中华人民共和国反不正当竞争法》第六条、《中华人民共和国民事诉讼法》第一百七十七条第一款第二项之规定，判决如下：

一、撤销安徽省利辛县人民法院一审民事判决；

二、A 县原老附小汤包馆立即停止在店铺招牌、餐具、店名装潢等对外宣传中使用与“老附小汤包”相近似名称的行为；

三、A 县原老附小汤包馆于本判决生效之日起十日内赔偿陆某经济损失及合理维权费用共计 20000 元；

四、驳回陆某的其他诉讼请求。

宣判后，A 县原老附小汤包馆、潘某提出再审申请。

安徽省高级人民法院同意二审法院裁判意见，裁定：

驳回A县原老附小汤包馆、潘某的再审申请。

【法官后语】

通用名称的认定既是法律事实的认定，也蕴含着价值判断，背后是个体利益和群体利益博弈的体现。商标法语境下，通用名称是指反映一类商品与另一类商品根本区别的规范化称谓，换言之，其只能指代某一类商品，无法识别该产品背后的具体经营者。《中华人民共和国商标法》（以下简称《商标法》）第五十九条第一款规定："注册商标中含有的本商品的通用名称、图形、型号，或者直接表示商品的质量、主要原料、功能、用途、重量、数量及其他特点，或者含有的地名，注册商标专用权人无权禁止他人正当使用。"在商标侵权纠纷中，通用名称抗辩是重要的正当使用抗辩事由。我国司法实践中，通用名称又分为法定通用名称和约定俗成的通用名称。法定通用名称是指国家法律中已经明确规定的通用名称；而约定俗成的通用名称判断依据较为多元，通常包括相关公众的普遍认知、词典记载等。

一、关于法定通用名称的认定

《最高人民法院关于审理商标授权确权行政案件若干问题的规定》第十条第一款中规定，依据法律规定或者国家标准、行业标准属于商品通用名称的，应当认定为通用名称。"法定"因其是一个较为宽泛的概念，其既包括法律规定，也包括国家标准、行业标准等规范性文件，而实践中需要准确把握"法定"的范围。尤其是行政机关所出具的官方文件较为多样，既包括规定、规范、标准等，也包括批示、复函等，对于何种文件可以作为法定通用名称的认定依据较难把握，其合理性应从文件的法律效力及内容关联性两方面考察。一是官方文件应具有对某一行业或某类主体普遍适用的法律效力，而非针对某一特定主体或特定问题的具体规定或解释。二是官方文件应具有将某一标识作为《商标法》上通用名称的意思标识。

二、关于约定俗成的通用名称的认定标准

法定通用名称往往存在较为明确的规定和标准，难以把握的是约定俗成的通用名称的认定。《最高人民法院关于审理商标授权确权行政案件若干问题的规定》第十条规定，“……相关公众普遍认为某一名称能够指代一类商品的，应当认定为约定俗成的通用名称……”实践中，可以从以下几个方面考察：

一是“相关公众”应当以该商品或服务的相关消费者以及与经营有密切关系的经营者为判断主体。从通用名称的性质来说，相关公众的普遍认可和接受是认定通用名称的主要标准。对于“相关公众”的范围，不同法律规定中有不同的表述，《商标法》第十三条、第十四条“为相关公众所熟知的商标”“相关公众对该商标的知晓程度”中提到了“相关公众”。《最高人民法院关于审理商标民事纠纷案件适用法律若干问题的解释》规定，相关公众主要是指与案涉标识有关的消费者和有密切关系的其他经营者。《关于驰名商标保护规定的联合建议》中则指出，相关公众包括但不限于消费者、销售人员和其他案涉标识的经营者。虽然相关法律对于“相关公众”的范围进行了限定，但表述过于空泛，实践适用中仍然存在一定争议。有学者认为，商标能否发挥作用完全取决于消费者心理，而非社会公众对此态度。[①] 但从相关规定及实践操作看，消费者并非认定通用名称的唯一“相关公众”，特定地域、行业的生产者、经营者也可以成为通用名称的判定主体。[②] 笔者认为，诉争商标是否构成商标通用名称的考察对象包括有关消费者以及与经营有密切关系的相关经营者。“有关消费者”一般可以理解为依托产品或服务而限定的具有特定消费习惯或特定身份的实际消费者、潜在消费者等，同时还可能需要考虑风俗习惯、历史因素、行业分布等因素予以限定。

二是关于“相关公众”的考察地域范围一般应以全国作为地域范围，但对于具有地域性特点的商品通用名称的认定可以通过考量地域性特点、历史文化等多种因素，以特定区域及相关人群为标准，而不必拘泥于全国范围。《最高人民法院关于审理商标授权确权行政案件若干问题的规定》第十条第二款规

---

① 鹏学龙：《商标法的符号学分析》，法律出版社2007年版，第113页。

② 张雪松、周波：《商品通用名称的认定和商标类型区分》，载《人民司法·案例》2014年第10期。

定，约定俗成的通用名称一般以全国范围内相关公众的通常认识为判断标准。然而，由于历史传统、风土人情、地理环境等原因形成的相关市场固定的商品，法院可以认定其为相关市场的通用名称。对于一般商品通用名称的审查，应坚持通用名称的广泛性及于全国，但对于具有地域性特点的商品通用名称，在判断其是否具有广泛性时，应考虑商品所涉及地理环境、风俗文化、历史因素，以特定区域及相关人群为标准。

对“某一名称能够指代一类商品的”的理解应当达到“主要含义”标准。“主要含义”是指以名称所表达的主要含义确定名称属性，即当该标志的主要含义指向商品生产者，即可认定其为商标，若该标志的主要含义指向某一种类或某一类别的商品，则可以认定其为通用名称。商标语境下的通用名称与商标功能有着直接联系。识别商品来源是商标最基本、最原始的功能，如果商标失去了这种识别功能，就失去了其“显著性”，就此沦为没有识别功能的“通用名称”。本案中，按照“主要含义”标准，消费者在购买“老附小汤包”时，若相关购买者认为其主要含义是表达一类汤包店的代称，则便可以对其进行通用商标认定。

编写人：安徽省亳州市中级人民法院　王文伟　卞岩岩

30

茶饮行业商品商标与服务商标权利边界的认定

——某甲公司诉某乙公司、何甲侵害商标权案

【案件基本信息】

1. 裁判书字号

广州知识产权法院（2023）粤 73 民终 1587 号民事判决书

2. 案由：侵害商标权纠纷

3. 当事人

原告（被上诉人）：某甲公司

被告（上诉人）：某乙公司

被告：何甲

【基本案情】

某甲公司享有第4××0号“Linlee”商标、第5××3号“LINLEE”注册商标专用权，核定使用服务类别为第43类。2022年4月，某甲公司发现某奶茶店（经营者何甲）等48家店铺，均为某乙公司的加盟店铺，在店铺门头、店铺装饰、产品介绍、产品杯身等处使用“Lunlei”“LUNLEI”标识。某甲公司主张某乙公司及何甲未经某甲公司授权，擅自使用与“Linlee”近似的商标，造成消费者的混淆误认，构成对某甲公司注册商标权的侵害，请求法院判令两被告立即停止侵权行为，连带赔偿某甲公司经济损失及合理开支300万元。某乙公司辩称其从2021年开始，申请注册了“LUNLEI”“抡擂”等系列商标，某乙公司与某甲公司的商标在发音、含义等方面都有较大的区别，不构成相同或类似商品上的近似商标；某乙公司注册的商标是在2021年5月开始使用，属于在先使用商标。请法院驳回某甲公司的诉讼请求。

【案件焦点】

1. 被诉侵权标识与某甲公司主张的注册商标是否构成近似；2. 被诉侵权标识是否属于合法规范使用；3. 被诉商品商标的使用与某甲公司服务商标的使用在类别上是否构成相同或类似。

【法院裁判要旨】

广东省广州市花都区人民法院经审理认为：涉案48家加盟某乙公司的餐饮店铺，在店铺门头招牌、墙壁装潢、海报、点餐牌使用“LUNLEI”标识，杯身、杯环使用“Lunlei”标识，被诉侵权标识“Lunlei”“LUNLEI”与某甲公司的第4××0号、第5××3号商标相比，均为字母构成，其中有四个字母相同，双方商标在文字构成、整体外观等方面相近，且双方当事人同处于广东省，因发音相似，更加大了消费者对双方商标发生混淆的可能性，故被诉侵权标识与某甲公司注册商标构成近似。

某乙公司在第43类服务上已经获得核准注册的第5××5号“**抡擂**”、第5××0号“”、第6××4号“LUNLEI抡擂 手打柠檬茶”注册商标正常规范使用当然不构成侵权，但是在实际使用中，某乙公司及其加盟商将“*Lunlei*”“LUNLEI”标识作为商标单独使用，或者将中文“抡擂”缩小而突出使用“*Lunlei*”，并非按照核准注册商标的构成使用，故被控侵权标识并非对某乙公司注册商标的合法使用。

关于被诉商品商标的使用与某甲公司服务商标的使用在类别上是否构成相同或类似的问题，需要结合商标类别的权利边界对被诉标识的具体使用行为进行分析。法院认为，商标是区分商品或服务来源的标志，商品商标与服务商标是两个不同的商标类别，商品商标通常直接标注于有形实物商品上，用于识别商品提供者；服务商标因服务的无形性特点往往附着于服务相关的场所招牌、工具等物品上，用于识别服务提供者，二者的识别对象不同，其获准注册时所核准的使用范围也不同。本案中，某乙公司将“**抡擂LUNLEI**”（第21类、第30类、第32类）商标，“**LUNLEI 手打柠檬茶**”（第16类、第21类）商标，“*Lunlei*”（第16类、第25类、第28类）商标，应用于识别商品来源的商品商标扩展使用至用于识别服务来源的物品上，是否构成合法使用，法院评析如下：首先，涉案的加盟店铺经营模式是基于特定消费者的购买要约而制作、提供食品，点单或外带均在线下线上店铺完成，其经营行为属于餐饮服务的提供行为。其次，根据《关于保护服务商标若干问题的意见》第七条的规定，服务商标的使用是指为提供服务而在服务场所、服务招牌、服务工具、带有服务商标的名片、明信片、赠品等服务用品、带有服务商标的账册、发票合同等商业交易文书、广告及其他宣传用品上的使用，该种使用具备指示服务来源的作用。被诉标识“*Lunlei*”“LUNLEI”均被以凸显方式附着于店铺的店招、店内装潢（墙面装潢、灯箱装潢、点餐牌）、海报、餐具（杯身、杯环、包装袋等）、赠品等有形物品之上。该些物品并非某乙公司之商品商标所指向的商品或者指示其商品来源所必须，而是用于提供餐饮服务的工具、用品等，附着于其上的标识也并非用于指示该物品的来源，而是用于指示餐饮经营者的服务来源。最后，某乙公司及其加盟商将被诉侵权标识用于柠檬茶等饮料餐饮服务，与某甲公司第4××0号、第5××3号服务商标核准使用类别第43类相同，某乙公司对其商品商标的使用已超出该类别商标用于指示其商品来源的必要范围，逾越了商品商标的权利边界，并落入用于识别服务来源的服务商标的权利边界从而产生标识服务来源的效果。综上，应认定某乙公司对被诉标识的使用与某甲公司服务商标的使用在类别上构成相同，某乙公司不属于合法使用注册商标。

经营者应本着诚实信用、禁止混淆、公平竞争的原则，恪守商品商标与服务商标的权利边界，谋求共存发展。现某乙公司作为同业经营者，明知某甲公司的服务商标具有较高知名度，仍逾越权利边界，变更注册商标使用方式，将其商品商标扩展使用至餐饮服务及相应加盟招商宣传之中，其行为已超出其商品商标指示其商品来源的必要范围，产生标识其服务系源自某甲公司或与某甲公司有特定关系者的效果，导致混淆误认。某乙公司主观上具有攀附某甲公司服务商标商誉的故意，客观上亦造成相关公众的混淆误认，构成对某甲公司服务商标专用权的侵害。

广东省广州市花都区人民法院依照《中华人民共和国商标法》第四条、第四十八条、第五十六条、第五十七条、第五十九条、第六十三条，《中华人民共和国反不正当竞争法》第六条，《最高人民法院关于审理商标民事纠纷案件适用法律若干问题的解释》第九条、第十条、第十六条、第十七条及《中华人民共和国民事诉讼法》第六十七条第一款、第一百四十七条规定，判决如下：

一、被告某乙公司、何甲于本判决生效之日起立即停止侵害原告某甲公司第4××0号、第5××3号注册商标专用权的行为；

二、被告某乙公司于本判决生效之日起十日内赔偿原告某甲公司经济损失及维权合理开支合计1500000元；

三、被告何甲于本判决生效之日起十日内赔偿原告某甲公司经济损失及维权合理开支合计 8000 元；

四、驳回原告某甲公司的其他诉讼请求。

某乙公司不服一审判决，提起上诉。

广州知识产权法院同意一审法院裁判意见，判决：

驳回上诉，维持原判。

【法官后语】

由于奶茶等饮品的制作方法较为直观，各品牌间相互模仿产品也更为容易，使得商标的重要性尤为突出。

商标是区分商品或服务来源的标志，商标按照识别对象的不同可以分为商品商标与服务商标，两者的权利边界看似泾渭分明，但当服务商标使用的载体或者提供服务的结果表现为商品时，服务商标与商品商标便可能由于权利人不规范使用其商标而产生权利冲突。① 茶饮行业侵权行为的表现方式较多，商品商标与服务商标各自的权利范围如何确定，侵权判断的标准又应当如何把握，实践中存在一定难度和争议。

一、商品商标与服务商标权利法律界限

根据《中华人民共和国商标法》第四十八条规定，商标的使用，是指将商标用于商品、商品包装或者容器以及商品交易文书上，或者将商标用于广告宣传、展览以及其他商业活动中，用于识别商品来源的行为。商品商标是指商品的生产者、经营者在其生产、制造、加工、拣选或者经销的商品上采用的，用于区别商品或服务来源的，由文字、图形、字母、数字、三维标志、声音、颜色组合，或上述要素的组合，具有显著特征的标志。从商品商标定义可知，商品商标通常直接标注于有形实物商品上，用于识别商品提供者。

《关于保护服务商标若干问题的意见》第七条第一款规定，在下列情形中使用服务商标，视为服务商标的使用：（1）服务场所；（2）服务招牌；

① 凌宗亮：《判断服务商标是否侵害商品商标应区分使用情形》，载《人民司法》2014 年第 22 期。

(3)服务工具;(4)带有服务商标的名片、明信片、赠品等服务用品;(5)带有服务商标的账册、发票合同等商业交易文书;(6)广告及其他宣传用品;(7)为提供服务所使用的其他物品。服务商标是指服务的提供者在其提供的服务上采用的,用于区别服务来源的,具有显著特征的标志。服务商标因服务的无形性特点往往附着于服务相关的场所招牌、工具等物品上,用于识别服务提供者。

二、商品商标与服务商标类别区分

从商品商标和服务商标的定义可知,商品商标的使用主体一般是商品的生产者或经营者,而服务商标的使用主体一般是服务的提供者。商品商标与服务商标二者的识别对象不同,其获准注册时所核准的使用范围也不同。

商品是用来交换的能够满足人们某种需要的劳动产品。商品生产后的销售环节是商品进入流通领域的必经步骤和应有之义。《类似商品和服务区分表》在第三十五类的注释部分明确规定了商品销售不视为服务,即商品销售为商品所附带的行为,在销售环节对商品商标的使用,不应当视为提供服务。

服务是不同经济主体之间通过使用权的让渡获得运动形态的使用价值,并使服务消费者获得消费利益或满足感。服务的基本特征包括:生产与消费的同步性(二者在时间上不可分离);无形性和不可感知性;差异性和质量的不确定性;不可储存和无法运输性①。服务不以"物",而是以"活动"提供特殊的使用价值,往往即时生产和销售,让消费者获得即时的消费体验和满足感,与需要进入流通领域"待售"的商品相区别。

三、茶饮行业商品商标与服务商标边界的认定

商标专用权是指商标权人对其注册商标在核定使用的商品或服务上进行专有使用的权利。因此,商标专用权权利范围主要通过商标标识和商标所识别的商品或服务两个要素进行界定:一方面商标使用权的范围限于在核准注册的商品上使用核准注册的商标;另一方面商标禁用权的范围限于禁止他人在类似商品上使用相同或近似的商标或者在相同商品上使用近似商标。在商品商标与服

① 庄丽娟:《服务定义的研究线索和理论界定》,载《中国流通经济》2004年第9期。

务商标中的商标标识构成相同或近似的情况下，二者的权利范围的界限主要在于商标所识别商品与服务的区分，即如何区分商品提供行为与服务提供行为。当服务行为与提供该服务所使用的商品之间存在特定联系时，二者可视为类似，商品与服务的类似判断无法直接参考分类表，而需从以下方面来辨明：商品与服务在性质上的相关程度；二者在用途、用户、通常效用、销售渠道及销售习惯等方面的一致性；是否会导致相关公众误认为该商品和服务来自同一市场主体或者有某种联系的市场主体。

因为茶饮行业的商业模式较为特殊，有些店面仅提供外带服务，有些店面还会另外提供堂食服务，有些提供多环节多内容的复杂服务，提供服务活动的同时产生或者附带产品。茶饮行业商品商标和服务商标的区分，落脚点仍然在于对商业模式的探究，不同的商业模式导致在判断商标使用行为所属类别时存在差异。这使得判断在杯身、袋子、装潢、门店招牌上使用商标的行为，究竟是属于在第43类餐厅、酒吧服务、茶馆等类别上使用，还是属于在第29类（如奶茶、奶饮料等）、第30类（如咖啡、茶饮料等）、第32类（如柠檬水等）饮品上使用存在争议。鉴于茶饮行业特殊经营模式，应坚持个案认定原则，综合考虑商标的实际使用情况和相关公众的认知来认定商品商标与服务商标的边界。

第一种商业模式，店铺主要的收入来源是外带的饮品，店铺所出售的商品大多数由消费者直接带走在经营场所之外的地方饮用，消费者注重的是商品而不是续杯及店内环境服务时，应当将外包装杯子、袋子、吸管上使用的商标认定为商品商标。

第二种商业模式，即本案“LUNLEI”手打柠檬茶店铺的经营模式，现场制作、直接销售，同时配有点单、吧台座位等服务。被诉标识“Lunlei”“LUNLEI”均被以突显方式附着于店铺的店招、店内装潢（墙面装潢、灯箱装潢、点餐牌）、海报、餐具（杯身、杯环、包装袋等）、赠品等有形物品之上。店铺生产的饮料产品即时生产、即时销售，让消费者获得即时的消费体验和满足感，符合生产与消费的同步性的服务基本特征。虽然产品杯身、袋子上标识了“LUNLEI”商标，但从整体看，饮料产品是“提供餐饮服务”的服务内容和结果，是提供服务的一个环节，且即时生产和销售淡化了在“流通”过程中“待”销售的商品特性，整体商业模式为“提供食物和饮料的服务活动”，符合无形性和不可感知性，因此对被诉侵权商标的使用应视为服务商标使用。本案被告不规范地将应用于识别商品来源的商品商标，以凸显方式附着于店铺的店招、餐具等有形物品之上，其行为已超出其商品商标指示其商品来源的必要范围，产生标识其服务系源自原告或与原告有特定关系者的效果，导致混淆误认。被告对其商标的使用逾越了商品商标的权利边界，应认定被告不属于合法使用注册商标。

本案厘清了商品商标与服务商标的权利边界，严厉打击攀附知名企业商誉行为，充分体现了严格知识产权保护的司法导向，有助于引导经营者消除“投机”心态、坚持合规经营，共同营造公平有序、充满活力的市场环境。

编写人：广东省广州市花都区人民法院　陈雅敏

31

刮去溯源码是否构成侵害商标权的认定

——广州某化妆品有限公司、王某诉黄某、浙江某网络有限公司侵害商标权及不正当竞争案

【案件基本信息】

1. 裁判书字号

浙江省丽水市中级人民法院（2023）浙11民终127号民事判决书

2. 案由：侵害商标权及不正当竞争纠纷

3. 当事人

原告（上诉人）：广州某化妆品有限公司、王某

被告（被上诉人）：黄某、浙江某网络有限公司

【基本案情】

黄某在他人处购得已“刮去溯源码”的广州某化妆品有限公司享有商标权的化妆品后，未经广州某化妆品有限公司授权，将其放到某网交易平台的浙江某网络有限公司注册店铺进行销售，同时注明“厂家区域保护需要割掉批号谅解”“无备注有码的都代表要割批号”等字样。

【案件焦点】

黄某未经注册商标专用权人许可，销售“刮码”产品是否构成侵害商标专用权。

【法院裁判要旨】

浙江省丽水市莲都区人民法院经审理认为：首先，黄某销售的商品系正品，广州某化妆品有限公司提供的证据无法证实系黄某对案涉正品进行了刮码处理，根据商标权用尽原则，黄某销售刮码正品的行为并不构成对广州某化妆品有限公司商标权的侵权。其次，黄某在销售上述产品时，未经许可引用了广州某化妆品有限公司的宣传手册及宣传图片，已构成对广州某化妆品有限公司上述图片著作权的侵害，根据图片类型，知名度，侵权行为的性质、后果及广州某化妆品有限公司为维权支付的合理费用等因素，酌情确定赔偿金额为7000元（含合理费用）。最后，黄某是否构成不正当竞争，在市场竞争过程中，经营者不负有维护其他经营者商业模式的义务，目前证据无法证实被告黄某系刮码的行为人，同时黄某在销售案涉产品时对产品的实际情况进行了说明，给予了购买者选择权，广州某化妆品有限公司提供的证据无法证实被告黄某在此过程中违背了诚实信用和公认的社会道德并不正当地攫取他人可以合理预期获得的商业机会，故广州某化妆品有限公司诉请黄某构成不正当竞争，于法无据，法院不予支持。关于浙江某网络有限公司是否构成共同侵权。浙江某网络有限公司作为交易平台提供者，已经尽到了事先注意义务，对商品发布者的身份进行了核实，在广州某化妆品有限公司发函后也进行了复函，并已确认案涉商品链接下架的事实，已尽到了网络服务提供者的义务，无需承担侵权责任。

浙江省丽水市莲都区人民法院依照《中华人民共和国商标法》第五十七条，《中华人民共和国反不正当竞争法》第二条，《中华人民共和国著作权法》第十条、第五十二条、第五十三条、第五十四条，《最高人民法院关于审理著作权民事纠纷案件适用法律若干问题的解释》第二十五条、第二十六条之规定，判决如下：

一、被告黄某于本判决生效后十日内赔偿原告广州某化妆品有限公司经济损失7000元（含合理费用）；

二、驳回原告的其他诉讼请求。

广州某化妆品有限公司、王某不服一审判决，提起上诉。

浙江省丽水市中级人民法院经审理认为：根据当事人的诉请及本案查明的事实，本案案由为侵害商标权、著作权侵权及不正当竞争纠纷。根据双方的诉辩意见，本案二审的争议焦点为：（1）被诉侵权行为是否构成商标侵权；（2）被诉侵权行为是否构成不正当竞争；（3）浙江某网络有限公司是否应承担赔偿责任。

关于争议焦点一，本案中，案涉被诉侵权产品是否为正品系判断是否构成侵害商标专用权行为的基础。广州某化妆品有限公司称黄某侵害其商标专用权，应承担证明所购案涉被诉侵权产品并非正品的举证责任。广州某化妆品有限公司以购买的案涉侵权产品刮码后无法检验是否为正品为由，主张被诉产品为非正品，但二维码和生产批号部分信息是否被刮除，与案涉产品是否为正品之间没有直接关系，广州某化妆品有限公司既未申请对案涉侵权产品进行鉴定，也未提供被诉产品为非正品的其他证据，而黄某提供了聊天记录等予以证明商品来源合法，广州某化妆品有限公司应当承担举证不能的不利后果。鉴于一审法院认定案涉产品为正品，广州某化妆品有限公司二审亦未对此提起上诉，故，一审认定案涉被诉侵权产品为正品并无不当，法院予以支持。虽然被诉侵权产品二维码和生产批号部分信息被刮除，但案涉产品来源信息清晰可见，其他如生产日期、保质期、成分等化妆品类产品的必要信息，消费者亦可通过外包装上的标注获取。在被诉侵权产品为正品的情况下，该商品来源于广州某化妆品有限公司属于客观事实，不会导致相关公众对产品的来源产生混淆。此外，消费者对从黄某网店购买的产品质量、包装有一定预期，也知晓其难以享受广州某化妆品有限公司商业模式下的全部服务。综上，在确认案涉产品来源合法的前提下，黄某的销售行为不会贬损其品牌价值或产生其他负面影响，可以适用商标权用尽原则，不构成商标侵权。

关于争议焦点二，首先，黄某以合法方式获得广州某化妆品有限公司产品后，广州某化妆品有限公司已经通过销售产品获取了利润，故黄某的销售行为未损害广州某化妆品有限公司利益。其次，消费者在明知购买的系刮码产品的前提下而自愿购买，即其愿意放弃二维码和生产批号的完整性以及广州某化妆品有限公司全部服务，以较低价格购入，是消费偏好的选择结果。在确认案涉被诉侵权产品为正品的前提下，如果产品质量出现问题，广州某化妆品有限公司及黄某均不能因产品被刮码而免责。综上，黄某的销售行为并未损及消费者利益和社会公共利益。最后，在市场竞争中，商业主体之间的竞争势必产生摩擦和损害，经营者不负有维护其他经营者商业模式的义务。广州某化妆品有限公司称其商业模式受到影响，但并不能据此否定黄某销售行为的正当性。此外，黄某在销售中未使用案涉产品作为店铺名称、头像等，不存在引流之故意。综上，黄某销售行为并未违背诚实信用原则和公认的商业道德。一审认定黄某销售刮码产品的行为不构成不正当竞争并无不当。

关于争议焦点三，广州某化妆品有限公司主张浙江某网络有限公司构成帮助侵权，应承担赔偿责任。法院认为，浙江某网络有限公司作为网络交易平台服务提供商，尽到了事前审查义务。广州某化妆品有限公司投诉后，浙江某网络有限公司予以回复；在获悉黄某涉嫌侵权后，采取了禁售措施，删除、断开了被诉侵权产品链接，故浙江某网络有限公司不存在明知或应知侵权行为存在而不采取措施的情形，广州某化妆品有限公司现有证据无法证明浙江某网络有限公司存在帮助侵权的故意。广州某化妆品有限公司主张浙江某网络有限公司构成帮助侵权的主张，缺乏事实依据，法院不予支持。浙江某网络有限公司关于其不构成侵权的抗辩，理由成立，法院予以采纳。另，关于王某的上诉请求，一审判决并未涉及王某的实体权利，王某也未对此提起上诉，法院不予评判。

综上所述，上诉人的上诉请求均不能成立，应予驳回；一审判决认定事实清楚，适用法律正确，应予维持。

浙江省丽水市中级人民法院依照《中华人民共和国民事诉讼法》第一百七十七条第一款第一项的规定，判决如下：

驳回上诉，维持原判。

【法官后语】

在市场行为中，产品的生产者为了实现对产品的溯源、价格管控、遏制串货、提供售后服务等目的，会在其产品上"赋码"，作为其销售和管理体系的一环。而产品的代理商或销售者为实现扩大销量、赚取利润等目的，会以折扣让利等方式从产品低价区域转售相关产品，实现利益最大化。因转售行为可能违反代理商对生产商所负的区域价格管控义务，并可通过相关"编码"溯源，故代理商会对相关产品"刮码"处理。对于此类销售"刮码"产品的行为，销售者是否构成侵犯商标权或不正当竞争，应当在商标权用尽原则及所保护法益的必要性上综合考量。

一、销售"刮码"产品是否适用商标权用尽原则

商标权用尽又称商标权穷竭，是知识产权立法与司法实践中普遍确立的一项重要原则。其具体是指商标权人对原商标的商标权在其将商品合法售卖后即宣告终止，他人再次在市场上售卖或使用该商品不受限制，以此平衡公共利益和商标权利人的权利保护，促进商品流通。

对于商标权用尽如何适用，应当回归商标的基本功能，即"来源识别"功能中，当销售行为不损害商标"来源识别"功能时，即"权利用尽"，商标权人对此无权干涉。具体而言，应满足两个基本条件：第一，使用的商标仍是原商标。即再次销售的商品商标与首次销售的原商品商标相同，不存在反向假冒等情形。第二，商品本身的品质未发生变化。商标的识别功能，不仅体现在标志同一上，其还蕴含着贴附于该商标商品的品质、声誉等，当改变商品中的部分要素，即可能对其识别功能造成损害。因此，只要再次销售行为没有直接或

间接地改变商标商品的原始状况或商标权人的声誉，则可适用商标权用尽原则。本案中，商品仅二维码和生产批号部分信息被刮除，但仍使用“某妮”商标进行销售，商标在转售前后具有一致性，且涉及产品质量的生产日期、保质期、成分等化妆品类产品的必要信息清晰可见，消费者亦可通过外包装上的标注获取，即商品本身的状态、包装、品质未发生本质变化，消费者对该商品的品质及商誉的期待并不会因此降低。此外，在案涉产品为正品的情况下，对于“刮码”情况，销售时告知了消费者产品的真实状态，并未使消费者产生误认或错漏重要信息，对商品来源于广州某化妆品有限公司产品的识别功能无损，故可适用商标权用尽原则，不构成商标侵权。

二、销售“刮码”产品是否构成不正当竞争

一般情况下，当侵犯同一客体时，若《中华人民共和国商标法》能进行救济，则不再适用《中华人民共和国反不正当竞争法》，但《中华人民共和国商标法》与《中华人民共和国反不正当竞争法》的保护客体和立法目的存在区别，故在本案不构成商标侵权的情形下，仍应根据《中华人民共和国反不正当竞争法》的立法规范对被告的行为进行审查。《中华人民共和国反不正当竞争法》明文规定了七种类型化的不正当竞争行为，但本案被告黄某的销售“刮码”产品行为并不在上述行为中，因此需以一般条款判断该行为的性质。

根据《中华人民共和国反不正当竞争法》的立法目的，其已确立起三元叠加的法益保护目标，即保护竞争者公平竞争、消费者自由决策、社会福利最大化的竞争秩序。因此，对被告行为的评价，并不能通过简单认定其“刮码”行为与原告损害间具有因果关系而认定侵权，而应保持司法谨慎与谦抑，以平衡法益保护的理念评价竞争行为。

第一，对市场主体而言，正常的市场竞争行为也会导致其他竞争者的损害。无论是本案原告还是被告，其在参与市场竞争的过程中，必然面临其他竞争者的挑战和经营风险。原告公司所称“刮码”行为破坏了其产品销售和质量管理体系，但该管理体系仅是其参与市场竞争的一种策略选择，是获得交易的机会，而非某种既定的财产权利。且其通过销售产品已经从转售人处获得过收益，先因低价转售使该体系受到部分冲击，并不当然构成不正当竞争。此外，经营者不负有维护其他经营者商业模式的义务，被告黄某在无法定或约定的义务维护原告广州某化妆品有限公司销售和质量管理体系的基础上，有追求销售者利益最大化的商业自由，该行为属于正常的竞争行为。

第二，对于消费者利益而言。选择“刮码”产品的消费者系出于低价等考量购入商品，因其在购买前，已经知晓“刮码”产品的相关情况，故消费者对该产品的看法、态度，对品牌商誉的期待并不会因为刮码与否而减损或增加。而从整个消费群体或消费环境来看，“刮码”产品虽然不符合原告的销售体系，但在实质上增加了消费者的选择范围，其可以在理性思考下选择购买直销产品，抑或“刮码”产品，消费者的自由决策未因此而受影响，这亦符合《中华人民共和国反不正当竞争法》对消费者利益的关注。

第三，对公共利益而言。《中华人民共和国反不正当竞争法》对公共利益的追求旨在形成市场透明、信息有效传播、促进创新等的竞争秩序，即鼓励和保护公平竞争。竞争行为的正当性要求不得损害其他经营者的合法权益，不得违背公认的商业道德。销售“刮码”产品在扩展原有消费群体的同时，也满足了这些消费者“价廉物美”的心理需求。从正品产品的竞争对手角度看，销售“刮码”产品并不会促使正品产品在核心竞争力上逾越合理的竞争秩序，破坏竞争规则，进而影响社会公共利益。

编写人：浙江省丽水市莲都区人民法院　赵敏冲　厉怡雯

32

将非遗技艺的传统小吃名称注册为商标的，权利人无权禁止他人正当使用

——泉州某公司诉泉州泉港某小吃店侵害商标权案

【案件基本信息】

1. 裁判书字号

福建省高级人民法院（2023）闽民终259号民事判决书

2. 案由：侵害商标权纠纷

3. 当事人

原告（上诉人）：泉州某公司

被告（被上诉人）：泉州泉港某小吃店

【基本案情】

泉州某公司拥有第4××1号“福粿”注册商标专用权。第4××1号“福粿”商标于2019年12月12日在第43类申请，专用权期限自2021年5月21日至2031年5月20日，核定使用餐厅等服务。泉州泉港某小吃店擅自在某外卖平台使用“泉港福粿”作为店铺名称，服务内容多处标注“福粿”字样，线下实体店以“泉港福粿”作为店铺招牌。

【案件焦点】

泉州泉港某小吃店使用“福粿”的行为是否侵害了泉州某公司的第4××1号注册商标专用权。

【法院裁判要旨】

福建省泉州市中级人民法院经审理认为：泉州某公司经核准注册第 4××1 号“福粿”商标，依法享有注册商标专用权。《中华人民共和国商标法》第五十九条第一款规定，注册商标中含有的本商品的通用名称、图形、型号，或者直接表示商品的质量、主要原料、功能、用途、重量、数量及其他特点，或者含有的地名，注册商标专用权人无权禁止他人正当使用。在审理过程中，法院考虑到本案可能涉及公共利益，依职权对泉州市泉港区文化体育和旅游局开设的微信公众号进行取证，其中 2022 年 1 月 30 日标题为“五福聚力 福传泉港｜舌尖上的‘福之味’2—福粿”的文章，文中称：“泉港浮粿，因谐音被人民称为‘福粿’，寓意‘有福之粿’、吃了有口福，寄托着当地人民对庄稼、食粮的感恩和对未来美好生活的祝福。”

经查，本案所涉“浮粿”为泉港特色小吃，其制作技艺被列入泉州市非物质文化遗产名录。在泉港当地消费者的认知中，“福粿”即为“浮粿”，是用来指代一类泉港特色小吃的商品通用名称。泉州泉港某小吃店将“福粿”作为商品通用名称使用，相关公众施以一般注意力便能理解，并不会产生混淆误认，泉州泉港某小吃店不构成侵权。

福建省泉州市中级人民法院依据《中华人民共和国商标法》第五十九条、《中华人民共和国民事诉讼法》第六十七条、第一百四十七条规定，判决如下：

驳回泉州某公司的诉讼请求。

泉州某公司不服一审判决，提起上诉。

福建省高级人民法院同意一审法院裁判意见，判决：

驳回上诉，维持原判。

【法官后语】

将涉及非物质文化遗产的商品通用名称注册为商标时，权利边界及保护范围应如何划定，怎样防止知识产权滥用的发生，以上是本案的审理重点。审理过程中，法院综合考虑涉案注册商标的显著性、商标权人以及被诉侵权人对涉案商标的使用场景、消费者是否可能发生混淆误认等因素对权利人的诉求是否成立进行判断，较好地平衡了商标权人、其他经营者的利益以及社会公众的利益，凸显防止权利滥用、规范市场竞争的价值导向。

一、基于公共利益的考量，法院应当依职权调取可能影响本案处理结果的证据

《中华人民共和国民事诉讼法》第六十七条第二款规定，当事人及其诉讼代理人因客观原因不能自行收集的证据，或者人民法院认为审理案件需要的证据，人民法院应当调查收集。《最高人民法院关于适用〈中华人民共和国民事诉讼法〉的解释》第九十六条第一款第一项规定，人民法院认为审理案件需要的证据包括：涉及可能损害国家利益、社会公共利益的。在本案中，泉州泉港某小吃店未到庭应诉，但因涉案注册商标“福粿”可能存在特定含义，判决结果可能对本地区同行业经营者的经营行为产生影响，进而对社会公共利益产生影响，故法院主动调取证据，查阅了泉州市泉港区文化体育和旅游局开设的微信公众号中发布的文章。根据上述文章刊载的内容，泉港特色小吃“浮粿”的制作技艺被列入泉州市非物质文化遗产名录，浮粿因谐音被人们称为“福粿”。由此可知，在当地消费者的认知中，“福粿”已经等同于“浮粿”，用以指代一类泉港特色小吃的商品名称。虽然泉州某公司主张“浮粿”与“福粿”的闽南语发音不同，但二者的普通话发音并无不同，在国家大力倡导推广普通话的环境下，“福粿”等同于“浮粿”有利于地方特色传统小吃的推广，也有利于非遗技艺的传承和保护。

二、将“福粿”注册在第43类餐厅服务的项目上极大削弱了该注册商标的显著性

商标的作用在于识别商品和服务的来源，因此商标应当具备显著性。判断商标是否具有固有显著性的因素之一就是与其核定使用商品或者服务类别是否具有较强的关联性。泉州某公司在第43类餐厅服务的项目上注册“福粿”商标，对于第43类餐厅服务项目，通常包含了向消费者提供现场制作的餐饮食品，餐饮食品与餐厅服务之间天然具有很强的关联性。因此，在考量服务商标

的显著性时就不可避免地会将与之相关联的餐饮食品一并考虑在内。就本案而言，“福粿”在泉港当地消费者的认知中已经等同于“浮粿”，浮粿作为泉港本地特色小吃，属于本地餐饮服务提供者通常会提供的菜品，就相关消费者而言，“福粿”作为服务商标使用，导致服务商标与餐饮食品的互相重合，大大削弱了服务商标本身所应具有的显著性，对于服务来源的识别作用也丧失殆尽。对于显著性较弱的注册商标而言，其保护力度应当与显著性相适应，特别在与社会公众利益相冲突的情况下，在相关服务项目上更应适当限制其保护范围。

三、认定被诉侵权人对于“福粿”是否正当使用应当考虑商标权人、被诉侵权人对于“福粿”的认知和使用方式以及消费者是否容易发生混淆误认

泉州某公司注册涉案“福粿”商标后，将“福粿©餐厅”字样印制于名片、点菜单、手提袋、台历、宣传单上，宣传单中介绍泉港当地传统特色小吃时使用的商品名称为“特色福粿”。因此，泉州某公司作为商标注册人，具备将注册商标使用于核定服务项目上的主观意图。同时，泉州某公司亦明知且认同“福粿”系泉港当地传统特色小吃通用名称的属性，并在其餐厅中提供该类菜品。另外，泉州泉港某小吃店在门头招牌上使用“泉港福粿”字样，店铺内以及外卖平台上亦出售与泉州某公司菜单中“特色福粿”相同做法的泉港特色小吃，其使用的商品名称为“福粿”，商品描述为“泉港福粿，有福之粿”。此外，泉州泉港某小吃店还销售波浪薯条、黄金脆鸡排等其他小吃产品。泉州泉港某小吃店上述对于“福粿”的使用方式，显然是将“福粿”作为该类泉港特色小吃的商品名称看待并使用。泉州泉港某小吃店将店铺名称直接描述成主要提供商品的名称，并未单独突出使用“福粿”字样，消费者并不会因此而对餐饮服务的来源产生混淆误认。此外，如果不允许他人将“福粿”作为约定俗成的商品通用名称进行使用，过度保护注册商标权利人，不仅不利于该类小吃及其制作技艺作为非物质文化遗产的推广，也会造成泉州某公司对公共资源的不当垄断，进而损害公共利益。因此泉州某公司虽然是“福粿”注册商标的专用权人，但无权禁止他人正当将“福粿”作为该类小吃的商品通用名称使用，泉州泉港某小吃店的行为不构成商标侵权。

本案司法裁判生效之后，泉州市中级人民法院指导泉州市泉港区人民法院向涉及非物质文化遗产保护、商标管理、商贸行业管理等职能的主管部门发出司法建议三份，就摸清非物质文化遗产的底数、探索集体商标申请注册、知识产权信息整合共享、非物质文化遗产项目转化等方面提出建议，规范引导辖区企业经营行为。

本案进一步明晰了涉非遗知识产权的权利边界以及注册商标权利限制的适用条件，在文旅经济日益盛行的情况下，判决结果较好地平衡了权利人利益、其他经营者利益以及社会公众利益，有利于地方特色传统小吃的推广及非遗技艺的传承和保护，裁判结果具有正确社会导向及价值取向，实现法律效果和社会效果的统一。

编写人：福建省泉州市中级人民法院　黄熠　黄玮鹏

33

约定惩罚性赔偿倍数在商标侵权案件中的适用

——甲公司诉桂林市象山区乙酒店侵害商标权及不正当竞争案

【案件基本信息】

1. 裁判书字号

上海知识产权法院（2022）沪73民终663号民事判决书

2. 案由：侵害商标权及不正当竞争纠纷

3. 当事人

原告（被上诉人）：甲公司

被告（上诉人）：桂林市象山区乙酒店（一审时原名称：象山区丙商务酒

店，以下简称乙酒店）

【基本案情】

一、甲公司企业信息、商标注册信息及商标使用情况

甲公司成立于2011年12月9日，为有限责任公司，注册资本2196.445043万元，企业经营范围为酒店管理、以特许经营方式从事商业活动等。原名青岛丁城际酒店管理有限公司，2016年8月更名为青岛甲生活集团有限公司。2022年5月更名为现名称。

甲公司2018年4月27日受让涉案商标：第9××3号“丙”商标，核定服务项目为第43类住所等。注册有效期自2012年2月21日起，目前处于有效期内。2012年2月21日至2022年2月20日甲公司经许可使用该商标。

甲公司在“2013年度中国饭店集团60强”榜单中排在第13名。甲公司在“2016—2018年度中国饭店集团60强”榜单、“2016—2019中国酒店集团规模50强排行榜”榜单，“丙”品牌在“2016—2019中国经济型酒店品牌规模30强”榜单中名列前茅。2019年度甲公司支出的广告宣传费约2748万元。

二、象山区丙商务酒店相关经营信息

象山区丙商务酒店成立于2015年3月12日，系个体工商户，经营范围为住宿服务。经营者为李甲，经营位于桂林市××号的酒店，其提供的2021年10月28日照片显示，涉案酒店已经将“丙”字样全部拆除，更名为“戊酒店”。庭后查看某生活信息及交易平台的页面，“戊酒店（桂林万福广场店）”，地址为桂林市××号，“设施/详情”页显示，酒店2017年开业。页面评论区有多条早于2017年的网友评论，最早的评论为2015年。2022年6月28日，名称由“象山区丙商务酒店”变更为“桂林市象山区乙酒店”。

三、被控侵权情况

2020年12月10日，甲公司通过可信时间戳保存了象山区丙商务酒店所经营的酒店照片，店招、楼层标识、前台、广告牌、房间内的牙具、洗浴用品、电话均标识“丙商务酒店”，并获得一张60元的发票。

2020年12月31日，甲公司通过可信时间戳保存了某生活信息及交易平台

APP 内象山区丙商务酒店店铺的信息，名称为“桂林象山区丙商务酒店”，“2018 年开业”“50 间客房”，地址“桂林市××号”，房价 118 元至 197 元不等。网友评价的配图中部分图片与甲公司取证的图片显示标识一致。

四、双方在先合同情况

2012 年 9 月 7 日，甲公司作为甲方与李甲作为乙方签订了《丁城际酒店管理有限公司商标授权使用管理合同》（以下简称《管理合同》），约定乙方位于广西桂林象山区××号的房屋开展“某商务宾馆”经营，合同期限自 2012 年 9 月 7 日至 2022 年 9 月 6 日。乙方有权合法使用“丁”商标、标识。自乙方开始营业时起，乙方按宾馆当月营业收入的 3.5%的标准向甲方缴纳商标许可使用费。合同第十三章约定了合同终止（解除）后的承诺，第 13.6 条约定，如果乙方违反本承诺，在合同终止后仍然使用甲方商标或者软件等，乙方自愿按本合同约定的费用标准的 5 倍向甲方支付使用费（实施费）；不能如期归还相关资料的，每份文件（手册）乙方向甲方赔偿人民币伍仟元整。合同第十六章补充约定载明“本酒店为象山区丙商务酒店加盟项目”。

2015 年 8 月 4 日，李甲向甲公司提出《丙城际酒店桂林平山店关于解除与丁城际酒店管理有限公司合作的申请报告》（以下简称《申请报告》），称该店于 2015 年 4 月开始，面对巨大的经营压力每天亏损 2000 元左右，故提出解约申请。

2015 年 8 月 31 日，甲公司与李甲达成《解约协议》，于当日解除前述《管理合同》，约定自本协议签订之日起，甲方终止乙方对“丙”商标的使用许可，若乙方擅自继续使用，或存在其他侵犯甲方商标权的侵权行为，甲方有权依法追究相关责任人的法律责任。协议附件中列明了有关解除《管理合同》乙方需要更改的项目，包括招牌、吧台、走廊、房间内物品、卫生间卫浴产品等均不得带有甲方标识。

甲公司认为象山区丙商务酒店属于恶意侵犯商标专用权，且情节严重，应当适用惩罚性赔偿。象山区丙商务酒店擅自将与甲公司的“丙”商标相同的“丙”文字作为其企业名称的字号使用并持续至今，用于经营住宿服务，构成不正当竞争。

【案件焦点】

1. 象山区丙商务酒店的涉案行为是否构成商标侵权；2. 象山区丙商务酒店涉案行为是否构成不正当竞争；3. 是否应对被告适用惩罚性赔偿。

【法院裁判要旨】

上海市浦东新区人民法院经审理认为：

一、关于象山区丙商务酒店的涉案行为是否构成商标侵权

甲公司系第 9××3 号“丙”注册商标专用权人，有权就侵害上述商标的行为主张权利。象山区丙商务酒店在线上、线下经营活动中使用“丙”标识起到了识别服务来源的作用，属于商标性使用。象山区丙商务酒店在酒店店招、市内装潢、房间电器、洗浴用品上使用了“丙”标识，与甲公司商标核定类别相同，相关标识与甲公司商标构成近似，容易导致消费者对商品和服务来源产生混淆，构成商标侵权。象山区丙商务酒店实施了商标侵权行为，应当承担停止侵害、赔偿损失的民事责任。

二、关于象山区丙商务酒店涉案行为是否构成不正当竞争

2012 年 2 月，第 3××4 号“丙”商标即获得注册，核定使用服务为第 43 类的住所等。甲公司主张根据《中华人民共和国反不正当竞争法》第六条第四项认定被告行为构成不正当竞争。法院认为，该商标与象山区丙商务酒店提供的服务类别相同，象山区丙商务酒店将该注册商标作为企业名称中的字号使用，没有正当理由。象山区丙商务酒店攀附甲公司商誉的恶意明显，客观上误导相关公众，足以使相关公众误以为其与甲公司存在特定联系，构成不正当竞争。象山区丙商务酒店应就其企业名称进行更名。

三、关于是否应对被告适用惩罚性赔偿

（一）关于侵权主观故意

对于被告的故意的认定，应当综合考虑被侵权客体类型、权利状态和相关产品知名度、被告与原告或者利害关系人之间的关系等因素。被告与原告或者利害关系人之间存在劳动、劳务、合作、许可、经销、代理、代表等关系，且接触过被侵害的知识产权的，可以认定被告具有侵害知识产权的故意。本案中，

象山区丙商务酒店个体工商户的经营者早在 2012 年即与甲公司签署《管理合同》，经授权开展“丙”酒店经营。象山区丙商务酒店对开展的酒店业务的品牌予以否认，但未能提供相应证据。结合《申请报告》《解约协议》足以认定象山区丙商务酒店曾作为被授权方接触过甲公司注册商标，反映出象山区丙商务酒店具有明显的侵权故意，可认定象山区丙商务酒店恶意侵犯商标专用权。

（二）关于侵权情节

对于侵权情节严重的认定，应当综合考虑侵权手段、次数，侵权行为的持续时间、地域范围、规模、后果，侵权人在诉讼中的行为等因素。被告成立于 2015 年，在某生活信息及交易平台的页面显示涉案酒店 2018 年成立，房间数 50 间，双方确认涉案侵权标识于 2021 年 10 月拆除，象山区丙商务酒店侵权行为持续时间较长，侵权规模较大，侵权获利巨大，符合侵犯商标专用权的情节严重的要件。

（三）关于基数和倍数确定

本案中，双方在先签订有《管理合同》，权利人因侵权所受到的实际损失可参考双方约定的商标许可使用费计算。《管理合同》中约定商标许可使用费自乙方开始营业时起，按宾馆当月营业收入的 3.5%的标准缴纳商标许可使用费。合同终止（解除）后的承诺，第 13.6 条约定，如果乙方违反本承诺，在合同终止后仍然使用甲方商标或者软件等，乙方自愿按本合同约定的费用标准的 5 倍向甲方支付使用费。双方的上述约定，可视为对于商标侵权惩罚性赔偿基数和倍数的约定，并不违反法律规定，可以作为确定惩罚性赔偿金额时的重要参考因素。被告称宾馆经营持续亏损，但未提供宾馆经营的相关账簿、资料，法院参考相关行业客房的平均入住率计算涉案酒店的营业收入，计算公式为“房间总数×平均入住率×平均客房单价×经营时间”。

1. 关于房间总数。象山区丙商务酒店在某生活信息及交易平台页面上自行标注 50 间房间，虽在庭审中称仅有 48 间，但未提供证据证明，应以其对外公示的 50 间作为计算基数。

2. 关于平均入住率。甲公司提供了上海某国际酒店股份有限公司、北京某酒店（集团）股份有限公司2020年度报告的平均出租率为55%—60%。被告自称的入住率在40%以下。法院结合酒店规模、品牌、地域等因素并综合考虑多种因素，确定涉案酒店的平均入住率为40%。

3. 关于平均客房单价。某生活信息及交易平台显示全天房价118元到197元，甲公司称取证时入住的为钟点房，票据显示60元。综合考虑各类房型入住比例，法院确定平均客房单价为80元。

4. 关于经营时间。象山区丙商务酒店在某生活信息及交易平台上展示的开业时间为2018年，象山区丙商务酒店陈述自2018年8月起开业，但未提供证据。甲公司主张象山区丙商务酒店自2015年起即营业。结合庭后查看更名之后的“戊酒店”页面情况，显示开业时间又为2017年，说明某生活信息及交易平台酒店页面的信息可由被告自行修改，网友评论区最早有2015年的评论，足可认定被告自2015年起即开始经营涉案酒店，而双方解约的时间点为2015年8月31日，故可确定被控侵权行为的持续时间为2015年9月1日至2021年10月27日。

综上，涉案侵权行为惩罚性赔偿的基数应当为50×40%×80×2248×3.5%=125888元，结合双方在《管理合同》中约定的倍数，最终确定被控侵权行为的赔偿金额为629440元。

上海市浦东新区人民法院依据《中华人民共和国商标法》第四条第二款、第四十八条、第五十七条第二项、第五十八条、第六十三条第一款，《中华人民共和国反不正当竞争法》第六条第四项，《最高人民法院关于适用〈中华人民共和国民法典〉时间效力的若干规定》第一条第三款，《中华人民共和国民法典》第一百二十三条第一款、第二款第三项，第一百七十九条第一款第一项及第八项、第二款、第三款，第一千一百八十五条，《最高人民法院关于审理商标民事纠纷案件适用法律若干问题的解释》第九条、第十条、第十二条、第十七条，《最高人民法院关于审理侵害知识产权民事案件适用惩罚性赔偿的解释》第一条，第三条第一款、第二款第三项，第四条第一款、第二款第五项，第五条第一款、第二款，第六条第一款之规定，判决如下：

一、象山区丙商务酒店于判决生效之日起十日内赔偿甲公司经济损失629440元及为制止侵权所支出的合理开支10000元，共计639440元；

二、象山区丙商务酒店于判决生效之日起停止不正当竞争行为，并于判决生效之日起三十日内变更企业名称，变更后的企业名称中不得含有与“丙”相同或近似字样；

三、驳回甲公司其余诉讼请求。

乙酒店（原象山区丙商务酒店）不服一审判决，提起上诉。

上海知识产权法院同意一审法院裁判意见，判决：

驳回上诉，维持原判。

【法官后语】

一、约定惩罚性赔偿的可行性和必要性分析

（一）现行法律依据

约定赔偿作为知识产权损害赔偿方式中较为特殊的一类，散见于各司法解释中。《最高人民法院关于审理侵犯专利权纠纷案件应用法律若干问题的解释（二）》第二十八条、《最高人民法院关于审理著作权民事纠纷案件适用法律若干问题的解释》第二十五条、《最高人民法院关于审理商标民事纠纷案件适用法律若干问题的解释》第十六条均规定，当事人按侵权人侵权获利或权利人实际损失就赔偿数额达成协议的，法院应当允许。司法实践中，《北京市高级人民法院关于侵害知识产权及不正当竞争案件确定损害赔偿的指导意见及法定赔偿的裁判标准》第1.21条也对此进行了明确。尽管上述司法解释中均未明确可就惩罚性赔偿进行约定，但是惩罚性赔偿作为损害赔偿计算的一种方式，理应涵盖在上述司法解释可约定的范围内。

（二）遏制侵权的现实需要

司法实践中，知识产权侵权案件适用法定赔偿的比例仍然较高，知识产权权利人在面对侵权行为特别是初次发现侵权行为时，主张惩罚性赔偿需要满足法定的相应条件方可认定侵权故意和情节严重的要件，获得支持的难度较大，通过传统的知识产权维权模式对于侵权行为的预防和阻遏作用有限。而无论是通过事前还是事后约定知识产权惩罚性赔偿机制，都可以在商业活动中根据当事人意思自治原则为利用知识产权开展相关经营活动的商事主体赋以更高的侵权或违约成本，有效发挥惩罚性赔偿对于知识产权侵权的遏止作用。

（三）降低司法成本的优选手段

在知识产权惩罚性赔偿案件中，原告为达到惩罚性赔偿相关要件的证明目的，通常需要付出较高的举证成本，特别是为计算惩罚性赔偿的基数需要进行大量的举证工作，举证的时间成本和经济成本非常可观。对法院而言，审查相应证据判断是否应当适用惩罚性赔偿及其基数、倍数的计算方式也会占用大量的司法资源。在约定惩罚性赔偿的场合，当事人就基数和倍数的适用达成合意，可以很大程度上减少司法案件中当事人的举证成本，也为法院审查原告方的惩罚性赔偿主张提供了重要参考，有效降低了整体司法成本。

二、约定惩罚性赔偿适用条件审查

（一）受保护的知识产权指向明确

在约定惩罚性赔偿条款中，受保护客体的明确是首要问题，也是影响约定条款效力的重要因素。一般而言，约定的知识产权可分为以下几类：一是在订立约定条款时效力稳定的权利。例如，权利人已经持有的稳定的注册商标、享有的作品著作权权利等。二是在订立约定条款时可预见的权利。例如，正在申请流程中的商标、尚未完稿的作品等。三是在一定范围内可确定的权利。例如，视频平台在未来数年内采购的影视剧版权、某公司纳入保密范围在未来可能产生的商业秘密等。通过约定惩罚性赔偿条款保护的知识产权的指向应当明确，至少达到可合理预见的标准，相关条款方才存在成立的空间。

（二）约定了可计算的基数

基数的确定是惩罚性赔偿适用的核心，也是司法实践中限制绝大多数侵权案件适用惩罚性赔偿的因素。在约定惩罚性赔偿条款中约定基数是惩罚性赔偿得以适用的前提。基数的约定可分为几类：一是约定固定值。该类约定多见于知识产权价值难以量化，或是侵权人规模较小的情形，通过约定惩罚性赔偿基数固定值进而便于直接适用惩罚性赔偿。二是约定明确的计算方式。应当指出的是，对于惩罚性赔偿计算方式无需明确基数计算的各项数值，而是对计算方式中涉及的各项要素进行指向性的约定达到明确的程度即可。对于尚未约定的部分要素，若双方无法协商一致，在适用合同漏洞填补规则可予以明确的情况下，也应当视为双方就基数计算有效达成合意。

（三）明确约定倍数

惩罚性赔偿倍数的约定若在法定惩罚性赔偿倍数范围内，其约定的效力一般不会存在争议。当约定倍数超过法定惩罚性赔偿倍数时，实务中存在不同的观点。《北京市高级人民法院关于侵害知识产权民事案件适用惩罚性赔偿审理指南》第3.21条中规定，当事人约定惩罚性赔偿的倍数不在法定范围内，并请求适用约定的惩罚性赔偿倍数的，一般予以支持，但对方当事人提出异议并提供有效证据证明该约定明显不合理的除外。而也有观点认为，惩罚性赔偿并不等同于补偿性赔偿，其具有强制性色彩，因此法律规定的倍数限制应当为效力强制性规定，不宜突破。从《中华人民共和国民法典》第一百五十三条、《中华人民共和国商标法》第六十三条、《中华人民共和国著作权法》第五十四条等法条角度出发，法律对于侵权惩罚性赔偿倍数是基于侵权责任的规定，法条本身并未针对当事人实施的民事法律行为效力进行规制，以认定为非效力强制性为宜。当事人间通过合同约定惩罚性赔偿的倍数在性质上可以认为是惩罚性违约金，该约定的效力本身不应受前述侵权责任相关法条影响，应认定有效为原则。至于原告在维权时参考该约定主张侵权责任，或直接主张违约责任，以及主张的倍数是否合理，是否应当调整，应当根据实际情况参考合同违约金调整的规范具体分析。

三、约定惩罚性赔偿基数和倍数的审查

（一）是否符合适用惩罚性赔偿的法定条件

无论当事人对惩罚性赔偿条款进行了何种约定，其实质均为对损害赔偿的金额达成合意，对于是否能够在侵权案件中适用惩罚性赔偿，人民法院仍需结合案情对惩罚性赔偿的适用条件进行审查。即使当事人约定了适用惩罚性赔偿具体情形，仅可作为侵权案件中审查侵权故意和情节严重的参考。对于侵权故意情形的约定一般不会产生争议，在侵权认定中也可直接援引。当双方针对情节严重的具体表现情形进行约定时，除非有相反证据证明侵权情节未达到严重程度，原则上法院也应当将约定情形采纳作为侵权情节严重的考量因素。

（二）基数计算方式是否合理

在审查基数计算方式合理性时，应当主要考量以下几个因素：（1）是否符合市场经营的一般规律。基数约定的金额或计算方式应当符合行业惯例或市场经营主体经营活动的基本逻辑。本案中双方约定以酒店月营业收入的比例计算商标许可使用费，符合酒店行业经营惯例。（2）是否考量了实际经营各项因素。基数计算还应当考虑市场主体实际开展经营过程中可能影响基数计算的因素。本案中酒店的月营业收入无法准确查明的情况下，还应当充分考虑某些不可抗力因素对酒店经营期间所造成的影响。（3）是否需要由法院酌定的因素。在计算方式的各项数额无法精确查明的情况下，法院可对相关要素的具体数值进行酌定。本案中法院就结合在案证据酌情确定了入住率、客单价等数据，根据合同约定积极确定惩罚性赔偿基数。

（三）倍数是否与侵权情节相适应

即使当事人通过合同对惩罚性违约金的基数和倍数进行了较为明确的约定，但在原告发起的侵权诉讼中，惩罚性违约金并不能转化为惩罚性赔偿直接适用，特别在倍数确定时，仍应结合案情进行审查。在法定范围内的倍数约定，侵权案件应以支持适用为原则。特别应当注意的是，除《中华人民共和国商标法》《中华人民共和国著作权法》等法条明确规定外，在上海市浦东新区适用的《上海市浦东新区建立高水平知识产权保护制度若干规定》规定了五倍以上十倍以下的惩罚性赔偿倍数。对于法定范围以外的倍数约定，原告需要在侵权案件中进一步举证侵权行为特别严重的情节。在法定范围内的倍数则还应综合考虑侵权行为持续时间、规模、获利等因素，主要为避免合同惩罚性赔偿约定条款泛定格化的情况，更好地发挥惩罚性赔偿的遏止知识产权侵权的作用。

编写人：上海市浦东新区人民法院　刘嘉洛

34

驰名商标跨类保护范围的合理划定

——某信息公司诉某油条公司等侵害商标权及不正当竞争案

【案件基本信息】

1. 裁判书字号

广东省高级人民法院（2023）粤民终1063号民事裁定书

2. 案由：侵害商标权及不正当竞争纠纷

3. 当事人

原告（上诉人）：某信息公司

被告（被上诉人）：某油条公司、赵某、某食品公司

【基本案情】

某信息公司系第1××3号**今日头条**、第1××8号头条、第2××8号头条、第2××9号**今日头条**四个注册商标专用权人，上述商标分别使用在第9类“计算机软件”等及第38类“通过计算机软件提供信息传送服务”等商品、服务上。某信息公司诉称，其持续对上述商标进行宣传，在计算机程序等商品服务的相关公众中已享有较高的知名度与市场影响力，构成驰名商标。某油条公司等开设早餐店售卖油条、豆浆等食品，在餐馆招牌、菜单、食品包装、店铺装潢、员工服装、微信公众号、网站、招商加盟广告及展览会等多处大量使用油条、**今日油条**标识，使用引人误认的广告语、宣传材料、海报，构成侵害其驰名商标的行为并构成不正当竞争。请求法院判令某油条公司等停止侵权、消除影响并赔偿经济损失200万元。

【案件焦点】

1. 某油条公司等的被诉行为是否构成普通商标侵权；2. 如果某信息公司四个注册商标中的部分商标可以认定为驰名商标，某油条公司等的被诉行为是否构成对驰名商标的侵权；3. 某油条公司等的被诉行为是否构成不正当竞争；4. 如果构成侵权，某油条公司等应当承担的法律责任。

【法院裁判要旨】

广州知识产权法院经审理认为：某油条公司等在制售油条等食品过程中，以及在宣传“今日油条”加盟项目过程中使用、**今日油条**标识，属于商业性、识别性使用行为，可以产生识别商品或服务来源的作用，属于商标法规定的商标性使用行为。涉案四个注册商标核定使用的商品或服务分别属于《类似商品和服务区分表》第 9 类和第 38 类，与被诉标识使用的第 30 类、第 43 类商品服务类别既不相同也不类似。被诉标识与涉案注册商标在文字、含义、颜色等构成要素上不构成相同或相似，相关公众施以一般注意力易于区分，现有证据未能证实某油条公司等具有混淆故意或已造成公众实际混淆，故某油条公司等不构成普通商标侵权。

涉案注册商标使用的文字“头条”“今日头条”属于常用词汇，使用在新闻资讯领域固有显著性较弱，被诉侵权标识与涉案注册商标分别使用在完全不同的市场，某信息公司在餐饮领域不具有现实利益，双方在该市场上没有直接或间接的竞争关系，某油条公司等未对驰名商标造成弱化、贬损或丑化，亦未存在不正当利用驰名商标市场声誉的情形。故即使涉案注册商标中的部分商标可以认定为驰名商标，某油条公司等亦不构成对驰名商标的侵害，本案中对涉案四个注册商标是否驰名没有审查的必要性。

某油条公司使用的企业字号“今日油条”与“今日头条”区别明显，其在微信公众号、网站等使用的被诉侵权标识与“今日头条”手机 APP 的运行界面不构成相同或近似，二者的广告语及海报存在差异，故某油条公司等的行为亦未构成不正当竞争。

综上，某信息公司诉请某油条公司等停止侵权、赔礼道歉并赔偿损失于法无据。

广州知识产权法院依据《中华人民共和国商标法》第十三条、第四十八条、第五十六条、第五十七条、第五十八条，《中华人民共和国反不正当竞争法》第二条、第六条，《最高人民法院关于审理商标民事纠纷案件适用法律若干问题的解释》第九条、第十条、第十一条、第十二条，《最高人民法院关于审理涉及驰名商标保护的民事纠纷案件应用法律若干问题的解释》第一条、第三条、第九条，《最高人民法院关于适用〈中华人民共和国反不正当竞争法〉若干问题的解释》第十二条，《中华人民共和国民事诉讼法》第六十七条的规定，经法院审判委员会讨论决定，判决如下：

驳回某信息公司的诉讼请求。

某信息公司不服一审判决，提起上诉。后其申请撤回上诉，广东省高级人民法院作出民事裁定书，准许其撤回上诉。

【法官后语】

本案涉及“今日头条”等知名商标，自立案起即受到社会高度关注，并引起业界对合理划定驰名商标跨类保护范围问题的广泛讨论。本案从混淆及淡化两个维度对被诉行为是否构成商标侵权进行了详细论证，进一步明确了驰名商标淡化构成的认定标准，对“显著性”判断、“相当程度的联系”“相关公众”“误导公众”内涵以及淡化行为具体类型等重点问题的考量因素及定性进行了详细阐述，为互联网经济环境下驰名商标保护提供了重要的分析样本。

一、驰名商标保护的基本原则

（一）宽严适度的高质量保护原则

驰名商标系通过市场主体长期使用、宣传，以其优质产品或服务为基石建立起良好商业信誉的载体，承载巨大的商业价值，并可转化为市场竞争优势。提供高质量的驰名商标保护，对培育高质量中国品牌、优化市场营商环境、引领经济高质量发展具有重要意义。知识产权保护由“强化保护”转化为“全面加强保护”，既包括对拓展保护链条、保护手段及参与主体覆盖面的要求，亦包括对提高知识产权保护质量实现社会普惠的要求，而不仅仅着眼于保护强度的增加。因此，司法中对涉及驰名商标保护的审理，也应同时兼顾保护权利和防止权利滥用，一方面要把握好驰名商标认定必要性的宽严程度，另一方面要全面考量个案因素确定跨类保护的范围。

（二）诚实信用原则

诚实信用原则是一切市场活动参与者均应遵循的基本准则，要求当事人在不损害他人合法权益和社会公共利益的前提下，善意、审慎地行使自己的权利，其具有两重含义：其一，诚实信用原则鼓励市场经营主体诚信经营，不得不正当利用他人劳动成果、攫取他人的经营利益；其二，诚实信用原则亦要求权利人不得滥用驰名商标权利，肆意扩大保护范围、限制合理使用，避免导致市场自由和公平竞争空间受到过度挤压，损害他人利益乃至公共利益。

（三）利益衡平原则

驰名商标的知识产权属性，决定了其追求权利人个人利益与社会公共利益平衡的价值取向，驰名商标保护制度是一种有别于普通商标的特殊保护制度，但给予驰名商标特殊的保护并不意味着驰名商标是"特权商标"，仍需考虑到驰名商标权扩张必然使得权利人与竞争者、消费者之间的利益天平失衡，应当遵循利益衡平原则对驰名商标的特殊保护进行限制，在合理划定的边界内巩固利益衡平的格局。依法维护公平竞争的市场秩序，切实维护消费者、经营者合法权益和社会公共利益，是司法审判的重要任务。

二、驰名商标跨类混淆的认定

随着互联网经济步入高速发展阶段，"互联网+"商业模式进一步成为新业态，市场主体"跨界"经营已不鲜见，尤其是大型互联网公司借助其竞争优势广泛拓展其业务范围，行业竞争边界逐渐趋于模糊。因此，即使被诉标识使用于与驰名商标不相类似的商品或服务上，仍可能导致相关公众对二者的来源产生混淆误认。判断是否构成跨类混淆时，应从以下五个方面进行考量：

（一）商标性使用的认定

商标的实际使用就是将特定商业标识与特定商品或服务建立联系，并且不断强化这种联系的动态过程。因此，保护商标实质上是要保护商品生产者、服务提供者经过经营而建立起来的自身与商标的唯一联系，而非保护商业标识本身。商标性使用必须是具备真实的使用意图和在真实使用意图统摄下的实际使用，而真实使用意图就是指引导相关公众知晓商品来源的意图，此为判断商标性使用的核心。某油条公司等在制售油条、宣传加盟项目等经营活动中使用被诉标识，其使用意图即在于使得相关公众在消费时将其产品与其他同类产品予以区分，即识别商品服务来源于某油条公司，实质上亦起到识别商品来源的效果，属于商标性使用行为。

（二）关联类似度

从日常生活经验出发，相关公众施以一般注意力对被诉侵权标识和注册商标产生来源相同或具有特定联系的误认或混淆，往往是二者所使用的商品、服务类别相同或类似，又或是存在产业周边、供应链上下游等相当程度的关联所导致，“近似混淆”的可能性大小与商品类别关联程度的高低相关。《最高人民法院关于审理商标民事纠纷案件适用法律若干问题的解释》对类似商品、服务的判断标准进行了详细列举，在此不再赘述。根据该判断标准，某油条公司等将被诉标识使用于食品商品及餐饮服务，与核定使用在计算机软件、通过计算机软件或互联网提供信息传送服务等商品服务上的权利商标在功能、用途、服务目的、内容、方式上均区别明显，在生产部门、销售渠道、服务场所等亦存在较大差异，二者关联类似程度较低，构成“近似混淆”的可能性较小。

（三）商标构成要素的近似程度

商标民事纠纷司法解释对商标比对原则进行了规定，即以相关公众的一般注意力为主体判断标准、隔离比对原则、整体及要部相结合原则、显著性及知名度因素考量原则。本案中，文字部分是涉案商标标识的主要识别部分，其中“头条”与“油条”、“今日头条”与“今日油条”均非臆造词，均具有特定含义，且“今日油条”直接描述了“油条”这一商品的名称和主要特征，属于在其第一层含义上描述性使用词汇，与“今日头条”的含义截然不同。被诉标识与权利商标的文字含义具有显著区别，且相关公众不存在对该文字的理解偏差，结合二者在读音、颜色、背景图案等各要素亦存在区别，难以认为二者构成相同或近似商标。

（四）权利商标的显著性及相关公众关注度

商标的显著性是商标所具有的标示商品或服务出处并使之区别于其他主体提供的商品或服务的属性。一般而言，商标固有的显著性越强，其区分商品服务来源的能力就越强，消费者据此产生联想的可能性也越大，获得保护的范围就有可能越大。同时，对于商标通过使用获得的显著性，亦即商标知名度，也应当予以考量。权利商标的文字识别部分“今日”“头条”“今日头条”并非某信息公司原创，而是公有领域的常用词汇，且三者拆分或组合使用均具有特定的使用语境和固定含义，老百姓在日常生活中早已广泛、长期使用。因此，当上述词汇作为商标使用在新闻资讯领域时，其本身固有的显著性难免薄弱。虽然涉案注册商标通过某信息公司的使用而为公众所知，但某信息公司将公有领域的常用词汇注册为自己的商标，在行使商标禁止权时必定受到一定的限制。被诉侵权标识的文字部分“今日”“油条”两词亦系公有领域的常用词汇，具备明确的实际含义，其二者组成的“今日油条”意在说明其名称和主要特点，相关公众对其含义不存在理解难度或歧义，施以一般注意力即可对被诉侵权标识与涉案注册商标加以区分。

（五）混淆的主观过错或实际产生混淆后果

认定商标是否构成混淆时，通常也要考虑行为人的主观意图以及是否造成实际混淆的后果，如果行为人有明显的混淆故意，并且有明确的证据证明市场的实际混淆已然发生，此时一般应认定构成混淆。但本案中，被诉标识与权利商标在构成要素上既不相同也不近似，权利商标的固有显著性亦较弱，被诉标识使用于与权利商标完全不同的商品、服务领域，难以认为被诉侵权人具有混淆的主观故意。另外，某信息公司也并未举证证明被诉侵权行为已造成相关公众对二者商标之间的混淆实际发生。

三、驰名商标保护范围及淡化认定

从《中华人民共和国商标法》及相关司法解释的规范功能来看，商标受保护的本质并非仅源于商标的合法注册，更重要的是通过商标使用而建立起来的商业信誉。相较于普通商标而言，商标权人花费于建立良好商业信誉的成本更高，相对人侵害或不当利用驰名商标所能获得的效益更大，导致驰名商标更易遭受侵害且造成的权利人及社会公众的损害后果亦更大，因此需要为驰名商标提供力度更强的保护，以维护商标权人的合法权益，“跨类保护”制度亦出于此等考量。但需要指出的是，知识产权作为一种合理的垄断，应当是在平衡社会公共利益之下的有限垄断，而不是无限扩张的，应当遵循利益衡平原则对驰名商标的特殊保护进行限制，在合理划定的边界内维持利益平衡的格局。因此，驰名商标的“跨类保护”并非跨越到各个商品和服务领域的“全类保护”，原则上只能跨越到具有“相当程度关联”的领域，并以被诉侵权标识“误导公众”为限，实行适度的“跨类保护”。

总体上，驰名商标跨类保护范围的大小受驰名商标的显著程度、知晓程度、商品之间的关联程度等因素的影响，但需要指出的是，对驰名商标与被诉侵权商标之间的近似度要求应当达到足以使得相关公众产生联想并认为二者具备相当程度联系的高度，若相关公众在看到被诉侵权商标仅有与驰名商标产生简单联想的可能性而无法建立相当程度的联系时，则难以认定其对驰名商标的显著性造成了削弱。

（一）驰名商标的显著程度

一般而言，驰名商标的跨类保护范围大小与驰名商标的知名度与显著性高低成正比，商标的驰名程度越高，其知名度辐射范围越宽，跨类保护的范围越大；商标的显著性越强，其保护范围越宽。商标的显著性既包括该商标构成要素的固有显著性，亦包括该商标通过使用积累的获得显著性，其中固有显著性在较长一段时间的同一社会环境下基本稳定，获得显著性则可能因产品质量、宣传推广、市场环境等变化而发生改变，固有显著性及获得显著性共同起到动态影响商标显著性的作用。因此，在判断商标是否达到受反淡化保护的显著性标准时，应当综合考量固有显著性及获得显著性分别产生的影响，不能进行简单区分、割裂理解。本案权利商标的主要识别部分是“头条”和“今日头条”文字，该两词汇系公有领域中被长期、广泛使用的通用词汇，其固有显著性较弱。即使认为涉案注册商标经某信息公司使用在计算机软件等商品服务上具备了相当程度的获得显著性，其在与资讯类交易环境完全不同的其他领域仍不能对该通用词汇的使用进行垄断。更何况，被诉标识使用的“油条”“今日油条”文字与涉案注册商标并不相同或近似，其同样是将公有领域中早已存在的通用词汇进行组合和选用，若涉案注册商标对此进行严格限制，显然有失公平。

（二）商品关联程度

只有当相关公众认为被诉侵权标识与涉案注册商标存在相当程度的联系时，涉案注册商标才有被弱化的可能，故既要准确划定相关公众的范围，也要确定“相当程度联系”所需达到的高度。驰名商标淡化认定中的“相关公众”应与认定驰名商标的“相关公众”要件区分开来，认定驰名商标中的“相关公众”是知名度的影响范围，而驰名商标淡化认定中的“相关公众”则是造成误导的范围。由于驰名商标淡化保护是在其所使用的商品或者服务类别之外主张权利，故而亦应以被诉商标所使用的商品或服务类别的相关公众作为判断的对象。因为只有以被诉商标所使用的商品或服务类别的相关公众作为判断主体，才能对被诉商标是否“误导公众”这一结果进行判断。具体到本案中，被诉侵权标识使用于油条等食品以及早餐餐饮服务上，理论上其相关公众系一般普通公众。但从日常经验上判断，早餐餐饮服务所提供的油条等食品通常是当日现做并现场提供售卖，其作为实体服务还受到经营场所区域的严格限制，故其相关消费者主要是该经营场所有限覆盖区域内的上班族、学生或邻近住户，且通常因通勤等需要对该餐饮服务的便捷性具有更高要求，而对其使用的商标标识的注意程度较低。

（三）“相当程度关联”的“误导公众”标准

驰名商标之所以应给予跨类保护，是因为驰名商标的影响已经超出了其原本注册或使用的商品或服务类别，因此在跨类保护时不仅要求驰名商标在其使用商品服务的相关公众领域内达到驰名的程度，还要求在主张跨类保护的商品服务领域相关公众中亦具备一定的知名度。但若驰名商标本身的显著性有限、二者使用商品服务类别相差过大，或二者存在相关公众易于识别的因素，相关公众即使对二者之间的关系产生一般联想，也不足以建立起“相当程度的关联”，从而导致误认。本案中即此种情形，被诉标识与权利商标分别使用在食品、餐饮服务以及计算机软件等完全不同的类别上，二者分属完全不同的市场，彼此不存在重合或关联关系，相关公众不易对二者之间的关系产生联想。因此，某油条公司等使用被诉标识不足以使相关公众认为被诉商标与驰名商标具有相当程度的联系，并不会产生“误导公众”的效果，不存在削弱权利商标与计算机软件等商品（服务）之间的联系，从而弱化驰名商标的情形。

总而言之，无论是从保护勤勉、鼓励创新、维护公平的层面，还是从维护消费者合法权益的层面出发，对驰名商标进行特殊保护都是必要和正当的。但是，对于驰名商标的特殊保护，应当基于利益衡平原则合理划定保护界限，既要防止对自由表达、适度模仿的过度限制，更要避免对市场自由和公平竞争空间的随意挤压。

编写人：广州知识产权法院　韦晓云　林新宇

35

驰名商标与注册商标权利冲突的解决路径

——某儿童出版社诉××A 公司等侵害商标权及不正当竞争案

【案件基本信息】

1. 裁判书字号

上海市高级人民法院（2023）沪民终 406 号民事判决书

2. 案由：侵害商标权及不正当竞争纠纷

3. 当事人

原告（被上诉人）：某儿童出版社

被告（上诉人）：××A 公司、甲鞋业公司、乙鞋业公司

被告：某信息技术公司

【基本案情】

某儿童出版社系《十万个为什么》系列图书的出版者及相关权益享有者。《十万个为什么》自 1961 年首次出版以来共计出版六版，此外，还有其他十余种版本的系列图书，该系列图书多次获评国家级、省市级奖项及荣誉，被《解放日报》《人民日报》等多家媒体所大量报道。2017 年 6 月、2020 年 8 月，某儿童出版社在第 16 类书籍等商品上分别被核准注册了第 17××619 号“十万个为什么 100000whys”、第 36××859 号“十万个为什么”商标（以下简称权利商标），并将上述商标使用于《十万个为什么》多版本书籍、部分杂志、科普短视频及少儿科普剧、动漫等。甲鞋业公司于 2018 年 8 月至 2020 年 3 月期间在第 25 类服装、鞋、帽等商品上陆续注册了第 25××683 号“十万个为什么”、第 29××921 号“100000whys”、第 33××582 号“?”、第 39××355 号“十万个为什么”商标。2020 年 7 月，其还在第 35 类广告、替他人推销等服务类别上注册了第 41××888 号“100000whys”商标。甲鞋业公司曾出具多份商标授权书，将上述商标授权××A 公司、乙鞋业公司使用。××A 公司将“十万个为什么”作为企业名称及甲电商店铺、乙电商店铺、丙电商店铺名称，将“十万个为什么”标识用于其乙电商、丙电商店铺头像；在某平台以用户名“十万个为什么”发布科普短视频，并认证为“十万个为什么”官方账号；在丙电商店铺、甲电商店铺网页页面上突出使用“十万个为什么 100000whys”“十万个为什么 100000whys”标识。××A 公司、甲鞋业公司、乙鞋业公司在乙电商店铺等多个平台的店铺内出售的童鞋商品上使用“100000whys”“?”标识。某儿童出版社主张“十万个为什么”应作为有一定影响的商品名称保护，两权利商标应被认定为驰名商标，前述三被告行为不仅构成不正当竞争，也构成对其注册商标专用权的侵害。某信息技术公司作为乙电商平台的经营者，为三被告商标侵权行为提供了帮助。

【案件焦点】

1. 权利商标是否能被认定为驰名商标；2. 被诉侵权行为是否构成商标侵权及不正当竞争。

【法院裁判要旨】

上海知识产权法院经审理认为：在权利商标被注册前，“十万个为什么”系列图书在少儿科普图书领域享有很高的知名度和美誉度，被相关公众广为知悉，已经具备了识别图书商品来源的属性特征，可以作为有一定影响的商品名称保护。××A公司使用“十万个为什么”作为其企业字号及多个平台的店铺名称，构成擅自使用某儿童出版社有一定影响的商品名称的不正当竞争行为。该被告在某平台上的相关宣传行为亦构成虚假宣传。被诉侵权商品为童鞋，与某儿童出版社商标核定使用的商品类别既不相同也不类似，故有必要对该商标是否驰名作出判定。某儿童出版社“十万个为什么”商标被注册前，已开始使用于《十万个为什么》杂志中，该商标主要部分是“十万个为什么”，故“十万个为什么”在科普图书领域所积累的高知名度自然会延续至该商标。该商标经过某儿童出版社持续使用及广泛宣传，已经具有很高的知名度和市场声誉，应被认定为驰名商标。三被告在童鞋上使用“100000whys”标识的行为，虽属于对其注册商标的使用，但系复制、摹仿或者翻译某儿童出版社驰名商标，具有攀附某儿童出版社驰名商标知名度的主观故意，已造成相关公众的混淆，构成对某儿童出版社注册商标专用权的侵害。某儿童出版社“十万个为什么”商标的主要部分即为“**十万个为什么**”，其注册日早于某儿童出版社“**十万个为什么**”商标，“**十万个为什么**”商标的注册日亦晚于被诉侵权行为开始实施的时间。且就某儿童出版社指控的被告与“十万个为什么”有关的使用行为，法院已通过有一定影响的商品名称予以保护。故本案中，并无必要对某儿童出版社“**十万个为什么**”商标是否驰名作出认定，法院对某儿童出版社要求对该商标亦进行驰名商标认定的主张不予支持。鉴于涉案乙电商店铺商品已被禁售，法院对某儿童出版社要求某信息技术公司停止侵权的诉请不再支持。

上海知识产权法院依照《中华人民共和国民法典》第一千一百六十八条,《中华人民共和国商标法》第十三条第一款及第三款、第十四条第一款及第四款、第五十七条第三项及第七项、第六十三条第一款及第三款,《中华人民共和国反不正当竞争法》第六条第一项、第八条第一款,《最高人民法院关于审理商标民事纠纷案件适用法律若干问题的解释》第一条第二项、第九条第二款、第十条,《最高人民法院关于审理涉及驰名商标保护的民事纠纷案件应用法律若干问题的解释》第一条、第二条第一项、第五条第一款及第三款、第十一条,《最高人民法院关于适用〈中华人民共和国反不正当竞争法〉若干问题的解释》第四条、第十二条第一款及第二款、第十七条、第二十三条、第二十五条之规定,判决如下:

一、××A 公司、甲鞋业公司、乙鞋业公司于本判决生效之日立即停止侵害某儿童出版社第 17××619 号注册商标专用权的行为;

二、被告××A 公司于本判决生效之日立即停止对某儿童出版社的不正当竞争行为并于本判决生效之日起三十日内立即停止使用其企业名称;

三、被告××A 公司就其实施的商标侵权及不正当竞争行为,被告甲鞋业公司、乙鞋业公司就其实施的商标侵权行为于本判决生效之日起三十日内在《中国知识产权报》非中缝版面刊登声明、消除影响(刊登声明的内容需经法院核准)。逾期不履行的,由法院在上述报纸刊登本案判决书内容,费用由被告××A 公司、甲鞋业公司、乙鞋业公司承担;

四、被告××A 公司、甲鞋业公司、乙鞋业公司就其实施的商标侵权行为于本判决生效之日起十日内赔偿某儿童出版社经济损失人民币 50 万元;

五、被告××A 公司就其实施的不正当竞争行为于本判决生效之日起十日内赔偿某儿童出版社经济损失人民币 30 万元;

六、被告××A 公司、甲鞋业公司、乙鞋业公司于本判决生效之日起十日内赔偿某儿童出版社合理费用人民币 108000 元;

七、驳回某儿童出版社的其余诉讼请求。

××A 公司、甲鞋业公司、乙鞋业公司不服一审判决，提起上诉。

上海市高级人民法院同意一审法院裁判意见，判决：

驳回上诉，维持原判。

【法官后语】

当驰名商标与注册商标产生权利冲突时，首先需要对被告商标使用情况进行审查，若被告行为确属对其注册商标的使用范围，根据《最高人民法院关于审理涉及驰名商标保护的民事纠纷案件应用法律若干问题的解释》第十一条的规定，若原告商标能作为驰名商标保护，而被告商标属于复制、摹仿或者翻译原告驰名商标的，原告有权要求禁止被告使用。因此，驰名商标案件中，法院有权就该类权利冲突问题进行审查。本案中，被诉侵权商品为童鞋，被告商标核定使用的商品类别包括鞋，故被告确实是在其注册商标核定范围内使用其商标。此时，原告、被告商标权产生了权利冲突。此类案件中，唯有原告商标满足驰名商标保护的条件下，其才有权要求禁止被告使用。审判实践中，在对原告商标驰名度的认定时，通常涉及对“认驰”必要性和“认驰”时间点的把握。

一、“认驰”必要性的把握

司法认定驰名商标应坚持按需认定、被动认定、个案认定、事实认定原则①。按需认定意味着在案件审理确有必要的情况下，法院才能够并且也应当在个案中认定驰名商标。当权利人请求认定多枚商标驰名的情况下，可以根据案件处理需要，在确保权利人获得充分救济的前提下，认定其中一枚或部分商标驰名。如当被请求认定驰名的商标可以被另一个商标完全包含在内时，仅需要认定将其完全包含在内的商标为驰名商标，被包含的商标可以通过属于驰名商标的主要部分进行延伸保护，而并不必将其认定为驰名商标；多个被请求认定为驰名商标的商标注册时间不同且商标主要部分存在重合的，应认定注册时间更早的商标为驰名商标，其可以延伸保护到注册时间更晚的商标，因此注册

① 袁春晓：《商标法通识》，知识产权出版社 2020 年版，第 189 页。

时间较晚且是其他商标主要部分的商标没有“认驰”的必要，仅需要通过认定注册时间在先的商标即可受到延伸保护。此外，若与涉案商标有关的被控侵权行为可以通过其他法律规定予以救济的，亦无需将其认定为驰名商标。

本案中，某儿童出版社请求将“十万个为什么”“十万个为什么”两枚商标认定为驰名商标，其中，“十万个为什么”属于“十万个为什么”商标的主要部分，且其注册日较晚，与其有关的主要被控侵权行为是××A公司对其企业及店铺名称的使用，而该使用行为法院已通过有一定影响的商品名称予以保护，因此并无必要对“十万个为什么”商标是否驰名作出认定。“十万个为什么”商标核定使用类别为第16类书籍，而被诉侵权行为所涉商标核定类别为第25类童鞋，两者既不相同也不类似，故确有必要对“十万个为什么”商标是否构成驰名商标进行认定。

二、“认驰”时间点的把握

为了维护商标注册制度的稳定性，驰名商标与注册商标权利冲突案件中，在对原告商标驰名度进行审查时，还需要注意对“认驰”时间点的把握。根据《最高人民法院关于审理商标民事纠纷案件适用法律若干问题的解释》的规定，法院在对该类案件进行审查时需要注意的除外情形之一为被告提出注册申请时，原告的商标并不驰名的。即需审查被告提出商标注册申请时有无主观故意的问题，审查在被告提出注册申请时，原告的商标是否已驰名。若已驰名，应当推定被告明知原告商标，被告申请注册行为具有攀附原告商标的主观故意，构成对原告驰名商标的侵害。但若在该节点时原告商标尚未达到驰名程度，即便在这之后，经过原告的经营，其商标已经具备相当高的知名度，在诉讼时可以作为驰名商标考虑，但鉴于在被告申请注册时其尚未驰名，则不能以此作为禁止被告使用其注册商标的理由，相应诉请不应得到支持。

本案在对“认驰”时间点进行审查时，遇到审理难点，即从原告商标核准注册至被告商标申请注册的时间间隔非常短，仅7个多月，根据原告对涉案商标的使用情况，能否认定在被告商标申请注册前，原告商标已能被认定为驰名商标？诚然，权利商标注册时间的长短确实是审判驰名商标案件中通常需要考量的因素。但本案特殊性在于，涉案《十万个为什么》系列图书早在1961年就已首次出版，截至2013年，历时近五十年，已经先后出版六版，累计发行量超过1亿册。其第六版的发行量居当时中国科普读物发行量之首。自《十万个为什么》图书首次出版以来，该系列图书获奖无数，所获奖项中包括“国家级科学技术进步奖”等高规格的奖项，在业界得到很高的评价。“十万个为什么”在少儿科普图书领域已经具有非常显著的商标识别度及很高的知名度。鉴于“”商标主要部分是“十万个为什么”，故“十万个为什么”在科普图书领域所积累的高知名度自然会延续至该商标。该商标被注册后，经过与《十万个为什么》系列图书及周边的持续紧密使用和广泛宣传，“”商标的知名度亦得到进一步提升。因此，原告提供的证据已充分证明，在被告商标申请注册前，“”商标已经具有很高的知名度和市场声誉，能够作为驰名商标保护。且经过原告持续使用及广泛宣传，该商标的知名度持续至今。被告行为已构成对原告驰名商标注册商标专用权的侵害。

编写人：上海知识产权法院　杜灵燕

36

“店招”攀附注册商标构成商标性使用

——佛山市凯某原创建筑装饰工程设计有限公司诉南平市凯某装饰工程有限公司侵害商标权及不正当竞争案

【案件基本信息】

1. 裁判书字号

福建省南平市中级人民法院（2023）闽07民终434号民事判决书

2. 案由：侵害商标权及不正当竞争纠纷

3. 当事人

原告（上诉人）：佛山市凯某原创建筑装饰工程设计有限公司

被告（上诉人）：南平市凯某装饰工程有限公司

【基本案情】

香港凯某集团是第2××3号“凯某”注册商标权利人。“凯某”商标于2018年3月21日核准注册，核定使用服务为第42类“包装设计、室内装饰设计”等，有效期至2028年3月20日。佛山市凯某原创建筑装饰工程设计有限公司（以下简称佛山凯某公司）成立于2015年12月16日，经营范围包括建筑装饰业、工程勘察设计。佛山凯某公司经香港凯某集团授权获得前述商标的独占许可使用权，并有权就任何侵害案涉商标专用权行为提起侵权诉讼。2020年5月12日，南平市凯某装饰工程有限公司（以下简称南平凯某公司）经登记注册为有限责任公司，经营范围为装饰装修工程设计、施工。

佛山凯某公司经委托公证机关调查发现，南平凯某公司未经许可擅自在其店招、前台、图纸等位置使用“凯某”等商标标识；商铺前台接待人员潘某及设计师廖某在聊天过程中均提到案涉商铺系香港品牌，系全国连锁公司，廖某陈述其丈夫与香港凯某集团老板是同乡。佛山凯某公司认为，南平凯某公司的行为属于在相同/类似服务上使用与第2××3号“凱某”注册商标相同/近似商标的行为，已侵犯佛山凯某公司注册商标专用权，同时还违反《中华人民共和国反不正当竞争法》，具有混淆和引人误解的商业宣传行为，因此诉请法院判令南平凯某公司立即停止侵害佛山凯某公司第2××3号“凱某”注册商标专用权的行为、变更工商名称，并赔偿经济损失及维权合理费用共计120000元，登报赔礼道歉等。

【案件焦点】

南平凯某公司在其“店招”上使用“凯某”字样是否构成商标性使用。

【法院裁判要旨】

福建省武夷山市人民法院经审理认为：香港凯某集团系第2××3号“凱某”注册商标专用权人，该商标尚属保护期限内，其商标专用权应受法律保护。佛山凯某公司获香港凯某集团授权独占许可使用该商标，其可以原告身份主张该商标侵权的相关权利。本案中，南平凯某公司的企业字号中使用了他人注册商标“凱某”，虽然后者为繁体字，但并不影响公众将“凯某”与“凱某”作出同一性识别。当然，南平凯某公司的企业字号也是经过工商部门依法登记注册的，若未刻意误导公众，该企业字号本身并不当然构成侵权。但南平凯某公司在其店招、店内墙面上突出“凯某装饰”“凯某整装”字样，且南平凯某公司与香港凯某集团、佛山凯某公司的经营范围类似，均以室内装修设计为主营业务；在开展业务营销宣传时，南平凯某公司也有向客户表明其为“香港品牌”的宣传行为。因此南平凯某公司的上述行为属于突出性使用他人注册商标，构成《中华人民共和国商标法》意义上的“商标性使用”，侵犯了佛山凯某公司的商标专用权，应承担停止侵权、赔偿损失的民事责任。但如前分析，南平凯某公司的行为构成“商标性使用”侵权，而非不正当竞争行为，其正当使用企业字号的权利仍应受到保护，不应承担“变更工商名称”的法律后果。

福建省武夷山市人民法院依照《中华人民共和国商标法》第四十八条，第五十七条，第六十三条第一款、第二款、第三款，《中华人民共和国民事诉讼法》第六十七条第一款，《最高人民法院关于审理商标民事纠纷案件适用法律若干问题的解释》第九条规定，判决如下：

一、南平凯某公司立即停止侵害佛山凯某公司第2××3号“凯某”注册商标的行为；

二、南平凯某公司应于本判决生效之日起十日内赔偿佛山凯某公司经济损失及维权合理费用合计人民币20000元；

三、驳回佛山凯某公司的其他诉讼请求。

判决作出后，双方均提起上诉，福建省南平市中级人民法院同意一审法院裁判意见，判决：

驳回上诉，维持原判。

【法官后语】

《中华人民共和国商标法》第四十八条规定，本法所称商标的使用，是指将商标用于商品、商品包装或者容器以及商品交易文书上，或者将商标用于广告宣传、展览以及其他商业活动中，用于识别商品来源的行为。从这一规定不难看出，商标的基本特征在于识别商品或者服务来源，商标性使用的目的是引导消费者识别商品或服务来源，从而购买其认可的商品，帮助商品提供者与消费者在市场上建立起重要的联系。因此，在审理商标侵权案件中，审查被告的行为是否构成“商标性使用”至关重要。

司法实践中，是否构成“商标性使用”，应综合考量以下三个方面因素：一是行为人在主观上是否善意；二是被诉标志的使用方式是否正当；三是使用被诉标志的后果是否会对相关公众造成混淆和误认。

其一，使用目的是否具有善意。商标法上的善意、恶意是从有无竞争的角度加以判断的。所谓善意，就是要么不知他人商标已注册，要么虽然知道注册，但未以恶意方式使用。恶意则是指虽知情却抱着不正当竞争目的使用。对此可以参考注册商标的显著性、知名度、使用行为发生的时间等进行判断。本案中，商标所有权人香港凯某集团在室内装饰行业具有一定知名度，南平凯某公司与佛山凯某公司处于同一行业，且无正当理由使用与注册商标相同的标志，同时在招揽顾客时也特意表明其为“香港品牌”，容易让消费者产生南平凯某公司与香港凯某集团间存在联系，应认定其主观上有攀附和“搭便车”之嫌。

其二，使用方式是否具有正当性。主要考量被诉使用方式是否具有必要性和合理性：“必要性”通常要求使用者限于为说明商品而不可避免地使用商标中的标志，即若不使用该标志，将难以描述相关商品；“合理性”则考量行为人在使用他人商标标志时，是否附加了相应的说明性文字，标示了自己的商标或是否符合通常的行业惯例等。本案中，“凱某”实际上是姓氏商标，通过香港凯某集团、佛山凯某公司的使用而具有“第二层含义”。南平凯某公司与“凯某”这一姓氏本身并没有任何联系点，也无法说明以“凯某”作为商号及店招的理由，却在其店招、店内墙面上突出了“凯某装饰”“凯某整装”等字样，虽然“凱某”商标为繁体字，但并不影响公众将“凯某”与“凱某”作出同一性识别，不能认为南平凯某公司的使用具有必要性和合理性，因此应当认定为商标性使用。

其三，使用后果是否会造成相关公众混淆和误认。“混淆可能性”是商标侵权案件的试金石。虽然南平凯某公司已依法将“凯某”登记为工商字号，但因“凱某”字样已被注册为商标，南平凯某公司在使用“凯某”字样进行广告宣传等行为时，应特别注意不能对相关公众造成混淆和误认。需要注意的是，注册商标和企业字号在市场经济活动中，扮演着相似的法律角色，二者都是为了将特定生产经营者所提供的商品和服务与其他经营者相区分，使相关公众可以有效地对特定商品或服务的提供者进行识别，从而起到引导消费选择和提供质量保证的作用。《企业名称登记管理规定实施办法》第三十四条规定，企业认为其他企业名称侵犯本企业名称合法权益的，可以向人民法院起诉或者请求为涉嫌侵权企业办理登记的企业登记机关处理。从上述规定可以看出，市场监管部门在审核相关主体的注册名称时，并不对工商主体字号名称是否侵害他人权利进行实质性审核，其核准注册的工商主体字号名称并不当然排除侵害他人权利的可能性，即当工商主体字号与他人注册商标相同时，不能成为其在店招门头中使用注册商标显著性文字的理由，这种突出使用的行为仍然构成对他人注册商标权的侵害。本案中，南平凯某公司在店招中使用的虽然是其工商字号中的字样，但因该字样为他人注册商标，其突出使用行为、攀附宣介行为结合，容易导致相关公众的混淆与误认，因此构成商标侵权。

编写人：福建省武夷山市人民法院　余崇斌　张慧云

（三）专利权权属、侵权纠纷

37

合理平衡先用权人与专利权人之间利益关系

——崔某诉拜泉县某农机有限公司侵害外观设计专利权案

【案件基本信息】

1. 裁判书字号

黑龙江省齐齐哈尔市中级人民法院（2023）黑02民初46号民事判决书

2. 案由：侵害外观设计专利权纠纷

3. 当事人

原告：崔某

被告：拜泉县某农机有限公司

【基本案情】

崔某于2019年10月25日向国家知识产权局申请“水箱（防高温）”的外观设计专利，该专利授权公告之日为2020年5月5日，专利号为：

ZL20193××1.7，专利仍在保护期内。专利简要说明记载：该外观设计产品的用途为农用机水箱；设计要点在于形状；最能表明设计要点的图片或照片为使用状态图。2023年5月，崔某在拜泉县某农机有限公司经营场所发现其销售与案涉专利权产品外观相似商品，认为侵犯了崔某的外观设计专利使用权。拜泉县某农机有限公司称，该种水箱为大型农机车用水箱，其公司的李某曾经营修理部多年，早在崔某申请案涉专利前已生产该类型加工水箱，因此该外观设计并非崔某发明，只是被其先注册专利。

【案件焦点】

1. 涉诉侵权产品是否落入崔某涉案外观设计专利权的保护范围；2. 拜泉县某农机有限公司主张的先用抗辩权能否成立。

【法院裁判要旨】

黑龙江省齐齐哈尔市中级人民法院经审理认为：拜泉县某农机有限公司享有案涉专利先用权，侵权产品落入案涉专利权的保护范围，是在原有范围内的继续制造、使用，因此驳回崔某的诉讼请求。

一、涉诉侵权产品是否落入崔某涉案外观设计专利权的保护范围

崔某系案涉专利号为ZL20193××1.7、名称为“水箱（防高温）”的外观设计专利的所有权人，该专利合法有效。任何单位或者个人未经专利权人许可，不得为生产经营目的制造、许诺销售、销售其外观设计专利产品，否则应承担相应法律责任。根据《中华人民共和国专利法》第六十四条第二款的规定，外观设计专利权的保护范围以表示在图片或者照片中的该产品的外观设计为准，简要说明可以用于解释图片或者照片所表示的该产品的外观设计。《最高人民法院关于审理侵犯专利权纠纷案件应用法律若干问题的解释》第八条规定，在与外观设计专利产品相同或者相近种类产品上，采用与授权外观设计相同或者近似的外观设计的，人民法院应当认定被诉侵权设计落入《中华人民共和国专利法》第五十九条第二款规定的外观设计专利权的保护范围。第十条规定，人民法院应当以外观设计专利产品的一般消费者的知识水平和认知能力，判断外

观设计是否相同或者近似。本案中，涉诉侵权产品与案涉专利均系农机车用水箱，属于相同种类，经比对，两者外观基本相同，无明显差异，因涉诉侵权产品与案涉专利整体视觉效果上无实质性差异，故认定涉诉侵权产品落入案涉专利权的保护范围。

二、拜泉县某农机有限公司主张的先用抗辩权能否成立

根据《中华人民共和国专利法》第七十五条之规定："有下列情形之一的，不视为侵犯专利权……（二）在专利申请日前已经制造相同产品、使用相同方法或者已经作好制造、使用的必要准备，并且仅在原有范围内继续制造、使用的……"该公司于 2016 年 4 月 6 日注册，2019 年 3 月 23 日通过某短视频平台发布涉诉侵权产品的视频，而案涉外观设计专利于 2019 年 10 月 25 日申请，通过比对时间可以认定该公司在案涉专利申请日前已制造相同产品，享有案涉专利先用权，该公司在原有范围内的继续制造、使用的行为，并未超过《中华人民共和国专利法》规定的"原有范围"。

黑龙江省齐齐哈尔市中级人民法院依据《中华人民共和国专利法》第十一条第二款、第六十四条、第七十五条，《最高人民法院关于审理侵犯专利权纠纷案件应用法律若干问题的解释》第八条、第十条，《中华人民共和国民事诉讼法》第六十七条第一款的规定，判决如下：

驳回崔某的诉讼请求。

宣判后，双方当事人均未上诉，一审判决已经生效。

【法官后语】

先用权是指专利申请前，已经有人制造相同产品、使用相同方法或者已经作好制造、使用的必要准备，则在申请人的专利获批后，上述人员可在原有范围内继续制造或者使用的权利。本案即合理平衡了先用权人与专利权人之间的利益关系，允许先使用人在原使用范围内继续制造、使用农机产品。

在人民法院确定先用抗辩权的审查方式时，应以专利权利要求为参照。时间上，先用权人的制造产品或者使用方法或与之相关的准备工作必须发生在专利申请日前；客观行为上，先用权人已经在进行制造产品、使用方法或已经作

好制造产品、使用方法的必要准备；权利行使条件上，先用权人在专利权人获得专利权后可以在原范围内继续制造和使用。本案中，通过比较涉诉侵权产品与涉案专利判断外观设计是否相同或者近似，以确定涉诉侵权产品落入案涉专利权的保护范围为前提，再进行先用抗辩权的确定，充分体现了法院在审理外观设计专利权类案时的价值选择。

一方面体现了对创造性劳动的尊重，在一些领域，如农机设计，会出现专利权人并非最先发明创造的人，先用权人缺乏知识产权保护意识，但他们的发明创造往往是在实践中千锤百炼经过检验而产生的，为社会技术创新、节约人力成本等作出了贡献，因此理应对他们的创造性劳动进行尊重与法律保护；另一方面体现了对公平原则的维护，《中华人民共和国专利法》采用先申请制，通过专利权的设立保护优先申请专利的人，但在实践中也会出现最先做出或使用发明专利创造的主体并不是最先提出专利权申请人，因此《中华人民共和国专利法》通过设立先用权抗辩制度用以平衡，同时防止滥用专利权，排除或者限制竞争，构成垄断、恶意竞争的行为。本案充分体现了保护知识产权就是保护创新，通过司法审判保护农机领域的发明创造，守护创新的土壤，既是对发明创造的充分尊重，也是鼓励更多在农机领域的实践者与发明者加入保护自身创造性劳动的行列中，为推动社会经济高质量发展提供有力保障。

编写人：黑龙江省齐齐哈尔市中级人民法院　刘捷

38

使用侵权外包装对其他产品进行包装的行为性质认定

——陆某诉某贸易公司等侵害外观设计专利权案

【案件基本信息】

1. 裁判书字号

广西壮族自治区高级人民法院（2023）桂民终242号民事判决书

2. 案由：侵害外观设计专利权纠纷

3. 当事人

原告（被上诉人）：陆某

被告（上诉人）：某贸易公司、韦某

被告：某食品公司

【基本案情】

陆某是名称为“包装袋”、专利号为“ZL2020××××1307.4”的外观设计专利权人。专利简要说明载明该专利产品的用途为包装产品，设计要点在于形状与图案的结合。陆某向法院提交了证人蒙某在市场上购买的被诉侵权蛋黄酥产品，该产品外包装上注明生产厂家为某食品公司。陆某以某食品公司生产、销售侵权产品为由诉至法院。后因诉讼中某食品公司提交了其与某贸易公司之间的《代工协议》作为证据，陆某申请追加某贸易公司及其法定代表人韦某为本案被告，认为某贸易公司与某食品公司共同实施了制造、销售侵权产品的行为，并变更诉请为：（1）判令某食品公司赔偿陆某经济损失及维权合理开支合计274931.25元；（2）判令某贸易公司、韦某对第一项诉讼请求承担连带责任。

【案件焦点】

某食品公司、某贸易公司使用侵权外包装来包装蛋黄酥食品的行为是否侵害了涉案外包装专利权。

【法院裁判要旨】

广西壮族自治区南宁市中级人民法院经审理认为：制造外观设计专利产品是指，专利权人的授权图片或者照片中的外观设计产品被实现。本案中，涉案外观设计专利产品为包装袋。根据查明事实，某食品公司仅是完成制作蛋黄酥后使用某贸易公司提供的包装袋加工成蛋黄酥产品成品，并交付某贸易公司，没有证据证明某食品公司制造了被诉侵权包装袋，某食品公司对其使用的被诉侵权包装袋也提供了送货单等证据证明其来源。被诉侵权包装袋上标识生产厂家为某食品公司，在一般消费者看来指向的是蛋黄酥产品的生产厂家为某食品公司，而非包装袋的生产厂家，该标识行为不应认定为专利法意义上的制造行为。陆某亦未提交证据证明某贸易公司存在制造被诉侵权包装袋的行为。故某食品公司、某贸易公司不存在制造侵权外包装产品的行为。

某贸易公司委托某食品公司生产涉案蛋黄酥产品并进行销售，其销售的蛋黄酥产品所使用的被诉侵权包装袋落入了涉案专利权的保护范围，故某贸易公司存在销售侵害涉案专利权的产品的行为，侵害了陆某享有的涉案专利权。某食品公司根据某贸易公司的委托加工完成后将成品交付某贸易公司，不构成销售，且没有证据证明某食品公司对某贸易公司销售蛋黄酥存在共同意思联络，故法院对陆某主张某食品公司存在销售侵权不予支持。

广西壮族自治区南宁市中级人民法院依照《中华人民共和国民法典》第一百七十九条第一款第八项，《中华人民共和国专利法》第十一条第二款、第六十四条第二款、第七十一条第一款至第三款，《中华人民共和国公司法》第六十三条，《最高人民法院关于审理侵犯专利权纠纷案件应用法律若干问题的解释》第八条、第十一条，《中华人民共和国民事诉讼法》第六十七条第一款规定，判决如下：

一、某贸易公司于本判决生效之日起十日内赔偿陆某经济损失及维权合理开支共计 50000 元；

二、被告韦某对被告某贸易公司的上述第一项债务承担连带责任；

三、驳回原告陆某的其他诉讼请求。

某贸易公司、韦某不服一审判决，提起上诉。

广西壮族自治区高级人民法院同意一审法院裁判意见，判决：

驳回上诉，维持原判。

【法官后语】

未经许可将（不侵权的）零配件组装成侵权专利产品的行为属于专利法意义上的制造行为。但在外包装外观设计专利侵权案件中，组装（包装）的行为性质认定具有一定特殊性。这是因为，外包装专利的专利产品和侵权产品都仅是外包装本身，但除了个别专门生产、销售外包装的商家外，大部分的外包装产品都是与其他产品结合形成成品后才进入终端市场，外包装属于整体成品中的“侵权零配件”。此时，无法直接适用前述的组装行为认定规则，而是应该参照《最高人民法院关于审理侵犯专利权纠纷案件应用法律若干问题的解释》（以下简称《解释》）第十二条的规定，认定仅有将侵犯外观设计专利权的产品作为零部件，制造另一产品并同时进行销售的行为，才属于侵权销售行为。

首先，从《解释》第十二条的规定看，将侵犯外观设计专利权的产品作为零部件的组装行为，不应构成制造行为，仅在同时存在后续销售行为的情况下，才会一并被认定为侵权销售行为。从行为本质上看，将外包装作为零部件组装（包装）其他产品的行为，显然不属于制造外包装的行为，而专利法中亦未对“使用”外观设计专利的行为作出规制，因此，该行为属于对外包装专利的使用行为，在未进行后续销售的情况下，仅组装（包装）行为不应认定为侵权。

其次，该条款中的后续“销售”行为应当作狭义理解，仅指通过独特的富有美感的外观设计获得利润的行为，不包括通过组装等其他加工工作获得利润的行为。市场分工日益细化，每个成品商品的背后通常都包含数个加工环节，而在侵权认定时，应当准确区分不同环节的行为及盈利实质，防止对权利的过度保护。在外包装外观设计专利案件中，权利人取证购买的侵权成品背后，通常会包含以下生产环节和主体：外包装生产、销售商（主动销售、受托定制）→外包装购买方（单纯购买、给图定制）→内装产品生产商、销售商→组装加工方（将外包装、内装产品等打包、组装、封袋）→成品销售商（将成品对外销售）。前述主体有可能重合或主体之间存在故意、共同侵权的情形；但无论具体的行为主体是一个还是多个，从行为的角度看，该链条中仅有第一个及最后一个行为应当被认定为侵权销售行为。其中，第一个行为，属于单纯的生产、销售外包装专利的行为，不涉及组装、成品环节，可以直接适用一般专利侵权对生产、销售行为的判断方法进行侵权认定；而最后一个行为，则是面向成品消费者的销售行为，该行为属于《解释》第十二条中的将外包装作为零部件制造另一产品“并销售”的行为。而除此之外，其他生产环节中，即使行为主体使用了该外包装进行加工，但该行为并非通过销售外包装盈利，而仅是提供劳务行为获取相应对价，此类中间行为均不应认定为对侵权外包装的销售行为。

最后，对于前述各个生产环节的查实，应由被告进行举证。成品产品包装上如明确载明了外包装生产者及包装内产品的生产者，则可以以此作为认定侵权外包装生产者的初步证据；如该包装上仅注明一个生产者，此时通常也可以推定该生产者应为整个成品的生产者，亦为产品各部件的制造者。若被告提出抗辩，则应由其来举示外包装、包装内产品及成品的生产、销售过程相关证据。

本案中，法院根据某食品公司的举证查明，某食品公司虽为侵权蛋黄酥产品外包装上注明的唯一生产商，但其已提交《代工协议》证明其受某贸易公司委托生产蛋黄酥食品，并将该食品装入某贸易公司提供的外包装中形成成品交付该贸易公司，故法院认为某食品公司根据《代工协议》获取生产蛋黄酥及组装工作的相应对价，不属于通过销售“外包装”或“外包装+产品”获取利益，故某食品公司的行为属于生产环节中的“组装加工方”，不应认定为《解释》第十二条规定的销售侵权行为；而根据在案证据，某贸易公司提供的外包装亦是从案外人公司处购得，虽然某贸易公司在本案中未以其与案外人公司之间的关系提出合法来源抗辩，但亦不宜认定某贸易公司存在生产外包装的行为，某贸易公司仅为“外包装购买方”和“成品销售商”，因此，法院仅认定某贸易公司向市场销售使用了侵权外包装的蛋黄酥成品的行为，符合《解释》第十二条规定的构成要件，属于销售侵权。

在市场分工日益细化的大背景下，应准确把握知识产权保护的边界，更注重对零部件生产、销售各环节行为性质、行为特点的查实，区分整体产品中不同部分所享有的权利及其保护范围；本案正确认定了外包装专利侵权案件中各行为人的责任，合理分配举证责任，准确区分产品整体制造者和零部件制造者，对类案有一定的指导意义，通过准确的法律适用，为新质生产力发展提供了公平、优质的司法保护。

编写人：广西壮族自治区南宁市中级人民法院　韦丛君

39

单纯增产不视为先用权抗辩中的超范围使用在先技术

——安徽某材料科技股份有限公司诉江西某矿机股份有限公司侵害实用新型专利权、侵害外观设计专利权案

【案件基本信息】

1. 裁判书字号

最高人民法院（2023）最高法知民终1106号民事判决书

2. 案由：侵害实用新型专利权、侵害外观设计专利权纠纷

3. 当事人

原告（上诉人）：安徽某材料科技股份有限公司

被告（被上诉人）：江西某矿机股份有限公司

【基本案情】

涉案外观设计专利系名称为“半自磨机复合衬板（二）”、专利号为ZL20173052××××；授权公告日为2018年4月10日；涉案实用新型专利系名称为“用于自磨机和半自磨机的橡胶金属复合格子板”、专利号为ZL20202226××××；授权公告日为2021年8月10日；两专利的专利权人为安徽某材料科技股份有限公司。

2016年1月11日，江西某矿机股份有限公司与案外人云南某股份有限公司签订半自磨机筒体复合衬板试用事宜的试用协议。2016年11月18日，双方就半自磨机筒体复合衬板采购事宜签订供需合同。庭前会议上，江西某矿机股份有限公司工作人员远程登录该公司CA×A PLM协同管理系统，展示了筒体衬板（创建时间为2016年6月29日）的技术图纸。该设计用于大型半自磨机，其整体近似薄壁扁圆筒形，由多个近似长矩形的单元沿产品周向紧密排列组合而成，产品内周侧有向内凸起的近似梯形齿状结构（提升条）。2019年6月18日，江西某矿机股份有限公司与案外人云南某锌锢股份有限公司签订半自磨机橡胶复合衬板（含外圈顽石窗即复合格子板）的供货合同。庭前会议上，江西某矿机股份有限公司工作人员远程登录该公司CA×A PLM协同管理系统，展示顽石窗（创建时间为2019年6月21日）的技术图纸。顽石窗所实施的技术方案为，包括橡胶主体和耐磨钢板；耐磨钢板内嵌于橡胶主体的外壁，橡胶主体安装在磨机内的支撑结构上，耐磨钢板开设有若干长条形的格子孔，橡胶主体开设与格子孔一一对应的通孔。

【案件焦点】

1. 被诉筒体衬板是否落入涉案外观设计专利的保护范围，被诉复合格子板是否落入涉案实用新型专利的保护范围；2. 江西某矿机股份有限公司提出的先用权抗辩是否成立。

【法院裁判要旨】

江西省景德镇市中级人民法院经审理认为：将涉案专利证书所载的立体图、

设计要点及《检索报告》与被诉产品进行比对，二者整体视觉效果无实质性差异，属近似的外观设计，被诉筒体衬板落入涉案外观设计专利权的保护范围。本案中，被诉复合格子板照片已显示耐磨钢板、格子孔等技术特征，符合涉案实用新型专利权利要求1的技术特征。考虑到被诉复合格子板系案外人正在使用的大型机械的组成部分，导致原告举证存在困难，被诉复合格子板的技术特征与涉案实用新型专利权利要求1中所包含的技术特征相同存在高度可能性，故认定被诉复合格子板落入涉案实用新型专利权的保护范围。

江西某矿机股份有限公司提出先用权抗辩。将被告在涉案实用新型专利申请日之前生产销售的顽石窗产品的技术特征与涉案实用新型专利权利要求1的技术特征进行比对，二者技术特征相同，系相同产品。将被告在涉案外观设计专利申请日之前生产销售的筒体复合衬板产品与涉案外观设计专利进行比对，二者产品用途相同，属于相同种类的产品，在整体视觉效果上并无实质性差异，系相同产品。

综上，法院认定江西某矿机股份有限公司在涉案专利申请日前已经制造并销售了相同产品，且安徽某材料科技股份有限公司无证据证明江西某矿机股份有限公司超出原有范围制造销售，江西某矿机股份有限公司的先用权抗辩成立。故江西某矿机股份有限公司制造销售被诉复合格子板、被诉筒体衬板的行为不视为侵犯专利权。

江西省景德镇市中级人民法院依照《中华人民共和国专利法》第六十四条、第七十五条第二项，《最高人民法院关于审理侵犯专利权纠纷案件应用法律若干问题的解释》第七条、第八条，《中华人民共和国民事诉讼法》第六十七条、第一百四十五条之规定，判决如下：

驳回安徽某材料科技股份有限公司的全部诉讼请求。

安徽某材料科技股份有限公司不服一审判决，提起上诉。

最高人民法院经审理认为：在案证据不足以证明江西某矿机股份有限公司超出原有范围继续制造被诉侵权产品。已有生产规模并不绝对等同于生产产能，如果生产设备未增加，即使产能有所增加，只要在已有设备可能达到的最大产能范围内，一般也属于原有范围。

最高人民法院依照《中华人民共和国民事诉讼法》第一百七十七条第一款第一项规定，判决如下：

驳回上诉，维持原判。

【法官后语】

专利权是一种合法的对世性、垄断性权利。在某些特定情形下，当专利权的行使可能与社会公众或其中个体的合法权益发生冲突时，一般会对专利权的保护进行一定限制进而合理平衡各方利益，如将在先使用人的特定行为视为不侵权，并允许其在被控侵权时提出抗辩以便得以继续使用。不承担专利侵权责任的在先使用例外，在学理上也常被简称为“先用权抗辩”。

一、规则与实践：解析有效行使先用权抗辩的法定条件

先用权抗辩是基于公平原则对专利保护先申请制度作出的补救措施。在公共政策上，先用权抗辩的适用需要考虑促进产业发展的目的，先用权抗辩的目的是平衡专利权人和先用权人的利益，鼓励创新和技术发展，同时保护专利权人的合法权益。在先使用理论上包括除了进口之外的所有可以构成专利侵权的国内实施行为，而不仅限于制造和使用。先用权抗辩是否成立，与被控侵权人是否能提供充分的法院可采信的证据相关，即需要以高度盖然性的证据表明“善意”或技术来源合法，并已经实施或为实施做好“必要准备”，以及在“原有范围”内继续实施与专利权人相同或等同的技术方案。

（一）提出先用权抗辩主体的界定

只有先澄清被告的主体资格和技术来源的合法性，才有适用先用权抗辩的余地。在我国，虽然立法并未明确，但实践中关于先用权抗辩的适用前提，即在先制造产品或者使用的方法，应是先用权人自己独立研究完成或者以合法手段取得的，而不是在专利申请日前抄袭、窃取或者以其他不正当手段从专利权人那里获取的。《最高人民法院关于审理侵犯专利权纠纷案件应用法律若干问题的解释》进一步将这一前提条件概述为“被诉侵权人以非法获得的技术或者设计主张先用权抗辩的，人民法院不予支持”。换言之，先用权抗辩的适用主

体并不仅仅是独立开发技术并直接实施的人，也可以是关联企业等合法合理合规使用该技术的人。只要不是非法获得的技术，合法使用人就可以主张该例外。不过，尽管法院对抗辩主体的资格标准可适当放宽，但在适用于化学生物制药等新产业领域时，由于实施发明的过程漫长复杂、参与主体多，需要完成临床试验环节和获得上市销售许可，被告的先用权抗辩的证明责任较难完成。因此，申请日之前已经合法获得独立发明人的许可而实施或为此做好准备的且尚在合同期内的被许可人，也可以主张先用权抗辩。在申请日之后，只有一并受让或继承经营主体资格的人才可以主张先用权抗辩。

（二）先用权抗辩成立的法定条件

根据《中华人民共和国专利法》第七十五条第二项的规定，“在专利申请日前已经制造相同产品、使用相同方法或者已经作好制造、使用的必要准备，并且仅在原有范围内继续制造、使用的”，不视为侵犯专利权。因此，先用权抗辩成立需满足以下基本条件：第一，涉案专利技术方案与被诉侵权人所主张实施的在先技术方案构成相同或等同，并且在先技术方案与被诉侵权技术方案构成相同或等同；第二，在先实施行为发生在涉案专利申请日之前，包括已经制造相同产品、使用相同方法，或者已经作好制造、使用的必要准备；第三，先用权的制造或使用行为仅限于原有的范围之内，包括专利申请日前已有的生产规模以及利用已有的生产设备或者根据已有的生产准备可以达到的生产规模；第四，先用权人所实施的应该是其独立完成或者合法获得的技术。

本案中，江西某矿机股份有限公司为被诉侵权产品的生产者和销售者，其可在诉讼中主张先用权抗辩。经法院进行现场勘验及侵权比对认定被诉侵权产品落入涉案专利的专利权保护范围，且根据法院查明事实，其实施生产销售行为的时间早于涉案专利的申请日，被诉侵权产品亦由其自行独立生产，其提出的先用权抗辩能否成立的关键在于生产制造行为是否限于原有的范围之内的判定。

二、平衡与制约：“原有范围”在先用权抗辩中的理性分析

先用权抗辩的法律效果是被控侵权人可以依法继续免费实施专利，因此其

适用范围的划定与专利权人利益攸关。先用权抗辩中“原有范围”通常包括专利申请前已有的生产规模及根据已有生产设备或准备可以达到的生产规模。

（一）在“原有范围”继续实施的理解

根据《最高人民法院关于审理侵犯专利权纠纷案件应用法律若干问题的解释》第十五条的规定，原有范围包括专利申请日前已有的生产规模以及利用已有的生产设备或者根据已有的生产准备可以达到的生产规模，不包括转让和许可的范围，但包括随原有企业一并转让或者继承的范围。在审理专利侵权纠纷中，先用权抗辩的核心在于“原有范围”的界定，这通常涉及以下几个方面：一是生产规模。原有范围通常包括专利申请前已经存在的生产规模。如果先用权人的生产规模在专利申请日之前已经确定，那么他们可以在这一规模内继续其制造或使用行为。二是生产设备。如果生产设备在专利申请日之前已经存在，那么先用权人可以使用这些设备在原有的规模内继续生产，即便这可能导致产能的增加。三是技术方案。先用权人必须证明其在专利申请日之前已经实施或为实施做好了必要的准备，且该技术方案与专利技术相同或等同。四是地域限制。先用权的实施通常被限定在特定的地域范围内，先用权人不能随意扩展到新的地域。在具体案件中，法院应综合考虑包括生产能力、产品或服务类型、地域范围以及转让等因素。

（二）“生产规模”的进一步解释

《中华人民共和国专利法》第七十五条要求在先使用人“仅在原有范围内继续制造、使用”。根据《最高人民法院关于审理侵犯专利权纠纷案件应用法律若干问题的解释》第十五条第三款的规定，原有范围包括专利申请日前已有的生产规模以及利用已有的生产设备或者根据已有的生产准备可以达到的生产规模。从这一规定看，司法实践中对先用权抗辩的“原有范围”要件理解的关键词是“生产规模”。但司法解释并没有进一步说明什么是“生产规模”。在实践案例中，法院对“生产规模”的解释比较灵活，态度趋向于宽松，主要体现在以下两个方面。

其一，“生产规模”用词显示出基于有形产品生产制造的量化标准。这一标准与长期以来我国积累的先用权抗辩案例主要涉及制造业的设备、产品、工艺流程相关，也反映出这些实际案件主要涉及新产品发明专利和实用新型专利。从近些年来我国关于先用权抗辩适用的情况看，法院在“原有范围”判定时对“生产规模”的解释也较为灵活。

其二，《中华人民共和国专利法》第七十五条要求在先使用人必须在专利申请日前已经制造相同产品、使用相同方法，或为此做好了必要准备，但不论是立法还是司法解释，都没有对什么是“相同”产品或方法作出进一步说明。但《最高人民法院关于审理侵犯专利权纠纷案件应用法律若干问题的解释（二）》中明确了“手段、功能、效果”的相同或等同构成侵权。尽管我国对于先用权抗辩制度的立法和司法解释都未对“相同产品”和“相同方法”作出规定，但从体系化角度阐释，先用权抗辩判定也应同样适用等同原则。换言之，在理解先用权抗辩要件的“原有范围”时，应将有“相同”和“等同”技术特征的情形纳入。

（三）“原有范围”的证明标准

《最高人民法院知识产权法庭裁判要旨摘要（2021）》中的最高法知民终508号案件指出，先用权抗辩中“原有范围”的证明标准不宜过高。被诉侵权人已经尽力举证，所举证据能够初步证明其所主张的原有范围具有合理性，专利权人没有提供充分反证予以推翻的，一般可以认定被诉侵权人系在原有范围内实施。原有范围的证据涉及住所地、注册资本和经营范围证据、生产模具、厂房面积、员工数量、生产数量、原料采购数量等反映客观情况的证据。在满足高度盖然性的证明标准，专利权人未提出有力反证的情况下，最终会被法院采信。先用权人通过使用先用权抗辩，能够有效对抗专利权，但前提是有效力的证据。由于在先的技术图纸、工艺文件时间久远，难免有缺失的情况，而且通常是单方证据，在没有证据链相互印证的情况下，可能很难被法院采信。建议除了通常推荐的以公证形式进行证据保全以外，企业应妥善地保存网络电子邮件、微信、云等网络工具进行的沟通记录和相关文件，将来一旦发生侵权纠纷，可以作为证据使用，确保企业在原有范围内继续实施，维护企业利益。

本案中，在案证据不足以证明江西某矿机股份有限公司超出原有范围继续制造被诉侵权产品。其提供的CA×A PLM协同管理系统可查验其制造销售的被诉侵权产品的图纸、技术资料和产品数据，其在涉案专利申请日之前已在持续制造被诉侵权产品，并对外进行销售。专利权人安徽某材料科技股份有限公司若要推翻先用权抗辩则还需继续举证证明江西某矿机股份有限公司制造生产销售被诉侵权产品超出原有范围，否则要承担举证不利后果。

三、增产非侵权：产能扩大与先用权抗辩中范围界定的关系

先用权人在未对技术方案进行根本性改动的前提下，纯粹通过提升产能，且严格遵循原先确立的各项边界条件，诸如不触及其他未经许可的技术领域、不跨界至新的产品或服务分类、不超越地理限制，并持续秉持使用或制造的诚信原则，这种产能的扩容一般不应被解读为越过了先用权保护的界限。值得注意的是，即便企业的实际生产水平未曾达到其设施的理论产能上限，依据先用权原则，企业有权在不增设新设施的基础上，将实际产量合理地扩充至这一潜在的最高阈值，而此行为依旧属于先用权的合法庇护之下。特别是，当产能的这种自然增长完全植根于现存的设备与技术架构内部时，它更是被广泛认同为与先用权精神相契合。

本案中，未有证据证明江西某矿机股份有限公司在涉案专利申请日之后进行厂房扩建、增加生产设备等行为，其在现有设备基础上挖掘生产潜能，应属先用权抗辩中“原有范围”的题中之义。故法院最终认定其先用权抗辩成立，驳回了安徽某材料科技股份有限公司的诉讼请求。

在此类案件的司法审视中，核心议题聚焦于产能的放大是否触发了技术创新层面的变化，是否有向新的商品种类或服务区域的扩张企图，以及是否严格遵守了地域性约束，并维持了使用或制造行为的良性意图。换言之，先用权抗辩的有效性论证不仅限于比较表面的生产量与生产规模，更重要的是审查在不增添新硬件设施的条件下，产能的合理膨胀是否逾越了既有设备的产能极限。若产能的增长维持在这一合理且预设的框架内，先用权抗辩将得到法律的支持，

相关主体也将免予承担任何侵权责任。这一解释框架强调了在技术创新保护与鼓励生产效率提升之间寻求平衡的法律考量。

编写人：江西省景德镇市中级人民法院　胡志勇　贾珺

40

前序部分的限制理解、等同侵权的判定基于对权利要求保护范围所涉结构、部件和连接方式的正确认定

——某环保科技公司诉某再生资源开发公司侵害发明专利权案

【案件基本信息】

1. 裁判书字号

最高人民法院（2022）最高法知民终2161号民事判决书

2. 案由：侵害发明专利权纠纷

3. 当事人

原告（上诉人）：某环保科技公司

被告（被上诉人）：某再生资源开发公司

【基本案情】

2009年12月17日，某大学向国家知识产权局申请名称为“悬振锥面选矿机”的发明专利，2012年11月21日获得授权，专利号为ZL20××1.6。2016年5月13日，专利权人变更为本案某环保科技公司，该专利已缴纳年费，现为有效状态。该专利权利要求1为：一种悬振锥面选矿机，床身带有振动和旋转机构，其特征是：与下层支架通中心的圆环形轨道上装有滚轮，滚轮配置有滚轮电机，下层支架固定有悬挂立柱，用悬挂钩和挂绳悬挂上层支架，上层支架上又装有偏心摆轮机构，偏心摆轮机构中的摆轮轴与摆轮电机连接，床身的锥面

坡度为 3°~10°。

某环保科技公司于 2021 年 12 月 30 日向甲公证处申请对指定的网页进行证据保全。当日，公证人员操作公证处证据保全专用电脑，进入相关网页查看，并进行截屏、录屏。甲公证处于 2022 年 1 月 4 日作出第 6 号公证书。某环保科技公司为此支付公证费 1500 元。根据公证书所附图片，三篇文章中均提及 2020 年 8 月，某再生资源开发公司投资 1500 万元，对原有生产工艺流程进行改造，增加 40 台螺旋流槽选矿机和 28 台悬振锥面选矿机。悬振锥面选矿机是某再生资源开发公司花费 6 年时间自主研发的，通过外戈诺剪切松散理论和流膜选矿原理，有震动和转动两个参数，通过水流把磁选后的精矿再次提质。

根据某环保科技公司的申请，2022 年 5 月 13 日，法院工作人员、某环保科技公司工作人员及委托诉讼代理人一同前往某再生资源开发公司的经营场所，在某再生资源开发公司法定代表人见证和全程参与下，对被诉侵权产品通过拍照、录像、测量的方式进行证据保全，其中一台被诉侵权产品坡面角度进行测量后度数为 8.65°，经现场查看，某再生资源开发公司使用的被诉侵权悬振锥面选矿机共 26 台。

某环保科技公司认为某再生资源开发公司因自身生产所需，专门制造并使用侵害某环保科技公司专利权的产品，但从未经某环保科技公司许可。某再生资源开发公司的行为，严重侵犯了其专利权。

【案件焦点】

1. 被诉侵权产品是否落入了某环保科技公司所主张的发明专利权权利要求保护范围；2. 如是，某再生资源开发公司是否实施了侵害发明专利权行为，应如何承担侵权责任。

【法院裁判要旨】

云南省昆明市中级人民法院经审理认为：某环保科技公司系专利号为 ZL20××1. 6 号悬振锥面选矿机发明专利的专利权人，其权利合法有效，应受法律保护。某环保科技公司于本案中主张涉案发明专利权权利保护范围为权利要求 1

并划分为5项技术特征。经比对：

就技术特征1而言，属涉案专利独立权利要求的前序部分，是对权利要求包含的全部技术特征所构成的技术方案的抽象概括，所包含的名称、结构技术内容对专利权的保护范围具有限定作用，但其代表的技术方案需要通过权利要求的全部技术特征来体现。根据涉案专利说明书及具体实施方式所载内容，对被诉侵权产品是否具备技术特征1应在第2、3、5、6技术特征基础上对比分析。

就技术特征2、3而言，被诉侵权产品具备相同技术特征。

就技术特征4而言，被诉侵权产品设有立柱，立柱中部为中空，安装有挂钩、挂绳，上层支架确通过挂钩和挂绳进行悬挂支撑。虽涉案专利说明书附图的支架样式与被诉侵权产品支架样式存在不同，但专利说明书附图和标记是用来帮助理解技术方案，不应以附图标记所反映出的具体结构来限定权利要求中的技术特征，鉴于专利特征中并未对悬挂支架样式进行限定，故该项特征相同。

就技术特征5而言，结合涉案专利说明书、附图，偏心摆轮机构具体结构可理解为摆轮通过螺纹与水平状的调节轴连接，调节轴与垂直设置的摆轮轴固定成一体，摆轮电机与摆轮轴传动连接，目的是实现与下层支架柔性连接进行旋转的同时，产生最合适的振动。被诉侵权产品在上层支架中心垂直安装有振动电机，振动电机上下两端水平安装两块偏心块，与涉案专利相比，缺少摆轮轴这一构件。某环保科技公司主张该项特征构成等同，某再生资源开发公司不认可。法院认为，首先，被诉侵权产品该部分组件的功能与涉案专利对应技术特征的功能一致，均是为了实现机器的高频震动。其次，被诉侵权产品采用在支架中心直接安装电机，涉案专利是电机与摆轮轴传动连接，电机的作用均是提供动力源。最后，被诉侵权产品属于电机上下两端直接安装偏心块，涉案专利则是偏心摆轮通过调节轴与摆轮轴相连，摆轮轴再与电机传动连接，构件组成方式不同，但均属于机械原理中的偏心结构，通过控制电机转速使偏心机构产生不同频率的振动，进而驱动机器实现振动功能。上述两个技术特征属于同一技术类别，利用的工作原理相同，且属于直接的替换关系，在技术内容上并无实质性差异，所起的作用亦基本相同。从本领域普通技术人员的角度来看，仍属于以基本相同的手段，实现基本相同的功能，达到基本相同的效果，并且属于本领域普通技术人员无需经过创造性劳动就能够想到的技术特征，故该项特征构成等同。

就技术特征 6 而言，经测量，被诉侵权产品坡面角度落入权利要求保护范围。从涉案专利说明书记载的背景技术和附图注释足以看出，被诉侵权产品所称分选面与涉案专利床身为相同部件，作用亦同，被诉侵权产品整体样式符合锥面概念和内涵，顶部切除并未改变被诉侵权产品床身仍呈锥面样式的特点，故该项特征相同。

结合前述对比意见，被诉侵权产品对应特征具备旋转机构和振动机构，并具备震动和转动两个参数。综上，被诉侵权产品与技术特征 1 相同。根据全面覆盖原则，被诉侵权产品落入第 ZL20××1. 6 号悬振锥面选矿机发明专利权的保护范围。

本案中，现有证据能够证实被诉侵权产品系某再生资源开发公司制造及使用。某再生资源开发公司未经许可，制造和使用落入某环保科技公司涉案专利保护范围的侵权产品，构成对某环保科技公司专利权的侵犯，应当承担停止侵权及赔偿损失的侵权责任，对某环保科技公司请求判令某再生资源开发公司停止生产侵害某环保科技公司发明专利的侵权产品的诉请予以支持；就某环保科技公司请求判令某再生资源开发公司停止使用被诉侵权产品的诉请，因某环保科技公司明确其主张的经济损失中已包含对被诉侵权产品未来实施许可的费用，故基于公共利益和节约资源的考量，对某环保科技公司该项诉请不再予以支持。就经济损失而言，综合考虑涉案专利权的类型、价值、某再生资源开发公司经营规模、某再生资源开发公司侵权行为的情节和性质、侵权行为的持续时间、侵权产品的数量、被诉侵权产品继续使用所涉费用等因素，确定某再生资源开发公司赔偿某环保科技公司经济损失人民币 65 万元及维权合理开支 4149. 5 元。

云南省昆明市中级人民法院依据《中华人民共和国专利法》第十一条第一

款，第六十四条第一款，第七十一条第一款、第二款、第三款，《最高人民法院关于审理专利纠纷案件适用法律问题的若干规定》第十三条、第十五条、第十六条，《最高人民法院关于审理侵犯专利权纠纷案件应用法律若干问题的解释》第二条、第三条、第七条，《最高人民法院关于审理侵犯专利权纠纷案件应用法律若干问题的解释（二）》第五条、第二十六条，《最高人民法院关于适用〈中华人民共和国民事诉讼法〉的解释》第九十条之规定，判决如下：

一、被告某再生资源开发公司立即停止制造侵害原告某环保科技公司专利号为 ZL20××1. 6“悬振锥面选矿机”发明专利产品的行为；

二、被告某再生资源开发公司于本判决生效之日起十日内赔偿原告某环保科技公司经济损失人民币 65 万元；

三、被告某再生资源开发公司于本判决生效之日起十日内赔偿原告某环保科技公司为维权而支出的合理费用共计人民币 4149. 5 元；

四、驳回原告某环保科技公司的其他诉讼请求。

某环保科技公司不服一审判决，提起上诉。

最高人民法院同意一审法院裁判意见，判决：

驳回上诉，维持原判。

【法官后语】

全面覆盖原则是判断一项技术方案是否侵犯发明专利权的基本原则，在判定时，应当审查权利人主张的权利要求所记载的全部技术特征，并以权利要求中记载的全部技术特征与被诉侵权产品所对应的全部技术特征逐一进行比较，如被诉侵权产品使用的技术方案包含与权利要求所记载的全部技术特征相同或等同的技术特征的，应当认定其落入专利权的保护范围。某环保科技公司于本案中主张权利保护范围为权利要求 1 并划分为 5 项技术特征，在比对中，涉及多个审理难点，其权利要求保护范围中多个机构部件的内涵、机构与部件的连接方式均无法从字面意义直接理解或得出结论，需通过阅读说明书及附图进一步界定和解释，同时涉及前序部分的限定作用和内涵理解、说明书附图样式是否会对专利权利要求保护范围进行限缩、等同侵权的判定等。

一、前序部分的限定作用和内涵理解

案涉专利的特征1为“一种悬振锥面选矿机，床身带有振动和旋转机构”，属于独立权利要求的前序部分，其所包含的名称、结构技术内容对专利权的保护范围具有一定的限定作用，具体的限定作用取决于该名称、机构是否对权利要求所保护的主体本身产生了实质性的影响。本案中，某再生资源开发公司抗辩称被诉侵权产品非锥面选矿机，由给矿装置、给水装置、分选面、框架机构、振动装置、转动装置、接矿槽、油路装置和电气部分共九个部分组成，振动装置和转动装置不在床身之上，组装方式及表述上存在差异。经审查，案涉专利前序部分的名称为“悬振锥面选矿机”，本领域普通技术人员在阅读完权利要求后，对于该名称会理解为权利要求1所保护的产品结构、技术特征能够实现的功能和主要特点进行的概括，故该名称对于权利要求1保护范围的限定实质上是通过后续几项具体特征实现，该名称的限定作用应当结合后续特征一并进行评判。对于前序部分所涉“床身”“振动机构”“旋转机构”的表达较为抽象和概括，即本领域普通技术人员无法直接从字面理解含义，则对于该构件的理解应结合涉案专利说明书进行，所代表的技术方案需要通过权利要求对应的技术特征来理解。某环保科技公司主张振动机构即为技术特征5，旋转机构即为技术特征2、3，根据涉案专利说明书所载内容，其解读符合说明书中的陈述要点和内涵，故对被诉侵权产品是否具备振动机构和旋转机构需在第2、3、5技术特征基础上对比分析，对被诉侵权产品是否属于“锥面”和如何确定“床身”内涵，需结合技术特征6进行比对分析。在全面比对后，能够确认被诉侵权产品具备旋转机构和振动机构，并通过支架连接于床身，结合某再生资源开发公司自身对外宣传中，亦将被诉侵权产品称为悬振锥面选矿机，被诉侵权产品与技术特征1相同。

二、说明书附图样式不能限定专利权利要求保护范围

在评判技术特征4“下层支架固定有悬挂立柱，用悬挂钩和挂绳悬挂上层支架”，被诉侵权产品的相关部件和部件连接方式均与涉案专利相应技术特征一致，上层支架依靠挂钩和挂绳与下层支架连接，并依据柔性连接产生

振动效果，但是被诉侵权产品上层支架为直角梯形，涉案专利附图说明中的上层支架样式为三角形，被告抗辩样式存在不同。对此，说明书与附图可以用来帮助理解和“解释”技术方案，但不能限定或改写权利要求，不应以附图标记所反映出的具体结构来限定权利要求中的技术特征，案涉专利特征中仅要求悬挂钩和挂绳悬挂上层支架，但并未对悬挂支架的样式进行限定，故该项特征相同。

三、等同侵权的判定

在评判技术特征5“上层支架上又装有偏心摆轮机构，偏心摆轮机构中的摆轮轴与摆轮电机连接”时，经比对，被诉侵权产品在上层支架中心垂直安装有振动电机，振动电机上下两端水平安装两块偏心块，振动电机工作时，两块偏心块产生偏心运动，从而发生震动，再把震动传导至上层支架，与涉案专利相比，缺少摆轮轴这一构件。某环保科技公司主张被诉侵权产品上述构件与涉案专利对应特征属等同特征，某再生资源开发公司则不认同。

等同的技术特征，是指与权利要求记载的技术特征相比，以基本相同的手段，实现基本相同的功能，达到基本相同的效果，并且本领域普通技术人员在侵权行为发生时无需创造性劳动即可联想到的特征。等同原则是专利权保护中的一项重要原则和制度，通过对专利权字面含义的适当补充和扩张，给予专利权人与其创造性贡献相匹配的法律保护。权利人主张专利权保护范围包括等同的技术特征所界定的范围的，人民法院应当以该等同的技术特征确定专利权的保护范围。涉案专利在权利要求中并未明确偏心摆轮机构的内涵，亦未明确摆轮轴与摆轮电机的连接方式，故首先需明确上述机构的内涵及连接方式。根据《中华人民共和国专利法》的规定，发明专利权的保护范围以其权利要求的内容为准，说明书及附图可以用于解释权利要求的内容，在解释时，要以专利权利要求书记载的技术内容为准，在全面考虑发明所涉技术领域、技术解决方案、作用和效果等基础上加以确定，此外还应当遵循公平原则，既需充分保护专利权人的合法权益和创造性贡献，又需注意防止侵害公众利益。

结合涉案专利说明书、附图可以进一步明确偏心摆轮机构的内涵和摆轮轴的连接方式，即：摆轮通过螺纹与水平状的调节轴连接，调节轴与垂直设置的摆轮轴固定成一体，摆轮电机再与摆轮轴传动连接，其目的是实现与下层支架柔性连接进行旋转的同时，产生最合适的振动。对于是否构成等同的技术特征，首先，被诉侵权产品该部分组件的功能与涉案专利对应技术特征的功能一致，均是为了实现机器的高频震动。其次，被诉侵权产品采用在支架中心直接安装电机，涉案专利是电机与摆轮轴传动连接，电机的作用均是提供动力源。最后，被诉侵权产品属于电机上下两端直接安装偏心块，涉案专利则是偏心摆轮通过调节轴与摆轮轴相连，摆轮轴再与电机传动连接，构件组成方式不同，但上述构件均属于机械原理中的偏心结构，均是通过控制电机转速，使偏心机构产生不同频率的振动，进而驱动机器实现振动功能。上述两个技术特征属于同一技术类别，利用的工作原理相同，且属于直接的替换关系，在技术内容上并无实质性差异，所起的作用亦基本相同。从本领域普通技术人员的角度来看，仍属于以基本相同的手段，实现基本相同的功能，达到基本相同的效果，并且本领域普通技术人员无需经过创造性劳动就能够想到的技术特征，故该项特征构成等同。

综上，根据全面覆盖原则，将原告所主张的权利要求所记载的全部技术特征与被诉侵权产品所对应的全部技术特征逐一进行比较，被诉侵权产品包含与涉案专利权利要求1记载的全部技术特征相同及等同的技术特征，被诉侵权产品落入案涉悬振锥面选矿机发明专利权的保护范围。本案中，现有证据能够证实被诉侵权产品系某再生资源开发公司制造及使用。某再生资源开发公司未经许可，制造和使用落入某环保科技公司涉案专利保护范围的侵权产品，构成对某环保科技公司专利权的侵犯，应当承担停止侵权及赔偿损失的侵权责任。

编写人：云南省昆明市中级人民法院　郭佳

41

未实行登记管理领域外检测结论的采信

——某动物生物技术公司诉某药业公司等侵害发明专利权案

【案件基本信息】

1. 裁判书字号

最高人民法院（2023）最高法知民终635号民事判决书

2. 案由：侵害发明专利权纠纷

3. 当事人

原告（被上诉人）：某动物生物技术公司

被告（上诉人）：某药业公司、某生物技术公司、某科技公司

【基本案情】

涉案发明专利名称为“在雌性猪属动物中刺激生殖的信息素组合物及其使用方法”，专利号为ZL20××8.2，涉案专利由专利权人国外某理工大学系统于2016年11月16日申请，于2020年5月15日获得授权，案涉专利目前处于合法有效状态。某动物生物技术公司是涉案方法发明专利的独占被许可人。涉案专利共包含16项权利要求，其中包含独立权利要求1、10和15，以及分别直接或间接引用各独立权利要求的从属权利要求。某动物生物技术公司于www.vet××.cn的网站上，发现名称为“某甲”的公猪气味剂与涉案专利请求保护的产品用途相同。该网站对某药业公司进行介绍，所附的兽药经营许可证显示的企业名称为某科技公司，网页上显示有“××A”“××B”的商标，商标由某科技公司所有。某药业公司同时在销售的另一款“某乙”喷雾剂产品的生产商为某生物技术公司，且显示有“××C”的商标。“某乙”和“××C”的商标由某科

技公司所有。某动物生物技术公司公证购买的“某甲”和“某乙”产品，将“某甲”和“某乙”产品与涉案专利进行比对发现，两产品包含涉案专利权利要求记载的全部技术特征，某动物生物技术公司主张被诉侵权产品落入了案涉专利权利要求1—6、8、10—14的保护范围，某药业公司、某生物技术公司、某科技公司在未经专利权人许可的情形下以生产经营目的制造、许诺销售、销售被控侵权产品，已构成对某动物生物技术公司专利权的侵犯。某动物生物技术公司请求某药业公司、某生物技术公司、某科技公司立即停止制造、销售、许诺销售被诉侵权产品的行为，共同赔偿因其侵权行为给某动物生物技术公司造成的经济损失以及为制止、调查侵权行为所支付的合理支出300万元。在该审理中，法院通过委托某检测科技集团股份有限公司对被诉侵权产品“某甲”和“某乙”喷雾剂的组分（雄烯酮、雄甾烯醇、喹啉）及这三个成分的质量比以及是否含有乙醇、异丙醇进行鉴定。

【案件焦点】

未实行“鉴定人和鉴定机构统一登记管理制度”领域外检测结论的采信标准是什么。

【法院裁判要旨】

福建省厦门市中级人民法院经审理认为：某动物生物技术公司主张被诉侵权产品“某甲”“某乙”采用的技术方案落入了涉案专利权利要求1—6、8、10—14的保护范围。因被诉侵权产品采用的技术方案涉及雄烯酮、雄甾烯醇和喹啉组成以及化学成分含量的认定，故被诉侵权产品采用的技术方案是否落入涉案专利的保护范围应以双方此前同意的鉴定机构出具的《分析报告》为依据，关于权利要求1，根据“某甲”相关产品介绍，载明其可以替代公猪，用于母猪的诱情、查情以及配种前后的环境改良，其用途系用于雌性猪属动物中以刺激生殖。根据权利要求1、说明书第［0022］段“在本发明组合物中使用的信息素试剂包含至少一种类固醇激素。根据结合的受体，类固醇激素可以分成五类：糖皮质激素、盐皮质激素、雄激素、雌激素和孕激素……优选地，雄激素类固醇是雄烯酮、雄甾烯醇的组合”、说明书第［0023］段“通常，所述制剂中存在的类固醇激素的量是总组合物的至少0.0000001%（w/w）。在一个实施方式中，所述组合物中存在的类固醇激素浓度是约0.0000001%—约10%（w/w）。在另一个实施方式中，所述组合物中存在的类固醇激素浓度是约0.0001%—约5%（w/w）。优选地，所述组合物中存在的类固醇激素的浓度是约0.0001%—约1%（w/w），并且最优选地，所述组合物中存在的类固醇激素的浓度是约0.0008%（w/w）”及编号为WP－22063718－FX－01Cn《分析报告》可推断：所检测的“某甲”样品中包含喹啉、雄甾烯醇和雄烯酮，为雄激素类固醇，系一种信息素试剂组合，其中雄甾烯醇的质量含量约为0.0023%，雄烯酮的质量含量约为0.0023%，喹啉的质量含量约为0.0019%，落入涉案专利权利要求1中“所述信息素试剂组合是雄烯酮、雄甾烯醇和喹啉，其中所述雄烯酮和雄甾烯醇分别以所述组合物的0.0001%—5%（w/w）的量存在，所述喹啉以所述组合物0.0001%—5%（w/w）的量存在”的保护范围，故被诉侵权产品“某甲”落入涉案专利权利要求1的保护范围。关于权利要求2，“某甲”中雄甾烯醇的质量含量约为0.0023%；雄烯酮的质量含量约为0.0023%，落入权利要求2中“雄烯酮和雄甾烯醇分别以所述组合物的0.0001%—1%（w/w）的量存在”的保护范围。关于权利要求3，“某甲”中喹啉的质量含量约为0.0019%，落入权利要求3中“喹啉以所述组合物0.0001%—1%（w/w）的量存在”。关于权利要求4—6、8，根据涉案专利权利要求4—6、8以及说明书第［0026］段，在一个实施方式中，该组合物可包含至少一种运载体溶剂。合适的运载体溶剂通常为本领域已知并且公认包括亲脂型有机稀释剂、醇类、乙二醇、丙二醇、双丙甘醇、醚、氯仿、苯、二硫化碳、油类、水及组合。合适的醇类包括乙醇、丙醇、异丙醇、丁醇、戊醇、已醇、庚醇、辛醇和苯乙醇。从“某甲”产品说明可以看出，其主要成分为“复合醇、去离子水、微量黏蛋白、尿酸以及钠、钾、钙、镁离子等”，包含了复合醇、去离子水成分的运载体溶剂，且根据《分析报告》载明被诉侵权产品亦包含质量含量约为29.180%的醇类异丙醇，因此被诉侵权产品落入涉案专利权利要求4—6、8的保护范围。关于权利要求10—14，由于权利要求10—14为权利要求1所述组合物对应的产品使用方法，根据现有证据，某药业公司、某科技公司、某生物技术公司并非该专利方法的使用者，故被诉侵权产品“某甲”不落入该专利的权利要求10—14的保护范围。综上，被诉侵权产品“某甲”具备权利要求1—6、8的全部技术特征，已落入涉案专利的保护范围。关于被诉侵权产品“某乙”喷雾剂采用的技术方案是否落入涉案专利权利要求1—6、8、10—14的保护范围。同上分析，被诉侵权产品“某乙”亦具备涉案专利权利要求1—6、8的全部技术特征，已落入涉案专利的保护范围。

福建省厦门市中级人民法院依照《中华人民共和国专利法》第十一条第一款、第五十九条、第六十五条，《最高人民法院关于审理侵犯专利权纠纷案件应用法律若干问题的解释》第七条，《中华人民共和国涉外民事关系法律适用法》第五十条，《中华人民共和国民事诉讼法》第六十七条第一款之规定，作出如下判决：

一、被告某药业公司、某生物技术公司、某科技公司应于本判决生效之日起停止侵害原告某动物生物技术公司专利号为ZL20××8.2、名称为“在雌性猪属动物中刺激生殖的信息素组合物及其使用方法”发明专利权的行为，即停止制造、销售、许诺销售被诉侵权产品的行为；

二、被告某药业公司、某生物技术公司、某科技公司应于本判决生效之日起十日内共同赔偿原告某动物生物技术公司经济损失400000元及合理费用100000元；

三、驳回原告某动物生物技术公司的其他诉讼请求。

某药业公司、某生物技术公司、某科技公司不服一审判决，提起上诉。

最高人民法院同意一审法院裁判意见，判决：

驳回上诉，维持原判。

【法官后语】

畜牧养殖是保证国民日常生活需求和维持产业链供需平衡的基础产业之一，依法及时、准确认定动物养殖制剂领域的专利侵权行为，对于维护养殖业健康发展、促进农民增产增收、全面推进乡村振兴、加快建设农业农村现代化有着积极意义。本案系福建省涉动物养殖制剂的方法发明技术类案件，也是全国少见地对未施行“鉴定人和鉴定机构统一登记管理制度”的专业领域内相关检测结果如何采信问题进行审查的案件。因本案所涉技术领域较为特殊且极其专业，根据在案证据以及法院内部“鉴定人和鉴定机构统一登记管理制度”、技术调查官等事实查明手段，均无法查明被诉侵权产品的组分含量、质量比等，导致被诉侵权事实真伪不明。本案在未建立“鉴定人和鉴定机构统一登记管理制度”的鉴定业务领域，灵活适用《最高人民法院关于知识产权民事诉讼证据的若干规定》第三十二条规定的鉴定人选任程序，选取具有检测能力、检测水平的专业机构就被诉侵权产品的组分、质量比等进行检测，并就检测方法是否规范、技术手段是否可靠进行审查，最终根据检测报告准确有效查明被诉侵权产品的组分、质量比等，确认被诉侵权产品落入涉案专利的保护范围。在本案中，如何确定可鉴定可检测的事项、如何确定相应技术水平的专业机构、专业人员以及如何对检测报告、鉴定程序进行审查，是本案审理的焦点，对此，逐一分析如下：

首先，如何确定待检事项。根据法律规定，对于诉讼过程中的专门性问题，人民法院可以委托鉴定机构或者具有相应技术水平的专业机构进行鉴定或检测。参照《最高人民法院关于知识产权民事诉讼证据的若干规定》第十九条规定，人民法院可以对下列待证事实的专门性问题委托鉴定：“（一）被诉侵权技术方案与专利技术方案、现有技术的对应技术特征在手段、功能、效果等方面的异同……”为防止鉴定启动的随意性，应重点审查当事人申请鉴定的事项是否与案件有待查明的事实具有关联性，以及是否必须通过特殊技术手段或者专门方法才能确定，只有当通过一般举证、质证或者现有证据确定对相关专门性问题进行查明但无法查明的，才需委托相关机构通过科学的方法和手段来查明技术事实的必要，以防止当事人通过启动鉴定来实现人为混淆视听、拖延诉讼进程或者其他不当目的。需要注意的是，鉴定的主要作用是协助法官查明案件事实，而不是替代法官作出法律判断，因此，在确定鉴定事项时，需要注意避免将法律适用问题（如权利是否存在、是否构成侵权等）和事实问题相混淆。本案中，因被诉侵权产品“某甲”“某乙”采用的技术方案涉及雄烯酮、雄甾烯醇和喹啉组成以及化学成分含量的认定，通过某动物生物技术公司举示的证据以及相关的技术调查官等制度均无法查明化学成分含量，因此，本案具有鉴定的必要性，需要通过专门机构进行检测鉴别，以此判断被诉侵权产品是否落入涉案专利权的保护范围。

其次，如何确定专业机构和专业人员。鉴定机构和鉴定人是否具备法定资质，是审查鉴定意见证据可采性的前置性事实。《最高人民法院关于知识产权民事诉讼证据的若干规定》第二十一条规定，鉴定业务领域未实行鉴定人和鉴定机构统一登记管理制度的，人民法院可以依照《最高人民法院关于民事诉讼证据的若干规定》第三十二条规定的鉴定人选任程序，确定具有相应技术水平的专业机构、专业人员鉴定。一般而言，从事司法鉴定的机构需经司法部审核登记，取得司法鉴定许可证后方可开展业务。但对于知识产权鉴定，并不属于需由司法部统一进行登记管理的“四类鉴定”事项，故知识产权鉴定机构和从业人员缺乏统一管理，准入门槛较低，常常存在鉴定越权、程序违法、鉴定结论不科学等问题。对于法院名册规定之外的非法定鉴定事项，相关鉴定机构的资质、该机构出具的鉴定意见的可采性应由法院参照有关规定予以审查。本案确定的规则是，只要该专业机构具备相应的专业资质或者技术水平，检测或者鉴定过程客观公正，并不会因检测机构无相应的鉴定资格从而影响相关检测结果或鉴定意见效力。为确保鉴定程序的有效性，本案在未能找到名册内相应鉴定机构的情况下，先行组织双方当事人协商确定具备相应资格的鉴定人。但因当事人协商不成，合议庭在双方当事人各自选定的两家可以进行委托事项鉴定的鉴定名册外的机构进行随机选定，最终审查认为某检测科技集团股份有限公司具备相应技术水平的专业机构，具备相应的检测条件，故法院参照法定鉴定人选任程序，委托某检测科技集团股份有限公司对本案涉及的技术问题进行检测鉴别。某药业公司、某生物技术公司、某科技公司仅以某检测科技集团股份有限公司不具备鉴定资质为由主张法院不应采信《分析报告》，缺乏依据。

最后，如何就检测报告进行审查。根据《最高人民法院关于知识产权民事诉讼证据的若干规定》第二十三条规定，人民法院应当结合下列因素对鉴定意见进行审查：(1) 鉴定人是否具备相应资格；(2) 鉴定人是否具备解决相关专门性问题应有的知识、经验及技能；(3) 鉴定方法和鉴定程序是否规范，技术手段是否可靠；(4) 送检材料是否经过当事人质证且符合鉴定条件；(5) 鉴定意见的依据是否充分；(6) 鉴定人有无应当回避的法定事由；(7) 鉴定人在鉴定过程中有无徇私舞弊或者其他影响公正鉴定的情形。虽然鉴定意见由专业机构中的专业人员作出，但鉴定意见本身要经得起法律层面的审查，也要经得起专业层面的复核，对于鉴定结论的审查，应避免"以鉴代审"的现象，客观辩证看待、全面评估鉴定意见的证据价值，若当事人对检测结论有异议的，也可以通过庭审质证或者通过重新鉴定、补充鉴定等方式解决。本案中，在检测报告出具后，虽然三被告均对检测报告中的检测方法、检测环境、样品、对照品等提出了异议，但法院当即要求鉴定机构出具相关的回函，并就《分析报告》采用的检测方法以及三被告提出的异议进行了分析认定，最终通过对检测结果与被诉侵权产品的成分比对，认定本案的侵权事实。

该案对于类案技术事实的查清具有一定借鉴意义，亦体现了法院对于涉农资案件的保护力度。

编写人：福建省厦门市中级人民法院　王辛

三、不正当竞争纠纷

42

电商平台数据权益的司法认定及保护

——甲公司、乙公司诉某创科公司不正当竞争案

【案件基本信息】

1. 裁判书字号

广州知识产权法院（2023）粤 73 民终 995 号民事裁定书

2. 案由：不正当竞争纠纷

3. 当事人

原告（被上诉人）：甲公司、乙公司

被告（上诉人）：某创科公司

【基本案情】

甲公司、乙公司分别系电子商务平台甲网站、乙网站的经营者。《乙卖家服务协议》《甲商户服务协议》均约定，甲网站、乙网站平台对平台内经营者使用平台服务过程中产生的数据负有保护义务，有权以推广商品、品牌为目的处理商品数据。甲网站、乙网站平台公示的《法律声明》禁止不正当获取两平台商品数据的行为，两平台均设置有反爬虫协议，限制外部爬虫访问平台数据。

某创科公司系被控“铺货易”“代销易”软件（以下统称为搬家软件）的

开发运营者，在丙电子商务服务市场内以0—168元不等的价格上架销售、宣传搬家软件。用户使用铺货软件，可通过实时输入商品链接、店铺首页链接获取甲网站、乙网站平台内销售商品的各类数据并上传至丙电子商务商家后台，在其丙电子商务店铺内铺货销售，实现商品数据“搬家”和“整店搬家”；可在推荐的“精品货源”列表中，按照商品类目、标题、售价范围等查询勾选商品数据；可使用“编辑商品信息”“价格上限提醒”“外部平台图片、文字报错”等功能服务。

搬家软件用户无需被复制商品经营者授权，未设置技术措施防止未经授权的数据搬家行为。经营者使用搬家软件，可实现丙电子商务平台订单在甲网站、乙网站平台一键下单、批量下单，甲网站、乙网站订单信息同步显示在丙电子商务平台订单中，包括实时物流数据，形成由甲网站、乙网站平台经营者发货给实际消费者的“无货源店铺”模式。

【案件焦点】

1. 甲公司、乙公司是否享有案涉数据权益；2. 某创科公司开发运营案涉“铺货易”“代销易”软件是否构成对甲公司、乙公司的不正当竞争；3. 如构成不正当竞争，某创科公司如何承担民事责任。

【法院裁判要旨】

广州互联网法院经审理认为：

1. 甲公司、乙公司有权对甲平台、乙平台内的商品数据请求保护。从数据产生的角度来看。两原告作为电商平台经营者，从平台内经营者处收集商品、服务数据并进行处理，本质上属于生产经营活动，符合法律的相关规定，处理案涉数据具有合同依据。从数据的运营投入来看。两原告对甲平台、乙平台这一网络产品本身存在资金、技术、人力投入，对影响平台正常运行秩序、效率行为（如非法获取平台数据）有防范、监测、处置方面的支出。从竞争利益来看。两原告存在对平台内商品数据进行衍生利用和开发的行为，对数据要素化利用享有期待利益。对平台内商品数据的运营可使甲公司、乙公司获得商业利益，取得竞争优势。

2. 某创科公司开发运营被控搬家软件构成对甲公司、乙公司的不正当竞争。(1) 扰乱网络零售市场竞争秩序。擅自利用他人商品数据从事经营活动，系“不劳而获”降低自身运营成本。被控搬家软件使得甲平台、乙平台及平台内经营者无法获知实际消费者的真实评价，导致电子商务信用评价制度功能的落空。(2) 损害甲平台、乙平台经营者、平台内经营者和消费者的合法权益。被控搬家软件不正当增加竞争平台访问量、交易量、用户活跃度等，损害甲平台、乙平台经营者合法权益；使得“无货源店铺”不经授权即可使用他人商品数据、经营他人商品，造成对乙平台、甲平台内经营者的实质性替代；侵害消费者知情权、选择权，增加其购物风险和维权成本。代销软件对订单内个人信息的处理和搬运同时侵害消费者个人信息权益。(3) 违反诚实信用原则和商业道德，不具有正当性。被控搬家软件无视甲平台、乙平台有关限制第三方获取、使用平台数据的措施，不顾丙电子商务服务市场禁止未经允许复制他人商品的要求，为“无货源店铺”经营者获取不正当的竞争优势提供技术支持，违反诚实信用的基本准则。构成《中华人民共和国反不正当竞争法》第二条规定的不正当竞争行为。

广州互联网法院依照《关于适用〈中华人民共和国民法典〉时间效力的若干规定》第一条第三款，《中华人民共和国反不正当竞争法》第二条、第十二条、第十七条，《中华人民共和国民法典》第一百二十七条、第一百七十九条，《中华人民共和国电子商务法》第九条第二款，《最高人民法院关于适用〈中华人民共和国反不正当竞争法〉若干问题的解释》第一条、第三条、第二十三条，《中华人民共和国民事诉讼法》第六十七条第一款的规定，判决如下：

一、被告某创科公司自判决生效之日起十日内向原告甲公司、乙公司赔偿损失 50 万元（含合理开支）；

二、驳回原告甲公司、乙公司的其他诉讼请求。

某创科公司不服一审判决，提起上诉。后其申请撤回上诉，广州知识产权法院作出民事裁定书，准许其撤回上诉。

【法官后语】

本案审理需回应平台数据集的保护路径、数据利用行为正当性判断及数据权益主体多元利益平衡等难题。

一、企业数据的认定及保护

（一）企业数据的认定

1. 狭义的“企业数据”。2022年12月2日《中共中央、国务院关于构建数据基础制度更好发挥数据要素作用的意见》（以下简称数据二十条）正式提出，探索数据产权结构性分置制度。建立公共数据、企业数据、个人数据的分类分级确权授权制度。这是首次在国家层面提出“企业数据”这一概念。但数据二十条第二条第五项将可确权授权的企业数据作了限制：一是市场主体；二是数据产生于生产经营活动中；三是不涉及个人信息和公共利益；四是仅享有持有、使用、获取收益的权益。这一制度安排，排除了企业对其处理的与公共利益相关的这一部分数据主张权益，还体现了对信息主体在先个人信息权益的保护，即通过明确“企业数据”不涉及个人信息的方式，反向督促企业对个人信息进行“匿名化”处理，“匿名化后”的数据仍可作为“企业数据”予以保护。由此，并非为企业处理的所有数据均属于数据二十条中的“企业数据”范畴。个案审理时，仍有必要先行对原告主张的数据是否属于“企业数据”进行分析界定。

2. 电商平台数据集与“企业数据”的区别。以本案为例，甲平台、乙平台请求保护的数据包括但不限于链接地址、商品图片、商品名称与参数、品牌信息、商品价格、商品详情、商品销量、商品评分、用户评价、收发货信息、物流状态等，其中用户评价、收发货信息、物流状态等，属于个人信息，如按照数据二十条的要求，甲公司、乙公司显然不能对未经“匿名化”处理的个人信息主张“企业数据”权益，不能以平台的名义通过“确权+授权”的方式排除他人处理该部分数据。此外，上述数据组成复杂，且在与用户（平台内经营者、消费者）交互过程中不断变化，亦增加了“数据确权”的难度。据此，“确认+授权”的保护模式可能在一定程度上反而增加了平台企业的负担。

因此，不论是“数据主体享有所有权，数据企业享有用益权”①；还是“数据主体拥有名义的所有权，数据控制人拥有实质所有权”②，或赋予企业对其数据“有限排他”的财产权，均难以构建出一套系统解决企业数据各项需求的规范。

（二）企业数据的“反法”保护

1. 涉数据不正当竞争诉讼频发

数据作为新型生产要素的经济价值越发凸显，企业之间围绕数据这一生产要素的竞争越发激烈。近年来，我国涉数据不正当竞争诉讼不断，主要原因在于企业对于数据的控制、使用和交易方面很难达成商业共识，持有各类大数据的头部企业针对侵犯数据权益的维权模式日趋成熟。数据不正当竞争高发于社交、短视频、电子商务等类型的数据产品领域，还包括地图类、教育培训类网络产品。所涉数据类型集中在公司数据、用户生成数据的二次利用以及用户个人信息方面。从竞争行为方式来看，数据获取不当、数据污染行为和妨碍使用的案件数量较多，并且涌现出一批数据获取不当与数据使用不当竞合的复杂竞争行为。

本案中，甲公司、乙公司将其运营的电子商务平台数据作为一种财产诉诸保护，但《中华人民共和国民法典》对数据尚未作民事权益属性上的明确定性，本案纠纷也非基于数据权属争议引发，而是源于某创科公司对甲网站、乙网站平台数据的利用行为。据此，甲公司、乙公司请求保护的实为对平台数据及其要素化利用，以及由此带来的交易机会和竞争优势，本质是一种竞争利益。本案审理的对象应为某创科公司对甲网站、乙网站平台数据的利用是否不正当损害了甲公司、乙公司的竞争利益。竞争利益上的损害与被损害关系，是民事侵权产生的民事关系在反不正当竞争法中的具体化呈现。甲公司、乙公司援引《中华人民共和国反不正当竞争法》相关规定提起本案诉讼，《中华人民共和国

① 申卫星：《论数据用益权》，载《中国社会科学》2020 年第 11 期。

② 冯果、薛亦飒：《从“权利规范模式”走向“行为控制模式”的数据信托》，载《法学评论》2020 年第 3 期。

反不正当竞争法》作为规范竞争行为的特别法，亦应优先适用。因此，本案所涉法律关系是竞争法律关系。

2. 企业数据的“反法”保护以“实质性投入+竞争性财产权益”为关键

事实上，数据上的利益相关者的权益并不是从其他人那里派生或继受取得的，而是基于各自的贡献原始取得。“实质性投入”是获得保护的门槛，“竞争性财产权益”是保护的对象。具体可从数据产生、数据运营、独立的竞争利益等方面予以审查。

（1）数据产生的合法性

数据产生的合法性，既包括平台提供的网络服务本身合法，还包括平台收集数据的行为合法。本案中，甲公司、乙公司系电子商务平台经营者，根据《中华人民共和国电子商务法》的规定，其经营活动主要是为交易双方或者多方提供网络经营场所、交易撮合、信息发布等服务。平台内经营者基于开展电子商务活动的需要向平台提供有关商品或服务信息的数据，交易双方在平台进行交易产生的交易数据、评价数据，以及电子商务平台为各方提供交易场所产生的商品链接、网络店铺链接等网络地址数据等，均是电子商务平台得以提供服务的基本要素，是电子商务平台数据不可缺少的组成部分。因此甲公司、乙公司从平台内经营者处收集商品、服务数据并进行处理，本质上属于生产经营活动，符合法律规定。《用户服务协议》对个人信息的处理亦作出明确约定，故甲公司、乙公司基于用户（包括店铺、消费者）的授权处理其商品数据具有合法性。

（2）数据运营投入

企业为了获取和维护数据资源所进行的投资和成本投入，是“实质性投入”的重要方面。甲公司、乙公司作为平台运营者，搭建平台、创建系统、创建数据接口、制定数据上传标准、安排审核和监管人员、美化平台界面、宣传和推广平台活动等，均需投入大量人力、物力和财力。平台商户的数据是零散的、单一的，但于平台而言是海量的，平台企业需要对这些数据进行筛选、分类，并创建数据索引关联、编号，再根据销量排序，形成具有商业价值的数据集合。如此，被控侵权软件才得以仅凭单个商品链接或店铺主页链接，极速获取所有商品数据。这些投入不仅包括初期的平台开发和基础设施建设，还包括持续的技术维护、升级和防范监测。

(3) 竞争性财产权益

数据是平台企业获得竞争优势的关键资源，平台因数据集合享有的竞争利益具有独立性、不可替代性。平台企业通过对数据集合进行衍生利用和开发，如分析用户行为、市场趋势和消费者偏好，企业能够提供更加个性化的服务和产品，从而吸引和保留用户，增强市场地位；通过数据挖掘，平台企业可能发现新的商业机会，创造新的收入来源。此外，对平台内商品数据能否有效保护、防止他人不当利用，也直接关系商品数据的数量与质量，影响平台用户数量和活跃度，决定网络店铺的稳定与服务质量。更为关键的是，有且仅有数据集合的处理者才具有对数据集合要素化利用的期待利益。

二、未经授权利用企业数据行为的正当性判断

反不正当竞争法是市场行为规制法，其对认定不正当竞争行为的考量是基于维护市场竞争秩序的整体主义视角，而不是基于维护经营者个体利益的静态视角。[①] 将企业数据保护置于市场竞争的视角下，对不正当利用行为的判断纳入市场竞争秩序、社会公共利益、消费者（用户）利益、其他市场参与者的多重利益考量，能够更好地平衡数据保护与公众利用之间的关系。

(一) 市场竞争秩序

在大数据时代的背景下，数据所具有的价值超越以往任何时期，如果不加节制地允许市场主体任意使用或利用他人数据，不利于鼓励商业投入、产业创新和诚实经营，最终损害健康的市场竞争秩序。甲平台、乙平台内商品和服务直接面向终端消费者，平台内经营者以零售为主。擅自利用他人商品数据从事经营活动，系以“不劳而获”的方式降低自身选品、库存、供应链管理、商品损耗、运营、售后等成本，并非诚信经营的行为。如放任该行为的发生，不利于鼓励经营者自主技术创新、优化产品服务等诚信经营行为，也不利于营造良

① 周樨平：《大数据时代企业数据权益保护论》，载《法学》2022 年第 5 期。

性的网络零售竞争环境。此外，电子商务平台良好的信用评价生态，是竞争优势的重要体现。消费者对平台内销售的商品如何评价，是平台经营者与平台内经营者提升自身服务水平的重要依据。“铺货易”“代销易”软件使得甲网站、乙网站平台及平台内经营者无法获知实际消费者的真实评价，导致电子商务信用评价制度功能的落空，扰乱了公平有序的网络交易竞争秩序。

（二）电商平台、平台内及其他经营者权益

合法与非法利用数据的行为边界可通过“实质性替代标准”进行判断。利用其他平台企业数据应当遵循“最少、必要”的原则，控制在合理的范围内，不得对其他平台造成市场替代的后果，超过必要限度从而实质替代了原数据提供者的服务则构成不正当竞争。

1. 平台经营者的合法权益。“铺货易”“代销易”使得消费者无需登录甲网站、乙网站平台即可购买平台内的商品，令其他平台及平台内经营者获得了本该由甲网站、乙网站平台获得的访问量、交易量，构成对甲网站、乙网站平台服务的实质性替代；不正当增加了竞争平台的访问量、用户活跃度、商品交易额等，“提高”了竞争平台的竞争优势，对甲网站、乙网站平台的比较竞争优势造成损害。此外，被诉行为使甲网站、乙网站公司面临现实的数据安全威胁，承担了因平台内商品数据被不当利用而产生的被诉风险。

2. 平台内经营者的合法权益。电子商务平台经营者对平台内商品数据所享有的竞争利益与平台内经营者存在不同，应分别予以保护。甲网站、乙网站平台内商品数据，系平台内经营者的劳动所得，承载着平台内经营者的大量投入与经营权、知识产权、商誉等权益。“铺货易”“代销易”软件使得用户在未经权利人授权的情况下，于其他平台使用他人商品数据、经营他人商品，造成对甲网站、乙网站平台内经营者的实质性替代，切断了甲网站、乙网站平台内经营者与实际消费者的联系，减少了双方的后续交易机会，减损了甲平台、乙平台内经营者的竞争优势。此外，增加了甲网站、乙网站平台店铺在其他平台被冒用的风险。甲公司、乙公司对平台内经营者提供的商品数据负有保护义务，该合同义务的履行涉及平台内经营者合法权益的保障，但不能理解为代表平台内经营者主张权利。如被诉侵权软件的用户不正当使用甲网站、乙网站平台内经营者商品数据并造成损害，平台内经营者仍可通过诉讼等方式获得救济。

3. 其他经营者的合法权益。“无货源店铺”模式下，被复制的商品可能系他人品牌产品，未经许可销售他人品牌产品，既影响品牌经营者对其产品销售的统一管理，也对合法取得授权的品牌经营者利益带来冲击。“无货源店铺”经营者如管理不善，易造成相关品牌声誉受损。

（三）消费者合法权益

竞争机制的维护根本上是保护经营者和消费者的利益。消费者是市场经济的终端用户，对企业经营活动产生直接影响。因此，数据利用行为是否损害了消费者（用户）利益也是判断不正当竞争的关键因素，包括自主选择权、知情权、隐私权、个人信息权益等。

1. 消费者知情权、自主选择权。消费者享有知悉其购买、使用的商品或者接受服务的真实情况的权利，有自主选择商品或者服务的权利。“铺货易”“代销易”软件为消费者在“无货源店铺”下单创造“机会”，实际消费者并不知晓其购买的商品系由甲网站、乙网站平台内经营者销售，侵害了消费者知情权。消费者支付更高的价格在“无货源店铺”处下单，亦非知情权得到保障的情况下做出的自主选择。

2. 消费者购物风险。“无货源店铺”经营者不具备承担质量担保、瑕疵举证、退货、更换、修理等法定义务的能力，从而增加了消费者的购物风险；“无货源店铺”经营者因低成本经营，易出现短期行为，加大了消费者维权成本。

3. 消费者个人信息权益。“代销易”软件帮助“无货源店铺”经营者向甲网站、乙网站平台经营者提供消费者姓名、联系方式、地址等个人信息，该个人信息处理活动并未告知消费者并取得消费者同意，系违法处理个人信息的行为，侵害了消费者个人信息权益。

（四）社会公共利益

在竞争法的视角下，利用他人的劳动成果并非必然是不正当的，而是要考虑数据利用者、数据收集者以及公众利益的平衡，考虑行为是否违反诚实信用原则和商业道德、对市场秩序的影响。某创科公司无视甲网站、乙网站平台有关限制第三方获取、使用平台数据的措施，不顾丙电子商务服务市场“禁止未经允许复制他人商品，使用者请获取授权后再进行商品复制”的要求，明知“铺货易”“代销易”用户使用其软件是为了使用甲平台、乙平台商品数据，并于丙电子商务平台进行销售，未采取任何措施对用户是否取得授权进行审核，为“无货源店铺”经营者获取不正当的竞争优势提供技术支持。该行为违反了诚实信用的基本准则，也违背了网络竞争领域普遍认可和遵循的行为规范，扰乱了互联网市场秩序，不具有正当性。

三、“反法”保护的条文选择及区分标准

《中华人民共和国反不正当竞争法》第二条是涉数据权益不正当竞争行为的核心援引条款，除此之外，第十二条与第二条共同组成不正当竞争法框架下的数据权益保护条款。少数案例援引了专门法以及专门条款，如北京某科技有限公司、随州市某网络科技有限公司诉上海某信息技术有限公司不正当竞争纠纷案[①]中，关于刷量行为属于哪一种不正当竞争行为，判决援引了《中华人民共和国反不正当竞争法》第八条有关虚假宣传的条款。涉数据权益案件呈现出从原本的粗放式稳定选择一般条款救济模式转变为积极寻求其他如商业诋毁、混淆行为等具体条款救济的趋势。

针对未类型化的不正当竞争行为，首先应当从商业惯例层面判断是否存在受保护利益，对于新兴行业尚未出现行业共识的情况下可以从比例原则的角度衡量涉诉行为所指向的利益是否应当受到不正当竞争法保护。其次是竞争关系的认定，虽然目前在互联网领域竞争关系认定存在泛化趋势，且万物互联的时代背景下各行各业千丝万缕的关系导致完全无相关性的行业之间也会存在不同维度的数据争夺，并且事实上竞争关系也逐渐淡出释法说理的范围，然而对竞

① 江苏省高级人民法院（2019）苏民终778号民事判决书，北京某科技有限公司、随州市某网络科技有限公司诉上海某信息技术有限公司不正当竞争纠纷案，载中国裁判文书网，最后访问时间：2024年11月29日。

争关系的认定有利于纠正“一方受损，另一方受益”的不正当竞争理念，避免直接基于利益转移而认定竞争关系。最后对造成损害的判断应当强调涉诉行为与造成损害之间的强因果关系，且消费者利益损害不能成为原告主张的损失，损害应当相对具体、明确且有足够证据支撑。

数据不正当竞争具有“成本小伤害大”的特点，被控搬家软件使得经营者低成本甚至零成本不正当使用他人商品数据，却导致他人合法权益遭受较大损害，维权困难，具有较大的危害性。此外，商品数据跨平台转移需要电商平台提供技术支持，被控搬家软件在一定程度上能够为商家跨平台经营提供帮助，司法裁判亦应为相关技术的优化创新预留发展空间，真正实现规范数据处理活动、促进数据开发利用与个人数据保护等多元利益的平衡，激发数据要素活力。

编写人：广州互联网法院　袁玥　李楚

43

互联网平台强制“二选一”的不正当竞争认定与司法规制

——某信息科技公司诉某电子商务公司不正当竞争案

【案件基本信息】

1. 裁判书字号

重庆市高级人民法院（2022）渝民终862号民事判决书

2. 案由：不正当竞争纠纷

3. 当事人

原告（被上诉人）：某信息科技公司

被告（上诉人）：某电子商务公司

【基本案情】

某信息科技公司系“××A”网站以及“××A”APP的运营者。某电子商务公司系“××B”在重庆市开州区域内唯一合作方以及配送服务商。行政处罚决定书显示，某电子商务公司于2016年3月与某科技公司签订《××B合作协议》约定其为某科技公司在重庆市开州区域内唯一合作方以及配送服务商，××B总部为某电子商务公司及其代理和管理入驻的商户提供外卖和交易的网络服务平台，当事人通过自有渠道、资源及人员独立负责在开州范围内从事××B业务推广、运营商家资质审核及上单、商家上下线日常管理，并依靠自身资源组织配送人员独立负责所推广商家的在线外卖订单配送业务。

2019年1月以来，某电子商务公司为拓展外卖业务，排挤其他外卖平台，利用其在开州区域的市场占有率及其优势地位，通过线下签订《“战略合作伙伴”政策支持申请书》的方式，明确入网商户（含已入网商户、新入网商户）不得与当事人经营的网络服务平台存在竞争关系的其他第三方平台或集团公司等，进行相同或类似业务合作；入网商户不得在其配送的商品中放置其他第三方平台的有关标识、物料等内容。如商户违反约定或拒绝签订独家协议，某电子商务公司利用技术手段，采取上调服务费、缩小配送范围、关停商户店铺进行限制。某区市场监督管理局认为某电子商务公司的行为构成不正当竞争，对其处以15万元罚款。重庆市开州区多名经营者陈述，某电子商务公司工作人员明确告知经营者不能在“××A”平台开设外卖业务，否则会采取提高佣金、返还优惠政策产生的成本、缩小配送区域、关闭外卖业务等方式处理。双方签订的《“战略合作伙伴”政策支持申请书》中“战略合作伙伴”申请条件为：商户同意自战略合作伙伴关系建立之日起，仅和我方建立战略合作关系，不再与我方经营的网络服务平台（包括但不限于我方及其关联方/合作方运营或管理的网络服务平台）经营相同或近似业务的其他第三方平台（包括但不限于手机客户端、PC端、H5页面等）或集团公司等，进行与我方相同或类似业务合作。

【案件焦点】

1. 某电子商务公司的被诉侵权行为是否构成不正当竞争；2. 如案涉侵权行为构成不正当竞争，某电子商务公司应如何承担民事责任。

【法院裁判要旨】

重庆市第一中级人民法院经审理认为：互联网平台经营者通过技术手段，迫使平台用户签订独家战略合作协议等方式实施“二选一”行为，限制商家入驻其他平台，妨碍了平台用户的自主经营权，对平台竞争利益造成损害。某电子商务公司的行为违反《中华人民共和国反不正当竞争法》第十二条第二款第二项“经营者不得利用技术手段，通过影响用户选择或者其他方式，实施下列妨碍、破坏其他经营者合法提供的网络产品或者服务正常运行的行为……（二）误导、欺骗、强迫用户修改、关闭、卸载其他经营者合法提供的网络产品或者服务”的规定，损害了商户和其他平台的合法权益，扰乱公平开放的互联网竞争秩序。如无证据证明侵权人具市场支配地位，对权利人主张网络平台经营者构成不正当竞争行为的请求，应依法予以支持。

重庆市第一中级人民法院依照《中华人民共和国反不正当竞争法》第十二条第二款第二项、第十七条，《中华人民共和国民法典》第一百七十九条，判决如下：

一、某电子商务公司于本判决生效之日起十日内赔偿某信息科技公司经济损失含合理开支共 300000 元；

二、驳回某信息科技公司的其他诉讼请求。

某电子商务公司不服一审判决，提起上诉。

重庆市高级人民法院经审理认为：本案审理焦点为：（1）某信息科技公司是否系本案适格的原告；（2）一审判决确定 300000 元的赔偿数额是否合理。

关于焦点一，依据《中华人民共和国反不正当竞争法》第十二条规定，经营者利用网络从事生产经营活动不得利用技术手段，通过影响用户选择或者其他方式，实施妨碍、破坏其他经营者合法提供的网络产品或者服务正常运行的行为。本案中，某电子商务公司的涉案行为因违反《中华人民共和国反不正当竞争法》第十二条第二款第二项规定，构成不正当竞争。因该行为造成的后果为商户只能选择交易量较大的某外卖平台，直接导致“××A”平台商户流失，进而导致消费者流失，妨碍其正常经营，对其竞争利益造成损害。根据一审查明的事实，某信息科技公司系“××A”平台的运营者，故该公司与本案具有直接利害关系，为本案适格原告。因此，对于某电子商务公司认为某信息科技公司非本案适格原告的上诉理由，该院不予采信。

关于焦点二，据《中华人民共和国反不正当竞争法》第十七条第三款、第四款规定，因不正当竞争行为受到损害的经营者的赔偿数额还应当包括经营者为制止侵权行为所支付的合理开支。经营者违反本法第六条、第九条规定，权利人因被侵权所受到的实际损失、侵权人因侵权所获得的利益难以确定的，由人民法院根据侵权行为的情节判决给予权利人五百万元以下的赔偿。《最高人民法院关于适用〈中华人民共和国反不正当竞争法〉若干问题的解释》第二十三条规定，对于反不正当竞争法第二条、第八条、第十一条、第十二条规定的不正当竞争行为，权利人因被侵权所受到的实际损失、侵权人因侵权所获得的利益难以确定，当事人主张依据反不正当竞争法第十七条第四款确定赔偿数额的，人民法院应予支持。本案中，由于权利人因被侵权所受到的实际损失、侵权人因侵权所获得的利益均难以确定，一审法院综合考虑侵权行为的情节、持续的时间及范围、侵权人的主观过错、某信息科技公司为本案支付的合理费用等因素，酌定某电子商务公司赔偿某信息科技公司经济损失含合理开支共300000元，并无不当，该院予以维持。

重庆市高级人民法院依照《中华人民共和国民事诉讼法》第一百七十七条第一款第一项规定，判决如下：

驳回上诉，维持原判。

【法官后语】

电商平台实施“二选一”行为系人为地设置市场自由竞争的障碍与壁垒。因《中华人民共和国反垄断法》《中华人民共和国电子商务法》和《中华人民共和国反不正当竞争法》均有可能构成“二选一”案件的规范依据，故类似案件的审理不能简单择一法律处理，而应首先对“二选一”行为的法律属性进行界定。

一、互联网平台“二选一”行为法律属性之析

互联网平台“二选一”行为并不是一个严格的法律概念，在产业经济学和反垄断中被称为“排他性交易”。[①] 从行为动机角度观察，互联网平台经营者作为理性经济人，有保持用户忠诚度、提升用户黏性、抢占竞争对手市场份额的天然需求。为实现这一目标，在商品的特性、用途及价格等因素区别不大的情况下，用户更偏向选择使用人数多的商品。此时，影响电商竞争成败的因素聚焦于承载了“流量引导”功能的“数据”，以及由此而衍生出的“流量”“网络用户”成为互联网相关经营者一切经营活动、经济利益的来源和落脚点。因此，互联网领域竞争的本质在于对“网络用户”的争夺，这也正是互联网领域相比其他传统领域市场竞争的根本差异。[②]“二选一”根本目的在于消除与自己有竞争关系的其他经营者的交易机会，[③] 本质而言是一种排除或限制其内部经营者自由交易或竞争的行为。

二、互联网平台“二选一”行为违法性之问

(一)“二选一”违法行为损害平台竞争者公平竞争

互联网平台强制“二选一”行为的本质是限制甚至排除自由竞争，在特定的地区和时间里，以双方签订的独家协议为基础，禁止协议相对方与潜在竞争者交易。其带来的直接后果是产生市场封锁效应，即市场交易被独家合同封锁在市场外。网络平台将进一步放大类似封锁效应。其一，网络平台对平台内商户的圈定。当商户与网络平台签订独家协议时，其成为该平台的单归属用户，意味着对其的需求只能在该平台得到满足。那么，青睐于该商户的消费者只能

① 钱晶晶：《电商平台“二选一”行为的竞争法分析》，载《中国检察官》2022 年第 24 期。

② 贾玉环、王千：《电商平台“二选一”行为的相关市场界定问题研究——以“阿里巴巴”案和“食派士”案为视角》，载《电子知识产权》2023 年第 5 期。

③ 中国应用法学研究所课题组：《电子商务平台“二选一”行为的法律性质与规制》，载《中国应用法学》2020 年第 4 期。

选择加入平台。其二，当网络平台与商户签订独家协议，锁定该部分商户的时候，虽然其没有干预平台市场里消费者的选择，但无形中将他们锁定，“裹挟”着他们加入了平台。其三，消费者的增多，特别是当这些人逐渐从多归属用户变成平台的单归属用户时，平台根据其网络效应，对另一边市场的商户更有价值，也带动着更多的商户参与到平台交易中来。

（二）“二选一”违法行为损害网络平台用户利益

首先，“二选一”独家交易损害商家的多归属。互联网新业态经济下，商家存在“平台多归属”现象，通过入驻多平台以扩大销售范围、增加销售机会。此情况下，商家不会因为平台强制下线其服务或产品而失去与客户继续交易的机会，依旧可以在其他可选择的平台上进行经营活动。由此可见，“二选一”行为阻隔了商家转向其他平台的可能性。其次，“二选一”独家交易损害消费者的选择权。从长远看，“二选一”行为亦会损害消费者的利益。商户应当有权利入驻不同交易平台，类似多归属常常会使平台降低商家上线、使用各种服务的成本，推动形成平台间相互竞争、持续创新的良好模式。此种良性竞争有利于提升网络服务平台的服务水平和质量，间接增加消费者选择服务平台、产品机会。如某信息科技公司、某科技公司金华分公司等不正当竞争纠纷案①中，法院认为，互联网平台“二选一”行为侵蚀了消费者的福祉。消费者原可以根据其个人的消费经验，或使用A外卖公司订餐，或使用B外卖公司订餐，但某科技公司金华分公司限定商户只能与其交易而不得与其竞争对手交易，其直接后果是消费者从多平台获得产品和服务的渠道丧失，只能寻求从A外卖公司获得外卖订餐服务，消费者的选择权因此严重受限。而互联网平台之间的竞争往往具有马太效应，被诉行为发生时，某科技公司经营A外卖公司是金华地区市场占有量最大的网络餐饮平台，“强者越强，弱者越弱”，一方面A外卖公司可能因为没有竞争压力而丧失创新动力，并可能对平台内被锁定的商户提高各类收费或者佣金，而部分商户可能会通过涨价把平台抽成转嫁给消费者；另

---

① 浙江省高级人民法院（2021）浙民终601号民事判决书，某信息科技公司、某科技公司金华分公司等不正当竞争纠纷案，载中国裁判文书网，最后访问时间：2025年4月9日。

一方面也难免出现偷工减料的情况，最终对消费者权益造成损害。

三、互联网平台“二选一”违法行为司法实践之解

相较于《中华人民共和国反垄断法》需要证明行为人是否具有市场支配地位以及《中华人民共和国电子商务法》没有明晰裁判规则的困境，《中华人民共和国反不正当竞争法》第十二条明确规制通过“技术手段”实施的影响用户选择或者其他方式，实施妨碍、破坏其他经营者合法提供的网络产品或者服务正常运行的行为系不正当竞争行为，对于未滥用市场支配地位的不正当竞争行为，灵活适用反不正当竞争法进行规制更符合案件审理需求。回归本案：

（一）“战略合作申请书”构成不正当竞争的“技术手段”

依据反不正当竞争法规定认定互联网平台“二选一”行为无需分析经营者相关市场地位，但需要确定行为是否利用技术手段。本案中，某电子商务公司要求商户签订战略合作申请书，其行为结果导致商户只能选择交易量大、优势明显的平台，丧失在其他平台获得的交易机会，如同时选择其他平台则需要付出较高的成本，增加进入市场的障碍和壁垒，限制市场活力。电商平台本应通过提高服务质量的方式吸引并保持商家，却利用技术手段强制商家实施“二选一”行为。因此将上述行为解释为利用缔约技巧的手段，落入了“利用技术手段”的边缘地带符合规范意旨及目的，签订战略合作申请书的行为满足第十二条第二款中“利用技术手段”的构成要件。

（二）签订“战略合作申请书”对未入驻商户明确禁止其使用竞争平台的网络服务仍受反不正当竞争法规制

本案中，商户可区分为两类：已入驻平台商户和即将入驻平台商户。针对已入驻平台商户，某电子商务公司在与其签订战略合作申请书后要求商户“履约”——即不得使用其他经营者的网络服务，商户只能实施修改、关闭、卸载其他电商平台的服务，此种情形下某电子商务公司行为落入了《中华人民共和国反不正当竞争法》第十二条构成要件的肯定评价之中，应认定为构成不正当竞争无疑。

但另一种情形仍应考量，即某电子商务公司在商户计划入驻某外卖平台之

初，即通过口头告知或与之签订战略合作申请书，明确禁止其使用“××A”平台的网络服务。此种情形下商户无须修改、关闭、卸载其他平台提供的服务，只需承担不下载其他经营者提供服务的软件此类消极义务，即可满足独家协议的要求。从文义上看，的确不满足“强迫用户修改、关闭、卸载其他经营者合法提供的网络服务”的要件，落入了规则构成要件的无关地带，但并不意味着某电子商务公司的行为不会受到反不正当竞争法调整。某电子商务公司利用签订战略合作申请书的方式，禁止商户在未来的经营中使用竞争对手的网络服务违反《中华人民共和国反不正当竞争法》第一条的立法宗旨，与《中华人民共和国反不正当竞争法》第十二条第二款第二项的规定存在实质意义上的相似性，因此应将该行为认定构成不正当竞争行为。

（三）签订“战略合作申请书”系“通过影响用户选择或者其他方式，实施妨碍、破坏其他经营者合法提供的网络产品或者服务正常运行的行为”

本案中，某电子商务公司与平台商户签订“战略合作申请书”是其强制商户实施“二选一”的行为手段，该行为手段能否评价为妨碍、破坏了竞争对手合法提供的服务正常运行，是适用第十二条需考量的要件。本案的当事人均为互联网外卖服务平台，核心竞争优势与入驻的商户资源多寡成正比关系，某电子商务公司要求已入驻、计划入驻商家签订战略合作申请书，迫使用户无法基于自己的选择同时运行竞争对手提供的服务，直接造成竞争对手的平台商户流失，而商户的流失将直接导致电商平台竞争力和市场占有率的下降，故某电子商务公司与平台商户签订“战略合作申请书”可以评价为妨碍了竞争对手合法提供的服务正常运行。

编写人：重庆市第一中级人民法院　王坤　吴柯慧

44

“反法”互联网专条兜底条款的适用

——某有限公司、北京某公司诉深圳某公司等不正当竞争案

【案件基本信息】

1. 裁判书字号

北京知识产权法院（2022）京73民终4318号民事判决书

2. 案由：不正当竞争纠纷

3. 当事人

原告（上诉人）：某有限公司、北京某公司

被告（上诉人）：深圳某公司

被告：山西某公司、某电子商务公司

【基本案情】

2015年8月，某有限公司作为“××A Carlife”产品软件的开发商及著作权人，与北京某公司通过签订协议的方式，授权其使用并维权，两公司共同运营“××A Carlife”产品。该产品系“手机-车”智能互联产品。在与原告有合作的手机生产商所提供的合作设备中，内置有“××A Carlife”手机端，当按预设的方式将手机与车机进行连接，可以实现手机与车机之间的数据传输，从而在车机上实现“××A Carlife”手机端内不同种类APP的控制和运行，以丰富车机功能和提高车机客户体验，同时，也通过这种方式提高“××A Carlife”手机端中不同种类APP的使用率。2021年，山西某公司在某电商平台上经营的“××B汽车用品旗舰店”销售“××C手机car盒子-Y3S”等产品，产品上标明销售为“梦多福”，品牌“××B”，生产商为深圳某公司。涉案侵权产品为非原告的合

作手机生产主体提供的设备，实现与原告合作手机生产主体提供的设备相同的车机、手机互联和数据传输功能。涉案侵权产品与原告产品的数据交换方式和流程基本一致，且车机系统日志表明通信过程均使用了Carlife协议提供的通信服务和日志服务，对比标准××A Carlife通信协议的日志，送检设备使用的通信协议在通信方式和数据交换过程等方面与标准协议基本相同。

【案件焦点】

1. 涉案行为是否构成不正当竞争行为；2. 如涉案行为构成不正当竞争，应适用何种法律依据进行规制。

【法院裁判要旨】

北京市西城区人民法院经审理认为：《中华人民共和国反不正当竞争法》第二条属于原则性条款，具有统领性、纲领性作用。第十二条属于特别条款，其第二款第四项主要针对经营者采用前三项以外的技术手段实施的妨碍、破坏其他经营者合法提供的网络产品或者服务正常运行的行为。只有在知识产权专门法和包括第十二条在内的《中华人民共和国反不正当竞争法》第二章均不适用的情况下，才可以适用第二条，而被控产品的生产、销售属于《中华人民共和国反不正当竞争法》第十二条第二款第四项规定的网络不正当竞争行为。

首先，被控行为不属于互联网专条规定的前三种典型行为。其次，适用第十二条第二款第四项应当满足：（1）双方均属于具有竞争关系的经营者；（2）被控行为利用了技术手段；（3）被控行为妨碍、破坏了其他经营者合法提供的网络产品或者服务正常运行；（4）经营者对其行为具有主观故意。本案中，原被告系具有竞争关系的经营者。用户手机需要下载“××A Carlife”APP，以实现手机端与车机端数据传输，而涉案产品使用的通信方式和数据交换过程等方面与CarLife协议基本相同，并非常规软件代码解读即可直接获取通信协议的方式，应属于通过技术手段使车机端“误认为”涉案产品即为“××A Carlife”合作手机端，实现车机互联功能。涉案产品功能原告花费大量成本，被控产品未经许可，本质上使用了原告手机端的通信协议，使车机端误认进行数据交换。“××A

Carlife”为原告带来流量利益，也是原告开拓升级的动力，存在《中华人民共和国反不正当竞争法》保护的法益。被控产品影响了用户选择、分享，妨碍原告产品流量，破坏了原告产品或者服务正常运行，挫伤原告开发和升级积极性，使得原告在此领域的发展受阻、社会总福祉减少、损害消费者利益。涉案产品生产主体为深圳某公司，山西某公司为贴牌销售，商品及商誉的来源和标识作用均应指向山西某公司，故应当认定山西某公司与深圳某公司为生产者，共同生产被控侵权商品。

北京市西城区人民法院依据《中华人民共和国反不正当竞争法》第十二条、第十七条，《最高人民法院关于适用〈中华人民共和国反不正当竞争法〉若干问题的解释》第一条、第二条、第二十三条，《中华人民共和国民事诉讼法》第六十七条第一款、第七十二条之规定，判决如下：

一、被告深圳某公司、山西某公司于本判决生效之日起立即停止不正当竞争行为，即立即停止生产、销售涉案产品；

二、被告深圳某公司、山西某公司于本判决生效之日起十日内赔偿原告某有限公司、北京某公司经济损失150000元及合理开支5000元；

三、驳回原告某有限公司、北京某公司的其他诉讼请求。

某有限公司、北京某公司、深圳某公司不服一审判决，提起上诉。

北京知识产权法院同意一审法院裁判意见，判决：

驳回上诉，维持一审判决。

【法官后语】

2017年《中华人民共和国反不正当竞争法》新增的第十二条又称“互联网专条”，旨在应对互联网技术和商业模式的发展，制止网络领域的不正当竞争行为，但由于其调整对象行为新奇、模式多样，而第二款第四项兜底条款的表述又较为模糊，故该条款在适用前提和具体适用条件上均存在难点。

一、涉互联网侵权行为的法律适用顺位

当原告就同一受控行为主张多条法律进行规制时，司法裁判需要依据法律适用顺位进行法律评价。本案裁判者认为，结合《中华人民共和国反不正当竞争法》及其司法解释的相关规定，《中华人民共和国反不正当竞争法》系知识产权专门法的有限补充，适用互联网专条必须满足第十二条第二款的“利用技术手段妨碍、破坏”的行为模式，否则应当适用《中华人民共和国反不正当竞争法》第二章其他条款，《中华人民共和国反不正当竞争法》第二条系原则性兜底条款，因此涉互联网行为的法律规制条款的适用顺序应当为：知识产权专门法—《中华人民共和国反不正当竞争法》第十二条第二款第一项至第三项—《中华人民共和国反不正当竞争法》第十二条第二款第四项—《中华人民共和国反不正当竞争法》第六条至第十一条—《中华人民共和国反不正当竞争法》第二条。本案裁判系在发现原告产品运行原理、详细解构被控行为的运行过程的基础上，提出适用互联网专条兜底条款。

二、互联网专条兜底条款的具体适用条件

第一，在主体上，双方系具有竞争关系的经营者。

根据《中华人民共和国反不正当竞争法》解释第二条，“其他经营者”系与经营者在生产经营活动中存在可能的争夺交易机会、损害竞争优势等关系的市场主体。故《中华人民共和国反不正当竞争法》的适用并非不再考量而是拓宽了对竞争关系的理解，即不再限于传统经济下同一市场中利益此消彼长这类直观的竞争关系，而是将对交易机会争夺的可能性、对竞争优势损害的可能性等均纳入考量因素。本案中，被告的产品可以替代下载和连接“××A Carlife”APP手机端或者内置“××A Carlife”手机端，即能实现车机互联的功能，与原告的产品存在交易机会的争夺，故应认定双方存在竞争关系。

第二，在行为方式上，被控行为利用了技术手段。

对技术手段的解释，直接影响到兜底条款的适用范围。根据体系解释，兜底条款应当比照前三项的共性作出一定限缩，故此处的“技术手段”应当指直接针对其他经营者的产品或者服务产生技术效果的手段。本案中，被告产品的实现必须利用车机端、手机端的通信协议，而获取通讯协议的方式需要通过技术手段进行，而技术手段的实施有碍于网络数据传输，故最终认定被告使用了技术手段。

第三，在行为结果上，被控行为妨碍、破坏了其他经营者合法提供的网络产品或者服务正常运行。

利益的争夺和消长属市场规律之下的常态，司法裁判需要谨慎对待新技术新业态，故行为的失当性才是考量的重点，而这需要综合考量。一是考量被告的行为是否造成原告的产品或服务销量减少、评价变差、流量等无形利益被分享。二是考量被告的行为是否经过原告许可或者符合行业惯例。三是考量被告的行为是否影响了用户的选择，降低原告产品或服务的竞争力。本案中，被告行为失当的根源在于其产品获利点“破坏”原告车机端和手机端的通信，影响了原告产品的正常运行，使其发展升级受阻，甚至损害消费者利益。

第四，主观意图上，经营者对其行为存在故意。

主观故意并非仅仅指对损害后果的积极态度，还应当包括以获利为目的，对他人利益受损后果持放任态度的间接故意。主观意图的认定需要结合证据外观来推定。本案中，被告通过破坏手机端、车机端之间的通信来实现自己产品的应用，以获取经济利益，且被告产品无法离开原告平台，其对于产品运行方式和后果是明知的，故应认定被告主观上具有故意。

本案裁判厘清了法律适用顺位和具体适用要件，将具体行为与智能车载系统领域这一新兴产业的特点和价值、消费者利益等相结合进行法律评价，通过互联网专条兜底条款实现了对互联网领域多样化竞争形态的有效规制，以增加开发者信心，鼓励和保护技术创新。

编写人：北京知识产权法院　黄秋平

北京市西城区人民法院　高天

45

网络直播语境下商业诋毁行为的司法认定

——义乌市甲商贸有限公司诉义乌市乙电子商务商行、义乌市丙家居用品有限公司不正当竞争案

【案件基本信息】

1. 裁判书字号

浙江省金华市中级人民法院（2022）浙 07 民终 4841 号民事判决书

2. 案由：不正当竞争纠纷

3. 当事人

原告（被上诉人）：义乌市甲商贸有限公司

被告（上诉人）：义乌市丙家居用品有限公司

被告：义乌市乙电子商务商行

【基本案情】

义乌市甲商贸有限公司运营抖音账号“甲饰品”。2022 年 2 月，义乌市乙电子商务商行的某电商平台粉丝群内，该群群主及粉丝多次发布“甲饰品”直播间相关信息，群主“××A diy 美甲饰品配件分享”发表了“毕竟他们老板因为卖假货现在还在缓刑面壁思过，判了一年半”“卖假货甲油胶被判了一年半”等言论。该群当时的群成员为 500 人。2022 年 2 月 15 日晚至 16 日凌晨，义乌市乙电子商务商行的某电商平台账号“××A diy 美甲饰品配件分享”在某电商平台直播过程中，当粉丝提及“甲饰品”时，义乌市丙家居用品有限公司的法定代表人童某予以回应并发表以下言论：“他们老板开假营销工厂，卖假货被抓了，判了一年半，现在还在缓刑，面壁思过”“缓刑一年半，因为卖假货，

货值20多万元”“但是我们保底只能200，他们是保底300，因为他们放了很多很多小不溜秋的，没用的”等。当晚直播时粉丝数量为几百人。

【案件焦点】

二被告在某电商平台粉丝群及某电商平台直播间内的行为是否构成对原告的商业诋毁。

【法院裁判要旨】

浙江省义乌市人民法院经审理认为：二被告在某电商平台粉丝群及某电商平台直播间内多次向消费者强调义乌市甲商贸有限公司负责人因卖假货被判刑，意在贬损竞争对手的产品品质，进而引导消费者购买自家的产品。同时，二被告未提供证据证明义乌市甲商贸有限公司法定代表人或负责人因刑事案件被处罚，上述言论明显属于虚假信息。二被告的上述行为系主观故意而为之，且该涉及刑事犯罪的言论系严重影响商誉的陈述，足以误导消费者对原告资信状况、经营能力、经营状况、商品质量的认知，影响消费者对原告公司的整体评价，从而影响消费者的选择，损害原告的商业信誉、商品商誉，属于反不正当竞争法所规制的商业诋毁行为，二被告应承担赔偿责任并就其商业诋毁行为为义乌市甲商贸有限公司消除影响。

浙江省义乌市人民法院依照《中华人民共和国反不正当竞争法》（2019修正）第二条、第十一条、第十七条之规定，判决如下：

一、被告义乌市乙电子商务商行（经营者：祝甲）、义乌市丙家居用品有限公司于本判决生效之日起十五日内在抖音账号“××A diy美甲饰品配件分享”直播间上连续七天刊登声明，为原告义乌市甲商贸有限公司消除影响；

二、被告义乌市乙电子商务商行（经营者：祝甲）、义乌市丙家居用品有限公司于本判决生效之日起十日内赔偿原告义乌市甲商贸有限公司经济损失30000元（含合理费用）；

三、驳回原告义乌市甲商贸有限公司的其他诉讼请求。

义乌市丙家居用品有限公司不服一审判决，提起上诉。

浙江省金华市中级人民法院同意一审法院裁判意见，判决：

驳回上诉，维持原判。

【法官后语】

一、《中华人民共和国反不正当竞争法》中“商业诋毁”行为的定义

商业诋毁是经营者为了损害他人利益或增加自身经济利益，所开展的损害他人商品声誉、商业信誉的一种不正当竞争行为。《中华人民共和国反不正当竞争法》第十一条中亦对商业诋毁行为进行了厘定，商业诋毁是指经营者编造、传播虚假信息或者误导性信息，损害竞争对手商业信誉和商品声誉的行为。开展商业诋毁，其目的在于削弱竞争对手的市场竞争力以此来为自己谋取不正当利益。其行为主要有两种表现形式：其一是恶意编造虚假信息或误导性信息，加以传播，减弱竞争对手跟自己角逐的能力；其二是利用现存的虚假信息或误导性信息，扩大信息影响力，进而为己方谋取不正当利益。

网络直播语境下商业诋毁行为并非网络环境下所生发出的全新产物，而是网络不正当竞争的表现形式，是传统不正当竞争行为在互联网维度的扩展或延伸。这一内涵也解释了网络商业诋毁的行为本质，其既非完全突破传统不正当竞争行为的“创新”，也并非“传统商业诋毁”。究其缘由，伴随着数字化、技术化的改革，网络空间的边界开始蔓延，越来越多的主体参与进网络空间的交互中。依托强大的技术支持，网络空间已然成为网民“发声”“交往”乃至开展商业活动的重要场域。直播中商业诋毁行为诞生于网络空间，依托于信息技术，并由此产生了区别于传统商业诋毁行为的特点。

二、网络直播语境下商业诋毁行为的特殊性

一是诋毁对象的隐匿性。商业诋毁的本质即于不当贬损竞争对手的商誉，进而为己方赢得更多的市场份额，攫取商业利益，其中必要的环节即在于明确的诋毁对象。在传统的商业诋毁模式中，一般由侵权企业直接或间接实施，主要表现为在报纸、新闻、广告等媒介中谩骂或诽谤竞争对手，损害其声誉。基于该特定的诋毁手段，为行为人单方的输出行为，具有单向性，加之言论的影响具有一定的地域限定、时间限定、成本限制，诋毁者为达成目的，必须对特

定对象加以明确，否则难以达到“一击即中”的效果。而在网络空间，特别是直播的过程中的诋毁对象却并不一定如此明确表达，反而具有一定的隐匿性。原因在于，网络直播的受众并不拘泥于特定的地域、特定的时间，成本较低，且直播过程中往往主播与观众、观众相互之间交互性强，沟通的效率显著提高，往往不必指名道姓，可通过手势、表情、言语，甚至借助直播间观众，即可达成暗示特定诋毁对象的效果。心理暗示所形成的效果甚于明示，更易引发受众的关注形成记忆点。

二是诋毁行为的即时性。传统商业诋毁行为的载体多为报刊、电视、广播等媒体频道，其传播的方式往往是“自上而下”“由点到面”的中心扩散式。依托于信息技术的发展，原有的“自上而下”的信息传播方式发生了革命性的变革。社会交往从科层制转变为高度扁平化的空间，剥离了前者对信息交流传播的重重阻碍，具有高度的及时性、共享性、多媒体性。得益于此，话语能够在此间更加自由、快速地传播，网络信息传播的时间更快、影响更广、范围更大。在扁平的网络空间中，场域开放，渠道广泛、沟通成本低、流动性强。仰赖于此，网络直播中，无数的主体可以随时随地地通过网络进行交互，商业诋毁行为可以随时随地地发生。更因行为发生的瞬时性，取证难度较传统模式而言更大。

三是诋毁影响的严重性。发生在网络直播背景下的诋毁行为往往影响远大于传统商业诋毁行为。诋毁所造成的影响难以逆转，特别是身处网络舆论环境中的市场主体，商誉毁损只需要一瞬。而刻板印象一旦形成，便堕入了“塔西佗陷阱”。一方面，网络的丰富性、低成本性不断地分散受众的注意力，存在即使澄清也无人在意的情况；另一方面，基于网络的流变性，网络用户往往在短时间内进行大规模的浏览“迁徙”，直播间的观众，也往往在多个直播间中反复浏览，多次选择，产生误解的受众往往并非商誉澄清内容的受众。由此，低注意力附加高刻板印象、高流动性，使得网络环境中的商誉“生长”的“生态环境”极其脆弱，一旦被摧毁，挽回商誉便沦为“高成本、低效率”的非理性选择。

三、网络直播语境下商业诋毁行为的构成要素

结合传统商业诋毁行为的定义以及网络直播语境的特殊性，可以明确在网络直播语境下构成商业诋毁行为，应当满足以下几个要素：

行为主体上，一方面，网络直播语境下商业诋毁的实施主体具有特殊性，其实施者为经营者，且与被诋毁对象互为竞争关系。根据《中华人民共和国反不正当竞争法》的规定，商业诋毁行为的实施主体必须是竞争对手，即具有竞争关系的经营者。商业诋毁的主体在网络直播的背景下，既可以是直播间认证主体，也可以是粉丝群群主，甚至其中发言的“群众”也能构成商业诋毁的主体，核心在于竞争关系的认定。《中华人民共和国反不正当竞争法》的立法宗旨在于保护市场经济的健康发展，鼓励支持公平竞争。市场经济的立足点就在于市场主体之间的竞争关系，竞争者以更优质的服务、商品，更先进的生产方式，更高的性价比参与市场竞争，才能保障经济的健康发展，进而保障经营者和消费者的合法权益。尽管网络空间的延展为商业诋毁行为带来了种种变化，但“硬件”的更新并未改变“软件”的运行逻辑和规则，也并不改变基本的价值标准。一言以蔽之，不足以对竞争关系造成威胁或伤害的主体，都不能构成商业诋毁的主体身份。另一方面，商业诋毁的对象具有确定性和指向手段的隐蔽性。具体而言，在网络直播空间中，得益于实时互动的技术支持，实施者可以通过语言暗示的方式指向诋毁的对象，其手段相较于传统诋毁行为更为丰富、隐蔽。但同时，基于诋毁行为的本质在于对竞争对手商誉的贬损，故其指向特定对象的结局是定然的。

主观故意上，具有贬损竞争对手的主观故意。通过网络平台实施的商业诋毁行为一般具有主观故意，通过诋毁行为，欲达到破坏竞争对手社会形象，从而使自己获得不当竞争优势的目的。这一主观故意直接将“网络自来黑用户”与“受利益驱动的竞争对手”区别开来。在网络直播的背景下，每一名互动者都存在侵犯商誉的客观条件，但并非所有的主体都能够满足“商业诋毁”的主观要件，例如，消费者在听到直播间主播发表的不实言论后，信以为真，也在网络中传播这一不实言论。面对这一情况，即使消费者的行为确实有损害商誉

的可能，但消费者的行为属于“情绪性”“非利益性”的行为，其主观故意在于传播自以为的“事实”，使“真相”大白于天下，而非贬损竞争对手。

行为客观上，所发布的内容系虚构、片面或者引人误解足以误导公众，损害竞争对手的商业信誉或者商品声誉。行为人所发布的信息可以是虚假信息或者误导性信息。虚假信息，指的是无事实依据且有损竞争对手商誉的信息，既包括不真实信息，也包括不合理信息。对于虚假信息，凡加以传播，均符合诋毁行为的客观构成要件。而误导性信息，则指的是信息虽真实，却容易引发错误联想的信息。对于此类信息，如加以审慎、客观、全面描述，不构成商业诋毁，只有对于全部真相的部分加以隐瞒，将部分具有误导性的内容加以粉饰并传播的行为才构成诋毁。

结合上述要件，本案二被告行为是否构成商业诋毁分析如下：

从行为主体上看，二被告主张其诋毁行为未针对原告，而是针对案外人。法院认为，《中华人民共和国反不正当竞争法》调整的商业诋毁行为并不要求行为人必须直接指明诋毁的具体对象名称，并不要求诋毁行为人指名道姓，只要商业诋毁指向的对象可以通过案件事实予以辨别。经前述分析，某电商平台粉丝群及某电商平台直播间内多次出现“甲饰品”直播间链接以及相关字样，从主播与粉丝的回应互动言语内容，均可以推断认定相关言语内容指向的是原告，其言论指向明确，故法院认定二被告的涉案行为系针对原告的行为。此外，原告与二被告的经营范围、销售的产品、销售渠道上均存在交叉，原告与二被告之间存在同业竞争关系，符合行为主体要件。

从主观故意上看，二被告在某电商平台粉丝群及某电商平台直播间内多次出现“卖假货甲油胶被判了一年半”“他们老板开假营销工厂，卖假货被抓了，判了一年半，现在还在缓刑，面壁思过”“卖假货判刑一年半”等言论和文字，上述内容意在向消费者强调原告负责人因卖假货被判刑，意在贬损竞争对手的产品品质，引导消费者购买自家的产品。但二被告并未提供证据证明原告法定代表人或其负责人因刑事案件被处罚，二被告的上述言论带有明显的主观性因素，亦缺乏相应的证据对上述内容予以佐证，二被告的上述行为系主观故意而为之。

从行为客观方面看，本案中，原告主张二被告存在商业诋毁的行为包括关于原告老板“判刑”的言论、关于房产车辆购置的言论、关于产品质量的言论。关于有关原告老板“判刑”的言论，二被告并未提供证据证明原告法定代表人或其负责人因刑事案件被处罚，上述言论明显属于虚假信息，且该涉及刑事犯罪的言论系严重影响商誉的陈述，足以误导消费者对原告资信状况、经营能力、经营状况、商品质量的认知，影响消费者对原告公司的整体评价，从而影响消费者的选择，损害原告的商业信誉、商品商誉，属于《中华人民共和国反不正当竞争法》所规制的商业诋毁行为。

最后法院综合认定，二被告有关“判刑”的言论指向了与其有竞争关系的原告，误导了相关消费者的认知，且上述行为发生在有500人的粉丝群以及上百人同时在线的抖音直播间内，使得原告的商业信誉、商品商誉明显受到贬损，构成对原告的商业诋毁行为，应承担赔偿责任并就其商业诋毁行为为原告消除影响。

在数字技术的赋能下，商业交易更便捷，商业宣传的方式多样化且富有交互性，这无疑是经营者难得的机遇，但也意味着新的挑战。一方面，电商直播、粉丝群所采用的实时、直接的交互形式，不仅使销售突破时间、空间的限制，商业诋毁等不正当竞争手段也借此“大展拳脚”。网络直播中，一旦发表言论，便是“覆水难收”，加之受众广泛，“互联网+”商业诋毁所造成的负面影响远超以往。经营者应当以更加审慎的态度对待自身在此种新型销售方式中的行为，坚守诚信底线，善尽谨慎注意义务。另一方面，直播间认证主体及粉丝群群主也应承担起作为互联网群组建立者、管理者的管理责任，对粉丝群、直播间内粉丝、用户的不当言论进行监管和制止，否则将承担法律责任。各方文明互动、理性表达，才能构建一个绿色、健康、文明、有序的互联网环境。

竞争为市场带来盎然生机与蓬勃活力，但不正当竞争会破坏市场的公平秩序，致使劣币驱逐良币，进而侵犯市场主体和消费者的利益，甚至使市场沦为“黑暗丛林”。正因如此，任何竞争行为都应以法律规范为限。本案明晰了网络直播语境下商业诋毁行为的司法认定规则，规制了互联网领域下的不正当竞争行为，对此类案件的审理和裁判思路提供了重要的指引。本案旨在规制互联网领域的相关不正当竞争行为，具有较强的警示教育意义，有助于维护健康的市场竞争秩序，助力实施营商环境优化提升“一号改革工程”。

编写人：浙江省义乌市人民法院　叶飞　傅佳萍

46

发送警告函已尽审慎注意义务的司法判定

——甲生物科技公司诉某诊断技术公司、乙生物科技公司商业诋毁案

【案件基本信息】

1. 裁判书字号

上海知识产权法院（2021）沪73民终718号民事判决书

2. 案由：商业诋毁纠纷

3. 当事人

原告（上诉人）：甲生物科技公司

被告（被上诉人）：某诊断技术公司、乙生物科技公司

【基本案情】

甲生物科技公司的核心产品为“LIA-12均相化学发光免疫分析仪及配套试剂盒”。乙生物科技公司系某诊断技术公司100%控股子公司。两被告的主要产品为“光激化学发光均相免疫分析技术平台”（以下简称LICA技术平台）。

2019年4月2日，某诊断技术公司、乙生物科技公司向甲生物科技公司及其股东发送侵权警告函（以下简称402警告函），称：员工程某从被告乙生物

科技公司处离职后任职于甲生物科技公司，将其掌握的该技术平台的相关商业秘密擅自披露给甲生物科技公司用于研发均相免疫分析产品。程某及甲生物科技公司的行为均涉嫌构成侵犯商业秘密罪。同年6月5日，乙生物科技公司以侵害技术秘密纠纷为由，将甲生物科技公司及程某作为共同被告诉至上海知识产权法院。该院经审理认定程某向甲生物科技公司披露了涉案商业秘密，甲生物科技公司使用了该商业秘密，二者构成共同侵权，判令甲生物科技公司和程某停止侵害并赔偿经济损失100万元及合理费用30万元。诉讼时，该案尚在二审中。

2019年10月12日，某诊断技术公司、乙生物科技公司委托律师向甲生物科技公司的潜在客户某医疗设备公司发送警告函（以下简称1012警告函），称甲生物科技公司所生产的LIA-12均相化学发光免疫分析仪涉嫌侵犯两被告的专利权，要求某医疗设备公司在收到警告函后，立即停止许诺销售等行为。发函前，某诊断技术公司已就该侵权行为向北京知识产权法院提起专利侵权诉讼。

【案件焦点】

某诊断技术公司、乙生物科技公司发送涉案警告函的行为是否构成商业诋毁。

【法院裁判要旨】

上海市浦东新区人民法院经审理认为：发送侵权警告函属于正当维权行为还是商业诋毁的不正当竞争行为，需结合权利人的权利状况、侵权警告的具体内容、发送对象及方式等多种因素，综合判断权利人在发送侵权警告函时是否尽到必要的谨慎注意义务。若权利人发送警告函时依据的为当时有效的知识产权权利，披露了请求保护的权利范围、涉嫌侵权信息、提起维权诉讼情况等，并仅向涉嫌侵权对象发送，应认定已尽到注意义务。就涉案警告函详述如下：

第一，针对402警告函而言，商业秘密侵权判断通常具有较强的专业性，在涉嫌侵权事实的基本判断能够达到已获一审判决认可的程度，足以说明被告在发送402警告函时，对原告及其股东程某侵害商业秘密的事实判断具有一定的准确性，达到了较高的审慎注意义务。关于被告在402警告函中声称“程某及原告涉嫌构成侵犯商业秘密罪”是否系虚假信息。法院认为，对于商业秘密侵权行为，权利人可以选择民事或刑事途径进行维权，且函中使用了“涉嫌”的措辞。

第二，针对1012警告函而言，被告发送1012警告函之时所依据的均为当时有效的专利权。被告在函中披露了请求保护的权利范围、涉嫌侵权信息、提起维权诉讼情况，列出产品对比图，已尽到注意义务。故被诉行为不构成商业诋毁，亦不违反《中华人民共和国反不正当竞争法》第二条，不构成不正当竞争。

上海市浦东新区人民法院依照《中华人民共和国反不正当竞争法》第二条、第八条、第十一条之规定，判决如下：

驳回原告甲生物科技公司的全部诉讼请求。

甲生物科技公司不服一审判决，提起上诉。

上海知识产权法院同意一审法院的裁判意见，判决：

驳回上诉，维持原判。

【法官后语】

发送侵权警告函是私力救济的重要途径之一，也可能成为不当使用的源泉，是一把“双刃剑”。判断发送警告函是否构成商业诋毁的核心在于发送者是否尽到审慎注意义务。

一、对商业诋毁构成要件及利益平衡

《中华人民共和国反不正当竞争法》第十一条规定，经营者不得编造、传播虚假信息或者误导性信息，损害竞争对手的商业信誉、商品声誉。所谓商业诋毁是经营者通过捏造、散布虚假事实对其竞争对手的商业信誉和商品声誉进行恶意诋毁、贬低，以削弱其竞争能力，为自己牟取不正当利益的行为。认定商业诋毁行为应当有以下四个构成要件：第一，其行为主体必须是符合《中华人民共和国反不正当竞争法》中的经营者，即竞争对手；第二，行为是“编造、传播虚假信息或者误导性信息”；第三，行为的损害后果为“损害竞争对手的商业信誉、商品声誉”；第四，关于行为的主观意图。行为构成商业诋毁的判断是否包含主观意图具有一定争议。一般认为，“编造、传播”蕴含了主观意图①。

本案涉及发送专利和商业秘密侵权警告函是否构成商业诋毁的判断。侵权警告函是知识产权自力救济的重要渠道。知识产权诉讼，尤其是专利侵权和商业秘密侵权，通常面临“举证难、周期长、成本高”的困境。发送侵权警告函是权利人维权的成本低廉、速度迅捷的一种方式。但同时，由于知识产权权利的模糊性和侵权判断的复杂性，侵权警告函可能超越边界，构成滥用。因此，判定侵权警告函是否构成商业诋毁，现已成为司法实践的热点和难点问题。

二、发送警告函是否构成商业诋毁的要件审查

在判断发送警告函是否构成商业诋毁的问题上，首先应明确发送警告函行为本身的性质是一种竞争行为，在此基础上，再从如下方面进行要件审查：

首先，关于发送者的主体身份。发送侵权警告函的本质是市场竞争行为，故行为主体应该是具有竞争关系的经营者，如从事营利性服务的法人等。市场活动中，具有竞争关系的经营者往往存在争夺消费者的注意力、购买力等商业利益的冲突。本案中，双方均从事化学发光免疫技术研发业务，属于同业经营者，存在竞争关系。

其次，行为人是否实施了编造、传播虚假信息或者误导性信息。经营者在市场活动中具有竞争自由，但应以不侵犯他人合法权益和不扰乱正常市场竞争秩序为限。经营者有权利评价其他经营者的商品、服务或经营活动，但这一评论自由必须客观公允、诚实守信。具体到涉及侵权警告函的判断中，应对警告函的内容是否为编造、传播虚假信息或者误导性信息进行判断。本案法院围绕这一点展开了审查。法院认为，为确保权利正当行使和保护竞争对手的合法权益，权利人在发送侵权警告时应当尽到谨慎注意义务，相关侵权警告必须有事实依据，充分披露据以判断涉嫌构成侵权的必要信息，包括其权利人的权利状况、涉嫌侵权行为等。但是，由于知识产权侵权判断的专业性，不能苛求侵权

① 孔祥俊：《反不正当竞争法新原理——分论》，法律出版社2019年版，第312页。

警告内容完全确定和毫无疑义。需要注意的是，两起涉案函件均涉及司法未决事实。发布司法未决事实的问题，应从两个层次予以分析：一是判断是否属于虚假信息，即相关信息的表达是否客观准确，有无对事实进行歪曲，有无超出诉讼程序进程的表述，如以肯定的语气对判决结果作出预测或者将尚未生效的判决表述为已经生效的判决等；二是判断是否属于误导性信息，比如虽然信息的内容真实但仅是部分的、片面的信息，仅传播于己有利的信息而故意隐瞒于己不利的信息①。针对402警告函而言，商业秘密侵权已获一审判决认可，足以说明被告在发送402警告函时，对原告及其股东程某侵害商业秘密的事实判断具有一定的准确性。402警告函中声称“程某及原告涉嫌构成侵犯商业秘密罪”是否系虚假信息。法院认为，对于商业秘密侵权行为，权利人可以选择民事或刑事途径进行维权，且函中使用了“涉嫌”的措辞。针对1012警告函而言，被告发送1012警告函之时所依据的均为当时有效的专利权。被告在函中披露了请求保护的权利范围、涉嫌侵权信息、提起维权诉讼情况，列出产品对比图，已尽到注意义务。

再次，关于行为人是否具有主观过错。关于构成商业诋毁是否需要考量主观故意存在不同的观点。有观点认为，《保护工业产权巴黎公约指南》对于构成商业诋毁行为的主观意图并无特别的要求。但通常认为，“编造、传播”蕴含了主观过错。对于主观过错的判断，应基于客观行为的表象为基础，即核心考量行为的正当性。本案结合发函的措辞、对象、权利状态、关联诉讼情况等，认定被诉行为属于正当维权行为。

最后，被诉行为是否造成了商誉的损害。商业诋毁行为一经实施都会对经营者的商誉造成损害，这种损害既可以是实际发生的损害结果，也可以是潜在的损害可能性。在考量商誉的损害时，尤应注意，在知识产权领域侵权行为较易发生且权利人面临维权难的情况下，对于权利人基于自身权利作出的自力救

---

① 许剑飞、汤峥鸣：《自媒体平台发布司法未决事实不构成商业诋毁的司法认定》，上海市高级人民法院主办：《上海审判实践（2021年第1辑）》，上海人民出版社2021年版，第284页。

济行为不宜过于严苛，以达到《中华人民共和国反不正当竞争法》鼓励和保护公平竞争、制止不正当竞争的目的。

编写人：上海市浦东新区人民法院 袁田 林巧

47

“借物宣己”是否构成商业诋毁

——某陶瓷公司诉周某不正当竞争案

【案件基本信息】

1. 裁判书字号

福建省泉州市中级人民法院（2023）闽 05 民终 909 号民事判决书

2. 案由：不正当竞争纠纷

3. 当事人

原告（上诉人）：某陶瓷公司

被告（被上诉人）：周某

【基本案情】

某陶瓷公司成立于 2018 年 1 月 9 日，经营范围为销售陶瓷制品、建筑材料、卫生洁具及配件。某陶瓷系列产品获得过中国品牌产品培育委员会、中国品牌调查统计中心公布的“全国陶瓷十大著名品牌”“工程建设推荐产品”“质量·服务·信誉·AAA 企业”“推动绿色低碳节能环保产业发展杰出贡献企业”称号，获得新锐榜组委会公布的第 17 届陶瓷卫浴新锐榜“新锐品牌优秀奖”称号。周某于 2022 年 5 月间在其个人微信朋友圈发布消息，内容分别为“各位新老客户，陶瓷从去年到现在 5 月连续涨价了 3 次，我司不但不涨价，反而让利给新老客户朋友们，现有大量库存，客户如需要的尽快下单，以发完为准，规格 60×230×11 外墙窑变文化砖，财富电话 186×××”“好消息好消息：‘五一’节后窑变文化砖规格 60×227×11 促销大优惠价活动，欢迎全国各地新老客户订单，财富电话 186×××周先生”，消息并附有瓷砖图片。

【案件焦点】

1. 周某的行为是否构成商业诋毁的不正当竞争行为；2. 周某是否应承担相应的法律责任。

【法院裁判要旨】

福建省泉州市泉港区人民法院经审理认为：根据《中华人民共和国反不正当竞争法》第十一条的规定，经营者不得编造、传播虚假信息或者误导性信息，损害竞争对手的商业信誉、商品声誉。周某的行为是否构成商业诋毁的不正当竞争，关键在于其是否实施了编造、传播误导性信息，损害某陶瓷公司商业信誉的行为。周某作为陶瓷行业从业者，通过微信朋友圈发布消息，上述消息从价格和库存的角度予以营销，并未明确提到特定的公司和品牌，虽然不同时间段发布的消息中部分图片带有“某陶瓷”的微信水印 logo，但并不明显，其并没有编造、传播误导性信息并损害原告商业信誉的主观恶意。另，某陶瓷公司提供的微信聊天记录截图证据不足以证明上述朋友圈发布后对其公司造成的损失及后果。故周某的行为不构成商业诋毁的不正当竞争行为。

福建省泉州市泉港区人民法院依照《中华人民共和国反不正当竞争法》第二条、第十一条之规定，作出如下判决：

驳回某陶瓷公司的诉讼请求。

某陶瓷公司不服一审判决，提起上诉。

福建省泉州市中级人民法院经审理认为：本案中，某陶瓷公司主张周某发布在微信朋友圈的信息损坏其商业信誉和商品声誉，构成商业诋毁。首先，商业诋毁需针对特定的对象。从本案证据来看，周某引用的图片虽有某陶瓷公司的水印，结合其朋友圈内容，并未明确提到特定的公司和品牌，故无法认定周某发布在微信朋友圈的信息是针对某陶瓷公司这一主体。其次，从主观上来看，周某发布在微信朋友圈的目的，不在于捏造、散布虚伪事实并损害某陶瓷公司商业信誉从而达到自己销售瓷砖的目的。最后，现有证据不足以证明周某的行为对某陶瓷公司的商业信誉造成损害，其发布的朋友圈文字未有贬低某陶瓷公司商誉或声誉的内容，也未有通过某陶瓷公司因商誉受损处于劣势的竞争地位，从而使自己获得不公平的竞争优势的表现。故一审法院认定周某的行为不构成商业诋毁的不正当竞争行为并无不当。

福建省泉州市中级人民法院依照《中华人民共和国民事诉讼法》第一百七十七条第一款第一项之规定，作出如下判决：

驳回上诉，维持原判。

【法官后语】

商誉是经营者在市场经营活动中对其产品或服务的市场推广、技术研发以及广告宣传等领域经过长期努力建立起来的企业形象和市场评价，是企业赖以生存的无形资产。随着移动互联网和电子商务的迅猛发展，微信朋友圈逐渐改变了社交平台和交易方式，以微博、微信为代表的网络社交平台成为传播事实或观点信息的重要渠道，其中不乏经营者发布营销推广信息、商品对比测评信息或对竞争对手的商品或服务发表评论等，若未注意言论的表述内容和方式，可能会诋毁同行业竞争者商誉，引发各方争议。此类行为是否构成商业诋毁不正当竞争，关键在于被诉言论是否构成虚假信息或误导性信息，行为人对此是否存在主观故意。

基于本案事实，第一种观点认为，周某的行为不构成商业诋毁型的不正当竞争行为。理由是，构成商业诋毁应以存在编造、传播虚假信息或误导性信息为前提，本案被告在微信朋友圈发布正常的产品营销信息，并不存在不正当竞争的主观故意，且无证据证明其发布朋友圈的行为损害了其他经营者的商业信誉或商品声誉，故被告的行为不构成商业诋毁型的不正当竞争行为。

第二种观点认为，周某的行为构成商业诋毁型的不正当竞争行为。理由是，原被告同为陶瓷行业从业者，被告在其朋友圈发布“陶瓷不涨价大促销”的营销消息，消息中附的部分图片带有原告的微信水印 logo，使原告的代理商产生误解，一定程度上削弱了原告的市场竞争能力，具有谋求其自身市场竞争优势的主观故意，故被告的行为构成商业诋毁型的不正当竞争行为。

笔者同意第一种观点，并结合本案争议焦点进行如下探讨。

一、关于虚假信息或者误导性信息的认定问题

《中华人民共和国反不正当竞争法》第八条规定："经营者不得对其商品的性能、功能、质量、销售状况、用户评价、曾获荣誉等作虚假或者引人误解的商业宣传，欺骗、误导消费者。经营者不得通过组织虚假交易等方式，帮助其他经营者进行虚假或者引人误解的商业宣传。"《最高人民法院关于适用〈中华人民共和国反不正当竞争法〉若干问题的解释》第十七条规定："经营者具有下列行为之一，欺骗、误导相关公众的，人民法院可以认定为反不正当竞争法第八条第一款规定的'引人误解的商业宣传'：（一）对商品作片面的宣传或者对比；（二）将科学上未定论的观点、现象等当作定论的事实用于商品宣传；（三）使用歧义性语言进行商业宣传；（四）其他足以引人误解的商业宣传行为。人民法院应当根据日常生活经验、相关公众一般注意力、发生误解的事实和被宣传对象的实际情况等因素，对引人误解的商业宣传行为进行认定。"

虚假信息可参照上述关于虚假宣传的行为特征进行理解，虚假信息应是内容不真实、不符合实际情况的信息，即这些信息是无中生有编造而来，而误导性信息包括真实或部分真实的信息，往往以模棱两可、以偏概全、真伪不明的状态呈现，使受众对客观事实产生了认知偏差。本案原告主张被告发布的微信朋友圈内容严重误导了公众，那么，误导性信息应如何判断认定？对此，司法审查的重点应是有关信息是否足以导致一般消费者的误解，进而影响其消费选择。本案中，被告发布的微信朋友圈虽然部分图片带有"某陶瓷"的水印 logo，但所占位置极小，并不明显，且其文字内容"各位新老客户，陶瓷从去年到现在 5 月连续涨价了 3 次，我司不但不涨价，反而让利给新老客户朋友们……"应属正常的微信朋友圈营销推广信息，并未明确提到特定公司和品牌，并未直接指向某陶瓷公司，也未使用带有贬损之意的词汇评论某陶瓷公司的产品，基于普通人的理解，并不会导致公众对某陶瓷公司的形象认知产生偏差或造成不良影响。综上，认定本案中被告发布的朋友圈内容不构成误导性信息。

二、关于行为人主观故意的认定问题

经营者实施商业诋毁行为，一般存在通过削弱竞争对手的市场竞争能力，谋求自己的市场竞争优势的主观故意。不正当竞争行为作为一类特殊的侵权行为，也应从侵权构成要件出发，即过错是必要条件，不正当竞争行为被追究法律责任也应有主观过错这项条件。司法实践中，认定商业诋毁，行为人必须有明显的主观故意，而不能以可能出现负面结果进行推论。

本案中，某陶瓷公司主张周某发布的微信朋友圈内容，将致使相关公众形成某陶瓷公司不讲诚信的印象，导致其商誉受损，但这仅是其主观推论，其并未提供证据证明周某的行为对某陶瓷公司的商业信誉造成损害。本案中，周某发布的朋友圈文字仅是从价格和库存方面对其产品进行营销推广，未有贬低某陶瓷公司商誉或声誉的内容，也未有通过某陶瓷公司因商誉受损处于劣势的竞争地位，从而使自己获得不公平的竞争优势的表现，结合其并未实际销售瓷砖的事实，可以认定周某主观上并不存在损害某陶瓷公司商誉的故意。

综上，本案周某主观上不具有损害某陶瓷公司商誉的故意，客观上不存在编造、传播虚假信息或误导性信息的行为，也未造成某陶瓷公司商誉受损的后果，故其行为不构成商业诋毁型的不正当竞争行为。

编写人：福建省泉州市泉港区人民法院　庄萍萍　苏惠玲

48

企业征信数据平台违反数据质量保证义务的认定

——某管理咨询公司诉甲科技公司、乙科技公司不正当竞争案

【案件基本信息】

1. 裁判书字号

广东省深圳市中级人民法院（2023）粤 03 民终 4897 号民事判决书

2. 案由：不正当竞争纠纷

3. 当事人

原告（上诉人）：某管理咨询公司

被告（被上诉人）：甲科技公司、乙科技公司

【基本案情】

某管理咨询公司2012年起至今一直为案外人A公司的股东，并在深圳联合产权交易所办理产权登记，其股东身份已被相关生效判决所确认。甲科技公司、乙科技公司共同经营的“××A”平台是一家提供企业征信信息查询的大数据平台，主要功能在于运用信息技术手段对公共数据领域海量、分散的企业信息进行整合加工，形成企业征信信息的数据集合，并通过提供免费和付费查询功能，向用户开放，实现经济利益。

某管理咨询公司发现，“××A”网站显示的其与A公司之间的持股关系与实际情况不符。“××A”网站关于A公司的“历史工商信息、历史股东”载明，某管理咨询公司为该公司股东，参股时间2019年1月1日，退股时间2021年1月20日。

2022年1月18日，某管理咨询公司向甲科技公司发送律师函，认为“××A”平台中所记录某管理咨询公司与A公司之间的持股信息存在错误，要求甲科技公司、乙科技公司对“××A”平台中的相关数据进行修正，随函附有A公司股东名册及相关生效判决书。两公司在收到某管理咨询公司的律师函及判决书等材料后，未对“××A”平台中的数据进行修正。

【案件焦点】

某管理咨询公司的不正当竞争指控是否成立。

【法院裁判要旨】

广东省深圳市罗湖区人民法院经审理认为：某管理咨询公司指控的三个被诉竞争行为并未违反诚实信用原则和公认的商业道德，不构成《中华人民共和

国反不正当竞争法》第二条规定的不正当竞争行为。

广东省深圳市罗湖区人民法院依照《中华人民共和国反不正当竞争法》第二条，《最高人民法院关于适用〈中华人民共和国反不正当竞争法〉若干问题的解释》第三条，《中华人民共和国民事诉讼法》第一百四十五条规定，判决如下：

驳回某管理咨询公司全部诉讼请求。

某管理咨询公司不服一审判决，提起上诉。

广东省深圳市中级人民法院经审理认为：本案所涉纠纷系因“××A”网站发布的数据是否真实、准确所引发。“××A”网站运用信息技术手段对公共数据领域海量、分散的企业信息进行整合加工，形成企业征信信息的数据集合，向“××A”平台用户开放，构建了一个具有征信功能的数据生态系统。某管理咨询公司为数据原始主体，甲科技公司、乙科技公司作为网站的共同运营者，系数据的使用者。本案的纠纷性质为，大数据生态系统中，数据原始主体与数据的使用者之间因数据使用质量引发的纠纷。

本案所涉数据为企业征信数据平台公示的商事主体的对外投资信息。对外投资信息系企业的重大经营信息，影响到市场对企业商业价值、商誉的判断，进而影响数据消费主体对该企业及其投资的企业的交易决策，某管理咨询公司对于涉案数据具有竞争法意义上的竞争权益，应当受到法律保护。甲科技公司、乙科技公司作为数据使用方，对于其所使用数据的原始来源方负有数据完备性义务、数据准确性义务、合理纠错义务三大数据质量保证义务，以确保数据原始主体的合法权益不受到不恰当的损害。

第一个被诉不正当竞争行为系某管理咨询公司对数据完备性的诉求，法院认为，数据的完整性应当建立在数据的实际可获得性的基础之上，在具体的商业模式中，还应当对数据获得成本予以必要的考量，二被告未在“××A”网站中展示深圳联合产权交易所的相关企业数据并不违反数据完备性义务。第二个被诉不正当竞争行为，关于二被告是否违反数据准确性义务，法院认为，数据准确性义务并不意味着不能出现信息偏差，结合当前技术发展阶段，从主客观两方面综合考虑，无法认定二被告违反了数据准确性义务。第三个被诉不正当竞争行为，二被告在某管理咨询公司对其数据错误进行投诉并提供证明材料之后，仍未启动纠错机制，确实违反了合理纠错义务，使数据消费主体对某管理咨询公司经营状况产生错误判断，进而损害某管理咨询公司的市场竞争权益，扰乱互联网征信行业正常的市场竞争秩序，构成《中华人民共和国反不正当竞争法》第二条规定的不正当竞争行为。

广东省深圳市中级人民法院依照《中华人民共和国民法典》第一百七十九条，《中华人民共和国反不正当竞争法》第二条、第十七条，《中华人民共和国民事诉讼法》第六十七条第一款、第一百七十七条第一款第二项规定，判决如下：

一、撤销广东省深圳市罗湖区人民法院一审民事判决；

二、被上诉人甲科技公司、乙科技公司于本判决生效之日起三日内在其经营的××A 网站将上诉人某管理咨询公司的持股信息列入案外人 A 公司的股东信息页面，所列明的信息应当与本院（2019）粤 03 民终 22793 号生效判决所认定的事实保持一致；

三、被上诉人甲科技公司、乙科技公司于本判决生效之日起三日内连续三日在其经营的××A 网站首页刊登声明消除影响，声明的内容须经本院审定；如逾期未予刊登或所刊登内容未经本院审定，本院将本判决全文刊登于《人民法院报》，相关费用由被上诉人甲科技公司、乙科技公司负担；

四、被上诉人甲科技公司、乙科技公司于本判决生效之日起三日内赔偿上诉人某管理咨询公司合理维权开支 30880 元；

五、驳回上诉人某管理咨询公司的其他诉讼请求。

【法官后语】

《中共中央、国务院关于构建数据基础制度更好发挥数据要素作用的意见》构建了数据处理者与数据来源者相区分的二元结构，并明确提出要建立健全数据要素各参与方合法权益保护制度①。本案涉及数字经济领域重大问题——数

---

① 笔者注：数据来源者是指对数据的产生提供了原始信息的主体，数据处理者是指对原始信息进行收集、加工、使用、分析等处理活动从而形成新数据或数据衍生产品的主体。

据处理者与数据来源者的权利义务关系问题。就企业征信平台所涉及的公开数据而言，数据处理者与数据来源者并无合同关系，也非直接的同业竞争者，现行法律体系框架内尚无对这两类主体之间的权利义务进行规制的明确规定。但是，基于公共数据、征信数据的特有属性、两种主体所共处的数据生态系统的功能、运行模式与商业逻辑，企业征信数据平台经营者使用企业原始数据时出现质量问题，必然会造成数据来源者尤其是数据的原始主体的权益增加或减损。在此种情形之下，是否应当为数据处理者设定必要的法律义务，如何设定该等义务，以及如何评判数据处理者是否履行该等义务，是此类新型纠纷中值得探讨的根本性问题。

数据处理者与数据来源者的权利义务关系能否纳入反不正当竞争法的调整范围，数据权益的保护是当今数字经济发展中的重要课题。从当前司法实践来看，反不正当竞争法是数据权益保护的重要阵地。反不正当竞争法的立法目的在于制止不正当竞争行为，维护市场竞争秩序，能否援引反不正当竞争法对数据来源者的权利进行保护，取决于数据来源者对于数据是否有合法的竞争利益，以及能否认定数据处理者与数据来源者之间存在竞争关系。企业征信数据平台经营者构建的是一个具有征信功能的数据生态系统，数据来源者与数据处理者共处于该生态系统中。对于一个商事企业，尤其是对于一个经营业务为股权投资管理的企业而言，对外投资信息系其重大经营信息。企业对外投资目标、范围、规模、历史变更情况等均会影响市场对于该企业的商业价值、商誉的判断，进而影响数据消费者对该企业及其投资的企业的交易决策，直接关系其市场竞争地位，数据来源者对于数据使用者对外公布的其持股信息，具有竞争法意义上的竞争权益。

反不正当竞争法所规制的竞争关系包括直接竞争关系与间接竞争关系，反不正当竞争法维护具有直接竞争关系的竞争者之间的正当竞争，也维护整个市场的竞争秩序。不同于传统经济模式，随着数字经济、互联网经济的兴起，行业界限区分日益模糊，对于市场资源尤其是注意力和信息的争夺也不再局限于具有直接竞争关系的经营者之间。即使经营者之间不存在直接的竞争关系，但如若因一方的经营行为不当夺取了市场资源或破坏了其他经营者竞争优势，也会影响市场经济正常运行，此种意义上的竞争关系同样应当被纳入反不正当竞争法的规制范围。如果企业征信平台在发布企业数据时出现质量问题，则会造成数据来源者竞争权益的增加或减损，同时也会损害数据消费者基于其合理信赖所产生的利益。在这个层面上，数据处理者与数据来源者的权利义务关系应当被纳入反不正当竞争法的调整范围。

一、数据处理者对于数据来源者负有数据质量保证义务

在数据处理者构建和主导的大数据征信生态系统中，数据质量对于各方均具有至关重要的影响，尤其是数据处理者的行为会直接影响其他各方的利益，必须为数据处理者设定必要的义务，以维护各方合法利益以及正常的市场竞争秩序。目前，尚无法律对征信数据处理者的义务作出明确规定，但是从数据本身的属性，结合相关行业自律性规范要求，应当认定数据处理者在数据收集、加工和使用等环节中具有数据质量保证义务。根据当前大数据业态发展现状，数据质量保证义务项下包括数据完备性义务、数据准确性义务、合理纠错义务三大具体义务，即征信平台数据处理者应当采取合理措施展示完整的数据信息，并确保数据的准确性，当征信数据来源企业发现数据有误时，应当及时予以更正。

二、认定数据处理者是否违反数据质量保证义务的裁判思路

认定企业数据查询平台经营者是否尽到数据质量保证义务，应当结合被诉行为发生时征信大数据业态、商业模式等客观情况，并正视海量数据处理的技术困境与可能的突破进路，进行个案判断；判断标准包括数据来源合法、校验机制适当、信息更新及时与纠错机制合理等，判断重心在于信息偏差所产生的主客观原因，而不能简单以信息偏差的存在认定被诉行为构成对数据质量保证义务的违反。考虑到互联网征信行业仍处于发展起步阶段，相关行业规范尚未成熟，应当以鼓励数据共享流通、兼顾各方利益为原则，并正视海量数据处理的技术困境，合理确定各利益相关方的权利与义务。在没有明显主观过错的情况下，对于数据平台出现的普通信息偏差，一般应当允许其通过事后救济的方

式进行修正。也就是说，大数据背景下，一般不宜对数据完备性义务和准确性义务科以过高标准，而应当重点考虑在出现数据错误的情况下，数据处理者是否采取了合理措施进行纠正。本案认定征信数据处理者未违反数据完备性义务、数据准确性义务，但违反了合理纠错义务，通过明晰数据处理行为的边界，既充分保护数据来源者的合法权益，同时也兼顾数据来源者和数据处理者之间的权益平衡，避免对数据来源者过度赋权影响数据处理者的生产积极性。

在数据来源者和数据处理者二元区分结构下，厘清二者之间的权利义务关系，不仅有助于充分保护数据来源者的合法权益，解决广大数据来源主体的后顾之忧，激励其积极贡献原始数据材料，也有助于数据处理者明晰其行为边界，在法治的轨道上规范开展数据处理活动，促进数据要素的高效利用和流通。本案通过创造性地适用反不正当竞争法一般条款，基于企业征信数据的特定属性，建立了厘清企业征信数据来源者和数据处理者权利义务关系的一般性司法裁判规则。二审裁判符合企业征信大数据行业的发展现状与规律，是人民法院充分发挥司法职能，积极服务保障数字经济发展的重要体现，为完善数据治理规则和类案司法裁判提供了重要的参考借鉴意义。本案入选最高人民法院 2023 年中国法院 50 件典型知识产权案例。①

编写人：广东省深圳市中级人民法院　叶艳　刘轩

① 《2023 年中国法院 10 大知识产权案件和 50 件典型知识产权案例》，载最高人民法院网，https：//www. court. gov. cn/zixun/xiangqing/430692. html，最后访问时间：2025 年 3 月 30 日。

49

擅自使用他人有一定影响的企业名称行为的司法认定

——某益电子股份公司等诉苏州某益电子公司擅自使用他人有一定影响的企业名称案

【案件基本信息】

1. 裁判书字号

江苏省苏州市相城区人民法院（2022）苏 0507 民初 8173 号民事判决书

2. 案由：擅自使用他人有一定影响的企业名称纠纷

3. 当事人

原告：某益电子股份公司、广东某益科技公司、苏州某益科技公司

被告：苏州某益电子公司

【基本案情】

某益电子股份公司、广东某益科技公司、苏州某益科技公司系关联公司（以下简称原告方），经营范围主要为销售敷铜板和粘结片、印制线路板等。某益电子股份公司自 1985 年创立并使用“某益”字号，广东某益科技公司于 1998 年 10 月 28 日公开上市。在长期经营中，原告方获得了数十项国家级、省级荣誉，在敷铜板行业内享有很高的知名度，占有较大的市场份额。2002 年 7 月 24 日，苏州某益科技公司成立。2009 年 12 月 21 日，原告方的第 5××2 号“某益”文字商标注册生效。苏州某益电子公司的前身某实业有限公司，于 1998 年 11 月 19 日成立，于 2003 年 7 月 14 日更名为现名称。原告方于 2018 年 7 月 27 日向苏州某益电子公司发函，称苏州某益电子公司更改后的名称与其字号一致，具有攀附商誉故意，要求其立即更改企业名称、不得使用“某益”字号。苏州某益电子公司未更改其企业名称。

【案件焦点】

1. 原告方的“某益”本身是否为具有一定影响的名称；2. 苏州某益电子公司是否存在擅自使用行为。

【法院裁判要旨】

江苏省苏州市相城区人民法院经审理认为：从企业字号使用时间、行业认可度、宣传推广、企业知名度等方面进行综合判断，原告方的“某益”是有一定影响的企业名称。其一，原告方之间的关联关系明显，相较而言原告方使用该字号时间更为久远，最早可追溯至 1985 年，后原告方使用“某益”名称发行股票；其二，原告方以“某益”为字号逐步发展壮大且取得大量国家级、行业内荣誉；其三，原告方在公众及相关行业具有一定的知名度。苏州某益电子公司构成擅自使用行为。其一，从苏州某益电子公司的企业字号构成结构来看，“某益”是主要的识别词汇，原、被告之间的经营范围亦有重合，苏州某益电子公司未能就其更名事宜进行合理解释；其二，就苏州某益电子公司主张其名称系经工商行政部门合法登记的辩称，法院认为在不正当竞争纠纷案件中应以实质审查为准，与登记的形式审查不冲突。关于赔偿金额，因苏州某益电子公司方现已停止经营，考虑原告方企业名称、字号的知名度、被告的过错程度、维权成本等因素，法院酌情认定被告应赔偿经济损失及合理开支共计 9 万元。

江苏省苏州市相城区人民法院依照《中华人民共和国反不正当竞争法》（2019 修正）第六条、第十七条、第十八条第二款，《最高人民法院关于适用〈中华人民共和国反不正当竞争法〉若干问题的解释》第三条、第九条第一款、第十一条、第二十八条，《中华人民共和国民事诉讼法》第十三条、第六十七条第一款，《最高人民法院关于适用〈中华人民共和国民事诉讼法〉的解释》（2022 修正）第九十条之规定，判决如下：

一、被告苏州某益电子公司应于本判决生效之日起立即停止不正当竞争行为，即停止使用“苏州某益电子公司”的企业名称，及时办理名称变更登记，变更后的企业名称不得含有“某益”字号，同时停止在其网站及其他地方使用“某益”字号；

二、被告苏州某益电子公司应于本判决生效之日起十日内赔偿原告某益电子股份公司、广东某益科技公司、苏州某益科技公司经济损失及合理开支共计人民币9万元；

三、驳回原告某益电子股份公司、广东某益科技公司、苏州某益科技公司的其他诉讼请求。

宣判后，双方当事人均未上诉，一审判决已经生效。另经向当事人核实，被告已经更名，且已履行该案判决的赔偿义务。

【法官后语】

企业名称（包括简称、字号）成为企业对外彰显主体身份及辨识度的商业标识，蕴含着巨大商业价值。近年来，知名企业名称“搭便车”“傍名牌”的现象频发，不仅侵夺权利人商誉，侵蚀他人交易机会，还影响了市场竞争秩序，不利于营商环境的有序发展。违法行为侵害的法益类型，决定了行为性质的认定，而法律要保护的法益目标，则决定了法律适用的选择。[①] 此类行为对商业竞争秩序的损害，决定了需要适用反不正当竞争法予以规制。《中华人民共和国反不正当竞争法》（以下简称《反不正当竞争法》）第六条及《最高人民法院关于适用〈中华人民共和国反不正当竞争法〉若干问题的解释》（以下简称《反不正当竞争法解释》）第九条、第十一条对擅自使用他人有一定影响力的企业名称行为进行立法规制，认为经营者擅自使用他人有一定影响的企业名称（包括简称、字号等）、社会组织名称（包括简称等）、域名主体部分、网站名称、网页等近似的标识，引人误认为是他人商品或者与他人存在特定联系，应认定为侵害企业名称权利护体的权益。根据上述规定可知，认定擅自使用他人有一定影响力的企业名称构成要件为：第一，被保护的企业名称因“有一定影响”而享有在先权益；第二，被控侵权的企业名称与权利名称相同或近似，且产生“混淆可能性”；第三，被控侵权主体的主观过错程度。

---

① 焦海涛：《不正当竞争行为法律规制的体系化》，载《比较法研究》2024年第2期。

一、竞争个性："有一定影响"的内涵及构成要件

竞争行为针对的商业成果应具有权利或权益，基于该权利或者权益具有了"竞争个性"，即该权利为所有者带来的竞争优势，而该权利来源于所有者的投资或劳动。[①] 经长期使用且推广宣传产生一定知名度的企业名称，应认为属于该经营者有一定影响力的企业名称。《反不正当竞争法解释》对"有一定影响"的内涵予以界定，认为在《反不正当竞争法》语境下"有一定影响"指的是具有一定的市场知名度及具有区别商品来源的显著特征两个构成要件。在司法实践中，当事人主张他人擅自使用其有一定影响的企业名称时，往往需围绕上述两个要件承担举证责任。

（一）市场知名度要件

作为一种商业标识，企业名称具有实际的市场知名度，才能发挥识别商品来源的作用，且才可能导致市场混淆。[②] 因此，具有一定市场知名度是企业名称受《反不正当竞争法》保护的前提条件。审查企业名称是否具有市场知名度，可以从时间、地域、推广、知悉等方面综合评价。

在时间维度上，应考虑在先权利因素。相对于某个特定权利或者特定的行为而言，在该特定权利或者行为之前产生的权利为在先权利。[③] 在审查时应当考虑权利人请求保护的企业名称是否早于被诉侵权名称创设，以及被保护的企业名称在被诉侵权行为发生前是否具有一定的知名度。在地域维度上，应结合企业经营范围、宣传地域等因素审查请求保护的企业名称知名度覆盖区域范围。且由于企业跨区经营、大型企业在全国范围内设点经营已成为惯例，故该区域范围不应局限于企业登记地域范围。在推广、知悉维度上，实质为权利人对其使用的企业名称（包括字号、标识）扩大知名度所作出的贡献，该维度往往系主张保护的权利人重点举证的内容。在司法实践中，权利人会通过举证大量荣

① 戴芳芳：《论不正当竞争判定的理念回归和制度完善》，华东政法大学2022年博士学位论文。

② 孔祥俊：《论新修订〈反不正当竞争法〉的时代精神》，载《东方法学》2018年第1期。

③ 郑成思：《知识产权文丛》（第5卷），中国方正出版社2001年版，第205页。

誉、宣传来证明其主张的企业名称备受行业认可、公众知悉，这反映的正是权利人为该企业名称发展壮大所作的劳动和贡献。结合企业名称所获得的国家、省级荣誉、行业排名及认可程度、广告宣传、有无采取注册商标等其他保护途径等因素看是否可以相互印证企业名称有较高的知名度。

（二）区别功能要件

《反不正当竞争法解释》第四条规定的“显著特征”，意指企业名称、简称、字号的指向功能，即向社会公众表明商品、服务的来源。企业名称经过权利人的长期使用及推广，指向功能越明显，企业名称、字号、简称指向该权利主体及其关联的“显著性”越强。如在锦州市某婚纱摄影店、某文化集团有限公司商标权权属纠纷案中，法院认为，原告对其“××旅拍”字号在国内有影响力的媒体和视频平台上进行了大量宣传，使其字号具备了一定影响力，由于“××旅拍”四字中，相关公众一般不会将“旅拍”视为区分商品或者服务来源的标识，因此在原告的企业字号中，更易识别的部分是“××”字样，该企业字号指向原告的“显著性”更强，故认定被告擅自使用该字号作为企业字号构成不正当竞争。[①] 回到本案，原告方以“某益”为字号在广东起步发展，使用“某益”作为股票名称进行上市，逐步在全国范围内扩张经营，其对“某益”字号的影响力作出较大贡献，使得“某益”成为识别原告的重要因素，故认定其“显著性”特征明显。值得注意的是，本案中苏州某益电子公司提出抗辩，认为原告方对“某益”字号并无排他使用的权利，然通过查明原、被告对“某益”字号使用、发展的情况，可以发现“某益”与原告方及其联营关系的指代性明显，“某益”之于原告方的“显著性”特征更为突出，故对苏州某益电子公司的抗辩不予采信。

① 辽宁省高级人民法院（2021）辽民终1533号民事判决书，锦州市某婚纱摄影店、某文化集团有限公司商标权权属纠纷案，载中国裁判文书网，最后访问时间：2025年3月30日。

二、客观要件："擅自使用"行为的判定

（一）使用近似、相同企业字号的判定标准

关于被诉企业字号与权利人主张被保护的企业字号是否构成近似或相同的问题，按照现行《中华人民共和国商标法》和《反不正当竞争法》的立法模式，在近似的判断时通常采取"客观近似"的判断标准，应根据相关公众一般注意力标准，从读音、字形、含义等方面比对诉争企业名称。在本案中，在原、被告的企业名称中，均包含"某益"二字，其作为无通用含义的臆造词汇，均起主要的识别作用。观察原、被告的企业名称，双方组成结构相同，发音中均含有"某益"，整体视觉效果也近似，从物理属性上可以判断双方的企业名称属于近似。

（二）"擅自使用"引发的市场混淆结果认定

擅自使用他人有一定影响的企业字号引发的市场混淆，包括使相关公众对商品的出处来源产生误认，即来源混淆，以及误认经营者与被混淆对象存在特定联系，即关联混淆。在使用相同企业字号的情况下，虽然企业名称中载有地域范围，在提供相同或者近似服务、商品的情况下，应当视为存在混淆可能性。在个案中，还可以结合企业经营范围、经营地、服务类型、企业字号的近似程度、相关公众的注意程度等因素来进行判断。

在本案中，原告方的经营范围包括敷铜板、线路板生产、销售，被告的经营范围亦包括线路板、元器件，双方的经营范围存在交叉，被告已经构成在相同服务上使用原告方有一定影响的企业名称；原告苏州某益科技公司与被告的经营地同在苏州，易使相关公众误认为被告与原告方之间尤其是与原告苏州某益科技公司存在特定联系；被告的行为已然构成来源混淆及关联混淆，符合市场混淆的结果要件，构成不正当竞争。

三、主观要件：不正当行为蕴含的过错判定

现行《反不正当竞争法》及司法解释中未将行为人主观过错列为该类行为的构成要件。但从法律条文对该类行为的描述来看，关于行为过错考量已然蕴含于诸如"擅自使用"等用词中。亦有学者认为，不正当竞争行为实施者在主观上一般都是具有恶意的。[1] 商业竞争本身意味着在自由竞争秩序之内的模仿和利用等，但商业道德否定混淆、误认、侵蚀等恶意的主观行为。对于使用他人有一定影响力的企业名称的过错认定，实际上是在竞争自由限度之内的模仿和超过自由竞争限度的模仿之间划出界限。[2]

过错（包括故意、过失）应属于擅自使用他人有一定影响力的企业名称行为的主观要件。当某一企业名称、字号在特定服务、商品上或一定地域范围（甚至在全国范围内）具有“一定影响”，则其他经营者在使用名称时应当具有注意义务，进行合理避让，其擅自使用行为主观上就存在过错。另外，还可从当事人是否曾向擅自使用者以其他方式主张权利，擅自使用者在获悉同名情况后有无避让来判定主观恶意程度。本案中，生效判决认为原告方的“某益”字号在国内享有一定知名度及影响力，被告在与原告方存在经营范围交叉、经营地域重合的情况下在更名时未对原告的企业名称及字号进行合理避让；且原告曾发函要求被告更名，被告始终未予处理。故生效判决认定被告主观攀附意图恶意明显。

编写人：江苏省苏州市相城区人民法院　王刚　林小烨

50

“种草”“探店”行为构成不正当竞争行为的界定

——甲科技公司诉乙科技公司不正当竞争案

【案件基本信息】

1. 裁判书字号

福建省高级人民法院（2023）闽民终306号民事判决书

---

① 王利明：《关于完善我国反不正当竞争法的几点意见》，载《工商行政管理》2003年第4期。

② 冯术杰：《“搭便车”的竞争法规制》，载《清华法学》2019年第1期。

2. 案由：不正当竞争纠纷

3. 当事人

原告（被上诉人）：甲科技公司

被告（上诉人）：乙科技公司

【基本案情】

甲科技公司对其运营的××A（包括网址为 www. ××A. com 的网站，以及可在 iOS 系统、Android 系统运行的名为“××A”及其他不同版本的应用程序）享有完全的所有权及知识产权等权益，对真实、客观的××A 数据及其衍生的商业价值享有相关竞争优势和合法权益。乙科技公司在××B 网、××B 通告小程序、微信朋友圈等平台发布种草/探店任务，有偿招募××A 等平台用户，在××A 等平台开展商品或服务营销推广活动，乙科技公司实施的行为实质上是虚假刷量推广行为，欺骗、误导消费者，且妨碍、破坏了××A 平台的网络内容生态，对××A 平台信誉造成极大伤害。其中，乙科技公司未经甲科技公司同意，非法抓取大量××A 用户头像、粉丝数、获赞数、笔记等平台数据，并设置网络链接至××A 网站。同时，乙科技公司对非法抓取的数据进行分析，将分析结果用于商业目的。因此，乙科技公司的行为损害甲科技公司对××A 平台用户数据享有的合法权益，并容易导致消费者误认为其与甲科技公司之间有商业合作等特定联系，乙科技公司行为构成不正当竞争。甲科技公司请求乙科技公司立即停止不正当竞争行为，包括立即停止针对××A 平台的内容及数据造假行为；立即停止非法抓取××A 平台数据的行为；立即停止使用“××A”文字或图片信息，消除影响，并赔偿甲科技公司经济损失及甲科技公司因制止侵权行为支出的合理费用等人民币 300 万元。

【案件焦点】

乙科技公司提供虚假“种草”“探店”推广服务，并就其抓取的与××A 平台真实数据不符的数据进行虚假宣传，是否违反了诚实信用原则，是否构成虚假推广、宣传的不正当竞争行为。

【法院裁判要旨】

福建省厦门市中级人民法院经审理认为：首先，乙科技公司提供虚假推广服务是否违反《中华人民共和国反不正当竞争法》第八条第二款规定："经营者不得通过组织虚假交易等方式，帮助其他经营者进行虚假或者引人误解的商业宣传。"《中华人民共和国民法典》第一千一百九十七条规定："网络服务提供者知道或者应当知道网络用户利用其网络服务侵害他人民事权益，未采取必要措施的，与该网络用户承担连带责任。"本案中，乙科技公司运营的××B 网及××B 通告小程序（以下统称为××B 平台）系为品牌商家和××A、抖音、微博、逛逛等用户（即××B 平台中所称的"达人"）提供合作交易机会的平台，属于网络服务提供者。根据本案查明的事实，品牌商家在××B 平台上发布的"种草"任务存在甲科技公司主张的"直发""看图写文""配合改稿"等类别。关于"直发"类"种草"任务，乙科技公司提供的《任务审核标准》明确规定品牌商家发布的任务标题和任务详情禁止出现"直发"等词语，乙科技公司提供的后台数据体现其对名称中含"直发"文字的任务予以删除处理，在修改后仍不符合要求的予以删除任务处理；关于"看图写文""配合改稿"类"种草"任务，乙科技公司在提供的后台数据能够证明其对部分涉嫌虚假"种草"的任务进行了修改或审核不通过等操作。因××B 平台上品牌众多，各品牌商家发布的"种草"及"探店"任务亦数量庞大，无法要求乙科技公司在事前审核中即能精确审核品牌商家发布的每一条"种草"或"探店"任务，乙科技公司已经制定《商家入驻协议》《任务审核标准》《××B 用户服务协议》等对品牌商家发布任务及××B 平台用户的行为予以规范，并在审核过程中发现问题后进行审核不通过、修改、删除等处理，已经尽到了作为网络服务提供者应尽的合理的注意义务，且甲科技公司亦未举证证明乙科技公司存在明知其平台用户侵害他人权利而故意放任或帮助侵权的主观状态。故甲科技公司在本案中提供的证据不足以证明乙科技公司提供了虚假推广服务，乙科技公司不存在前述《中华人民共和国反不正当竞争法》第八条第二款规定的不正当竞争行为，亦未违反基本的商业道德及损害甲科技公司的合法权益。

其次，乙科技公司经营的××B网使用其抓取的与“××A”平台真实数据不符的数据进行宣传是否违反《中华人民共和国反不正当竞争法》第八条第一款的规定。根据《中华人民共和国反不正当竞争法》第八条第一款的规定，经营者不得对其商品的性能、功能、质量、销售状况、用户评价、曾获荣誉等作虚假或者引人误解的商业宣传，欺骗、误导消费者。《最高人民法院关于适用〈中华人民共和国反不正当竞争法〉若干问题的解释》第十七条规定：“经营者具有下列行为之一，欺骗、误导相关公众的，人民法院可以认定为反不正当竞争法第八条第一款规定的‘引人误解的商业宣传’：(一）对商品作片面的宣传或者对比；(二）将科学上未定论的观点、现象等当作定论的事实用于商品宣传；(三）使用歧义性语言进行商业宣传；(四）其他足以引人误解的商业宣传行为。人民法院应当根据日常生活经验、相关公众一般注意力、发生误解的事实和被宣传对象的实际情况等因素，对引人误解的商业宣传行为进行认定。”本案中，乙科技公司经营的××B网使用其抓取的与“××A”平台真实数据不符的数据系网红达人自行添加，目的在于让品牌商家了解网红达人在××A的粉丝数、赞藏数（点赞数和收藏数的总和）等影响力，以便品牌商家精准选择任务推广的合作对象，且上述数据系网红达人根据其××A平台上的粉丝数填写，虽然无法实时同步，但相关数据也具备一定依据，并不符合上述司法解释中关于虚假宣传行为的特征，甲科技公司主张乙科技公司在××B平台使用不真实数据的行为违反《中华人民共和国反不正当竞争法》第八条第一款规定，不予支持。

福建省厦门市中级人民法院依照《中华人民共和国反不正当竞争法》第二条、第六条、第八条、第十二条，《中华人民共和国民事诉讼法》第六十七条第一款的规定，判决如下：

驳回甲科技公司的全部诉讼请求。

乙科技公司不服一审判决，提起上诉。

福建省高级人民法院同意一审法院的裁判意见，判决：

驳回上诉，维持原判。

【法官后语】

近年来，一种新型购物推荐方式“种草笔记”，各类“探店攻略”“达人好物笔记”在各类社交平台、分享社区上迅速兴起，成为时尚流行的风尚标。“种草”作为一种新兴消费文化，成为大众灵活就业的选择，影响着越来越多人的消费习惯。最初，消费者对于“种草笔记”的信任，很大程度是基于网红、达人的一种自发式、公益式分享，但随着“种草笔记”蔚然成风，从真实内容的分享到“虚假种草”开始横行，某些经营者利用第三方“种草”平台有偿招募或雇用“网红博主”“网络达人”撰写“种草/探店”笔记，以“网红博主”“网络达人”个人分享的名义植入广告、变相营销，在第三方平台上发布商品使用心得、产品测评等“种草”“探店”笔记。“种草平台”作为互联网的一种经营新业态，在促进就业、分享商品上起到了一定的积极作用，但客观上也为“虚假种草”提供虚假信息发布、交易撮合等空间和机会。

本案即一起××A分享平台诉发布“种草/探店任务”互联网平台的招募达人行为构成不正当竞争的典型案例。在该案中，认定在“种草”新业态营销模式的背景下，互联网平台经营者在帮助商家发布“种草/探店任务”、招募“网络达人”为商家进行宣传推广时，若未制定相关审核标准等对品牌商家发布任务及平台用户的行为予以规范，在侵权行为发生后未尽到相应审核义务，不能适用“避风港”原则，应认定平台经营者构成帮助商家发布虚假“种草/探店任务”的虚假宣传推广行为，构成不正当竞争。发布“种草/探店任务”平台经营者需秉持诚实信用原则与基本的商业道德从事经营活动，既需要重拳出击的专项整治，又需要久久为功的常态化监管。该案体现了法院对互联网新业态保护的价值取向，肯定了在互联网经济生态圈内各平台之间的良性共生关系，平台不能为了利益最大化，垒砌高墙，以邻为壑，妨害市场自由公平竞争，同时明确了“种草”平台招募达人、服务品牌方以及推广宣传商品、服务行为的限度，具有典型意义。

一方面，“种草”平台是一种全新的经营模式和商业模式，是创新的重要体现，为促进经济增长、提高效率和竞争力添加了新动能。互联网本身的基础就是开放包容共享，互联网经济也是共生经济，在互联网经济生态圈内，各平台不可能没有交集。近年来，“种草”博主、“探店”、直播带货、网约车司机等互联网新兴业态，成为大众灵活就业的新选择。本案中，乙科技公司的互联网任务发布平台，与××A等互联网内容分享平台共同构成了一种互联网经济生态。该生态的良性发展，能够带来各项社会效益。因此，在互联网经济生态圈内，各平台不可能没有交集，也不是针插不进水泼不进的独立王国，不能将自身商业逻辑凌驾于互联网行业的开放流动秩序之上，为了利益最大化，为了自己生态闭环变现，垒砌高墙，以邻为壑，倾轧他者。如此，既抬高了市场经营成本，也妨碍了市场自由公平竞争，不利于营造良好的竞争环境和竞争秩序。

另一方面，根据《中华人民共和国反不正当竞争法》第二条规定：“经营者在生产经营活动中，应当遵循自愿、平等、公平、诚信的原则，遵守法律和商业道德。本法所称的不正当竞争行为，是指经营者在生产经营活动中，违反本法规定，扰乱市场竞争秩序，损害其他经营者或者消费者的合法权益的行为。本法所称的经营者，是指从事商品生产、经营或者提供服务（以下所称商品包括服务）的自然人、法人和非法人组织。”第八条第二款规定：“经营者不得通过组织虚假交易等方式，帮助其他经营者进行虚假或者引人误解的商业宣传。”《中华人民共和国民法典》第一千一百九十七条规定：“网络服务提供者知道或者应当知道网络用户利用其网络服务侵害他人民事权益，未采取必要措施的，与该网络用户承担连带责任。”“种草”平台的运营者，需秉持诚实信用原则与基本的商业道德从事经营活动，承担必要的审核义务。平台作为“种草”内容的出口，应增强人工把关环节，做好内容把关和筛选工作，既需要重拳出击的专项整治，又需要久久为功的常态化监管，对品牌商家发布任务及平台达人用户的行为应予以规范，就审核过程中发现的“虚假种草”行为应及时进行审核不通过、修改、删除等处理，防止“种草”平台沦为侵权的工具。此外，相关平台应适用更科学的算法对优质内容进行推荐，不再把类似“评论数”“点赞数”等作为排名的唯一依据，而是应把商家诚信度、资质作为重要参考指标。否则，根据上述法律的规定，平台需要承担相应的不正当竞争的法律责任。本案中，乙科技公司运营的××B 平台系为品牌商家和××A、抖音、微博、逛逛等用户（即网络“达人”）提供合作交易机会的平台，属于网络服务提供者。因××B 平台上品牌众多，各品牌商家发布的“种草”及探店任务亦数量庞大，无法要求乙科技公司在事前审核中即能精确审核品牌商家发布的每一条“种草”或探店任务，乙科技公司已经制定《商家入驻协议》《任务审核标准》《××B 用户服务协议》等对品牌商家发布任务及××B 平台用户的行为予以规范，并在审核过程中发现问题后进行审核不通过、修改、删除等处理，已经尽到了作为网络服务提供者应尽的合理的注意义务，且甲科技公司亦未举证证明乙科技公司存在明知其平台用户侵害他人权利而故意放任或帮助侵权的主观状态。因此，乙科技公司行为未违反《中华人民共和国反不正当竞争法》第八条第二款规定，不构成不正当竞争。

最后，在“虚假种草”已经形成涉及多个环节的灰色产业链条的背景下，治理不能止于平台，除了压实平台责任，还须在品牌方、平台中介等环节，全链条加强监管，推进整体、全面系统治理。监管部门和行业协会可以制定相关标准，加强监管部门和行业协会的自律，对于涉及“虚假种草”的账号可进行封禁，并将造假达人、品牌方列入黑名单，形成震慑效应。对于品牌方，要认识到企业不仅要追逐经济利益，更要承担社会责任，杜绝虚假“种草”，作为消费者，也应提高自身的甄别能力，理性“种草”，共同营造风清气正的互联网平台。

编写人：福建省厦门市中级人民法院　王辛

51

恶意抢注“唤醒词”并滥用构成不正当竞争

——甲科技公司诉陈某、乙智能科技公司不正当竞争案

【案件基本信息】

1. 裁判书字号

浙江省温州市中级人民法院（2023）浙 03 民初 423 号民事判决书

2. 案由：不正当竞争纠纷

3. 当事人

原告：甲科技公司

被告：陈某、乙智能科技公司

【基本案情】

甲科技公司于 2017 年 7 月发布了首款唤醒词为“××A”的人工智能音箱。此后，甲科技公司也在该品牌手机、电视等产品中搭载使用“××A”唤醒词的人工智能语音交互引擎。甲科技公司年度报告显示，截至 2020 年 12 月，××A 累计唤醒约 495 亿次。陈某于 2017 年 8 月 4 日至 2020 年 6 月 18 日，在不同商品类别上共申请注册“××A”“××A 有大爱”等 66 枚商标。上述商标因被异议、无效或注销等原因，现均已处于无效状态。2021 年 1 月，陈某向与甲科技公司存在投资或任职关系的多家企业发送律师函，称其已经授权乙智能科技公司使用“××A”商标，要求停止侵犯其“××A”商标权的行为。2020 年 12 月，陈某与乙智能科技公司在多家网站上发布“××A 智能新品发布会”等文章，称“××A 将携手智能家居和物联网领域的专业制造商，乙智能科技公司，共同为用户打造舒适便捷的智能生活”。乙智能科技公司还通过某网店等对外销售使

用陈某授权的“××A”商标的运动手表、闹钟等商品。另外，陈某作为法定代表人、股东的戊科技公司于2018年12月、2019年1月在不同商品类别上申请了102枚与丙科技公司、丁科技公司智能品牌相同的“××B”“××C”“××D”等商标。

【案件焦点】

1. “××A”是否应受《中华人民共和国反不正当竞争法》的保护；2. 两被告的行为是否构成对甲科技公司的不正当竞争；3. 两被告应承担何种法律责任。

【法院裁判要旨】

浙江省温州市中级人民法院经审理认为：基于甲科技公司的规模、品牌影响力以及产品科技属性，甲科技公司推出唤醒词为“××A”的首款人工智能音箱后，被大量媒体广泛报道，使得该款人工智能音箱产品以及“××A”唤醒词、“××A”音箱代名词在短时间内就在市场上形成一定的影响力。此后，甲科技公司也在手机、电视等产品搭载使用“××A”唤醒词的人工智能语音交互引擎。通过大量用户长期持续使用“××A”唤醒词，使得××A与搭载人工智能语音交互引擎的产品以及人工智能语音交互引擎自身建立识别性。因此，“××A”可以作为有一定影响力的唤醒词、人工智能语音交互引擎的名称以及搭载人工智能语音交互引擎的智能音箱等商品的名称，受到《中华人民共和国反不正当竞争法》的保护。陈某大量抢注“××A”等商标，向甲科技公司关联公司发送“停止侵权”的律师函，违反了诚实信用原则，扰乱了公平的市场竞争秩序，也损害甲科技公司的合法权益，属于《中华人民共和国反不正当竞争法》第二条规制的不正当竞争行为。陈某与乙智能科技公司对外销售使用“××A”标识的商品、发布引人误解的商业宣传行为，属于《中华人民共和国反不正当竞争法》第六条、第八条规制的混淆及虚假宣传行为。关于赔偿数额，甲科技公司因陈某抢注行为提起的商标异议、无效宣告、商标复审、行政诉讼等程序支出的代理费等损失应作为法定赔偿的考量因素。

浙江省温州市中级人民法院依照《中华人民共和国民法典》第一百二十条，第一百七十九条第一款第一项、第八项，第一千一百六十八条，《中华人民共和国反不正当竞争法》第二条第二款，第六条第一项、第四项，第八条，第十七条第三款、第四款，《最高人民法院关于适用〈中华人民共和国反不正当竞争法〉若干问题的解释》第十二条第二款，第十七条第一款第三项，《中华人民共和国民事诉讼法》第六十七条第一款的规定，判决如下：

一、陈某、乙智能科技公司立即停止对甲科技公司进行虚假宣传的不正当竞争行为；

二、陈某于本判决生效之日起十日内赔偿甲科技公司经济损失（含维权合理费用）1200000元；

三、乙智能科技公司对陈某负担的赔偿数额中的250000元承担连带责任；

四、驳回甲科技公司的其他诉讼请求。

宣判后，双方当事人均未上诉，一审判决已经生效。

【法官后语】

本案入选《2023年中国法院10大知识产权案件和50件典型知识产权案例》①，涉及人工智能技术发展过程中出现新类型法益保护，对同类案件审理具有参考价值。

一、"唤醒词"的权益属性

随着人工智能技术的发展，语音交互作为比较成熟的人机交互方式正在被广泛使用。使用特定的"唤醒词"进行语音唤醒是目前用户与智能设备交互的主要唤醒方式之一。但语音唤醒词的法律性质仍处于辨析阶段，现行法律未进行专门的规定。一般认为，当前对唤醒词的保护，应放置于我国现有的知识产权法律体系下进行考虑。主要观点有：第一，通过《中华人民共和国反不正当竞争法》进行保护。若唤醒词经过使用能够与商品或服务及其提供者建立特定

① 《2023年中国法院10大知识产权案件和50件典型知识产权案例》，载最高人民法院网，https://www.court.gov.cn/zixun/xiangqing/430692.html，最后访问时间：2025年3月30日。

的联系，且具有一定的影响力，可以将其认定为《中华人民共和国反不正当竞争法》保护的权益。第二，将唤醒词注册为商标进行保护。第三，作为《中华人民共和国著作权法》的作品进行保护。但由于唤醒词通常简短易记，并非均能满足“独创性”要件而获得著作权法保护。本案中，原告主张适用《中华人民共和国反不正当竞争法》进行保护。通过大量用户规模性使用“××A”唤醒词，使得“××A”与甲科技公司之间具备一定的识别性，可认定“××A”唤醒词属于《中华人民共和国反不正当竞争法》第二条及第六条第四项保护的权益。此外，××A 业已成为智能音箱的代名词，亦与人工智能语音交互引擎自身建立指代性，属于《中华人民共和国反不正当竞争法》第六条第一项保护的有一定影响力的人工智能语音交互引擎、智能音箱等商品的名称。

二、对“唤醒词”进行商标抢注及滥用的行为定性

（一）商标抢注行为是否属于不正当竞争行为

司法实践中对抢注行为是否构成不正当竞争行为存在争议。第一种观点认为，针对单纯的抢注行为所提起的诉讼不属于民事案件受理范围。第二种观点认为，商标申请行为不属于《中华人民共和国反不正当竞争法》规制的生产经营行为。第三种观点认为，恶意囤积、抢注商标导致作为竞争者的原告不得不提起各类商标无效、异议等行为，将会扰乱其正常的生产经营活动，属于不正当竞争行为。

笔者赞同第三种观点，根据《中华人民共和国反不正当竞争法》第二条规定，评价陈某的商标抢注行为是否构成不正当竞争，需要判断该行为是否符合以下四个要件：第一，陈某与甲科技公司是否属于具有竞争关系的经营者。第二，商标抢注行为是否属于生产经营活动。第三，是否违反诚实信用原则和商业道德。第四，是否扰乱市场竞争秩序，损害其他经营者或消费者的合法权益。首先，陈某担任法定代表人的戊科技公司以及“××A”商标的被许可人乙智能科技公司与甲科技公司为具有竞争关系的经营主体，可以认定陈某与甲科技公司也具有竞争关系。其次，由于我国实行商标注册制，商业标识作为企业重要的无形资产，将商业标识进行商标注册、管理、使用等行为均应认定系生产经

营行为的一部分。因此，陈某的商标抢注行为应当认定为生产经营活动。再次，陈某批量、分次申请商标持续数年时间，显然超出其正常商业经营的需要。且，由陈某作为法定代表人的戊科技公司亦大量注册与丁科技公司、丙科技公司智能品牌相同的“××D”“××B”商标。故陈某具有明显商标抢注和攀附商誉的主观故意，违反了诚信原则。最后，陈某抢注商标行为一定程度上阻断甲科技公司为了自身商标品牌战略而注册防御商标的机会，干扰了其推进品牌战略建设的正常经营活动。同时，也扰乱正常的商标注册管理秩序和公平竞争的市场秩序。

（二）发送律师函、使用及宣传行为是否属于不正当竞争行为

根据《中华人民共和国反不正当竞争法》第二条规定，向甲科技公司关联公司发送“停止侵权”的律师函，应认定为滥用权利的不正当竞争行为。评述如下：第一，陈某向甲科技公司关联企业发送律师函的行为，系对其当时处于形式上获得注册的商标进行的维权管理行为，应认定为生产经营活动。第二，陈某也明知其以抢注、囤积等不正当手段取得“××A”等商标，却要求甲科技公司关联公司停止使用“××A”标识，以达到其非法目的，明显有违诚实信用原则。第三，该行为对甲科技公司及其关联公司面临诉讼的风险，干扰了其正常经营活动，扰乱了公平的市场竞争秩序。

根据《中华人民共和国反不正当竞争法》第六条、第八条规定，陈某、乙智能科技公司对外销售使用“××A”标识的商品、发布引人误解的商业宣传行为，属于混淆及虚假宣传的不正当竞争行为。《中华人民共和国反不正当竞争法》规制的混淆行为，既包括商品来源混淆，也包括商业联合、许可使用、商业冠名等特定联系的关联性混淆。《中华人民共和国反不正当竞争法》规制的虚假宣传行为包括虚假商业宣传和引人误解的商业宣传，后者包括使用歧义性语言进行商业宣传等。本案中，陈某、乙智能科技公司在运动手表等商品上使用“××A”以及在网站上发布使用“歧义性语言”的文章，容易导致相关公众误认为商品系搭载甲科技公司“××A”人工智能语音交互引擎的智能产品，或者乙智能科技公司与甲科技公司之间存在授权许可、商业联合、技术支持等特定联系，损害甲科技公司的权益，构成不正当竞争。

三、赔偿数额如何确定

由于陈某的一系列不正当竞争行为导致甲科技公司不得不通过提起大量的商标异议、无效宣告、商标复审、行政诉讼等程序来保障正常市场经营并由此支出大量的费用损失，包括甲科技公司对陈某注册“××A”等商标多次提起商标异议、无效宣告、行政诉讼等程序并支出代理费等费用以及甲科技公司多枚“××A”商标申请因引证陈某商标被驳回，后通过驳回复审、行政诉讼等程序争取商标权利并支出代理费等费用。甲科技公司上述费用的支出与陈某的恶意抢注等不正当竞争行为存在法律上的因果关系，应作为确定赔偿数额的考虑因素。因此，本案综合考虑××A知名度、被诉侵权行为性质、甲科技公司在本案及关联案件中的维权合理费用等因素，确定陈某的赔偿数额为120万元。乙智能科技公司与陈某共同实施混淆及虚假宣传等不正当竞争行为，酌定其对陈某赔偿数额中的25万元承担连带责任。

编写人：浙江省温州市中级人民法院　叶挺舟

52

搜索关键词显性使用及隐性使用构成不正当竞争行为的认定

——甲科技公司诉乙科技公司不正当竞争案

【案件基本信息】

1. 裁判书字号

上海市浦东新区人民法院（2023）沪0115民初43764号民事判决书

2. 案由：不正当竞争纠纷

3. 当事人

原告：甲科技公司

被告：乙科技公司

【基本案情】

甲科技公司系“××A网”（www.51×××.com）的经营者。乙科技公司系“××B网”（www.58×××.com）的经营者。两网站均为图片、素材类网站。甲科技公司发现，乙科技公司在某搜索引擎将“××A网”设为搜索关键词，在搜索链接标题及网络推广内容中隐性及显性使用了“××A网”关键词。

隐性使用表现为：在某搜索引擎搜索框内键入“××A网”进行搜索，搜索结果前几条均为甲科技公司经营的××A网的搜索结果。下拉搜索结果页面，搜索结果第十二条（即搜索结果第一页的倒数第二条）显示标题为“2022年全新素材.版权无忧.批量下载-［××B网］”的链接，链接下方有“××B网2022-08”及灰色的“广告”等字样，点击该搜索结果，进入乙科技公司经营的××B网（www.58×××.com）。

显性使用表现为：在某搜索引擎搜索框内键入“××A网素材图库”进行搜索，搜索结果前几条均为甲科技公司经营的××A网的搜索结果，搜索结果第十条显示标题为“【××A网】图片免费下载_ ××A网素材_ ××A网模板-××B网”，点击该搜索结果，进入××B网（www.58×××.com）网站的内部网页，网页内有“××B网为您找到108张××A网相关素材，××B网还提供××A网图片、××A网素材、××A网模板等免费下载服务……”字样，网页标签显示“【××A网】”。

【案件焦点】

乙科技公司就“××A网”关键词进行的显性使用和隐性使用，这两种使用行为是否构成不正当竞争行为。

【法院裁判要旨】

上海市浦东新区人民法院经审理认为：首先，关于关键词隐性搜索。甲科技公司主张乙科技公司设置某搜索引擎推广关键词“××A网PPT”的行为违反了《中华人民共和国反不正当竞争法》第二条的原则性条款。在适用《中华人民共和国反不正当竞争法》第二条认定某一行为是否属于不正当竞争行为时应考虑该竞争行为是否违反了商业道德并扰乱了正常的商业竞争秩序以及该行为是否损害甲科技公司或消费者的合法权益。一方面，乙科技公司在某搜索引擎推广中设置了“××A 网 PPT”作为推广关键词，该关键词中的“××A 网”并非乙科技公司经营的网站名称，而是甲科技公司所经营同类网站的网站名称。乙科技公司设置同业竞争者所经营网站的名称作为某搜索引擎搜索的关键词，明显不具有正当性，违反了商业道德，扰乱了正常的商业竞争秩序。另一方面，从消费者的角度来看，消费者在搜索“××A 网”关键词时能够直接在第一屏即获得正确的搜索结果并予以展示。且乙科技公司网站搜索结果中明确展示了“××B 网”，搜索结果中没有“××A 网”字样，这种程度的展示一般来说难以影响消费者的利益，亦不会影响消费者选择商品、服务的权利。再者，从作为经营者的甲科技公司来看，消费者在搜索“××A 网”时，搜索结果展示的第一屏内容大部分均是甲科技公司“××A 网”的信息，已经保证了甲科技公司经营的“××A 网”对于消费者的可见性，甲科技公司并不会失去存在交易意愿的消费者。综上，在未损害甲科技公司或消费者合法权益的情况下，乙科技公司设置某搜索引擎推广关键词“××A 网 PPT”的行为不构成《中华人民共和国反不正当竞争法》第二条所规定的不正当竞争行为。

其次，关于关键词显性搜索。结合在案证据，从“××A 网”浏览量、访客数、注册人数、其登记的作品数以及甲科技公司在某搜索引擎平台进行广告推广的情况，可以认定“××A 网”具有一定影响力。被诉侵权页面设置了有关“××A 网”的关键词，网页标签上有“××A 网”字样，网页内容中亦多次出现“××A 网”文字，乙科技公司上述使用“××A 网”文字的方式，直接导致公众在搜索“××A 网”时，出现名为“××A 网”实为“××B 网”的搜索结果，并误入乙科技公司运营的域名为“www. 58×××. com”的网站，进而误认为两者存在某种联系。甲科技公司与乙科技公司均为通过互联网向公众提供图片等素材资源的网络平台，其运营模式、获益方式均相似，乙科技公司将甲科技公司具有一定影响力的网站名称设置为关键词，吸引己方网站流量，不正当地增加了自己的商业交易机会，攫取了原属于甲科技公司的竞争利益。故乙科技公司在其经营的“××B网”中设置有“××A网”作为关键词的网页的行为构成不正当竞争，应承担相应的民事责任。

上海市浦东新区人民法院依照《中华人民共和国反不正当竞争法》第六条第三项、第十七条，《最高人民法院关于适用〈中华人民共和国反不正当竞争法〉若干问题的解释》第四条、第十条之规定，判决如下：

一、乙科技公司于本判决生效之日起十日内赔偿甲科技公司经济损失及合理开支共计10000元；

二、驳回甲科技公司的其余诉讼请求。

宣判后，双方当事人均未上诉，一审判决已经生效。

【法官后语】

一、涉关键词隐性搜索行为的侵权认定现状

隐性搜索指的是在搜索引擎的竞价排名系统中，广告主将他人享有权利或权益的字样设置为搜索关键词，使得网络用户在搜索相应关键词时能够出现广告主的链接，但该搜索结果的标题或描述及跳转的目标页面中均不出现该关键词的情况。关于隐性搜索是否侵害权利人商标权的问题，主流观点认为不构成侵权。即认为在搜索结果的标题、描述及跳转的目标页面中未出现任何权利人的商业标识，不构成《中华人民共和国商标法》中的商标使用行为。但是就涉及隐性搜索不正当竞争纠纷中，根据案件的具体情况最终法院认定的结果也存在不同，故隐性搜索是否至今在司法实践中评价不一，尚无定论。对于涉及隐性搜索的案件认定存在争议的原因主要是不同的使用情形对于权利人以及消费者产生的影响存在较大区别，如在一些案件中，被控侵权方的链接出现在搜索结果的第一项，使得消费者进行搜索时首先获得被控侵权方的链接，对于权利人来说容易丧失交易机会；但在一些其他案件中，搜索结果中明确标注广告且位于搜索页面的最下方，在前的搜索结果仍为A公司，法院就认为在这种情况下，B公司设置关键词隐性搜索的行为不构成侵权。

二、关键词隐性搜索行为是否违反《中华人民共和国反不正当竞争法》原则性条款的认定路径

因未有明确法条对关键词隐性搜索行为予以规定，故一般在认定关键词隐性搜索行为是否构成《中华人民共和国反不正当竞争法》所保护的法益的时候，通常适用的是《中华人民共和国反不正当竞争法》第二条的原则性条款。有观点认为《中华人民共和国反不正当竞争法》保护的法益是公共利益（市场秩序)、经营者利益和消费者利益的“三叠利益”的综合判断法，亦有观点认为应采用“混淆可能性”的判断方法予以判断。回归《中华人民共和国反不正当竞争法》第二条，该条规定经营者在市场交易中，应当遵循自愿、平等、公平、诚实信用的原则，遵守公认的商业道德。该条还规定，不正当竞争行为是指经营者在生产经营活动中，违反《中华人民共和国反不正当竞争法》的规定，扰乱市场竞争秩序，损害其他经营者或者消费者的合法权益的行为。笔者认为，从法条出发，在适用《中华人民共和国反不正当竞争法》第二条认定某一行为是否属于不正当竞争行为时应考虑以下两个因素：一是，该竞争行为是否违反了商业道德并扰乱了正常的商业竞争秩序；二是，该行为是否损害甲科技公司或消费者的合法权益。在民事行为领域中，法无明文禁止即准许，《中华人民共和国反不正当竞争法》作为规制经营者经营行为的法律，其立法目的在于鼓励正常的市场竞争。除该法明确列举的具体不正当竞争行为外，其他一般均属于市场主体自由竞争的范畴，法律不宜过度干涉，以实现市场资源的有效配置。《中华人民共和国反不正当竞争法》原则性条款的适用应附以较为严格的要件，故上述两个考量因素只有在同时构成的情况下才能够认定相应的行为违反了《中华人民共和国反不正当竞争法》第二条的原则性条款。回到关键词隐性搜索行为的问题上，亦应从这两个考量因素出发来进行判断。

首先，关键词隐性搜索行为确实违反了正常的商业道德及商业竞争秩序。搜索引擎是根据用户需求与一定算法，运用特定策略从互联网检索出制定信息反馈给用户的检索技术。搜索引擎的作用是信息获取。搜索引擎对搜索词进行处理后，根据排名算法计算出相关网页的排序并予以展示，这种展示的顺序通

常依靠搜索引擎自身的算法，根据关键词的匹配度降序排列，且根据搜索引擎的算法不同，搜索结果展示的顺序可能也存在不同。经营者通常希望消费者在搜索时能在相对靠前的位置看到与经营者相关的搜索结果，则会向搜索引擎服务商的推广服务中设置一定的关键词，以提升自身网站的搜索结果排序。这是网站推广商业经营中常见的经营行为。网站经营者在设置关键词时，通常将所经营网站的名称、自身企业名称、销售的商品类别及商品名称、提供的服务内容等设置为关键词，以便消费者能快速获得想要的搜索结果。根据本案查明的事实，乙科技公司在某搜索引擎推广中设置了“××A网PPT”作为推广关键词，该关键词中的“××A网”并非乙科技公司经营的网站名称，而是甲科技公司所经营的同类网站的网站名称。乙科技公司设置同业竞争者所经营网站的名称作为某搜索引擎搜索的关键词，明显不具有正当性，违反了商业道德，扰乱了正常的商业竞争秩序。

其次，关键词隐性搜索行为是否损害甲科技公司或消费者的合法权益需要结合具体案情逐一判断，这也是涉关键词隐性搜索类案件中个案结论不一的重要原因。搜索结果显示的位置和搜索结果展示方式的不同，会直接影响消费者点击相应搜索结果的判断。一般来说，搜索引擎检索排序是以与关键词的匹配度降序排序。作为理性的消费者，在已经获得了所需要的正确搜索结果后，通常是不满足第一屏的搜索结果才会进行下一步的操作来查看后续与所搜索关键词匹配度更低的搜索结果。搜索位置靠前的搜索结果会使得消费者认为与键入的关键词关联度更大，而搜索位置靠后的搜索结果则容易让消费者认为与键入的关键词关联度更低。而且若搜索结果以明确的“广告”字样或加一定底色、边框的方式与自然搜索结果区分开来的话，更容易让消费者认识到该搜索结果系通过竞价排名的方式展示在搜索结果中。本案中，乙科技公司在某搜索引擎推广中设置甲科技公司享有合法权益的词语“××A网PPT”作为推广关键词，使得网络用户在某搜索引擎搜索“××A网”时，搜索结果第一页的尾部出现了乙科技公司“××B网”的搜索结果。需要注意的是，该搜索结果位于搜索结果展示页面的第十二条，即展示页面的倒数第二条搜索结果，且该搜索结果中并不含有“××A 网”字样并明确标明了“××B 网”，点击该搜索结果跳转至“××B 网”，跳转后的网站中亦不存在“××A 网”字样。而搜索结果靠前位置的多项搜索结果均为与甲科技公司自身相关搜索结果。可见，消费者在某搜索引擎网搜索“××A 网”时，展示的搜索结果第一屏显示的大部分均是甲科技公司“××A 网”信息，只有当消费者选择下拉或下滑操作继续浏览更多其他的搜索结果时才能看到乙科技公司“××B 网”的搜索结果。从消费者的角度来看，消费者在搜索“××A 网”关键词时能够直接在第一屏即获得正确的搜索结果并予以展示。且乙科技公司网站搜索结果中明确展示了“××B 网”，搜索结果中亦没有“××A 网”字样，这种程度的展示一般来说难以影响消费者的利益，亦不会影响消费者选择商品、服务的权利。从作为经营者的甲科技公司来看，消费者在搜索“××A 网”时，搜索结果展示的第一屏内容大部分均是甲科技公司“××A 网”的信息，已经保证了甲科技公司经营的“××A 网”对于消费者的可见性，甲科技公司并不会失去存在交易意愿的消费者。乙科技公司网站的搜索结果位于需要进行下滑操作的网页后部，只有对于与甲科技公司交易意愿不强烈的消费者才会进行下一步操作以寻求更多的搜索结果。可见，乙科技公司设置“××A 网 PPT”作为某搜索引擎推广关键词的行为不必然导致甲科技公司交易机会的丧失，客观上甲科技公司亦未能证明其实际因此遭受了损害。

结合上述两方面因素的分析可见，本案中虽然乙科技公司在某搜索引擎推广设置甲科技公司享有权益的词语作为关键词的行为违反了正常的商业道德及商业竞争秩序，但未损害甲科技公司或消费者的合法权益。即在适用《中华人民共和国反不正当竞争法》第二条认定某一行为是否属于不正当竞争行为时应考虑的两个因素中仅符合第一个因素的情况下，不宜认定该相关关键词隐性搜索行为构成《中华人民共和国反不正当竞争法》第二条所规定的不正当竞争行为。

三、关键词隐性搜索行为应有其限度

即便在本案中最终认定涉案关键词隐性搜索行为不构成不正当竞争行为，司法实践中不宜直接对相关行为作正面评价。广告主将他人享有权利或权益的名称作为关键词的行为，确实不符合正常的商业道德，不应予鼓励。关键词隐性搜索行为在侵权与否的边缘地带，若对此行为予以积极评价会导致同业竞争者竞相设置彼此有关的关键词予以推广，扰乱正常的商业竞争秩序，最终会导致相关行为跨入法律对权利保护的边界，对权利人和消费者造成损害，最终构成侵权。搜索引擎运营商在经营其竞价排名的关键词设置时亦应对广告主尽到提示的义务，对于出现在搜索结果顶部的竞价关键词应进行一定程度的审核，以避免出现损害消费者、关键词权利人相关权利的情况。

编写人：上海市浦东新区人民法院　王琳泷

53

传统食品配方和制作工艺的商业秘密认定及保护

——某甲食品厂诉某乙食品公司、母某丙侵害商业秘密案

【案件基本信息】

1. 裁判书字号

最高人民法院（2022）最高法知民终995号民事判决书

2. 案由：侵害商业秘密纠纷

3. 当事人

原告（被上诉人）：某甲食品厂

被告（上诉人）：某乙食品公司、母某丙

【基本案情】

2013年3月5日，某甲食品厂与某大学生命科学学院签订《技术成果转让协议》。该协议约定，某大学生命科学学院为某甲食品厂水豆豉生产提供纯种发酵技术支撑，指定专人负责培育菌种与生产事宜。2014年1月10日，

某甲食品厂与某大学生命科学学院W教授签订《专利许可使用协议》，约定2014年1月10日至2019年9月10日，某甲食品厂通过每年支付W教授100000元专利使用费方式取得W教授提供的专利菌种及其配套豆豉生产技术。2014年5月30日，某大学生命科学学院及某甲食品厂合作项目“枯草芽孢杆菌菌株改良及其配套技术研究与应用”获省科技厅颁发《科学技术成果鉴定证书》。枯草芽孢杆菌系用于发酵水豆豉的重要菌种。2014年9月27日，某甲食品厂与某大学生命科学学院签订《校企合作协议》，约定双方共建发酵豆制品研发中心，某甲食品厂投入资金，某大学生命科学学院投入技术及科研人员。

2015年1月1日，某甲食品厂与母某丙签订《劳动合同书》，合同届满期限为2017年12月31日。约定母某丙从事食品生产工作，其工作期间须遵守相关保密制度，并约定竞业禁止条款。2015年12月9日，母某丙被任命为生产车间副主任，负责酱香豆豉车间生产工作。且某甲食品厂水豆豉与酱香豆豉因生产工艺中部分技术相同而共用同一个生产车间。2017年7月，母某丙在劳动合同期限未届满且未办理离职手续情况下离职。2015年12月8日，某甲食品厂与案外人肖某签订《肖某豆豉转让协议》，某甲食品厂取得肖某豆豉生产技术及秘方。

另查明，2018年9月6日，公安机关委托产品质检机构抽样选取市场上销售的包括案涉某甲食品厂、某乙食品公司生产的水豆豉在内的五个品牌水豆豉进行对比检测。检测内容包括，总酸、氨基酸态氮、盐分三项理化指标。《检测报告》显示：三项理化指标项下，某甲食品厂、某乙食品公司的产品差异较小。

指标 品牌	“美××” （某甲食品厂产品）	“苗××” （某乙食品公司产品）	“老××” （案外人产品）	“乡××” （案外人产品）	“老×1” （案外人产品）
总酸	0.45%	0.44%	1.09%	1.20%	1.0%
氨基酸态氮	0.77%	0.63%	1.11%	0.77%	1.29%
盐分	5.8%	5.6%	6.8%	5.0%	6.2%

2018 年 10 月 23 日，公安机关委托行业协会对上述五个品牌水豆豉进行品鉴盲评测试。经测试，专家组成员意见基本一致，认为某甲食品厂、某乙食品公司的产品在滋味、风味、口感、色泽及相应工艺上相似。

2019 年 9 月 20 日，某甲食品厂起诉某乙食品公司及母某丙；2020 年 1 月 14 日，某乙食品公司厂房发生火灾，因生产车间损毁，故无法对其生产场所、设备等进行现勘。

经合议庭释明及引导，某甲食品厂明确以下技术信息和经营信息属于其商业秘密：第一，生产工艺流程中的 N 次恒温发酵技术及投料阶段使用经某种工艺灭菌的生姜与辣椒粉；N 次恒温发酵技术是在水豆豉生产过程中，将已经过一次发酵的水豆豉灌装入瓶，在恒温环境中，让水豆豉在瓶中与微生物再次充分融合进行第 N 次发酵。该技术主要解决现有只经一次发酵的水豆豉成品上市后，因微生物持续发酵而产生的“顶盖”以及风味酸败的问题。投料阶段使用经某种工艺灭菌的生姜与辣椒粉目的亦是防止投料过程中，因生姜与辣椒粉中附带的微生物发酵或细菌繁殖导致水豆豉腐坏，以保持水豆豉风味更加稳定，减少“顶盖”率和霉变率。上述技术系某甲食品厂通过与某大学生命科学学院合作，控制产品参数、原料、配方等，经反复试验后形成的一套生产技术。该技术与目前市场上或公知领域现有的水豆豉制作工艺相区别。第二，生产设备；生产水豆豉的设备系在某大学生命科学学院科研人员指导下，改良传统设备以提升效率。第三，供货商资源；供货商与其长期合作。

再查明，某甲食品厂成立于 2005 年 9 月 9 日，经营范围生产发酵型豆制品等；2017 年 10 月 17 日，母某丙与周某 1、翟某投资成立某乙食品公司，经营范围为食品加工等；2019 年 6 月 14 日，母某丙退股，变更后的股东为周某 1、翟某、周某 2。

【案件焦点】

1. 某甲食品厂生产工艺及配方、生产设备、供货商资源是否构成商业秘密；2. 某乙食品公司、母某丙是否实施了侵害某甲食品厂商业秘密的行为；3. 某甲食品厂诉请赔偿的金额及合理开支是否有事实及法律依据。

【法院裁判要旨】

贵州省贵阳市中级人民法院经审理认为：关于焦点一，根据《中华人民共和国反不正当竞争法》第九条第四款，《最高人民法院关于审理侵犯商业秘密民事案件适用法律若干问题的规定》第三条、第五条、第七条第一款之规定，商业秘密构成要件为："不为公众所知悉""价值性""采取保密措施"。

关于"不为公众所知悉"，即秘密性，具有两层含义：一是技术信息或经营信息在该领域内是否已被知悉为客观事实，多数人已确实知悉该信息；二是该领域内多数人具有通过正当途径可轻易知悉的可能性。本案中，某甲食品厂主张其生产过程中的 N 次恒温发酵技术及投料阶段使用经某种工艺灭菌的生姜与辣椒粉为其商业秘密。根据其提交的证据，上述信息属于技术信息，系生产过程中，在恒温环境下，通过利用微生物与经一次发酵的水豆豉再次充分融合进行第 N 次发酵；在投料阶段使用经某种工艺灭菌的生姜与辣椒粉，上述两项技术的目的均是阻却微生物持续发酵产生"顶盖"现象并保持水豆豉风味更稳定，减少霉变率。上述技术系某甲食品厂与某大学生命科学学院联合研发，且不同于传统制作工艺，于公开渠道不易获取。此外，某乙食品公司及母某丙未举证证明上述生产技术及配方不具有秘密性，故可确认上述生产技术及配方不为公众所知悉，具有秘密性。

关于"价值性"，即技术信息及经营信息通过现在的或将来的使用，能给权利人带来现实或潜在经济价值。某甲食品厂通过上述生产技术及配方对水豆豉生产工艺及配方加以科学优化，经批量化生产，产品风味良好、稳定，在区域性水豆豉食品市场销量较好，具有商业竞争力，故可确认上述生产技术及配方能给企业带来经济利益和竞争优势，具有价值性。

关于"采取保密措施"，即保密性，技术信息及经营信息的权利人采取实际措施对信息加以具体保密措施。本案中，某甲食品厂与母某丙签订的《劳动合同书》《保密协议》均明确约定员工需要保密的具体内容，并要求遵守竞业禁止协议，故可确认某甲食品厂采取合理保密措施。

综上，N 次恒温发酵技术及投料阶段使用经某种工艺灭菌的生姜与辣椒粉满足商业秘密构成要件，系商业秘密，应受法律保护。

关于某甲食品厂主张其生产设备及供货商资源属于商业秘密，但某甲食品厂未提交证据证明其生产设备满足商业秘密的构成要件；其提交的关于供货商信息亦不满足商业秘密的构成要件，故对该两项主张不予支持。

关于焦点二，根据《中华人民共和国反不正当竞争法》第九条第一款、第三款之规定，侵犯商业秘密行为具有隐蔽性，应根据“实质性相同+接触”原则判断是否构成侵权。本案中，水豆豉为发酵型食品，其生产过程中会因发酵温度、时间、微生物菌群、配料比例等客观条件不同而产生不同风味、色泽等。某甲食品厂为证明其产品特殊性，提供的《技术成果转让协议》《专利许可使用协议》《肖某豆豉转让协议》等证据足以证明，在水豆豉生产行业，不同企业产品具有差异性，水豆豉系一种可区分、非标准化食品。

并且，经公安机关委托产品质检机构对包含某甲食品厂、某乙食品公司生产的水豆豉在内的五个品牌水豆豉的总酸、氨基酸态氮、盐分进行理化指标检测。结论为，某甲食品厂、某乙食品公司的产品差异较小，但某甲食品厂产品与案外人产品差异较大。经公安机关委托行业协会组织品鉴专家对上述五个品牌水豆豉在风味、口感、色泽等进行盲评。盲评结果显示，某甲食品厂、某乙食品公司的产品在滋味、风味、口感、色泽及工艺上相似。由此可认定，某甲食品厂、某乙食品公司的产品在理化指标、品鉴风味、口感等均高度近似。

另，母某丙于2015年12月9日被任命为生产车间副主任，负责酱香豆豉车间生产工作。因水豆豉与酱香豆豉共用同一个生产车间，故其有机会接触到水豆豉生产技术及配方。2017年7月，母某丙在劳动合同期限未届满且未办理离职手续情形下离职；同年10月17日，其与另两名自然人投资成立某乙食品公司，该公司同样生产水豆豉等食品。从母某丙离职到某乙食品公司成立，再到其生产的水豆豉上市销售，约两个月时间。虽然水豆豉是一种传统食品，普通人按照一定方法能够制作，但不同主体制作工艺和配方有差异，导致制作出来的水豆豉风味、口感等各不相同。更为重要的是，普通家庭式生产与规模化的工业生产不同。在工业化生产中，公司从成立到研发，再到产品上市销售，并非短时间内能完成。并且，某乙食品公司称其按照网络搜索的方法生产水豆豉，但该证据不足以证明其使用的制作方法能制作出与某甲食品厂理化指标及滋味、风味、口感均高度相似的水豆豉。其提交的豆豉贵州省地方标准及其《工艺流程说明》均无法证明其生产工艺可与某甲食品厂相区分，未能证明其正当性。

综上，可认定，某乙食品公司使用水豆豉生产技术和配方与某甲食品厂水豆豉生产技术和配方实质性相同，且某乙食品公司股东母某丙有机会接触该商业秘密，某乙食品公司、母某丙实施了侵害某甲食品厂的商业秘密的行为。

关于焦点三，根据《中华人民共和国反不正当竞争法》第十七条第一款、第三款、第四款之规定，本案中，某甲食品厂主张 1000000 元经济损失，但鉴于某甲食品厂并未提供证据证明其因某乙食品公司及母某丙侵犯其商业秘密造成的损失或二者的获利，综合考虑某乙食品公司、母某丙行为性质、经营规模、地域范围、合理维权费用等因素，酌情确定某乙食品公司及母某丙连带赔偿某甲食品厂经济损失及合理开支共计 200000 元。

贵州省贵阳市中级人民法院依照《中华人民共和国反不正当竞争法》第九条、第十七条，《中华人民共和国民事诉讼法》第六十七条第一款，《最高人民法院关于审理侵犯商业秘密民事案件适用法律若干问题的规定》第二条第一款、第三条、第四条、第五条、第六条、第七条之规定，判决如下：

一、某乙食品公司及母某丙立即停止侵犯某甲食品厂商业秘密并销毁侵权产品、半成品；

二、某乙食品公司及母某丙于一审判决生效之日起十日内连带赔偿某甲食品厂经济损失及合理开支共计 200000 元；

三、驳回某甲食品厂其余诉讼请求。

某乙食品公司、母某丙不服一审判决，提起上诉。

最高人民法院经审理认为：第一，涉案生产工艺及配方不同于传统水豆豉制作的常识性工艺及配方，也不属于该领域普遍知悉的技术信息，并为权利人带来一定的市场优势及实际的经济效益，权利人亦通过制定保密制度及在劳动合同中约定保密内容等方式采取了保密措施，故涉案生产工艺及配方构成技术秘密。第二，在侵害技术秘密诉讼中，权利人主张的技术秘密为某种产品的制造工艺或制造方法，其提供的证据能够证明侵权产品与使用权利人技术秘密制造的产品属于相同产品，且侵权产品使用权利人技术秘密的可能性较大，同时权利人为证明侵权人使用了其技术秘密已尽到合理努力的，而侵权人不能提供有效证据证明侵权产品未使用权利人技术秘密的，可以认定侵权人使用了权利人的技术秘密。

最高人民法院依照《中华人民共和国民事诉讼法》第一百七十七条第一款第一项之规定，判决如下：

驳回上诉，维持原判。

【法官后语】

商业秘密因不具备法定权利外观，由权利人持有，故商业秘密案件在权利存在、权利归属、权利内容和保护范围的确定以及侵权构成等方面具有一定难度及特殊性。如何破解审理难题，承办人选择从以下几方面入手：

一、合理运用法官释明权，引导当事人精准划定商业秘密范围

司法实践中，审理侵犯商业秘密纠纷案件必须首先明确商业秘密的范围，即"秘密点"，这是此类案件审理中的重点和难点。由于权利人或其代理人对商业秘密法定要件不熟悉、不了解，存在范围越大保护越多的理解误区以及举证能力较弱等问题，此类案件起诉时，权利人往往会划定"大而全"秘密范围，有的权利人甚至在案件审理之初因担心"泄密"不愿说出其"秘密点"。此时，法官合理运用释明权是审理好商业秘密案件的关键。第一，在技术秘密类案件中，明确"不为公众所知悉"的技术信息是指这类信息的排列组合、构成要素、制备方法等并非为涉及这些信息范围内的人员所了解掌握或容易获取。这就要求法官需要向当事人释明并引导当事人反复筛选、仔细甄别其技术信息或经营信息，并将这些信息与公知技术有效区分，最终精准确定"秘密点"。这一过程往往复杂且争议极大，一般需要经过若干次质证或庭审才能完成。第二，法官不仅应引导被控侵权人进行公知技术抗辩，还需引导其进行相关举证。

本案件审理过程中，权利人最初将整个水豆豉制作工艺作为其商业秘密要求法院予以保护。经三次庭审及法官反复释明，并结合被控侵权人抗辩意见，经反复讨论、筛选、甄别，最终将原先范围很大的秘密点逐渐予以明晰并合理缩减，由整个水豆豉制作工艺缩减为N次恒温发酵技术及投料阶段使用经某种工艺灭菌的生姜与辣椒粉。

二、“不为公众所知悉”的认定规则及“盖然性占优势”举证责任的运用

“不为公众所知悉”，即秘密性，具有两层含义，一是技术信息或经营信息在该领域内是否已被知悉为客观事实，多数人已确实知悉该信息；二是该领域内多数人具有通过正当途径可以轻便知悉该信息的可能性。这是商业秘密的核心构成要件，也是最难证明的要件。根据《中华人民共和国反不正当竞争法》第三十二条规定，权利人提交商业秘密“不为公众所知悉”的优势证据或对其主张的商业秘密信息与公有领域信息的区别点作出充分合理的解释或说明的，即可以认定秘密性成立。此时，权利人完成初步举证责任。被控侵权人反驳权利人商业秘密“不为公众所知悉”的，则由其就该反驳主张承担举证责任。换言之，权利人仍应对“不为公众知悉”这一基础性事实负有举证责任，但这种举证到何种程度，是否必须达到“高度盖然性”的标准，答案是否定的。司法实践中，如权利人提交完整技术图纸或参数、实验数据和结果、工艺流程改进方法记录、技术秘密的查新报告、鉴定报告、有专门知识的人出具的意见等，或对商业秘密的形成或来源，与公开渠道可以获得的信息的区别等作出说明，即完成举证义务。此时，被控侵权人主张案涉商业秘密“为公众所知悉”的，应由其对该反驳主张承担举证责任，其举证不能，法官则可运用“盖然性占优势”的证明标准认定权利人主张成立。

本案中，权利人提交《技术成果转让协议》《专利许可使用协议》《科学技术成果鉴定证书》《校企合作协议》《肖某豆豉转让协议》等证据证明其投入人力、物力、财力对水豆豉发酵工艺进行研发、改进，通过控制温度参数、投料配方等反复试验后形成的生产工艺及配方，且区别于市场上或公知领域现有的水豆豉制作方法。通过上述生产技术及配方对水豆豉这一传统食品的生产工艺

及配方进行科学优化，实现经大规模、批量化生产，仍能保持产品风味稳定，不产气、不“顶盖”等优势。而被控侵权人抗辩权利人技术信息属于公知技术，仅提交从网络检索的一篇“水豆豉制作方法”和豆豉贵州省地方标准及其《工艺流程说明》作为抗辩证据，故法官运用“盖然性占优势”的证明标准认定权利人主张成立。

三、充分运用司法鉴定、专家证人等辅助手段协助法官完成“实质性相同”的法律认定

侵犯商业秘密行为具有隐蔽性，权利人难以举证证明被控侵权人实施了侵权行为。司法实践中，一般采取“实质性相同+接触”原则判断是否构成侵权。该原则是指，权利人在证明自己拥有某项商业秘密的基础上，首先证明被控侵权人对权利人的商业秘密存在某种接触，然后证明被控侵权人在经营活动中使用了接近或者非常接近权利人商业秘密的技术或其他信息。而被控侵权人则举证证明其使用的技术或其他信息系通过合法途径取得，否则，应推定侵权成立。侵权行为认定难主要表现在商业秘密“实质性相同”判断难，特别是一些涉及复杂技术信息的案件，法官往往难以作出判断。此时，法官可以运用司法鉴定、专家证人等方式作为辅助手段来认定双方当事人的技术信息是否构成“实质性相同”，有效避免因知识结构偏狭导致法律认定和适用错误。

本案中，水豆豉生产工艺涉及生物工程类知识，法官不仅借助食品质检机构对二者产品理化指标的检测结论，行业协会组织品鉴专家对二者产品品鉴盲评结果，还访谈高校专事发酵食品研究的教授。根据理化指标，品鉴风味、口感等均高度近似，辅以食品工业化生产的行业知识，最终认定被控侵权人的水豆豉生产技术和配方与权利人的水豆豉生产技术和配方构成“实质性相同”。

四、本案引发的启示

1. 司法回应社会对司法保护商业秘密的需求

司法赋能保护商业秘密不应局限于事后保护，更应聚焦于事前。法官不能安于“坐堂办案”，更在于“沉得下去”“走得出去”，积极主动地回应司法的社会需求和人民关切。法律具有教育引导功能，法院应当加强司法宣传力度。

一方面，促进全社会了解商业秘密、促使企业强化自身商业秘密保护意识；另一方面，营造全社会遵守法律、尊重知识产权的氛围，让那些企图窃取他人商业秘密的企业或个人放弃违法，甚至犯罪的念头，依法诚信经营。

2. 加大侵犯商业秘密案件的调解力度

在侵犯商业秘密案件中，双方当事人之间对立情绪普遍较重，调解工作难度大。这就要求法官不仅要强化审判能力，更要提升调解水平，坚持和发展新时代“枫桥经验”，达到从根本上化解社会矛盾，不仅“案结事了”，更要“案结事好”，实现政治效果、法律效果、社会效果有机统一的“三赢”局面。

3. 统一裁判尺度，提升司法审判水平

许多知识产权类案件与前沿科技紧密挂钩，审理难度较大。这就要求上下级法院之间多沟通，上级法院加强对此类案件的业务指导，以统一裁判尺度和标准，避免“同案不同判”。

编写人：贵州省贵阳市中级人民法院　居丽卿

54

擅自使用他人特定服务名称的行为认定

——甲某诉乙某羊肉焓面馆、丙某青年路羊肉焓面馆不正当竞争案

【案件基本信息】

1. 裁判书字号

江苏省高级人民法院（2022）苏民终1551号民事判决书

2. 案由：不正当竞争纠纷

3. 当事人

原告（被上诉人）：甲某

被告（上诉人）：乙某羊肉焓面馆

被告：丙某青年路羊肉烩面馆

【基本案情】

自 20 世纪 80 年代始，在某市民的日常生活中，口口相传在青年路老公安局对面有一家以羊肉为特色的餐馆，因价格实惠、汤鲜味美受到消费者的青睐，成为有一定影响力的美味餐馆。该餐馆因位于某市青年路，被消费者俗称“青年路羊肉馆”。“青年路羊肉馆”逐步成为与某市青年路老公安局对面以羊肉为特色的餐馆具有特定联系的专有词汇。

2018 年 12 月 26 日，甲某注册成立“某区青年路甲某羊肉馆”，后于 2020 年 6 月 18 日变更名称为“某区青年路青年羊肉馆”，经营场所于 2021 年 9 月 14 日由某市某大厦 B 座变更为某市某大厦 A 座。“某区青年路青年羊肉馆”于 2022 年 1 月 21 日注销。

某市公证处出具公证书证实：2021 年 6 月 24 日，位于某市某区某小区西南侧，悬挂乙某羊肉烩面馆营业执照，收款方为乙某羊肉烩面馆的店铺以门头：“青年路羊肉烩面老字号新城店”从事经营活动。该店亦在网络上以“青年路羊肉烩面”等字样从事推广经营活动。甲某提供的视频显示，在甲某代理人询问该店服务人员该店“是不是老公安局对面的店时”，服务人员回答“是”。甲某提供的图片显示，该店张贴的图片中使用某市青年路老公安局对面餐馆的图片。

另查明，第 1××5 号“青年路”注册商标由成都市某公司于 2014 年 6 月 30 日申请注册，核定使用商品/服务为第 43 类，包括备办宴席、饭店等。乙某羊肉烩面馆经营者乙某于 2021 年 1 月 20 日经公告受让取得涉案“青年路”注册商标专用权。

【案件焦点】

1. “青年路羊肉馆”是否系具有一定影响力的服务名称；2. 乙某羊肉烩面馆、丙某青年路羊肉烩面馆在经营过程中使用“青年路羊肉馆”的行为是否构成不正当竞争。

【法院裁判要旨】

江苏省徐州市中级人民法院经审理认为：甲某于2018年12月26日在原“青年路羊肉馆”路北近处注册成立“某区青年路甲某羊肉馆”，并于2020年6月18日更名为“某区青年路青年羊肉馆”。在本案诉讼中，甲某主张其曾参与某市市民口口相传中的“青年路羊肉馆”的经营，在无相反证据及其他主体明确否认的情形下，甲某本案原告主体适格。

“青年路羊肉馆”是与某市青年路老公安局对面以羊肉为特色的餐馆具有特定联系的专有词汇。乙某羊肉烩面馆与某市青年路老公安局对面以羊肉为特色的餐馆无经营行为上的联系，其在经营行为中使用“青年路羊肉馆”等字样，系加剧经营混淆行为，构成不正当竞争。

乙某羊肉烩面馆经营者乙某，虽系第1××5号“青年路”注册商标的专用权人，但在自20世纪80年代起“青年路羊肉馆”成为与某市青年路老公安局对面以羊肉为特色的餐馆具有特定联系的专有词汇的情形下，乙某所享有的第1××5号“青年路”注册商标的专用权应该受到规制。另，本案二被告经营中宣称“是老公安局对面的店”及使用“老字号”字样属于虚假宣传行为，应该受到制止。二被告实施了不正当竞争行为，应当依法承担相应的法律责任。

江苏省徐州市中级人民法院依照《中华人民共和国民法典》第九百九十五条、第一千零一十七条、第一千一百八十二条，《中华人民共和国反不正当竞争法》第六条、第八条、第十七条，《中华人民共和国民事诉讼法》第一百四十五条之规定，判决如下：

一、丙某青年路羊肉烩面馆于判决生效之日起立即停止在其字号中使用“青年路、羊肉”文字；

二、乙某羊肉烩面馆、丙某青年路羊肉烩面馆于判决生效之日起在某地区的经营行为中立即停止将“青年路”与“羊肉”搭配作为标识使用；

三、乙某羊肉烩面馆、丙某青年路羊肉烩面馆于判决生效之日起立即停止宣称自己“是老公安局对面的店”的行为；

四、乙某羊肉烩面馆、丙某青年路羊肉烩面馆于判决生效之日起十日内拆除其门店中含有原“青年路羊肉馆”经营场所内容的图片；拆除在其门店中“老字号”文字；

五、乙某羊肉烩面馆、被告丙某青年路羊肉烩面馆于判决生效之日起十日内在《某日报》上连续三日刊登声明，就其不正当竞争行为公开道歉，消除影响（刊登内容须经法院审核）；

六、乙某羊肉烩面馆、被告丙某青年路羊肉烩面馆于判决生效之日起十日内赔偿原告甲某经济损失及合理费用支出共计人民币 3 万元；

七、驳回甲某的其他诉讼请求。

乙某羊肉烩面馆不服一审判决，提起上诉。

江苏省高级人民法院经审理认为：

一、被诉行为构成不正当竞争

（一）“青年路羊肉馆”构成有一定影响的服务名称

“青年路羊肉馆”是否构成有一定影响的服务名称，应当从该服务名称是否达到一定的市场知名度和是否具有区别服务来源的显著特征予以考虑。本案中，虽然该店经营主体的字号并非“青年路羊肉馆”，但是根据美团网收录甲某经营的“青年路羊肉馆”已超过 9 年、百度贴吧、新浪微博、大众点评等相关用户的发言及评论、某电视台新闻报道以及证人证言等证据，能够证明早在乙某羊肉烩面馆登记注册之前，“青年路羊肉馆”远已构成有一定影响的服务名称，且该服务名称与甲某所经营的店铺已经形成了稳定的一一对应关系，起到了区别服务来源的作用。

（二）被诉行为构成不正当竞争

1. 乙某羊肉烩面馆实施了混淆行为

乙某羊肉烩面馆与甲某经营的羊肉馆系同业经营者，乙某羊肉烩面馆在设立时，对“青年路羊肉馆”这一服务名称的知名度理应知晓，其与位于某市青年路原某市公安局对面的羊肉馆之间不存在任何传承关系，却使用与“青年路羊肉馆”近似的“青年路羊肉烩面”等标识从事推广经营活动。且在店内张贴某市青年路原公安局对面餐馆的图片，并在服务人员被询问“是不是老公安局对面的店”时，明确回答“是”。乙某羊肉烩面馆的上述行为可能使得相关公众误认为其提供的服务来源于甲某经营的“青年路羊肉馆”或与其存在加盟、许可等特定联系，且根据网友评论可知，其及关联门店已实际造成相关公众的混淆、误认。乙某羊肉烩面馆的行为构成不正当竞争。乙某羊肉烩面馆的经营者乙某虽享有第1××5号“青年路”注册商标专用权，但该商标权受让取得时间远晚于“青年路羊肉馆”成为有一定影响服务名称的时间，故乙某受让取得“青年路”商标并予以使用的行为难言善意。根据知识产权保护在先权利原则，该商标在某地区使用在以提供羊肉为特色的餐饮服务上时，应当受到一定的限制。

2. 乙某羊肉烩面馆实施了虚假宣传行为

本案中，乙某羊肉烩面馆成立于2017年7月，并非老字号，且其与某市原公安局对面位于青年路199号的羊肉馆也无任何传承关系，却在经营中宣称“是老公安局对面的店”、使用原“青年路羊肉馆”经营场所的图片，并使用“老字号”字样，欺骗、误导消费者，该行为构成《中华人民共和国反不正当竞争法》第八条所规制的虚假宣传。

二、一审判决确定的民事责任并无不当

乙某羊肉烩面馆、丙某青年路羊肉烩面馆应对其实施的不正当竞争行为，承担停止侵权、赔偿损失、消除影响的民事责任。鉴于在案证据不能证明甲某因被侵权所受到的实际损失或乙某羊肉烩面馆、丙某青年路羊肉烩面馆因侵权所获得的利益，本案适用法定赔偿，符合法律规定。综合考虑涉案服务名称的知名度，侵权人的主观故意、侵权行为的情节以及甲某为制止侵权支出了一定的合理费用等相关因素，一审判决乙某羊肉烩面馆、丙某青年路羊肉烩面馆赔偿甲某经济损失及合理费用支出共计3万元，并无不当，予以确认。

江苏省高级人民法院依照《中华人民共和国民事诉讼法》第一百七十七条第一款第一项，《最高人民法院关于适用〈中华人民共和国民事诉讼法〉的解释》第三百三十二条之规定，作出如下判决：

驳回上诉，维持原判。

【法官后语】

商业混淆行为的违法性在于破坏商业标识的指引功能，扰乱消费者在商业标识、商品和商品来源之间建立的联系。

《中华人民共和国反不正当竞争法》第六条规定，经营者不得实施下列混淆行为，引人误认为是他人商品或者与他人存在特定联系：(1) 擅自使用与他人有一定影响的商品名称、包装、装潢等相同或者近似的标识；(2) 擅自使用他人有一定影响的企业名称（包括简称、字号等）、社会组织名称（包括简称等）、姓名（包括笔名、艺名、译名等）；(3) 擅自使用他人有一定影响的域名主体部分、网站名称、网页等；(4) 其他足以引人误认为是他人商品或者与他人存在特定联系的混淆行为。根据上述规定，认定本案被诉侵权行为是否构成混淆行为需判断两个要件：一是原告主张保护的“青年路羊肉馆”是否构成有一定影响的商业标识；二是被告在经营过程中使用“青年路羊肉馆”的行为是否容易使相关公众对服务的来源或者两者存在特定关系产生混淆。

关于“有一定影响”的商业标识的认定。《最高人民法院关于适用〈中华人民共和国反不正当竞争法〉若干问题的解释》第四条第一款规定，具有一定的市场知名度并具有区别商品来源的显著特征的标识，人民法院可以认定为反不正当竞争法第六条规定的“有一定影响的”标识。因此，商业标识是否应受《中华人民共和国反不正当竞争法》保护，不以其是否注册登记为条件，而是该标识是否具有一定市场知名度、是否能够发挥识别商品或服务来源的作用。关于“有一定知名度的认定”，则要综合考虑中国境内相关公众的知悉程度，商品销售的时间、区域、数额和对象，宣传的持续时间、程度和地域范围，标识受保护的情况等因素。本案中，一、二审法院通过对“青年路羊肉馆”的历史沿革、相关公众的认知及评价进行了查明，认定原告主张保护的“青年路羊肉馆”虽未经注册，但是经过长年累月的反复使用，已经在某地区为一定消费者所知悉，已经与特定经营者产生了紧密联系，成为具有一定商业价值的服务名称，应当受到《中华人民共和国反不正当竞争法》保护。

关于混淆行为的认定。在行为的主观方面，须是经营者故意实施混淆行为，旨在通过误导消费者，获取不正当利益；在行为的客观方面，是指经营者擅自使用他人有一定影响的商业标识行为，并且这种行为足以引起相关消费者误认商品来源于特定经营者或与其存在特定联系；在行为的结果上，该行为可能或已经导致消费者对商品或服务的来源产生误解。本案中，被告作为同业竞争者，对“青年路羊肉馆”这一服务名称的知名度理应知晓，其与位于某市青年路原某市公安局对面的羊肉馆之间不存在任何传承关系，却使用与“青年路羊肉馆”近似的“青年路羊肉烩面”等标识从事经营活动，主观上存在攀附他人商誉以谋求不正当竞争利益的主观故意，其行为可能使得相关公众误认为其提供的服务来源于原告经营的“青年路羊肉馆”或与其存在加盟、许可等特定联系；从行为的后果来看，根据网络用户评论内容可知，其及关联门店已实际造成相关公众的混淆、误认。综合全案事实，被告将“青年路羊肉馆”原本应指向的对象嫁接于己身，挤占了属于原告的商业空间，获得了市场竞争优势，攫取了原告通过多年辛勤劳作所累积的商誉，损害了附着于“青年路羊肉馆”服务名称上的竞争利益，其行为构成不正当竞争。

在当前日趋激烈的市场竞争环境中，不少经营者为了快速赢得市场，妄图通过“走捷径”，通过攀附他人商誉来获得不正当的竞争优势，最终不仅破坏了市场竞争秩序，也导致自身需要面临经济赔偿，承担赔礼道歉的法律责任。因此，市场主体在经营过程中，应当诚信经营，遵守商业道德和法律法规，尊重他人的商业标识和市场竞争秩序，以自身经营的口碑获得消费者的认可，营造公平、公正、健康、有序的市场竞争环境。

编写人：江苏省徐州市中级人民法院　吴倩

55

不正当利用合作电商平台API接口信息侵权责任的认定

——某电子商务公司、甲贸易公司诉某网络技术公司、乙商贸公司侵害商标权及不正当竞争案

【案件基本信息】

1. 裁判书字号

北京市丰台区人民法院（2021）京0106民初27589号民事判决书

2. 案由：侵害商标权及不正当竞争纠纷

3. 当事人

原告：某电子商务公司、甲贸易公司

被告：某网络技术公司、乙商贸公司

【基本案情】

某电子商务公司为“某电子商务商城”的运营主体。甲贸易公司系某电子商务公司的关联企业，主要负责某电子商务自营商品销售业务。某电子商务公司系“某电子商务”等注册商标的商标专用权人。某网络技术公司曾与甲贸易公司签订《实物销售协议》，就其通过某电子商务平台采购某电子商务自营商品事宜进行约定。该合作模式针对的是具有大宗商品采购和使用需求的B端客户，折扣较大，某网络技术公司依约仅能进行直接采购。某网络技术公司未经允许利用“某电子商务商城”API[①]接口信息，与乙商贸公司等公司创建了多家侵权网上商城。某电子商务公司认为某网络技术公司、乙商贸公司不正当地

① API是Application Programming Interface（应用程序编程接口）的缩写。

挤占了某电子商务公司的市场份额，易导致消费者误认涉案侵权网上商城及储值卡与其存在特定联系，已构成不正当竞争。同时，某网络技术公司、乙商贸公司使用“某电子商务馆”等字样构成商标侵权，故向法院提起诉讼。

【案件焦点】

某网络技术公司、乙商贸公司不正当利用合作电商平台 API 接口信息，将自建侵权电商平台与合作电商平台对接，利用合作方品牌、物流等经营资源，向非约定客户群体提供合作电商商品，是否构成不正当竞争。

【法院裁判要旨】

北京市丰台区人民法院经审理认为：某网络技术公司、乙商贸公司未经许可，利用某电子商务公司的 API 接口信息，创建网上商城；并在商城内设置“某电子商务馆”等专门指向某电子商务公司的栏目；在多家电商平台销售应用于上述网上商城的储值卡某网络技术公司亦同时为其他公司提供上述端口服务，使相关消费用户可不经过“某电了商务商城”而直接选购某电子商务的自营产品，并使用某电子商务物流。某网络技术公司、乙商贸公司的上述行为，利用了某电子商务品牌、某电子商务物流、某电子商务客服及某电子商务供应链等相关经营资源，挤占了某电子商务公司相关业务的市场份额，足以引人误认为上述服务与乙商贸公司存在特定联系，亦违反诚实信用原则，构成不正当竞争。

此外，某电子商务公司系涉案权利商标的权利人，某网络技术公司、乙商贸公司在其销售的礼品卡或所对应的网上商城中使用“某电子商务”“某电子商务专区”等标识；某网络技术公司在其提供端口服务的相关网上商城或销售页面中，使用“某电子商务馆”等标识。上述“某电子商务”文字与某电子商务公司相关“某电子商务”注册商标文字相同，服务内容与某电子商务公司权利商标核定使用的服务项目相同，侵害了某电子商务公司的涉案注册商标专用权。

北京市丰台区人民法院依照《中华人民共和国民法典》第一百八十六条，

《中华人民共和国商标法》第五十七条、第六十三条，《中华人民共和国反不正当竞争法》第二条、第六条、第十七条，《中华人民共和国民事诉讼法》第六十七条规定，判决如下：

一、本判决生效之日起，某网络技术公司、乙商贸公司立即停止涉案侵害商标权及不正当竞争行为；

二、本判决生效之日起十日内，某网络技术公司就侵害商标权行为赔偿某电子商务公司经济损失 290 万元；

三、本判决生效之日起十日内，乙商贸公司就上述第二条经济损失中的 50 万元承担连带赔偿责任；

四、本判决生效之日起十日内，某网络技术公司就不正当竞争行为赔偿某电子商务公司、甲贸易公司经济损失 500 万元；

五、本判决生效之日起十日内，乙商贸公司就上述第四条经济损失中的 100 万元承担连带赔偿责任；

六、本判决生效之日起十日内，某网络技术公司赔偿某电子商务公司、甲贸易公司合理支出 28.9089 万元；

七、某网络技术公司、乙商贸公司刊登声明以消除因涉案侵害商标权及不正当竞争行为造成的影响；

八、驳回某电子商务公司、甲贸易公司的其他诉讼请求。

宣判后，双方当事人均未上诉，一审判决已经生效。

【法官后语】

本案系不正当利用合作电商平台 API 接口信息，自建网上商城销售商品，同时销售自建商城储值卡，加价销售电商平台商品的新类型不正当竞争案件。本案从反不正当竞争法角度对此类深度依附于大型电商平台开展的黑灰产业链行为予以规制，对电商平台经营者通过专业招商选品、丰富市场细分、提高物流效率等系列措施所构建的良好电商平台生态予以保护，维护了市场竞争秩序，保护了消费者的合法权益。为电商平台经营者通过司法途径优化电商平台生态治理，打击电商平台网络黑灰产业，保护消费者合法权益，提供了可供借鉴的思路和方向，具有典型意义。

经营者未经许可，不正当利用合作电商平台 API 接口信息，将自建侵权电商平台与合作电商平台对接，利用合作方品牌、物流、供应链等经营资源，向非约定客户群体提供合作电商商品，非法获取合作方竞争优势，挤占市场份额，易导致相关公众误以为侵权人与权利人存在特定联系，构成不正当竞争。具体到本案，可从以下两方面加以分析：

一、某电子商务公司对其 API 接口信息是否享有《中华人民共和国反不正当竞争法》保护的合法权益

“某电子商务商城”系知名的电商平台，该平台通过“某电子商务自营”对外提供商品，并通过“某电子商务物流”进行配送。某电子商务公司作为“某电子商务商城”的经营者，投入较多力量，不断完善货品、物流、售后、宣传等各个方面，已形成其自身独具特点且被大众所熟知的经营模式，某电子商务公司在经营中形成的经营权益和竞争优势，亦应受到法律保护。特别是随着“某电子商务”品牌知名度的不断提升，“某电子商务商城”受到消费者的广泛认可，同时依附于大型电商平台 API 接口信息而开展的黑灰产业链也悄然滋生，傍名牌的侵权行为时有发生。

《中华人民共和国反不正当竞争法》第二条规定：“经营者在生产经营活动中，应当遵循自愿、平等、公平、诚信的原则，遵守法律和商业道德。本法所称的不正当竞争行为，是指经营者在生产经营活动中，违反本法规定，扰乱市场竞争秩序，损害其他经营者或者消费者的合法权益的行为……”虽然某一特定的商业模式通常不是《中华人民共和国反不正当竞争法》所直接保护的客体，但只要经营者在其所从事的经营活动中，遵循自愿、平等、公平、诚实信用的原则，遵守法律和商业道德，未违反《中华人民共和国反不正当竞争法》第二条之规定，则其基于特定商业模式下的合法权益应受到保护。

某电子商务公司作为“某电子商务商城”平台的经营者，通过向消费者提供商品、物流等服务，在满足相关公众消费需求的同时，亦为自身赚取相应的经济利益。在正常的市场经营中，公司与公司之间的合作亦属于市场经营之常

态。但本案中，某网络技术公司明知双方协议中明确约定未经许可，不得使用对方商标，亦不允许违规架设或与他人合作创建针对普通消费用户的网上商城。且上述约定亦未不正当、不合理地限制或侵害某网络技术公司的合法权益。相反，某电子商务公司对B端和C端客户采取不同的经营策略，以其自主经营方式获利，在满足企业生存和发展需要，不断改善和丰富服务的同时，也为相关合作商提供了不同选择，使不同消费群体可根据自身情况选择相应电商平台。此外，合作商或消费者如不愿接受某电子商务公司所提供的服务模式，亦可转而选择市场中其他相关经营者的服务。故某电子商务公司在本案中通过正当经营，合法竞争获得的利益，应当受到《中华人民共和国反不正当竞争法》所保护。

二、被诉行为是否构成不正当竞争

本案中，某网络技术公司在已向某电子商务公司发函明确整改措施的情况下，本应积极整改，有效避让违反双方合作协议的行为，尽到合理的注意义务。但某网络技术公司依旧通过利用某电子商务公司API接口“暗度陈仓”，擅自将某电子商务商城自营页面内容对接至其自建侵权网上购物商城，利用某电子商务品牌、某电子商务自营、某电子商务物流及供应链的高质量服务向普通消费者直接销售商品，上述侵权行为使某网络技术公司直接省略了其自身品牌建设、招商选品、销售服务、物流配送等必要环节所应付出的时间与资金投入，不正当地取得了某电子商务公司通过长期经营所建立起来的竞争优势，挤占了某电子商务商城及某电子商务E卡的市场份额，违背了诚信原则，扰乱了正常市场竞争秩序，给某电子商务公司造成了较大经济损失。同时，上述侵权行为，易导致消费者误以为自己是从某电子商务公司或者与某电子商务公司有关联关系的企业直接购买了某电子商务自营商品，易导致消费者误以为相关侵权网上商城开办主体以及侵权储值卡销售主体与某电子商务公司之间存在关联或者合作关系，进而导致“某电子商务”品牌商誉的下降，已构成《中华人民共和国反不正当竞争法》第六条第四项规定的“其他足以引人误认为是他人商品或者与他人存在特定联系的混淆行为”。

编写人：北京市丰台区人民法院　张炎

56

APP 名称及标识竞争权益的认定

——北京甲信息技术有限公司诉株式会社乙工场等不正当竞争案

【案件基本信息】

1. 裁判书字号

北京知识产权法院（2022）京 73 民终 2267 号民事判决书

2. 案由：不正当竞争纠纷

3. 当事人

原告（上诉人）：北京甲信息技术有限公司（以下简称甲公司）

被告（上诉人）：株式会社乙工场（以下简称日本乙公司）、乙工场科技（香港）有限公司（以下简称香港乙公司）、北京乙工场科技有限公司（以下简称北京乙公司）

被告（被上诉人）：北京丙网络股份有限公司（以下简称丙公司）

【基本案情】

甲公司享有《××A》游戏的著作权。2017 年 10 月 31 日，甲公司与香港乙公司签署《手游〈3D××A〉独家代理协议》（以下简称《独家代理协议》），授权香港乙公司在日本发行《××A》。在该协议实际履行中，该款游戏由香港乙公司的关联公司日本乙公司对外发行。根据《独家代理协议》约定，《××A》游戏的名称、图标、开机界面（以下合并简称涉案标识）的相关权益归属于甲公司，构成《中华人民共和国反不正当竞争法》所保护的具有一定影响的商品名称、包装装潢。2019 年 7 月，日本乙公司在日本另行发行了一款名为《××A2》的游戏，该游戏在名称、图标、开机界面上与涉案标识相同，并且日本乙公司宣传该游戏为“国内首个语音在线××A 游戏第 2 部！添加了新功能！”日本乙公司作为《××A》游戏的发行方还在该游戏中发布下载《××A2》的公告，诱导用户下载《××A2》，上述行为均会使用户混淆《××A2》与《××A》，违反了反不正当竞争法第二条、第六条，损害了甲公司竞争利益。丙公司系《××A2》的开发者，香港乙公司、北京乙公司均参与了《××A》《××A2》的发行，且香港乙公司、北京乙公司与日本乙公司在工作人员、对外宣传、财务管理、业务范围上构成公司人格混同，因此，香港乙公司、北京乙公司、丙公司共同与日本乙公司实施了上述不正当竞争行为，应当与日本乙公司承担连带责任。

【案件焦点】

甲公司主张的混淆行为是否构成不正当竞争。

【法院裁判要旨】

北京市朝阳区人民法院经审理认为：本案中，虽然“××A”名称以及图标最先由日本乙公司在日本申请商标并获得注册，但涉案标识最早使用于甲公司享有软件著作权的《××A》游戏上。甲公司向市场提供的《××A》游戏服务正是涉案标识指向和发生联系的对象，即涉案标识能够与甲公司提供的《××A》游戏产生对应关系，相关公众能够借助涉案标识区分该游戏与其他游戏。因此，涉案标识的竞争利益应当在尊重其使用过程中与《××A》游戏产生对应关系的基础上归属于甲公司。

《××A2》的游戏名称、游戏图标与开机界面除增加数字 2 外，与涉案标识在文字、呼叫、字体设计、颜色搭配上基本一致，上述标识本身的近似程度容易导致相关公众对两款游戏来源产生混淆误认。日本乙公司作为《××A》游戏的发行方明知涉案标识最先使用于甲公司的《××A》游戏，但其仍在《××A2》中使用，且《××A2》发行于《××A》尚未下架时，其主观意图难言善意。此外，日本乙公司明知《××A2》与《××A》为两款不同游戏，在《××A2》的应用介绍页面、《××A》游戏中仍以“国内首个语音在线××A 游戏第 2 部！添加了新功能！”“××A 的新版本将进行内测”的宣传用语刻意突出两款游戏的联系点；并且，日本乙公司还在《××A》中发布《××A2》的下载地址，用户点击该地址即跳转到《××A2》的下载界面，上述行为足以使相关公众误认为《××A2》为《××A》的升级版本。

日本乙公司被诉不正当竞争行为不当利用了甲公司《××A》游戏的在先商誉，损害了甲公司的竞争利益，应当承担停止侵害、消除影响、赔偿损失的民事责任。

北京乙公司、香港乙公司与日本乙公司共同实施涉案不正当竞争行为，与日本乙公司构成共同侵权，应当承担连带责任。现有证据无法证明丙公司知道或者应当知道甲公司为《××A》开发者的情况下实施涉案行为，故其与三乙公司之间并无共同意思联络，不构成共同侵权，不应与三乙公司承担连带责任。

北京市朝阳区人民法院依照《中华人民共和国反不正当竞争法》第六条第一项、第十一条、第十七条，《最高人民法院关于审理不正当竞争民事案件应用法律若干问题的解释》第四条，《最高人民法院关于适用〈中华人民共和国民事诉讼法〉的解释》第一百零六条之规定，判决如下：

一、被告株式会社乙工场、被告北京乙工场科技有限公司于本判决生效之日起停止在《××A2》游戏中使用“××A”文字、图标、开机界面；

二、被告株式会社乙工场、被告乙工场科技（香港）有限公司、被告北京乙工场科技有限公司于本判决生效之日起三十日内在网站 www.×××.jp 首页连续七日刊登声明，消除因涉案不正当竞争行为对原告北京甲信息技术有限公司造成的不良影响；

三、被告株式会社乙工场于本判决生效之日起十日内赔偿原告北京甲信息技术有限公司经济损失 80 万元，被告乙工场科技（香港）有限公司、被告北京乙工场科技有限公司在 60 万元范围内与被告株式会社乙工场承担连带责任；

四、被告株式会社乙工场于本判决生效之日起十日内赔偿原告北京甲信息技术有限公司合理开支 168240 元，被告乙工场科技（香港）有限公司、被告北京乙工场科技有限公司在 130000 元范围内与被告株式会社乙工场承担连带责任；

五、驳回原告北京甲信息技术有限公司的其他诉讼请求。

甲公司、日本乙公司、北京乙公司、香港乙公司不服一审判决，提起上诉。

北京知识产权法院同意一审法院意见，判决：

驳回上诉，维持原判。

【法官后语】

《中华人民共和国反不正当竞争法》第六条第一项规定，经营者不得擅自使用与他人有一定影响的商品名称、包装、装潢等相同或者近似的标识，引人误认为是他人商品或者与他人存在特定联系。被诉行为是否违反上述规定，应从经营者是否享有涉案标识的竞争利益以及被诉行为是否足以使相关公众混淆误认两方面予以认定。

有一定影响的商品名称是指商品独有的与通用名称有显著区别的名称。本案中，“××A”作为一种游戏服务的名称显然与服务的通用名称“游戏”有显著区别，如果其通过使用具有一定影响，则可以作为《中华人民共和国反不正当竞争法》保护的对象。装潢是指为识别与美化商品而在商品或者包装上附加的文字、图案、色彩及其排列组合。一般而言，装潢在商品外部起到美化作用，相关公众接触游戏软件时首先接触到的是外观图标、开机界面等能够为相关公众直观感知到的部分，进而通过图标、开机界面区分不同的游戏。因此，甲公司主张的图标、开机界面属于《中华人民共和国反不正当竞争法》规定的装潢。

有一定影响的商品名称、装潢与注册商标专用权获得保护的法律基础不同，注册商标以能够识别商品或服务来源为前提，并不要求其已具有实际的识别作用或者已经实际使用。而有一定影响的商品名称、装潢作为一种未注册商标，其必须经过实际使用并且产生具有识别商品或服务来源的实际意义才能够受到反不正当竞争法的保护，其在经营中产生显著性特征的使用行为是一种事实行为，未注册商标保护的是事实上的正当权益和竞争秩序。因此，其权益归属关键不在于考察哪一主体提出、创造了标识，而应首先考虑未注册商标的使用事实。

未注册商标显著性的产生过程表现为产品或服务提供者的经营行为使其产

品或服务在公众中积累了商誉，因此，未注册商标成为区分不同经营者的标识源于其与特定经营者的商誉之间存在的联系，其为特定经营者商誉的载体。相关公众借助未注册商标才将以特定产品或服务为载体的商誉彼此区分开来。本案中，甲公司提交的若干媒体报道能够证明《××A》游戏在日本市场具有一定的影响力，其提供的游戏质量是其游戏获得市场口碑的重要基础，这也是该款游戏在测试阶段就获得玩家喜爱的重要原因。涉案标识经过使用后使相关公众在看到该标识时联想到《××A》游戏的同时亦会联想到该款游戏的品质、声誉，故此涉案标识不仅起到区分游戏来源的作用，还承载着该标识上的特有利益，涉案标识代表的声誉和品质均源于甲公司提供的《××A》游戏。从上述因素考量，涉案标识的竞争利益应归属于甲公司。

编写人：北京市朝阳区人民法院　田琪雅

57

比较广告是否构成不正当竞争

——某家居用品股份有限公司诉 A（北京）贸易有限公司等侵害商标权及不正当竞争案

【案件基本信息】

1. 裁判书字号

北京知识产权法院（2022）京 73 民终 4030 号民事判决书

2. 案由：侵害商标权及不正当竞争纠纷

3. 当事人

原告（被上诉人）：某家居用品股份有限公司

被告（上诉人）：A（北京）贸易有限公司、B 联合科技发展有限公司、C

（北京）科技有限公司（以下简称三被告）

【基本案情】

某家居用品股份有限公司主营××A 品牌美式家具业务，并在第 20 类家具商品上取得了“××B”注册商标。某家居用品股份有限公司品牌具有极高知名度。三被告经营××C 品牌美式家具业务。三被告在门店、网站、微信公众号、微博、展会等多种形式的宣传推广中使用了前述标识，在显著位置注明“××A 品牌”同款或类似产品的比价信息，宣称“仅为××A 品牌价格的三分之一”“在选材与质量水平基本一致的情况下，三被告的售价仅是其 30% 左右”等宣传广告，并宣称××C 品牌系“市场最高性价比”“产品价格同行业最低”“去掉了不应有的价格泡沫，还原商品本源性价格”。

【案件焦点】

1. 涉案比较广告是否构成虚假宣传或其他不正当竞争行为；2. 涉案“去掉了不应有的价格泡沫，还原商品本源性价格”等宣传语是否构成商业诋毁。

【法院裁判要旨】

北京市朝阳区人民法院经审理认为：三被告与某家居用品股份有限公司运营均为美式家具专营品牌，具有直接竞争关系。三被告涉案比较广告未能就比对双方商品的质量、尺寸、原材料、生产工艺、售后服务等情况进行全面展示，亦未考量某家居用品股份有限公司品牌商品可能会因促销活动等发生价格变动的情况，而简单地以显著突出的方式展示双方品牌价格。因市场竞争是一个复杂的、动态的过程，产品销售价格也受成本、市场环境等多方面因素影响，可能存在波动变化。在未明确比对背景，未提供比对依据的情况下，径行使用“市场最高性价比”“产品价格同行业最低”等论断式宣传用语，容易让相关公众产生错误认识。

在对比性广告中，将同类产品进行直接、明显、肯定的优劣对比，必然影响其中被列为较劣一方的产品在公众中的评价，在构成虚假宣传的同时又可能构成商业诋毁。三被告不是单独对自身价格优势进行宣传，而是在不提及产品生产工艺、原材料、售后服务等其他影响价格重要因素的情况下，通过大量与某家居用品股份有限公司品牌产品的比价广告，突出其价格优势。同时，宣称其价格优势缘由系“去掉了不应有的价格泡沫，还原商品本源性价格”，容易误导相关公众认为某家居用品股份有限公司品牌存在价格虚高、价格泡沫的情形。况且，被告多次将前述宣传语与某家居用品股份有限公司品牌的比价信息进行同时展示，该种宣传方式会直接将上述宣传用语的负面评价指向某家居用品股份有限公司品牌，损害了某家居用品股份有限公司商品声誉，故能够认定为商业诋毁，对于某家居用品股份有限公司该项主张，法院予以支持。

综上，北京市朝阳区人民法院依照《中华人民共和国商标法》第五十七条第一项、第六十三条、第六十四条第二款，《中华人民共和国反不正当竞争法》第八条、第十一条、第十七条之规定，依据判决如下：

一、被告A（北京）贸易有限公司于本判决生效之日停止侵害涉案注册商标的行为；

二、被告A（北京）贸易有限公司、被告B联合科技发展有限公司、被告C（北京）科技有限公司于本判决生效之日停止涉案被诉不正当竞争行为；

三、被告A（北京）贸易有限公司于本判决生效之日起十日内就涉案商标侵权行为赔偿某家居用品股份有限公司经济损失20万元；

四、被告A（北京）贸易有限公司、被告B联合科技发展有限公司、被告C（北京）科技有限公司于本判决生效之日起十日内就涉案不正当竞争行为共同赔偿某家居用品股份有限公司经济损失450万元；

五、被告A（北京）贸易有限公司、被告B联合科技发展有限公司、被告C（北京）科技有限公司于本判决生效之日起十日内共同赔偿某家居用品股份有限公司维权合理支出10万元；

六、被告A（北京）贸易有限公司、被告B联合科技发展有限公司、被告C（北京）科技有限公司于本判决生效之日起三十日内在《法治日报》非中缝位置刊登声明，消除因涉案不正当竞争行为给某家居用品股份有限公司造成的不良影响；

七、驳回某家居用品股份有限公司的其他诉讼请求。

三被告不服一审判决，提起上诉。

北京知识产权法院同意一审法院裁判意见，判决：

驳回上诉，维持原判。

【法官后语】

比较广告是通过将己方商品或服务的质量、价格、荣誉、市场数据等相关信息与同类型商品或服务进行对比，以凸显自身商品或服务优势的商业广告。但这种以“比较”为手段为己方争取交易机会的方式，极容易误导消费者对“被比较方”产生负面认知，进而损害竞争者利益。本案是一起典型的涉及比较广告是否构成不正当竞争的案件，在适用反不正当竞争法规制比较广告的具体路径、比较广告的不正当性认定两方面具有指引意义。

一、适用反不正当竞争法规制比较广告的具体路径

比较广告类型多样，包括夸大己方、诋毁竞品、以个别要素的差异作为认定优劣的依据、以误导性评测方法比较产品优劣等，竞争行为的复合性、复杂性大幅提高。实践中，权利人一般同时或单独主张适用《中华人民共和国反不正当竞争法》特别条款及一般条款。

就特别条款而言，比较广告将同类商品或服务进行直接、明显的优劣对比，其对比内容、方法均由经营者自行确定，可能出现使用虚假或误导性信息的情况，构成《中华人民共和国反不正当竞争法》规定的虚假宣传行为；比较广告在说明比对过程和比对结论时，必然影响被评“劣”一方的市场评价，可能构成《中华人民共和国反不正当竞争法》规定的商业诋毁行为；以比较广告的形式搭便车，与他人产品或服务建立了本不应存在的联系，致使消费者对二者来源或关联关系产生混淆，可能构成《中华人民共和国反不正当竞争法》规定的仿冒行为。

就一般条款而言，比较广告不能被具体竞争行为条款规制时，如确能认定

比较广告因违反诚实信用原则和公认的商业道德而具有不正当性或者可责性，且经营者的合法权益因比较广告受到实质损害的情况下，可以适用《中华人民共和国反不正当竞争法》一般条款予以调整。

二、比较广告的不正当性认定

比较广告作为重要的市场竞争手段，不应一概予以否定。适用《中华人民共和国反不正当竞争法》规制比较广告行为，应当秉持克制和谦抑的态度，避免因不当扩大反不正当竞争法的规制范围而妨碍竞争自由，抑制市场活力。《中华人民共和国反不正当竞争法》所规制的比较广告，应当具有不正当性。

（一）比较内容是否客观全面

我国法律并不禁止对比广告宣传，但对比广告提供的商品信息应当是全面、客观、充分的。与他人比对应遵守经济伦理、慎言慎行原则，对于数据来源、比较方式、比较基准等信息应当进行注释注解，公开尽量多的相关信息和背景资料，指引受众正确理解。反之可能被认定具有不正当性。

（二）比较方法是否科学中立

要确保比较广告合法正当，还应当注重比较方法的科学中立性。因比较广告系经营者自行发起的比对，比较标准应当引入权威第三方确定的标准，否则必然出现经营者同时成为“比赛”的主办方、运动员、裁判员，比较结果失去规则约束任由经营者自行决定，结果必然失之偏颇，引起消费者不必要的误解。

（三）比较用语是否规范准确

比较广告势必对被评“劣”一方造成市场交易机会受损，商誉贬损的不利后果，故展示比较要素、比较方法、比较结果信息的用语应当规范准确，不得以主观、臆断性语言予以评价，致使被比较者商誉被不合理贬低。

编写人：北京市朝阳区人民法院　谭雅文

四、其　他

58

国家知识产权局在专利无效宣告审查中可以采纳申请人逾期补充的证据

——甲公司诉国家知识产权局发明专利权无效行政案

【案件基本信息】

1. 裁判书字号

最高人民法院（2023）最高法知行终 5 号行政判决书

2. 案由：发明专利权无效行政纠纷

3. 当事人

原告（上诉人）：甲公司

被告（被上诉人）：国家知识产权局

第三人（被上诉人）：乙公司

【基本案情】

本专利是国家知识产权局于 2016 年 2 月 3 日授权公告的、专利号为“2013105778××. 1”、名称为“一种铝芯自动扶梯滚轮”的发明专利，其申请日为 2013 年 11 月 19 日，专利权人为甲公司。

2019 年 11 月 25 日，乙公司向国家知识产权局提出无效宣告请求，请求宣告本专利全部无效，其理由是本专利权利要求1—6不具备创造性，不符合《中华人民共和国专利法》第二十二条第三款的规定。乙公司提交了证据1—4。

乙公司于2019年12月26日向国家知识产权局补充提交了证据5和证据6。证据5：公开日为1941年2月4日，公开号为US22307××的美国专利文献的复印件及其相关部分的中文译文。证据6：公开日为1995年7月18日，公开号为US543329××的美国专利文献的复印件及其相关部分的中文译文。

2020年10月30日国家知识产权局举行口头审理，甲公司与乙公司均委托代理人出席了本次口头审理。甲公司表示对证据1—6的真实性和合法性无异议，对证据5和证据6的中文译文的准确性无异议。

国家知识产权局于2021年2月26日作出被诉决定，宣告本专利专利权全部无效。该决定认定：本专利权利要求1相对于证据5与证据6和本领域常规技术手段的结合不具有突出的实质性特点和显著的进步，不具备创造性，不符合《中华人民共和国专利法》第二十二条第三款的规定。在引用的权利要求1不具备创造性的情况下，从属权利要求2—6也不具备创造性。因此，本专利权利要求1—6均不具备创造性。

【案件焦点】

1. 本专利权利要求1—6是否符合《中华人民共和国专利法》第二十二条第三款的规定；2. 国家知识产权局作出被诉决定的程序是否违法。

【法院裁判要旨】

北京知识产权法院经审理认为：

关于第一个争议焦点，本专利权利要求1相对于证据5与证据6和本领域常规技术手段的结合不具有突出的实质性特点和显著的进步，不具备《中华人民共和国专利法》第二十二条第三款规定的创造性。权利要求2—6是权利要求1的从属权利要求，国家知识产权局认为其附加技术特征均属公知常识，其相关认定正确。因此，在权利要求1不具备创造性的情况下，本专利权利要求2—6也不具备创造性。

关于第二个争议焦点，根据《中华人民共和国专利法实施细则》第六十七条规定，请求人逾期补充证据的，国家知识产权局可以不予考虑，而不是不得予以考虑，该法条并未明确禁止国家知识产权局采纳请求人逾期补充的证据。本案中，国家知识产权局在行政程序中采纳了乙公司逾期提交的证据5、6，并未违反法律法规的强制性规定。此外，乙公司仅逾期一天提交证据5、6，甲公司在行政阶段口头审理中已经对证据5、6进行了质证，国家知识产权局出于节约审查成本的考虑采纳证据5、6，在程序上并无明显不当之处。甲公司另主张国家知识产权局认定本专利权利要求2—6的附加技术特征均属公知常识却未进行举证，属于程序违法，该主张缺乏法律依据，法院不予支持。

北京知识产权法院依照《中华人民共和国专利法》第二十二条第三款，《中华人民共和国行政诉讼法》第六十九条之规定，判决如下：

驳回原告甲公司的诉讼请求。

甲公司不服一审判决，提起上诉。

最高人民法院同意一审法院裁判意见，判决：

驳回上诉，维持原判。

【法官后语】

国家知识产权局在专利无效宣告审查中是否可以采纳申请人逾期补充的证据？

首先，从法律规定上看，国家知识产权局对于是否采纳专利无效宣告请求中请求人逾期补充的证据具有一定的自由裁量权。《中华人民共和国专利法实施细则》第七十一条规定："在国务院专利行政部门受理无效宣告请求后，请求人可以在提出无效宣告请求之日起1个月内增加理由或者补充证据。逾期增加理由或者补充证据的，国务院专利行政部门可以不予考虑。"根据上述法条规定，请求人逾期补充证据的，国家知识产权局可以不予考虑，而不是不得予以考虑，该法条并未明确禁止国家知识产权局采纳请求人逾期补充的证据。《专利审查指南》第四部分第三章第4.3.1条规定：请求人在提出无效宣告请求之日起一个月后补充证据的，合议组一般不予考虑，但下列情形除外：(1) 针对专利权人提交的反证，请求人在合议组指定的期限内补充证据，并在该期限内结合该证据具体说明相关无效宣告理由的；(2) 在口头审理辩论终结前提交技术词典、技术手册和教科书等所属技术领域中的公知常识性证据或者用于完善证据法定形式的公证文书、原件等证据，并在该期限内结合该证据具体说明相关无效宣告理由的。(3) 请求人提交的证据是外文的，提交其中文译文的期限适用该证据的举证期。虽然本案乙公司逾期提交的证据5、6并非属于《专利审查指南》规定的“除外”情形，但《专利审查指南》规定的是“一般不予考虑”，也没有明确禁止国家知识产权局采纳请求人逾期补充的证据。

本案甲公司认为，《专利审查指南》上述条款已明确禁止国家知识产权局采纳申请人逾期提交的对比文件，对此，笔者认为，《中华人民共和国专利法实施细则》第六十七条属于行政法规，《专利审查指南》属于规章，行政法规的效力高于规章，作为下位法的《专利审查指南》不得违反作为上位法的《中华人民共和国专利法实施细则》的相关规定。对下位法的解释有不同意见的，应当遵从上位法的明确规定。根据《中华人民共和国专利法实施细则》第六十七条规定，国家知识产权局对于是否采纳专利无效宣告请求中请求人逾期补充的证据具有一定的自由裁量权。对于《专利审查指南》上述条款的解释应与《中华人民共和国专利法实施细则》第六十七条规定保持一致，不应如甲公司那般作限缩解释。此外，根据《中华人民共和国行政诉讼法》第六十四条规定，人民法院审理行政案件，以法律和行政法规、地方性法规为依据，人民法院审理行政案件，参照规章。本案中，国家知识产权局可以依据《中华人民共和国专利法实施细则》第六十七条规定采纳乙公司逾期提交的证据。在行政法规已有明确规定的情况下，法院也可以直接依据行政法规作出判决。

其次，从立法目的来看，国家知识产权局“可以不予考虑”或“一般不予考虑”请求人在提出无效宣告请求之日起一个月后补充证据的法律规定，其立法目的是限制无效宣告请求人故意拖延程序，督促请求人尽早提交证据，以保障行政审查程序的高效进行。本案中，乙公司提交证据5、6的时间仅超期一天，无论从主观抑或从客观上看，很难认定其为故意拖延程序的行为。

最后，本案甲公司在行政阶段口头审理中已经对逾期证据5、6进行了质证，其程序性权利并未有任何减损或影响。即使国家知识产权局对逾期证据5、6不予采纳，乙公司仍可以凭借新证据通过另案提起新的无效宣告请求，国家知识产权局出于节约审查成本、为当事人减少诉累的考虑采纳证据5、6，并无明显不当之处。

综上所述，国家知识产权局对于是否采纳专利无效宣告请求中请求人逾期补充的证据具有一定的自由裁量权。在请求人未故意拖延审查程序的情况下，国家知识产权局出于节约审查成本的考虑采纳请求人逾期提交的证据，在程序上并无明显不当之处。

编写人：北京知识产权法院　王建宏　庞学硕

59

未经许可发行故意避开权利人技术措施的网络游戏外挂程序构成侵犯著作权罪

——何某、王某侵犯著作权案

【案件基本信息】

1. 裁判书字号

江苏省昆山市人民法院（2021）苏0583刑初969号刑事判决书

2. 案由：侵犯著作权罪

【基本案情】

2018年9月至2021年1月期间，被告人何某、王某等人通过境外聊天软件与境外“××外挂”运营团队勾连，通过搭建网站，采用比特币交易结算等方式，面向国内外玩家销售针对深圳市某计算机系统有限公司旗下《××A》《××B》游戏的外挂软件，从中获利。被告人何某负责外挂的销售渠道并对接作者团队，被告人王某负责外挂收入的资金结算。仅2020年2月至2021年1月期间，被告人何某、王某通过销售外挂程序各自违法所得分别为1956万余元、978万余元，其间，被告人王某利用违法所得进行投资炒币。被告人何某、王某归案后均如实供述了犯罪事实并自愿认罪认罚。

经某司法鉴定中心鉴定，该外挂软件不存在对游戏客户端数据复制到自身软件中进行修改，并返回修改后的数据给客户端的行为；存在避开某公司专门为游戏采取的MTP（Mobile Threat Protection，旨在检测和防御移动设备上的恶意软件、钓鱼攻击和其他安全威胁）安全保护措施，通过增加修改游戏记载动态库的数量、路径或读写游戏的内存数据等方式，未经授权获取、修改游戏内存数据的行为，以实现“自瞄”“人物透视”“显示物资”等功能，对游戏的正常操作流程和正常运行造成了干扰，属于破坏性程序。

【案件焦点】

何某、王某未经许可发行网络游戏外挂程序是否构成侵犯著作权罪。

【法院裁判要旨】

江苏省昆山市人民法院经审理认为：涉案外挂程序通过破译并擅自使用网络游戏的通信协议，增加修改网络游戏记载动态库的数量、路径、读写游戏的内存数据等方式，未经授权获取、修改《××A》《××B》网络游戏的内存数据，实现网络游戏本不具有的“自瞄”“人物透视”“显示物资”等作弊功能，破坏了网络游戏的正常操作流程和正常运行，损害了网络游戏著作权人的利益、信誉，以及网络游戏的正常市场秩序。何某、王某以营利为目的，未经著作权人许可，伙同他人发行网络游戏外挂程序，违法所得数额巨大，均已构成侵犯著作权罪。在共同犯罪中，何某、王某虽分工不同，但均起主要作用，均系主犯，应按照其参与的全部犯罪处罚。何某、王某如实供述犯罪事实，依法予以从轻处罚。何某、王某自愿认罪认罚，依法从宽处罚。

江苏省昆山市人民法院依照《中华人民共和国刑法》（2017 修正）第二十五条第一款，第二十六条第一款、第四款，第五十二条，第六十四条，第六十七条第三款及第二百一十七条第一项，《最高人民法院、最高人民检察院关于办理侵犯知识产权刑事案件具体应用法律若干问题的解释（二）》第二条第三款，《最高人民法院、最高人民检察院关于办理侵犯知识产权刑事案件具体应用法律若干问题的解释（三）》第十条及《中华人民共和国刑事诉讼法》第十五条之规定，判决如下：

一、被告人何某犯侵犯著作权罪，判处有期徒刑四年，并处罚金人民币 2000 万元。

二、被告人王某犯侵犯著作权罪，判处有期徒刑四年，并处罚金人民币 2000 万元。

三、公安机关查扣的被告人何某、王某的违法所得及孳息，予以没收，上缴国库；不足部分继续予以追缴。

四、公安机关扣押的手机、电脑、比特币钱包等作案工具予以没收；扣押的其他物品由公安机关依法处理。

一审判决后，被告人何某、王某均未上诉，江苏省昆山市人民检察院亦未抗诉。一审判决已发生法律效力。

【法官后语】

随着网络游戏在中国快速发展，制作、销售网络游戏外挂程序的行为日益增多，涉及网络游戏外挂的案件数量不断增长、手段不断更新、形式不断翻新。对于制作、销售网络游戏外挂是否应当予以刑事处罚及适用何种罪名，存在较大争议。本案案件主要争议焦点即在于对被告人何某、王某行为性质的认定及适用罪名问题。

一、制售网络游戏外挂程序的行为不宜认定为非法经营罪

从司法实践来看，不少制作、销售网络游戏外挂程序行为被以非法经营罪追究刑事责任，此种观点主要依据是《最高人民法院关于审理非法出版物刑事

案件具体应用法律若干问题的解释》（以下简称《非法出版物解释》）第十一条或者第十五条的规定。《非法出版物解释》第十一条规定："违反国家规定，出版、印刷、复制、发行本解释第一条至第十条规定以外的其他严重危害社会秩序和扰乱市场秩序的非法出版物，情节严重的，依照刑法第二百二十五条第（三）项的规定，以非法经营罪定罪处罚。"第十五条规定："非法从事出版物的出版、印刷、复制、发行业务，严重扰乱市场秩序，情节特别严重，构成犯罪的，可以依照刑法第二百二十五条第（三）项的规定，以非法经营罪定罪处罚。"

从条款内容来看，《非法出版物解释》第十一条是对第一条至第十条以外的兜底条款，主要是针对非法经营内容违法的非法出版物的行为，而本案的游戏外挂程序本身并不涉及侮辱、诽谤、淫秽、煽动国家分裂、颠覆国家政权等内容，不属于内容违法的出版物，仅是因非法获取、调用、修改数据即手段违法导致的非法出版物，至多属于程序上违法的出版物，因此不能适用第十一条规定。《非法出版物解释》第十五条的适用条件是严重扰乱市场秩序，情节特别严重，而制作、销售网络游戏外挂程序的行为主要是影响了网络游戏经营者的利益，尚未严重扰乱市场秩序，亦不应当适用该规定。

此外，《最高人民法院、最高人民检察院、公安部关于办理侵犯知识产权刑事案件适用法律若干问题的意见》第十二条第二款明确规定："非法出版、复制、发行他人作品，侵犯著作权构成犯罪的，按照侵犯著作权罪定罪处罚，不认定为非法经营罪等其他犯罪。"最高人民法院也提出，对于制作、销售网络游戏外挂程序的行为，要全面综合判断行为的社会危害性，秉持刑法的谦抑性，慎用刑事制裁手段。对于社会危险性严重、确需追究刑事责任的制作、销售互联网游戏外挂程序行为，也应妥善选择适用罪名。对制作、销售网络游戏外挂程序的行为应以侵犯著作权罪定罪处罚。① 综上所述，制售本案网络游戏外挂程序的行为不宜认定为非法经营罪。

---

① 喻海松：《网络外挂罪名适用的困境与转向 | 经济刑法》，载《政治与法律》2021年第8期。

二、制售网络游戏外挂程序的行为不宜认定为提供侵入、非法控制计算机信息系统程序、工具罪

司法实践中，部分法院选择适用该罪名打击网络游戏外挂。在游戏外挂案件中，司法机关的判断高度依赖于鉴定意见，而很多鉴定意见将外挂软件直接表述为“破坏性程序”“非法获取数据”，为适用计算机犯罪提供了技术支撑。根据《最高人民法院、最高人民检察院关于办理危害计算机信息系统安全刑事案件应用法律若干问题的解释》（以下简称《计算机解释》）中有关于提供侵入、非法控制计算机信息系统程序、工具罪的规定来看，认定构成该罪名需要同时满足“技术手段上，具有破坏技术保护措施的功能”“目的上，能够控制计算机或者获取计算机内存储、处理、传输的数据”。该罪对应的下游犯罪分别是非法控制计算机信息系统罪和非法获取计算机信息系统数据罪，该罪是该两个罪名帮助犯的正犯化。

从本案的游戏外挂程序的运行原理来看，外挂程序制作者要修改客户端的内存数据或客户端发送的数据包，必然要破坏技术保护措施来获取客户端存储、处理或者传输的数据，或者通过计算机语言对客户端的程序进行控制，可见游戏外挂程序的技术特点与该罪的技术手段要件相契合，要判断是否构成该罪，关键在于目的要件是否成立。《计算机解释》第十一条规定，本解释所称“计算机信息系统”和“计算机系统”，是指具备自动处理数据功能的系统，包括计算机、网络设备、通信设备、自动化控制设备……无论何种类型的外挂，都无法对运营商的服务器端口产生影响，对客户端的影响也仅限于软件，而无法及于客户端所在的服务器，毕竟一个软件不能等同于一个计算机信息系统。因此，本案的游戏外挂程序无法达到控制计算机的目的。外挂在运行过程中需要截取、解密、调用数据，以实现对软件功能的修改，而该操作的前提就是要“获取”数据，可见获取数据只是手段行为之一，最终目的仍是发行软件牟利。因此在外挂中，“获取数据”和“复制、修改、发行软件”之间是手段与目的的关系，而非法获取计算机信息系统数据罪打击的对象仅是排他性地占有计算机数据的行为，因此，虽然提供侵入、非法控制计算机

信息系统程序、工具罪的构成要件契合外挂的技术特点，但该罪名不能全面反映外挂的社会危害性，不能评价外挂获取数据之后的复制、修改、发行等一系列活动。

三、制售网络游戏外挂程序的行为应认定为侵犯著作权罪

《中华人民共和国刑法修正案（十一）》颁布之前，适用侵犯著作权罪依据的是《中华人民共和国刑法》第二百一十七条第一项“未经著作权人许可，复制发行其文字作品、音乐、电影、电视、录像作品、计算机软件及其他作品的”行为。客观行为表现是“复制发行”，包括复制、发行或者既复制又发行的行为。网络游戏属于计算机软件，在计算机软件中，源程序和目标程序是计算机软件得以运行的核心内容，体现了软件的构建思路、运行逻辑，文档亦是用来描述计算机软件的内容、组成、涉及等核心内容，对源程序、目标程序、文档的复制，实际上也就是对软件本身的复制。

在网络环境下，信息载体已经发生巨大变化，“复制”的概念也相应发生变化，呈现扩张式发展。如《计算机软件保护条例》第二十四条中将“部分复制”纳入刑法侵犯著作权罪规制的“复制”行为范畴。具体到计算机软件的“复制”，则应当结合其在网络环境下运行的特征作出适当的扩张解释。与传统观点中强调结果意义上的复制不同，网络时代的复制更多地应体现在过程意义上，即在动态调用原网络游戏源程序、目标程序、文档、源代码等数据过程中实现的复制，因此需要对比外挂程序运行以后的结果和原网游程序，是否增加了再创作内容，二者是否实质性相似。本案的游戏外挂通过破译和擅自使用原网络游戏的通信协议，截取并修改游戏发送到服务器的数据，动态调用、复制游戏数据，实现客户端各种功能的增强，打破了原游戏的平衡，损害了游戏著作权人的利益，应认定构成对游戏著作权的侵害。《中华人民共和国刑法修正案（十一）》对第二百一十七条增加了一项“未经著作权人或者与著作权有关的权利人许可，故意避开或者破坏权利人为其作品、录音录像制品等采取的保护著作权或者与著作权有关的权利的技术措施的”。外挂的本质就是突破了软件的技术保护措施，此次修改也与我国《中华人民

共和国著作权法》第五十三条有关于避开或破坏技术措施可以构成犯罪的规定一脉相承，为制售游戏外挂程序的行为适用侵犯著作权罪扫清了法律适用障碍。

编写人：江苏省昆山市人民法院　吴晓蕾

ISBN 978-7-5216-5060-0

图书在版编目（CIP）数据

中国法院2025年度案例. 知识产权纠纷 / 国家法官学院，最高人民法院司法案例研究院编. -- 北京 ：中国法治出版社，2025. 5. -- ISBN 978-7-5216-5060-0

Ⅰ. D920. 5

中国国家版本馆CIP数据核字第2025UF8881号

策划编辑：李小草　韩璐玮　白天园

责任编辑：白天园　　　　封面设计：李宁

中国法院2025年度案例. 知识产权纠纷

ZHONGGUO FAYUAN 2025 NIANDU ANLI. ZHISHI CHANQUAN JIUFEN

编者/国家法官学院，最高人民法院司法案例研究院

经销/新华书店

印刷/三河市紫恒印装有限公司

开本/730毫米×1030毫米　16开　　　　印张/23.75　字数/296千

版次/2025年5月第1版　　　　2025年5月第1次印刷

中国法治出版社出版

书号ISBN 978-7-5216-5060-0　　　　定价：79.00元

北京市西城区西便门西里甲16号西便门办公区

邮政编码：100053　　　　传真：010-63141600

网址：http：//www.zgfzs.com　　　　**编辑部电话：010-63141784**

市场营销部电话：010-63141612　　　　**印务部电话：010-63141606**

（如有印装质量问题，请与本社印务部联系。）